高等院校"十三五"规划教材

统计学原理与应用

主　编　李　莉
副主编　蒋惠凤

南京大学出版社

前 言

统计学是以现象的数量,即各种统计数据为研究对象的方法论学科。它通过对统计数据的收集、整理和分析,对数据内在数量规律性进行探索,以达到对社会经济现象数量关系进行定量分析的科学。

统计学是国家教育部门规定的经济类和管理类学科核心课程之一,是高等院校经济管理各专业学生必修的专业基础课程。为了满足统计学教学的需要,使本教材适应现代化教学的要求,我们组织江苏省部分高校长期在教学和科研第一线工作的老师、具有丰富实践经验的专家编写本书。我们在总结教学实践经验的基础上,内容上突出统计学作为方法论科学的特点,以统计实践过程为经,以统计理论和方法为纬,组成一个完整的体系,系统阐述统计调查、统计整理、统计分析的基本理论和方法知识。统计数据的分析是统计学的核心内容,它是通过各种统计分析方法探索数据内在数量规律性的过程,也是本教材的重点。

根据教学改革的变化和知识点的深入,编写本教材的宗旨,在于着重阐明统计学的思想方法,注重统计学基本原理、基础知识的阐述,基本技能的训练,基本方法的掌握和运用,进一步完善统计学学科体系内容,内容上突出"新"字,注重理论和实践相结合、方法和应用相结合。在此基础上,本教材还具有以下主要特点:

1. 适应各教学环节的需要。将统计学理论体系的严密性,与教学上由浅入深、顺序渐进的连贯性统一起来,努力运用长期教学实践的经验,在内容编排、概念阐述、图表配备、例题选择、附表应用等方面符合统计学教学的要求,章首均有本章学习重点和要点,章末附有本章小结和练习题。

2. 适应现代化教学的要求。本教材在有关教学章节中编排了计算机的应用实例,并结合 Excel 软件进行教学,以提高学生应用统计方法分析和解决实际问题的能力。

3. 引入统计软件 SPSS 的应用。随着统计软件 SPSS 的不断开发与广泛的应用,本教材第九章将具有广泛应用性的社会经济统计软件 SPSS 中与知识点有关的应用方法加入教材中,使之更适用于本科教学。

4. 突出应用。本教材注重知识内容的实用性和综合性。本教材涉及理论、概念、方法等知识内容时,将更多的学时和内容重点放在方法的应用范围、应用条件及对应用结果的分析上,所用实例经精心挑选,案例注重时效性,将方法实现的问题交给统计软件。

本教材适合作为普通高等院校经济管理类专业教学用书,以经济管理类专业本科学生为主要对象,专科学生使用本书时,部分章节扩展应用和难度较大的内容可以略而不讲。此外,也可供企业中、高级管理人员阅读和参考。

本教材由常州工学院李莉副教授任主编,常州工学院蒋惠凤副教授任副主编,常州工学院马海涛讲师、李春平副教授、吴英副教授,溧阳市委宣传部阙历文同志参编。李莉负责全书结构的策划设计,并与蒋惠凤、马海涛共同协商确定编写大纲,各位编者分工写作,最后由李莉、蒋惠凤进行统编。

随着高等教育教学改革的进一步深入,统计学教学理论也在不断发展,还有许多内容值得我们去研究、探索。本教材在编撰中广泛参阅了国内外学者的文献,并采用了部分资料,在此谨向各位专家学者致以诚挚的感谢。由于编者水平有限,书中难免有错讹之处,敬请广大读者不吝批评指正,以便我们进一步修改和完善。

编　者

2019 年 5 月

目 录

第一章 总 论 ... 1

第一节 统计的涵义 ... 1
第二节 统计的研究对象和研究方法 ... 4
第三节 统计工作的基本任务和统计工作过程 ... 9
第四节 统计中的几个基本概念 ... 12
小 结 ... 17
习 题 ... 17

第二章 统计调查与统计整理 ... 20

第一节 统计调查的概述 ... 20
第二节 统计调查的方式 ... 28
第三节 统计分组 ... 37
第四节 变量数列 ... 45
第五节 统计表 ... 56
小 结 ... 60
习 题 ... 60

第三章 综合指标 ... 64

第一节 总量指标 ... 64
第二节 相对指标 ... 68
第三节 平均指标 ... 77

第四节　标志变异指标 ·· 93
第五节　Excel 在综合指标中的应用 ·· 99
小　结 ··· 101
习　题 ··· 102

第四章　动态数列 ·· 108

第一节　动态数列的编制 ·· 108
第二节　动态数列水平分析指标 ·· 111
第三节　动态数列速度分析指标 ·· 118
第四节　长期趋势的测定与预测 ·· 123
第五节　季节变动的测定与预测 ·· 131
第六节　Excel 在动态数列中的应用 ·· 136
小　结 ··· 142
习　题 ··· 142

第五章　统计指数 ·· 149

第一节　指数概述 ·· 149
第二节　综合指数 ·· 153
第三节　平均指标指数 ·· 159
第四节　指数因素分析 ·· 161
第五节　几种常见的经济指数 ·· 168
小　结 ··· 176
习　题 ··· 177

第六章　概率基础 ·· 183

第一节　概率概述 ·· 183
第二节　随机变量及其概率分布 ·· 188
第三节　几种常见的概率分布 ·· 191
第四节　Excel 在概率基础中的应用 ·· 197

小　结 ………………………………………………………………………… 199

习　题 ………………………………………………………………………… 200

第七章　抽样推断 …………………………………………………………… 202

第一节　抽样推断的意义 …………………………………………………… 202

第二节　抽样推断基本概念及理论依据 …………………………………… 204

第三节　抽样平均误差 ……………………………………………………… 209

第四节　全及指标的推断 …………………………………………………… 213

第五节　抽样方案设计 ……………………………………………………… 218

第六节　必要抽样单位数的确定 …………………………………………… 227

第七节　假设检验 …………………………………………………………… 229

第八节　Excel 在抽样推断中的应用 ……………………………………… 238

小　结 ………………………………………………………………………… 239

习　题 ………………………………………………………………………… 240

第八章　相关与回归分析 …………………………………………………… 245

第一节　相关分析的概念和内容 …………………………………………… 245

第二节　简单线性相关分析 ………………………………………………… 249

第三节　回归分析 …………………………………………………………… 254

第四节　估计标准误差 ……………………………………………………… 261

第五节　Excel 在相关与回归分析中的应用 ……………………………… 264

小　结 ………………………………………………………………………… 268

习　题 ………………………………………………………………………… 268

第九章　SPSS 统计基础分析 ………………………………………………… 274

第一节　SPSS 基本操作入门 ……………………………………………… 274

第二节　SPSS 统计数据的创建与编辑 …………………………………… 278

第三节　SPSS 在描述性统计分析中的应用 ……………………………… 281

第四节　SPSS 在统计推断中的应用 ……………………………………… 284

第五节	SPSS 在相关与回归分析中的应用	287
第六节	SPSS 在因子分析中的应用	300
小　结		311

第十章　国民经济核算 … 312

第一节	国民经济核算的基本原理	312
第二节	国民经济核算体系的基本内容	316
第三节	国民经济核算中的主要统计指标	326
第四节	国民经济增长率的测定	331
小　结		333
习　题		334

附　录　常用统计表 … 337

参考文献 … 346

第一章 总 论

学习重点和要点

(1) 了解统计实践的发展和统计学的三个学派的产生与观点分歧。了解统计工作的基本任务和统计工作过程。

(2) 掌握统计的涵义,统计研究对象,统计研究的基本方法。掌握统计研究中涉及几个基本概念及各概念之间的区别与联系。

第一节 统计的涵义

一、统计的产生与发展

统计实践已有四五千年的历史。最早产生的统计是社会统计,它是随着人类社会活动的需要而产生和发展的。

在阶级社会中,统计为一定的阶级利益服务。最早的统计可以追溯到原始社会末期。在奴隶社会和封建社会,奴隶主、封建主统治的国家为了征兵和课税方面的需要,开始进行人口、土地和财产统计。我国早在公元前2000多年的夏朝,已有人口和土地的数字记载。在欧洲,古希腊和古罗马时代已开始对人口和财产的统计调查。自从统计实践萌芽于奴隶社会直到封建社会,这个时期的统计都是对事物进行原始的调查登记和简单的计数汇总工作。之后,随着社会的发展,统计的范围已由人口、土地、财产等扩大到社会经济生活的各个方面,逐渐成为管理国民经济、组织和指挥生产的重要手段。

随着资本主义的发生和发展,生产日益高度社会化,资产阶级及其国家由于追求利润、争夺市场和对外扩张的需要,资本主义社会统计除了原有的人口、土地和财产等统计外,逐渐扩展到工业、商业、贸易、银行、保险、交通、邮电、海关等各个方面,其内容和方法日趋复杂,形成了资本主义社会经济统计。

随着资本主义社会统计工作的发展,人们开始对不断丰富的统计实践经验加以总结,逐步形成比较系统的统计理论知识。与此同时,各门科学的建立和发展,如经济学、人口学、生物学等方面的调查研究和实践,都离不开统计数字和统计方法。此外,哲学和数学的发展对于统计理论和方法的形成有着深远的影响。以上这些因素不仅对统计学的建立提供了条件,而且对统计学的发展提出了新的要求。而电子计算技术的应用为统计活动的现代化进程提供了重要支持。正是在这样的历史背景下,统计学应运而生。从17世纪中末期开始,经过300余年的发展,逐渐形成了今天的统计学。

从统计学的发展过程看,它可以分为三个阶段:古典统计学时期、近代统计学时期和现代统计学时期;贯穿整个过程的主线是统计方法的逐步充实、完善和发展。

(一)古典统计学时期

从17世纪末到18世纪末,是统计学的萌芽时期,即古典统计学时期。由于统计学在创立初期,人们对统计学科的内涵和外延界定理解不同,对统计实践活动的理解也不一样,因此在统计学发展史上,曾产生过两大学派:国势学派和政治算术学派。

国势学派又称记述学派。这一学派与政治算术学派产生于同一时期,发源于德国,其创始人为德国的康令和阿亨瓦尔。"国势学"的德语原文可以解释为"各国事项的比较与叙述",这一学派认为"统计学是研究一国或多数国家的显著事项之学"。阿亨瓦尔的主要代表著作为《近代欧洲各国国势学概论》。他强调,国势学是以现实的国家的领土、人口、财产、贸易、货币、阶级、政治制度等领域为研究对象,采用记述的方法,以文字描述罗列各国的显著事项。他认为国势学的任务在于为政治家提供必需的治国的知识。由于德文中"国势"与"统计"一词词源相通,故这一学派一直以统计学命名。但又由于它缺乏数量分析的结论和方法,无论从方法论上或是从实质性科学上,都没有现代统计学所研究的内容。但在当时,由于它有社会宏观定性分析的特点,加之统计学的学科内涵外延不清楚,这一学派一直以有统计学之名称而无统计学之内容与政治算术学派共存近200年,并一直处于争论之中。直到统计学公认为必须与数量分析方法和手段联系在一起时,争论才告结束。因此尽管它首先提出了"统计学"之名,但并无统计学之实。

政治算术学派主张以数字、重量和尺度来研究社会经济现象及其相互关系,代表人物是英国的威廉·配第(W. Petty,1623—1687)和约翰·格朗特(J. Graunt,1620—1674)。格朗特在1662年发表了第一本关于人口统计的著作《对死亡率公报的自然观察和政治观察》。他最先对当时伦敦市人口的出生率、死亡率和性比例等进行分析计算,根据发现的数量关系对人口发展趋势进行推算和预测,揭示了人口统计现象中的某些规律性事实。到1690年,威廉·配第发表了《政治算术》一书,该书的问世标志着统计学一个分支学派的初步创立。《政治算术》一书对英国、法国和荷兰三国的经济实力从数量上进行了系统的分析。该书用数量分析的方法对比了英国、法国和荷兰三国的"财富和力量",以批驳当时英国国内的悲观论调。他还提出了用图表概括数字资料的理论和方法。他以古典资产阶级政治经济学为理论基础,利用各国的实际统计数据资料,"用数字、重量和尺度来说话"。他首创的系统的数量对比和分析方法运用于社会科学规律的宏观分析、说明,为统计学的产生奠定了良好的基础。他还提出了用图表概括数字资料的理论和方法。实际上,配第并没有使用统计学这一名词,但他使用的社会宏观数量对比和分析方法提示了统计学所要研究的内容。因此,人们将威廉·配第和他的《政治算术》为代表的学派看作"有实无名"学派,认为它开创了统计学学科。正是在这种意义上,马克思认为配第既是"政治经济学之父,在某种程度上也可以说是统计学的创始人"。

上述两个学派几乎同时并存,其共同特点都是以社会经济现象作为研究对象,二者统称为社会经济统计学派。

(二) 近代统计学时期

从18世纪末到19世纪末,是近代统计学时期。这一时期的一个重大成就是大数法则和概率论被引入统计学。之后,最小平方法、误差理论和正态分布理论等相继成为统计学的重要内容。这一时期也曾有两大学派:数理统计学派和社会统计学派。数理统计学派始于19世纪中叶,代表人物是比利时的凯特莱,著有《概率论书简》、《社会物理学》等。他主张用研究自然科学的方法来研究社会现象,正式把概率论引入统计学,并最先用大数定律论证了社会生活中随机现象的规律性,还提出了误差理论和"平均人"思想。凯特莱的贡献,使统计学的发展进入一个新的阶段。

社会统计学派始于19世纪末,首创人物为德国的克尼斯。他认为统计学是一门社会科学,是研究社会现象变动原因和规律性的实质性科学。其显著特点是强调对总体进行大量观察和分析,通过研究其内在联系来揭示社会现象的规律。各国专家学者在社会经济统计指标的设定与计算、指数的编制、统计调查的组织和实施、经济社会发展评价与预测等方面取得了一系列重要成果。德国统计学家恩格尔提出的"恩格尔系数",美国经济学家库兹涅茨和英国经济学家斯通等人研究的国民收入、国内生产总值的核算方法等,都是伟大的贡献。

(三) 现代统计学时期

从19世纪末到现在,是现代统计学时期。这一时期的显著特点是数理统计学由于同自然科学、工程技术科学紧密结合以及被广泛应用于各个领域而获得迅速发展,各种新的统计理论与方法,尤其是推断统计理论与方法得以大量涌现,例如英国统计学家卡尔·皮尔逊的卡方χ^2分布理论,统计学家戈赛特的小样本t分布理论,统计学家费希尔的F分布理论和实验设计方法,波兰统计学家尼曼和英国统计学家皮尔逊的置信区间估计理论、假设检验理论,以及非参数统计法、序贯抽样法、多元统计分析法、时间数列跟踪预测法等都应运而生,并逐步成为现代统计学的主要内容。现代统计学时期是统计学发展最辉煌的时期。

综上所述,统计和统计学是随着人类社会活动的需要而产生、发展的。统计是适应社会政治经济的发展和国家管理的需要而建立起来的,统计的发展是和社会生产力的发展紧密联系在一起的。作为统计实践经验的理论概括——统计学,在其自身发展过程中已形成社会经济统计学、自然技术统计学和数理统计学。现在,整个国际社会都非常重视统计工作。对统计工作的重视程度,反映大至一个国家小至一个企业的科学管理水平。为适应当前社会主义市场经济建设的需要,统计学应当为统计工作提供高水平的理论指导和方法实践。

二、统计的涵义

统计一词由来已久,起初泛指对大量事物的数量关系进行简单的计数汇总工作。统计语源则出自中世纪拉丁语的status,意思是指各种现象的状态和情况。至18世纪,阿亨瓦尔首先为"国势学"定了一个新名词 statistik,即统计学。18世纪后期,齐默尔曼(A. W. Zimmerman)将英语 statistics 作为德语 statistik 的译文传入英国,当时认为统计就是用数字表述事实。

现代生活中"统计"一词一般有三种涵义,即统计工作、统计学和统计资料。

1. 统计工作

表示从事具体的统计工作和实践活动,是指对社会经济现象数量方面进行搜集、整理和分析工作的总称,是一种社会调查研究活动。

2. 统计学

统计学是阐述统计理论和方法的科学,是涉及自然科学和社会科学领域的统计科学理论的总和。

3. 统计资料

统计资料是统计实践活动的工作成果。统计信息,是统计部门或单位进行搜集、整理、编制,并进行统计调查、整理、分析所得出的数字状况和有关数量变动规律的各种统计数据资料的总称,它是进行国民经济宏观调控的决策依据,是社会公众了解国情、国力和社会经济发展状况的信息主体。

英文"statistics"一词作统计理解时,如其为单数,表述为统计学;如其为复数,表述为统计工作或统计资料。

统计的三种涵义是紧密结合、相互联系的。统计工作是人们的统计实践,是主观反映客观的认识过程;统计实践活动为认识社会提供了有效的工作成果,这就是统计资料。统计资料是统计工作的结果。统计工作与统计资料是过程与成果的关系。统计学是对统计工作实践经验的总结和概括;反之,统计学所阐述的理论和方法又是指导统计工作的原则和方法。因此,统计学和统计工作之间存在着理论和实践的辩证关系。

第二节 统计的研究对象和研究方法

一、社会经济统计的研究对象

作为社会经济现象定量分析基础和手段的社会经济统计,如何正确反映、科学解释社会客观现实的数量特征,完成现实社会的数量关系到理论分析的抽象归纳的过渡,最终得到关于社会经济运动规律性的认识,这就需要我们正确认识社会经济统计的研究对象。

社会经济统计的研究对象就是社会经济现象总体的数量方面。任何质量都表现为一定的数量,没有数量也就没有质量。研究社会经济现象,不能没有数量概念,只有对社会经济现象的数量方面进行统计调查研究,才能深刻地认识社会现象的本质及规律。

社会经济统计的研究对象具有如下特点:

1. 数量性

统计的首要特点是从数量上说明社会现象的。运用数字说话,这就是最简洁的统计表述。统计研究一般从社会经济现象总体数量的描述开始。描述就是统计设计、统计调查,然后运用汇总、分组、分析、归纳、推断等手段,找出事物之间数量关系和数量变化的界限,推断事物的数量趋势和规律性。因此,统计是现实社会的描述和反映,也是现实社会的数量分析与数量推断。它完成了现实社会的数量关系到理论分析的过渡,完成了现象到规律之间的过渡,这种过渡是通过数量分析手段完成的。因为统计所研究的数量是与事物的质量紧密结合在一起的,所以,我们不能为数量而数量,为统计而统计,而必须在质与量的辩证统一中进行统计研究。这就要求我们根据经济理论范畴的质的规定性,确定相关统计指标概念,搜集统计指标数值,观察其变化,进行必要的统计分析和统计预测。这些分析过程说明,统计所研究的各阶段无不与客观现实的量联系在一起,这就是定量性,也就是说统计是在"定性—定量—定性"的辩证统一中认识事物规律的。

2. 社会性

社会经济统计所研究的数量不是纯数量研究，更不是抽象数字，而是具体的鲜活的社会现象。它与撇开自然和社会现象具体内容进行抽象研究的纯数学研究有显著差异。统计是紧密结合社会经济现象质的内容研究量的关系。社会物质生活包括了人类物质生产活动的全部内容，其中包括社会生产要素的投入、生产活动和物质产品的产出。社会精神生活则包括人类精神文明的全部内容，其中既有文化活动，也有道德规范，等等。研究社会物质和精神生活，既要注重人与物的关系，分析生产力的发展水平和发展速度，分析物质生产的速度、经济结构和经济效益等问题；也要注重人与人的关系，揭示在社会物质生产过程中，人对物质生产资料的占有关系、分配关系和交换关系，反映人类与自然的协调及人类精神文明的进步状况，等等。无论从哪一方面看，统计所研究的量都具有一定的社会内容，这就决定了统计所研究的对象及采用的研究方法，也为统计学的发展指明了方向。

3. 总体性

社会经济统计的认识对象不是个别事物，而是社会经济现象总体的数量方面。总体是一个集合，由许多个体单位组成。统计研究是以社会现象总体为观察对象的，它描述、分析社会现象总体的规模、水平、比例和速度等数量关系及其表现。这就说明统计的研究对象具有一定的宏观性，它不是以研究个别事物为目的，而是以一个单位、一个企业、一个地区、一个国家为研究客体，它强调研究对象的集合特征。通过对总体现象的整理归纳，消除个别、偶然的因素影响，使统计总体呈现出相对稳定的规律性事实，这是统计研究的重要任务之一。

一般地说，统计研究范围的大小是相对的。统计研究的范围越大，统计所揭示的内容也就越丰富，分析也就越深入。例如，一个地区比一个企业所要揭示的统计分析内容要深入得多。随着总体范围的扩大，统计研究的难度也相应增大，但统计研究的成果也更具宏观意义。

相对于微观来说，统计更侧重于宏观经济问题的定量分析。但是，统计研究的总体数量特征并不能脱离个体的数量特征而存在，而是对个体数量特征的综合反映。因此，它不能撇开丰富的具有个性的个体事例，而要在个体事例深入解剖的基础上，达到对总体的数量特征的认识。例如，工业生产经营状况统计，必须从工业企业的基本特征了解开始，直至综合反映工业总体的状况和特征。从这种意义上说，对于个体单位的统计调查登记是统计研究的起点和基础，是十分重要的基础环节。忽视这一环节，低估微观统计在宏观统计中的地位，就不可能获得正确的总体数量特征的规律和认识，甚至得到错误的信息。所以，大力加强和完善微观统计工作，是进行宏观统计研究和分析的起点，不可忽视。这就是总体与个体、宏观与微观的辩证统一观。

由于统计研究的对象具有总体性，而统计总体又无所不在，它广泛地存在于社会之中，因此，统计认识活动具有广泛性。任何利用数量分析手段认识总体的数量状况，都离不开统计。统计已深入社会生活的各个领域，几乎每有一个较为稳定的总体，就构成一项统计活动。统计活动已深入社会生活的各个方面，如工业、农业、商业、科学技术、卫生、体育、教育、环境保护等，每一个国民经济管理行业都有自己的统计，以确保管理活动的顺利进行。这充分说明了统计研究对象范围的广泛性。

综上所述，社会经济统计的研究对象是社会经济现象总体的数量方面。社会经济统计的研究是认识社会总体的数量方面,包括统计调查和整理、分析活动。统计研究的任务之一就在于揭示社会经济现象总体的数量规律性。

二、统计学的研究对象和特点

(一) 统计学的研究对象

统计学与统计工作是理论与实践的辩证关系,两者都是以社会经济现象总体的数量方面为研究客体。统计学则更上一个层次,它从方法论上具体指导统计工作实践。

一般来说,统计学是研究大量社会现象(主要是经济现象)的总体数量方面的方法论科学。统计学是一门研究如何搜集统计资料、加工整理和分析统计资料的方法论体系。这里所指的方法论包括指导统计活动的原理和原则、统计过程所应用的核算和分析的方法以及组织方法。人们通过对社会现象中各种数量关系的研究来认识社会现象发展的规律性。统计学描述的规律主要是平均数规律(即大量变量对平均数的偶然性离差会相互抵消,它们的集体性规律通过平均数表现出来),不了解平均数规律或者不懂得统计学揭示的规律,就无法深入掌握经济规律。

值得注意的是,统计学在研究社会经济现象时,首先从定性研究开始,即在搜集原始统计资料(统计调查)之前,就要根据所要研究对象的性质和研究的目的、任务,确定调查对象的范围,规定分析这个对象的统计指标、指标体系和分组方法,这种定性工作是下一步定量分析的必要准备。在定量分析基础上再达到认识社会经济现象的本质、特征或规律,这就是质—量—质的统计研究过程和方法。

(二) 统计学的特点

1. 数量性

统计学的认识力首先表现在它以准确的和无可争辩的事实为基础,同时,这些事实用数字加以表现,具有简短性和明显性。数量性的特点,是统计学研究对象的重要特点,这一特点也可把它与其他社会科学(如政治经济学)区别开来。

统计学是用大量数字资料说明事物的规模、水平、结构、比例关系、差别程度、普遍程度、发展速度、平均规模和水平、平均发展速度等。例如,国家统计局发布的2018年国民经济和社会发展统计公报指出,2018年中国国内生产总值达900 309亿元,比上一年增长6.6%;居民消费价格比上一年增长2.1%;社会消费品零售总额380 987亿元,比上年增长9%;货物进出口总额,305 050亿元,比上年增长9.7%。这些数据都表明我国的国民经济运行总体平稳,稳中有进,质量效益稳步提升,人民生活持续改善,保持了经济持续健康发展的基本情况。

应当注意,统计学不是单纯地研究经济现象的数量方面,而是在质与量的密切联系中研究经济现象的数量方面。唯物辩证法的质与量的辩证统一关系是:没有质量就没有数量,没有数量也就没有质量,量变引起质变,质变又能促进新的量变。这种质与量相互关系的哲学观点,是统计学研究社会经济现象数量关系的准则。

2. 总体性

统计学研究社会经济现象的数量方面指的是总体的数量方面。从总体上研究社会经济现象的数量方面,这是统计学区别于其他社会科学的另一个主要特点。

社会经济现象是各种经济规律相互交错作用的结果,它呈现出一种复杂多变的情景。统计学对社会经济现象总体数量方面的调查研究,用的是综合研究方法,而不是对单个事物的研究,但其研究过程是从个体到总体,即必须对足够大量的个体(这些个体都表现为一定的差别、差异)进行登记、整理和综合,使它过渡到总体的数量方面,从而把握社会经济现象的总规模、总水平及其变化发展的总趋势。比如,了解市场物价情况,统计着眼于整个物价指数的变动,而不是某一种商品价格的变动,但物价统计必须从了解每种相关商品(即代表规格品)的价格变动情况开始,才能经过一系列的统计工作过程,掌握物价总体。

3. 具体性

统计学研究的数量方面是指社会经济现象的具体的数量方面,而不是抽象的数量关系,这是它不同于数学的重要特点。

任何社会现象都是质量和数量的统一。一定的质规定一定的量,一定的量表现一定的质。因此,必须对社会经济现象质的规定性有了正确认识后,才能统计它们的数量。数学研究抽象的数量关系和空间形式,而统计则反映一定时间、地点条件下具体社会经济现象的数量特征,它是从定性认识开始,进行定量研究。比如,只有对工资、利润的科学概念有确切的了解,才能正确地对工资、利润进行统计。

统计研究社会经济现象的具体性特点,把它与研究抽象数量关系的数学区别开来,但统计在研究数量关系时,也要遵守数学表明的客观现象量变的规律,并在多方面运用数学方法。

4. 社会性

统计学研究社会经济现象,这一点与自然技术统计学有所区别。自然技术统计学研究自然技术现象(如天文、物理、生物、水文等现象),自然现象的变化发展有其固有的规律,在其变化进程中,通常表现为随机现象,即可能出现可能不出现的现象。而统计学的研究对象是人类社会活动的过程和结果,人类的社会活动都是人们有意识、有目的的活动,各种活动都贯穿着人与人之间的关系,除了随机现象而外,还存在着确定性的因素,即必然要出现的现象。所以,统计学在研究社会经济现象时,还必须注意正确处理好这些涉及人与人之间关系的社会矛盾。

三、统计的研究方法

社会经济统计的特定研究对象决定了统计学的研究方法,而科学的统计方法则是完成统计任务的基本手段。统计方法是统计学的精髓,是统计实践经验的总结和理论升华。依据社会经济现象的研究特点和分析任务,可以将各种具体的统计研究的方法分为以下几个方面,以构成统计分析方法体系的核心。

(一) 大量观察法

统计研究社会经济现象,是从总体角度出发的。大量观察法,是指对所研究现象的全部或足够数量的单位进行观察分析的方法。作为反映社会现象总体数量特征的重要思想方法和原则,大量观察法是统计研究的重要方法论指导原则,而不是一种具体的方法。

辩证唯物主义认为:社会现象是由复杂多变且普遍联系的、大量的社会个体现象组合而成的矛盾体。在观察总体的数量特征时,总体各单位的具体特征和数量表现有较大的差异性。要观察现象总体的数量特征,必须按照大数定律的规律要求,从总体上去认识,而不能从个别事实出发。大数定律说明由大量的相互独立的随机现象构成的因素总体,如果每个因素对总体的影响相对较小,则这些个别现象的影响将相互抵消,而总体的数量特征,如平均数、成数等,则呈现出稳定性的法则。这也说明在社会复杂现象总体的研究中,复杂的多因素构成的总体中,有主要因素,也有次要因素;有必然因素,也有偶然因素,这些因素之间交互作用,构成错综复杂的综合体。但对大量现象的数量特征进行综合时,可以使个别的、偶然的、次要的因素作用相互抵消,使大量社会经济现象的数量特征借助于平均数的形式显示出总体的规律性来。大数定律从数量关系上揭示出现象的偶然与必然的关系,说明必然的背后是由纯粹的偶然构成的,而偶然的事件其中也隐含着必然的道理。

运用大数定律,必须对统计总体的足够量的单位进行观察分析,反对任意抽取个别或少数单位进行观察,便对事物的总体数量特征下结论的做法。因为,对总体数量特征的认识,只有足够的代表性,总结出来的统计规律才有意义,反之,就得不出事物规律性的结论,甚至得出带偏见的结论。正如列宁在《统计学与社会学》一文中写道:"在社会现象方面,没有胡乱抽一些个别事实和玩弄实例更普遍更站不住脚的方法了,罗列一般的例子是毫不费劲的,但这是没有任何意义或者完全相反的作用,因为在具体的历史情况下,一切事情都有它个别的情况,……如果不是从全部总和,不是从联系中去掌握事实,而是片断的和随便挑出来的,那么,事实就只能是一种儿戏,甚至,连儿戏也不如。"列宁的这段话说明了进行社会现象统计研究的一个基本原则。

大量观察法可以揭示统计规律性。我们知道,统计规律一般主要指以平均数形式表现的规律。它说明:(1)现象的规律可以通过对总体数量特征的综合和平均表现出来;(2)现象总体的平均数在次要和偶然的因素相互抵消中,以主要集中的趋势或平均值的形式加以反映,使总体的数量特征呈现出以平均数为中心的分布状态;(3)当对总体观察的单位数目越多时,平均数所反映的总体规律性越准确。

对社会经济现象进行大量观察,可以根据具体情况采取不同的观察形式。既可以对研究对象的所有单位进行全面调查,也可以对足以表现现象本质和规律的部分单位进行各种非全面调查。此外,大量观察法并不排斥对个别单位的典型调查。大量观察与典型调查相结合,可以加深对社会现象的认识,进一步揭示其一般特征和规律性。

(二)综合指标法

统计研究要客观描述社会经济现象的数量特征,首先要借助于统计指标,正确记录和反映社会经济现象总体在一定时间、地点、条件的总规模、总水平以及其比例、结构和效益。如同社会运行的"仪表"一样,运用统计指标可以记录下社会经济运动的过程、特征及轨迹。这是对现实社会正确分析的关键一步,也是统计研究的起点,是统计学研究的核心内容之一。正是在这种意义上说,统计就是静止的历史,历史就是前进的统计。也是由于统计指标在社会经济分析与评价中的地位,奠定了统计学的基础学科的地位。

综合指标不仅仅在于简单地运用指标及调查统计指标的数值,更重要的在于进一步运用各种统计分析指标对统计调查的资料、数据进行加工和再加工,使统计指标成为统计分析的重要工具。

从综合的角度看,统计综合指标除了描述功能以外,还有综合分析功能。例如,对大量原始资料进行汇总加工,得到描述性的统计综合指标数值,如总量指标、相对指标和平均指标。在综合指标的基础上,进一步运用动态分析、离散分析、周期波动与趋势分析、因素分析、综合评价等一系列统计分析方法对综合指标进行加工、再加工,增强指标的分析与评价功能,提高统计分析的水平。严格来说,这些统计方法都是综合指标运用的继续,是综合指标方法体系中的一部分。

(三) 统计分组法

根据现象的特点和统计研究的任务,将统计总体区分为不同的类型和组,称为统计分组。这种方法是解剖分析的方法,它对总体而言,是"分组";对个体来说,是"综合"。从一般意义上说,统计分组也是在一定的统计标志或指标下进行的,是综合指标分析的继续,为认识现象的内在本质提供有益的工具。

(四) 模型推断法

在统计指标综合分析的基础上,统计研究还要借助于以数学模型为手段,对社会现象总体的数量特征进行归纳、推断和预测,这就是模型推断法。所谓数学模型,就是根据社会现象的内在、外在因素变量及其相互关系,进行抽象和假设,构造一个或一组反映社会经济数量关系的数学方程式。模型虽然是对实际状况的抽象,但为解决复杂问题提供了便利条件。利用数学模型,可以揭示事物存在的内部结构,分析变量间的相互关系,进行统计推断和预测。统计推断分析一般是借助于统计数学模型完成的。它是利用已有信息推断未知信息的工作过程。如利用过去的资料推测未来,利用局部资料推断总体,利用相关总体的资料进行变量间关系的推断,等等。推断统计是描述统计的继续,是统计研究的深入和发展。我们知道,统计研究的对象是大量社会经济现象总体的数量特征,但是,由于各方面条件的约束,我们不可能也不必要每项统计调查都是全面系统的认识总体的全部单位,而只需要抽取部分单位的信息资料,对总体的状况进行推断或估计。如此,可以更有效地发挥统计的作用。所以,在统计研究中,统计推断方法占有重要的地位。

统计研究中的抽样推断方法、相关与回归分析方法、统计推算与预测、统计假设检验等方法都是模型推断法的具体表现形式。这些方法主要是从样本调查的结果推算总体,包括在一定把握条件下,对总体的数量特征作出一定区间内的推测;也可用以推断两个不同总体之间某一数量特征是否具有明显的差异,在统计假设检验中,就可以具体的应用。例如,检验两种不同工艺方法所生产的产品在质量上是否新工艺明显优于旧工艺。此外,还可以用样本回归方程对总体的参数作出估计和推断,等等。统计推断方法大部分是以概率论和数理统计方法为基础的,这些方法在社会经济统计学中已经得到成功的应用。

以上内容,我们概述了统计研究的方法体系。事实上,统计研究的方法仍处在不断的发展之中。只要我们牢牢掌握统计的应用对象的特点,吸取一切相关科学的有益的研究成果,同时总结社会统计实践的丰富经验,就能够不断完善和发展新的统计方法,增强统计的整体功能,更好地为社会主义现代化事业服务。

第三节 统计工作的基本任务和统计工作过程

统计学的发展离不开统计工作实践,从丰富的统计实践中汲取营养,是统计理论发展的一个根本方向,统计学来源于统计实践,亦服务于统计实践。

一、统计工作的基本任务

统计工作在经济建设中的重要性是不言而喻的。列宁曾有过一句名言:"统计是社会认识的最有力的武器之一。"的确,素有领导"数字秘书"之称的统计,是党和国家制定政策、编制计划的基础,实行科学管理的工具。作为认识武器和管理工具的统计,必须在马克思列宁主义、毛泽东思想及邓小平理论的指导下,为我国实现社会主义现代化,建成高度文明、高度民主的社会主义国家服务,这是我国实现统计工作的根本方向。

统计工作的基本任务应围绕着为社会主义现代化建设服务这个根本方向。1983年12月公布施行的并根据1996年5月八届全国人大常委会第19次会议修正的《中华人民共和国统计法》,其中第2条明确规定:"统计的基本任务是对国民经济和社会发展情况进行统计调查、统计分析,提供统计资料和统计咨询意见,实行统计监督。"1989年8月,国务院批准的国家统计局《关于加强统计工作,充分发挥统计监督作用的报告》中明确指出:"要深化统计体制改革,切实加强对统计工作的集中统一领导,进一步把统计部门建设成为社会经济信息的主体部门和国民经济核算的中心,成为国家重要的咨询和监督机构。"当前,改革在呼唤振兴统计事业,统计工作也在强烈呼唤改革。在社会主义市场经济的条件下,统计工作的具体任务可归纳为以下四项。

1. 全面、准确、及时地提供有关社会经济发展情况的资料,为党和国家决策管理服务

党和国家的各项方针政策,是在调查研究客观实际的基础上制定的。制定方针政策的实质,就是从现实情况出发,调整生产关系和上层建筑,以有利于生产力的发展和经济基础的巩固。现代社会是信息社会,统计工作要全面、及时地提供有关政治、经济、文教、科研等各方面基本情况的资料。统计资料就是信息,统计信息是管理社会所必需的基本的信息,是社会主义市场经济运行的"晴雨计"。当前,社会经济发展迅速的新形势,对统计工作的需求表现出多样性。为增强政府宏观调控的预见性、科学性和有效性,各级政府和管理部门必然要求统计部门提供精度高、覆盖全、更新快的统计信息;为贯彻落实科学发展观、构建和谐社会,社会各界也必然要求统计部门提供更多、更详尽的有关人口、资源、环境、就业、分配、社会保障等基础数据。实践已证明,社会经济越发达,越离不开统计。

2. 为科学编制计划提供依据,对计划执行情况进行统计检查和监督

在社会主义市场经济条件下,政府计划仍然是宏观调控的一个重要手段。计划与财政和银行协调配合又相互制约,共同指导和调节经济运行,以保障国民经济长期、稳定、协调发展。科学地编制政府的经济发展计划,首先必须搜集全面、准确的经济信息。统计信息日益成为社会经济信息的主体,它为编制计划提供依据。在掌握了大量统计信息之后,就要据此作出科学的分析和预测,以反映客观经济变化发展的真实情况和未来可能发生的情况,使计划的编制建立在积极、稳妥、可靠的基础之上,尽可能反映客观经济规律的要求。

政府在编制了经济发展计划之后,就要选择达到计划目标的措施或手段,以及具体实施计划。可供选择的措施或手段之一,便是统计检查和监督。在计划执行过程中,要随时检查。检查计划的内容,不仅是计算计划完成的百分比,还要通过分析研究,指出超额完成和未完成计划的原因。同时,在检查计划过程中,如果发现计划本身编制得不合理,需要提出建议,并作适当的调整。为了加强执行计划的责任心,维护统计数字的真实性,还必须进行统计监督。通过统计监督,可以有效地把企业微观经济活动纳入国家宏观经济发展战略和计划的轨道,克服市场经济活动的自发性和盲目性,从而实现国民经济持续、稳定和高速的发展。

3. 为加强各部门、各地区、各单位的经济管理提供所需要的统计资料和分析资料

随着社会经济和科学技术的发展,劳动者对统计知识和统计信息越来越重视,这对参与企

业的经济管理十分有利。各部门、各地区、各单位在某一时期经济运行的真实情况,正是通过统计工作做到让人心中有数的。运用统计资料可以按时按日地公布生产进度,以便随时总结经验,发现存在的问题;运用统计资料,还可以开展统计评比,以促使普通职工主动关心企业命运,参与企业管理,从而为企业推进技术革新、不断提高劳动生产率和经济效益创造有利条件。

4. 为积累统计资料和开展社会科学研究提供依据

统计要加强国内外统计资料的搜集、整理和分析,做好统计资料的积累工作。一方面,统计要注意积累历史资料,认真总结我国经济社会发展的经验和教训,加强社会现象数量关系的综合分析研究,反映我国社会经济发展的特点和规律性,为各门社会科学的理论研究提供客观的数字资料;同时,为提高我国对外开放水平的需要,通过提供的统计数据,让国际社会认识中国。另一方面,统计要加强对国外经济发展各方面统计资料的了解和研究,吸取合理、科学的部分,结合我国的实际情况,使之为我所用。

上述统计工作的各项任务,综合可归纳为统计的信息、咨询、监督三大功能。

1. 信息功能

在社会经济领域,经统计调查、加工、整理、分析的全部信息,向社会开放和向党政领导提供服务。一切反映国民经济各方面状况的数据、资料都是统计信息,它是经济信息的主体。统计的最基础功能是信息功能,它是统计服务和监督的基础。统计最基础的工作是信息的采集和加工,在现代社会中,信息是重要的社会资源,是科学管理的基础,发挥统计信息功能,有助于各级领导的正确决策。

2. 咨询功能

统计部门利用信息资源优势开展统计分析,为信息使用者提供咨询服务。咨询服务的基本特征是根据使用者的需要对统计数据进行再加工。它以一系列统计计算和量化分析为基础,提供详细的实证研究报告,对社会经济现象总体的数量关系及数量规律进行咨询和解释。统计咨询功能是统计信息功能基础上的深入和发展。

3. 监督功能

运用统计手段,及时准确地从总体上对经济、社会和科技的运行状况实行全面、系统的定量检查、监督、预警,以促使社会经济活动按照客观规律的要求,稳定、协调地发展。与其他监督手段相比,统计监督具有数量性的基础和全局性的高度。管理学原理说明,一个有效的管理系统必须有一个有力的反馈和控制系统,才能达到科学管理的要求。通过统计监督,对宏观和微观经济运行实行有效的监督,才能做到经济管理的科学化。统计监督是信息功能的发展,实施有效的统计监督,可以防止产生管理偏差,防止虚假瞒报,控制政策失误,是统计优质服务的重要内容之一。过去,我们更多地强调统计服务,而不强调统计监督。随着社会经济的发展,统计监督越来越显示出其重要性。我们不仅要对微观经济进行统计监督,更主要的是要对宏观经济进行统计监督。这种监督作用,是通过准确地反映社会主义市场经济建设的实际过程和结果,反映各地区、各部门、各单位执行党在各方面的方针政策情况,并通过对国家计划执行情况的检查来实现的。

上述三种统计功能彼此依存、相互关联,构成协调统一的整体。没有信息功能,咨询和监督就成了无源之水、无本之木;没有咨询功能,信息功能也不能深化,只能成为封闭式的自我服务;而没有监督功能,则无法反映统计信息的可靠性,而从更广泛的意义上,监督也是一种咨询。由此可知,正确认识统计的整体功能,有利于统计由封闭型向开放型发展,由被动式服务向主动式服务方向发展,由单一信息渠道来源向多渠道的信息来源发展,由手工操作的信息加工技术向电算化方向发展,由统计数据的粗加工向统计数据的深加工方向发展,由统计工作规范向统计法律规范的方向发展,真正发挥出社会主义社会统计的重要作用,为社会主义现代化事业发展服务。

二、统计工作的过程

统计工作是对社会进行调查研究以认识其本质和规律性的一种工作,这种调查研究的过程是我们对客观事物的一种认识过程。就一次统计活动来讲,一个完整的认识过程一般可分为统计调查、统计整理和统计分析三个阶段。

1. 统计调查

根据特定的目的,通过科学的调查方法,搜集社会经济现象的实际资料的活动,主要有统计调查方案的设计等。此为统计工作过程的第一阶段,是认识客观经济现象的起点,也是统计整理和统计分析的基础。

2. 统计整理

对调查来的大量统计资料加工整理、汇总、列表的过程。它是统计工作过程的第二阶段,处于统计工作的中间环节,起着承前启后的作用。

3. 统计分析

将加工整理好的统计资料加以分析研究,采用各种分析方法,计算分析指标,来揭示社会经济过程的本质及其发展变化的规律性。这是统计工作的第三阶段,通过第三阶段,事物由感性认识上升到理性认识。

统计工作过程的三个阶段并不是孤立、截然分开的,它们是紧密联系的一个整体,各个环节常常交叉进行。例如,小规模的调查,常把调查和整理结合起来;在统计调查过程中就有对事物的初步分析;在整理和分析过程中仍须进一步调查。

统计工作的各个阶段都有一些专门的方法。在统计调查阶段主要有统计报表制度、重点调查、典型调查、抽样调查、普查等方法;在统计整理阶段,包括统计分布、统计分组、分配数列、统计表、统计图的制作技术等;在统计分析阶段,方法更是多种多样,主要有综合指标法、动态数列法、指数法、抽样法、相关分析法等。这些具体方法既包括一些数理统计方法,也包括一些社会经济统计方法,将在本书以后各章中系统介绍。

第四节 统计中的几个基本概念

统计工作的全部过程,主要分为统计调查、统计整理和统计分析三个基本环节。这些基本环节虽然各有一定的侧重点和要求,但它们是相互衔接、紧密联系的。就其主要内容来说,通常要建立相应的统计指标体系,运用统计方法搜集统计指标数值,进行综合研究,阐明社会现象的数量特征及其规律性,以充分发挥统计的服务作用和监督作用。围绕这些问题,涉及一系列概念,兹先介绍统计研究中最基本的常用概念。

一、统计总体和总体单位

1. 总体

根据一定的目的和要求,统计需要研究有关的统计总体。所谓统计总体,是由客观存在的、具有某种共同性质的许多个别单位所构成的整体,简称总体。它是由特定研究目的而确定的统计研究对象。例如,研究某个工业部门的企业生产情况时,该部门的所有工业企业可以作为一个总体,因为它是由许多客观存在的工业企业组成的,而每个工业企业都是进行工业生产活动的基层单位,具有同质性。又如,各个工业企业或整个工业企业中的职工可以作为一个总体,因为它是由客观存在的许多工业企业的职工组成的,而每个职工都是在工业企业中从事生产或工作的人员,就这一方面来说,他们都是同质的。

如果一个统计总体中包括的单位数可以是无限的,称为无限总体。例如,连续大量生产某种零件时,其总产量是无限的,构成一个无限总体。总体中包括的单位数可以是有限的,称为有限总体。例如,在特定时点上的人口总数、工业企业总数等,都是有限总体。对于有限总体,既可以进行全面调查,也可以进行抽样调查。对于无限总体来说,只能进行抽样调查,根据样本数据推断总体特征。此外,统计总体还可以分为静态总体和动态总体,前者所包含的各个单位属于同一个时间,后者所包含的各个单位则属于不同时间。根据特定目的,针对这两类总体就可以分别进行静态研究或动态分析。

综上所述,统计总体和总体范围的确定取决于统计研究的目的要求。而形成统计总体的条件,亦即总体必须具备的三个特性。

(1) 大量性。大量性是总体的量的规定性,即指总体的形成要有一个相对规模的量,仅仅由个别单位或极少量的单位不足以构成总体。因为个别单位的数量表现可能是各种各样的,只对少数单位进行观察,其结果难以反映现象总体的一般特征。统计研究的大量观察法表明,只有观察足够多的量,在对大量现象的综合汇总过程中,才能消除偶然因素,使大量社会经济现象的总体呈现出相对稳定的规律和特征,这就要求统计总体必须包含足够多数量的单位。当然,大量性也是一个相对的概念,它与统计研究目的、客观现象的现存规模以及总体各单位之间的差异程度等都有关系。

(2) 同质性。同质性是指构成总体的各个单位至少有一种性质是共同的,它是将总体各单位结合起来构成总体的基础,也是总体的质的规定性。例如,全国工业企业作为统计总体,则每个总体单位都必须具有从事工业生产活动的企业特征,而不具有这些特征的就不能称之为工业企业。如果违反同质性,把不同性质的单位结合在一起,对这样的总体进行统计研究,不仅没有实际意义,甚至会产生虚假和歪曲的分析结论。同质性的概念是相对的,它是根据一定的研究目的而确定的,目的不同,同质性的意义也就不同。例如,研究全国工业企业的生产状况时,所有工业企业都是同质的;而研究乡镇工业企业生产状况时,乡镇工业企业与国有工业企业就是异质的。可见,同质性是相对研究目的而言的,当研究目的确定后,同质性的界限也就确定了。

(3) 变异性。总体各个单位除了具有某种或某些共同的性质以外,在其他方面则各不相同,具有质的差别和量的差别,这种差别称为变异。正因为变异是普遍存在的,才有必要进行统计研究,是统计的前提条件。总体中各个单位之间具有变异性的特点,这是由于各种因素错综复杂作用的结果,所以有必要采用统计方法进行研究,才能表明总体的数量特征。

2. 总体单位

构成总体的每一个事物或基本单位称为总体单位。原始资料最初就是从各个总体单位取得的,所以总体单位是各项统计数字最原始的承担者。例如,研究某个工业部门的生产情况时,该工业部门的所有工业企业可以作为一个总体,每个工业企业则是总体单位,将每个工业企业的某些数量特征加以登记汇总,就取得该工业部门的统计资料。为了研究某一工业企业生产设备构成情况,可以把该企业拥有的各种机器和车床看作一个总体,其中每台机器或车床就是总体单位,登记汇总这些设备的有关特征,就取得该企业生产设备的统计资料。

确定总体与总体单位,必须注意两个方面:(1) 构成总体的单位必须是同质的,不能把不同质的单位混在总体之中。例如,研究工人的工资水平,就只能将靠工资收入的职工列入统计总体的范围。同时,也只能对职工的工资收入进行考察,对职工由其他方面取得的收入就要加以排除,这样才能正确反映职工的工资水平。(2) 总体与总体单位具有相对性,随着研究任务的改变而改变。同一单位可以是总体,也可以是总体单位。例如,要了解全国工业企业职工的工资收入情况,那么全部企业是总体,各个企业是总体单位。如果旨在了解某个企业职工的工资收入情况,则该企业就成了总体,每位职工就是总体单位了。

二、标志与指标

1. 标志

标志是用来说明总体单位特征的名称。标志可分为品质标志和数量标志:

(1) 品质标志是说明总体单位质的特征的,是不能用数值来表示的。比如,为调查某企业职工情况,该企业的每一个职工是总体单位,性别、民族、工种、籍贯等调查项目是说明总体单位特征的名称,是品质标志。而具体到某个职工,如张某某,性别为男、民族为汉族、工种为车工、籍贯为江苏海门等,就是在品质标志名称下的属性。

(2) 数量标志是表示总体单位量的特征,是可以用数值来表示的。比如,同样上面问题,年龄、工资额等调查项目即为数量标志,而张某某年龄 36 岁,月工资额 3 450 元,这是数量标志的具体表现,统计上称为标志值(或变量值)。

2. 指标

指标,亦称统计指标,是说明总体的综合数量特征的。一个完整的统计指标包括指标名称和指标数值两部分,它体现了事物质的规定性和量的规定性两个方面的特点。比如,经统计调查知某企业固定资产原值为 9.2 亿元,这就是指标,是说明总体综合数量特征的,它包括指标名称——固定资产原值、指标数值——9.2 亿元两个方面。根据统计指标的定义略加分析,可知统计指标具有以下三个特点:

(1) 数量性。统计指标反映的是现象总体的数量特征,因此都是可以用数字来表现的。能够用统计指标来表述的现象,其前提条件必须是可以度量的。

(2) 综合性。统计指标是大量同质总体单位的数量综合的结果,通过对总体各单位的数量差异进行抽象概括,来反映现象总体的综合数量特征。

(3) 具体性。统计指标是现象总体在一定时间、地点、条件下的数量特征的具体表现,不是抽象的概念和数字,而是客观存在的事实的真实反映。

通过统计指标,可以反映社会经济现象的规模、水平、比例和速度等,研究社会经济发展规律的数量表现,检查国民经济和社会发展计划以及各项政策的执行情况,衡量生产经营活动的经济效益。因此,统计指标成为认识社会、管理经济、科学研究的基本依据之一,起着社会指示器和反映数量规律性的作用。

标志和指标,两者既有区别,又有联系。区别有以下四点:(1) 标志是说明总体单位特征的,而指标是说明总体特征的。(2) 指标都能用数值表示,而标志中的品质标志不能用数值表示,是用属性表示的。(3) 指标数值是经过一定的汇总取得的,而标志中的数量标志不一定经过汇总,可直接取得。(4) 标志一般不具备时间、地点等条件,但作为一个完整的统计指标,一定要讲时间、地点、范围。

标志和指标的联系有以下两点:(1) 有许多统计指标的数值是从总体单位的数量标志值汇总而来的。既可指总体各单位标志量的总和,也可指总体单位数的总和。例如,某地区工业增加值指标是由该地区的每个工厂的工业增加值汇总而来的;某工业局职工人数指标是由该局各企业的职工人数汇总而来的。(2) 两者存在着一定的变换关系。这主要是指标和数量标志之间存在着变换关系,即基于研究目的的不同,原来的统计总体如果变成总体单位了,则相应的统计指标也就变成数量标志了(这时,指标名称变成标志,指标数值变成标志值或变量值);反之亦然。例如,在研究某厂职工情况时,该厂的全部职工是总体,该厂的工资总额为统计指标;而在研究该厂所属的某工业局职工工资情况时,该厂就是总体单位,则该厂的工资总额为数量标志,具体的工资总额数值为标志值。此时,该厂的工资总额由统计指标相应地变为数量标志了。

三、统计指标与统计指标体系

1. 统计指标的分类

统计指标是反映统计总体数量特征的科学概念和具体数值。前面已提到,统计指标是由指标名称和指标数值所构成。指标名称是指标质的规定,它反映一定的社会经济范畴;指标数值是指标量的规定,它是根据指标的内容所计算出来的具体数值。

统计指标按其所反映的总体内容的不同,可分为数量指标和质量指标。数量指标是说明总体规模和水平的各种总量指标,例如,工业企业单位数、职工人数、产品产量、工资总额等。质量指标是反映现象总体的社会经济效益和工作质量的各种相对指标、平均指标,例如,企业职工的平均工资、劳动生产率、出勤率、人口密度等。

统计指标按其作用和表现形式的不同,有总量指标(绝对数)、相对指标(相对数)、平均指标(平均数)三种。数量指标用绝对数表示,质量指标用相对数或平均数表示。

2. 统计指标体系

单个统计指标只能说明总体现象的一个侧面,由于社会经济现象数量之间存在一定的联系,因此,各种统计指标之间也存在着各种各样的联系。若干个相互联系的统计指标组成一个整体就称为统计指标体系。例如,工业总产值=劳动生产率×工人人数,商品销售额=商品价格×商品销售量,农作物收获量=亩产量×播种面积,等等。统计指标体系完整地反映社会经济现象和过程,反映社会经济现象的因果关系、依存关系、平衡关系等。利用指标体系,在进行具体的统计分析时,当已知指标体系中若干指标的数值即可计算某个未知指标的数值。例如,上例已知工业总产值和工人人数指标数值,就能计算出劳动生产率的指标数值。

统计指标体系的形成和内容是由社会经济现象的特点来决定的,是客观存在的,人们通过对统计指标体系的认识进一步深入了解统计总体的数量特征及其相互关系。例如,对职工工资水平的变化情况,需要从以下四方面进行具体分析:(1)工资总额在不同时期的增减速度;(2)每位职工的平均工资的变化;(3)物价指数的影响;(4)家庭负担人数的变化情况。又如,分析企业的亏损和盈利情况,不仅要采用亏损面和亏损额这两个指标,还必须联系企业的生产经营规模和产出规模(主要是销售收入和利税总额),研究亏损企业亏损额相当于销售收入和利税总额比重这两个指标的变化。只有这样综合地、历史地分析情况,才能得出全面、正确的认识。需注意的是,统计指标体系在一定时期内具有相对的稳定性,随着社会生产和国民经济的发展,统计指标体系应作相应的改变和调整。

四、变异与变量

1. 变异

统计中的变异是普遍存在的,一般意义上的变异是指标志(包括品质标志和数量标志)在总体单位之间的不同具体表现,但严格地说,我们把变异仅指品质标志的不同具体表现,如性别表现为男、女,民族表现为汉、满、蒙、回、苗等。

2. 变量

变量是指以数量标志的变异的不同具体表现,其值则称为变量值(或称标志值),如某职工的年龄42岁,工龄22年,月工资6 200元等。

只有品质标志的变异最后表现为综合性的数量时,如按职工的性别,汇总计算出男、女各多少人,才构成统计研究的对象。观察、登记总体各单位的品质标志和数量标志的变异与变量,是统计研究的起点。

变量按其取值是否连续,可分为离散变量和连续变量。只能取整数的变量是离散变量,如人数、工厂数、机器台数等。在整数之间可插入小数的变量是连续变量,如身高、体重、总产值、资金、利润等。

变量按其所受因素影响的不同,可分为确定性变量和随机性变量。由确定性因素影响所形成的变量称为确定性变量,确定性因素使变量按一定的方向呈上升或下降趋势变动,如增加施肥量,能使农作物收获量增多,这是确定性因素的影响,但造成农作物收获量增多的因素是不确定性的,因为除了施肥量因素,还有雨量、气温等因素的影响。由随机性因素影响所形成的变量称为随机性变量,如产品质量检验,在所控制的质量数据范围内,由于受偶然因素(温度、电压、车速等)的影响,产品的质量数据也不是绝对相同的,它们与质量标准有一定误差,这是随机性因素的影响。由于社会经济现象现实的总体变量,既包括确定性变量,又包括随机性变量,因此,既要运用社会经济统计学的方法,又要运用数理统计学的方法。

五、流量与存量

1. 流量

流量是指一定时期测算的量。对于流量必须指明时期,具有时间量纲。如消费额是某一时期用于消费而支付的货币流量,产值则是某一时期生产经营活动成果的货币流量。

2. 存量

存量是指一定时点上测算的量。对于存量必须指明时点,不具有时间量纲。如一定时点的人口数、资产与负债、居民存款余额等。

流量与存量相互依存,缺一不可。经济中的许多流量都有与其直接对应的存量,如金融资产流量与金融资产存量相对应。一般说来,存量是流量的前提和基础,而流量在一定程度上取决于存量的大小。因为一定时期的经济流量,总是以其期初存量为基础或条件,期初存量与本期流量就形成期末存量。

小 结

1. 从统计学的产生和发展过程来看,可把统计学划分为三个时期:一是统计学的萌芽期,主要有国势学派和政治算术学派;二是统计学的近代期,主要有数理统计学派和社会统计学派;三是统计学的现代期,主要表现为统计学吸收数学营养的程度越来越高,向其他学科领域渗透的能力越来越强,统计学的应用日趋广泛和深入。

2. "统计"一词有三种涵义:统计工作、统计资料和统计学。统计工作是对社会、经济以及自然现象的总体数量方面进行搜集、整理和分析的活动过程。统计资料是统计工作的成果。统计学是研究客观事物数量方面的独立的方法论科学,在研究对象和研究方法方面都具有自己的特点。统计的三种涵义是紧密结合,相互联系的。统计学和统计工作之间存在着理论和实践的辩证关系。

3. 统计的研究对象就是社会经济现象总体的数量方面。统计研究的任务就在于揭示社会经济现象总体的数量规律性。统计的研究方法是统计学的精髓,构成统计分析方法体系的核心。它是统计实践经验的总结和理论升华。基本的统计方法有:大量观察法,综合指标法,模型推断法。

4. 统计工作是对社会进行调查研究,以认识其本质和规律性的一种工作。统计工作的全部过程,主要分为统计调查、统计整理和统计分析三个阶段或基本环节。这些基本环节虽然各有一定的侧重点和要求,但它们是相互衔接、紧密联系的。就其主要内容来说,通常要建立相应的统计指标体系,运用统计方法搜集统计指标数值,进行综合研究,阐明社会现象的数量特征及其规律性,以充分发挥统计的服务作用和监督作用。

5. 统计学与统计工作是理论与实践的辩证关系,两者都是以社会经济现象总体的数量方面为研究客体。统计学则更深入一个层次,它从方法论上具体指导统计工作实践。一般地说,统计学是一门研究如何搜集统计资料、加工整理和分析统计资料的方法论体的学科。

6. 统计研究中最基本的常用概念包括:总体与总体单位;标志和指标;变异与变量;流量与存量。

习 题

一、选择题

1. 统计有三种涵义,其基础是(　　)。
   A. 统计学　　　　B. 统计活动　　　　C. 统计方法　　　　D. 统计资料
2. 一个统计总体(　　)。
   A. 只能有一个标志　　　　　　　B. 只能有一个指标
   C. 可以有多个标志　　　　　　　D. 可以有多个指标

3. 下列变量中,( )属于离散变量。
   A. 一包谷物的重量
   B. 一个轴承的直径
   C. 在过去一个月中平均每个销售代表接触的期望客户数
   D. 一个地区接受失业补助的人数
4. 某班学生数学考试成绩分别为65分、71分、80分和87分,这四个数字是( )。
   A. 指标　　　　　B. 标志　　　　　C. 变量　　　　　D. 标志值
5. 下列属于品质标志的是( )。
   A. 工人年龄　　　B. 工人性别　　　C. 工人体重　　　D. 工人工资
6. 现要了解某机床厂的生产经营情况,该厂的产量和利润是( )。
   A. 连续变量　　　　　　　　　　　B. 离散变量
   C. 前者是连续变量,后者是离散变量　D. 前者是离散变量,后者是连续变量
7. 劳动生产率是( )。
   A. 动态指标　　　B. 质量指标　　　C. 流量指标　　　D. 强度指标
8. 统计规律性主要是通过运用下述方法经整理、分析后得出的结论( )。
   A. 统计分组法　　B. 大量观察法　　C. 综合指标法　　D. 统计推断法
9. ( )是统计的基础功能。
   A. 管理功能　　　B. 咨询功能　　　C. 信息功能　　　D. 监督功能
10. ( )是统计的根本准则,是统计的生命线。
    A. 真实性　　　　B. 及时性　　　　C. 总体性　　　　D. 连续性
11. 构成统计总体的必要条件是( )。
    A. 差异性　　　　B. 综合性　　　　C. 社会性　　　　D. 同质性
12. 数理统计学的奠基人是( )。
    A. 威廉·配第　　B. 阿亨瓦尔　　　C. 凯特勒　　　　D. 恩格尔
13. 统计研究的数量必须是( )。
    A. 抽象的量　　　B. 具体的量　　　C. 连续不断的量　D. 可直接相加的量
14. 最早使用统计学这一学术用语的是( )。
    A. 政治算术学派　B. 社会统计学派　C. 国势学派　　　D. 数理统计学派
15. 指标是说明总体特征的,标志则是说明总体单位特征的,所以,( )。
    A. 指标和标志之间在一定条件下可以相互变换
    B. 指标和标志都是可以用数值表示的
    C. 指标和标志之间不存在关系
    D. 指标和标志之间的关系是固定不变的

二、判断题

1. 统计学是一门研究现象总体数量方面的方法论科学,所以它不关心、也不考虑个别现象的数量特征。　　　　　　　　　　　　　　　　　　　　　　　　　　　　　( )
2. 三个同学的成绩不同,因此存在三个变量。　　　　　　　　　　　　　( )
3. 统计数字的具体性是统计学区别于数学的根本标志。　　　　　　　　　( )
4. 统计指标体系是许多指标集合的总称。　　　　　　　　　　　　　　　( )

5. 指标总是依附在总体上,而总体单位则是标志的直接承担者。　　　(　)
6. 变量是指可变的数量标志。　　　(　)
7. 社会经济统计是在质与量的联系中,观察和研究社会经济现象的数量方面。(　)
8. 运用大量观察法,必须对研究对象的所有单位进行观察调查。　　　(　)
9. 综合为统计指标的前提是总体的同质性。　　　(　)
10. 单位产品原材料消耗量是数量指标,其值大小与研究的范围大小有关。(　)
11. 质量指标是反映总体质的特征,因此,可以用文字来表述。　　　(　)
12. 大量观察法、统计分组法和综合指标法分别用于统计调查阶段、统计整理阶段和统计分析阶段。　　　(　)

第二章　统计调查与统计整理

学习重点和要点

（1）了解统计调查的意义及要求，统计调查方案的基本内容；统计整理的定义与基本程序。

（2）掌握各种统计调查方式和方法的内容与特点，统计分组，变量数列的编制方法、各种统计图表的绘制方法。

第一节　统计调查的概述

对社会经济现象进行统计调查研究，以达到认识事物的特征及其规律的目的，是一项严密科学的工作。在完成每项统计任务时，一般需要经历三个不同而又密切相连的基本环节，即统计调查、统计整理和统计分析。这三个环节虽然各有其相对的独立性，但又相互渗透，常常是交叉进行的。任何环节上出现偏差或失误，都会影响统计工作的质量。统计调查是统计研究工作的开始阶段，是决定整个统计研究工作质量的基本环节。

一、统计调查的概念和要求

统计作为认识社会的有力工具，首先要对社会实际情况作周密系统的统计调查。统计调查就是按照统计研究所预定的目的和任务，运用各种调查的组织形式和方法，有组织、有计划地向调查对象搜集各种原始资料以及次级资料的工作过程。原始资料是指向调查单位直接搜集的、未经加工整理而保持其原始状态的第一手资料。次级资料是指已经过加工整理、能在一定程度上说明总体特征的统计资料，又称为间接资料。例如，从统计年鉴、各种报表以及报纸杂志上所搜集的数据资料。显然，任何次级资料都是在原始资料的基础上加工整理得到的，因此，统计调查的基本任务就是取得反映调查对象各个单位的原始统计资料。

通过统计调查，直接拥有原始资料，这是统计研究的开端，又是统计整理和统计分析的前提。因此，统计调查是统计工作的基础，是决定整个统计工作质量的重要环节。这一阶段工作质量的好坏，会影响到统计整理和分析结果的可靠性、真实性，关系到能否准确地反映客观实际，得出正确的结论。统计调查理论和方法包括统计调查的意义、原则、要求，统计方案的制定,各类调查方法的特点、应用条件以及多种调查方法的结合运用等,这构成统计学原理的基础部分,它是和整个统计理论观点相一致的。由于统计工作过程各个环节的衔接性,以及统计调查在统计工作中的重要作用,所以统计调查的理论和方法在统计学原理中也占有重要的地位。

为提高统计数据的质量,统计调查工作要力求达到准确性和及时性这两个基本要求。统计调查的准确性,就是指统计数据采集、核算、传递的真实性,是统计数据质量的生命之本,关系到统计部门的声誉和存在价值。当今,中国的统计体系已逐渐和市场经济接轨,并能够及时反映经济发展的最新情况。2002年初,我国加入国际货币基金组织的GDDS即数据公布通用系统,按照GDDS的要求进一步规范统计数据的发布,增强了统计数据的透明度。准确性就是要求搜集的资料必须真实可靠、符合实际及具有的调查误差较小。统计调查只有做到了准确性,才能为正确的分析提供客观依据,得出科学的结论。

及时性就是要求保证统计调查所得到的资料的时效性,及时地向各级领导提供所需的资料,从时间上满足各层级对统计资料的需求。资料提供得越及时,其时间效用就越大,就越能提高资料的使用价值。统计调查的及时性,是统计数据质量的活力之源,关系到统计数据自身的价值和效力,它包括统计资料及时满足上级部门需要和及时完成各项调查资料的上报任务。因为过时的资料,反映不了实际情况,起不了应有的作用。例如某项统计调查任务由许多单位共同来完成,只要一个调查单位的资料上报不及时,就会影响到全面的汇总综合工作,所以统计资料的及时性也是一个关系到全局性的问题。在统计调查中,准确性要求和及时性要求是相互结合、相互依存的。及时性只有在准确性的前提下才有意义,而准确性也不能损害及时性的要求。

二、统计调查的分类

社会经济现象错综复杂、千变万化。为了准确及时地搜集原始资料,就应根据不同的调查对象和调查目的,采用各种不同的调查方式和方法。统计调查方式可以从不同的角度进行分类。

(一)按组织方式的不同分类

1. 统计报表制度

这是社会主义国家组织统计调查的一种重要方式,是所有企业、事业单位按照规定的表式、日期和程序,向上级和国家提供统计资料的一种报告制度。统计报表反映了国家的政治、经济、文化等方面的基本指标,可以用来检查计划的执行情况,为各级领导部门制定方针政策、领导日常工作服务。

2. 专门调查

这是针对调查对象的特点,为了某一特定目的而组织的一种搜集资料的调查形式。例如,为了提供确实的人口数字而组织的人口普查,为了研究职工生活状况而组织的职工家计调查等,都是专门调查。在我国统计实践中,专门调查有普查、重点调查、典型调查和抽样调查等,这对于了解国民经济和社会发展情况、实行科学管理、编制长期规划来说,都是非常需要的。

(二)按调查对象包括范围不同分类

1. 全面调查

这是对构成调查对象总体中的所有单位进行调查登记,为取得比较准确、全面的统计资料而组织的一种调查形式。例如,人口普查、物资库存普查等都是全面调查。又如我国的统计报表制度,在其实施范围内包括应填报的全部企事业单位,基本上也是全面调查。组织全面调查,应考虑实际需要与可操作性。因为全面调查往往耗费大量的人力、物力和时间,而且可能出现的调查误差也比较大,所以除了贯彻执行统计报表制度,全面、系统地搜集国民经济的基本统计资料外,只有某些必须掌握的全社会基本情况才进行全面调查,其调查内容仅限于最重要的少数基本指标。

2. 非全面调查

这是对构成调查对象总体中一部分单位进行调查登记的一种调查方式。例如,为了研究新技术、新经验在工业企业中的推广情况,一般不需要对所有工业企业一一进行调查;又如对产品进行具有破坏性的质量检验,只能从中抽取一部分产品进行检验。重点调查、典型调查、抽样调查以及非全面贯彻执行的统计报表,均属于非全面调查。由于调查单位相对有限,可以用较少的人力和时间,及时取得比较深入细致的资料。

(三)按登记事物的时间是否有连续性分类

1. 经常性调查

经常性调查是连续性调查,即随着调查对象的发展变化的情况,随时进行连续不断的登记。例如,工业产品产量,主要原材料、燃料、动力的消耗,货运量的发展变化过程,等等,通常需要采用经常性调查,其目的在于取得事物全部发展变化过程及其结果的统计资料。

2. 一次性调查

一次性调查是不连续的调查,是间隔一段较长的时间进行的调查。主要是对事物在一定时点上的状态进行登记,其目的在于取得该事物在特定时点上的水平、状态的资料。例如,工业企业固定资产总量、原材料库存量等,在一定时期内变动不大,通常采取一次性调查。一次性调查根据客观需要和研究任务的不同,分为定期和不定期的两种。前者是指每隔一定时期进行一次,其时间间隔大体相等,如规定以后每十年进行一次人口普查;后者是指在相邻两次调查之间的时间间隔不相等,例如科学技术人员的普查。

(四)按搜集资料的方法分类

搜集调查对象原始资料的方法,即调查者向被调查者搜集答案的方法。主要的方法有直接观察法、报告法、采访法和网上调查法等。

1. 直接观察法

直接观察法是由调查人员到现场对被调查对象进行直接点数和计量。例如,对商品库存的盘点等。此法的优点是能够保证所搜集的调查资料的准确性,也有利于开展统计分析,但所需要花费的人力、物力和时间较大,而且无法用于对历史统计资料的搜集。

2. 报告法

报告法就是报告单位利用原始记录和核算资料作基础,向有关单位提供统计资料。我国现行的统计报表制度就是采用报告法搜集资料并逐级上报的。

3. 采访法

采访法又可具体分为询问法和通讯法。询问法是按调查项目的要求向被调查者询问,将询问结果计入表内。通讯法一般是由统计工作机构将调查表格邮寄给调查者,然后被调查者将填答好的调查表寄回。

4. 网上调查法

网上调查法是利用现代信息网络来收集统计资料的方法。它通过网络向被调查单位和个人的网站发出调查提纲、表格或问卷,被调查者将在他们方便时亦通过网络向调查者发送信息。与传统调查方式相比,网上调查有其独特的优点:① 需要的经费较少;② 能在较大范围内进行调查;③ 传播快速且多媒体性;④ 调查结果客观性较高;⑤ 信息质量易检验和控制。这种调查方法符合市场经济追求经济效益的原则。在我国,大中型工业企业、房地产开发企业和中央企业集团网上直报范围迅速扩大,提高了统计调查的时效性和数据质量;许多地方亦正在积极探索应用电子台账和电子报表的新途径。

另外,在农产量调查中积极探索应用卫星遥感技术。卫星遥感法是一种使用卫星高度分辨辐射计提供地面农作物绿度资料来估计农产量的方法。此法运用得好,可以达到投资少、速度快、准确度高的要求。我国运用这种方法预测北方冬小麦产量已取得了一定的成绩,今后将进一步推广和完善。

以上所述的各种统计调查方式和方法,各有不同的特点、局限性以及不同的实施条件。只有针对不同的对象、调查目的和要求,因时、因地、因事制宜地灵活运用各种调查方式和方法,才能及时、全面、系统地提供准确的资料和情况,取得良好的效果。特别是在改革开放期间,新情况不断出现,其变化又十分迅速,同时,经济形式和经营方式也日益多样化,在这种条件下,如果习惯于布置全面统计报表,依靠层层上报来取得资料,统计就难以及时地为当前的经济体制改革和经济建设服务。因此,对于比较复杂的社会经济问题如物价改革、调整农村经济结构、加强宏观经济控制和调节等,善于运用多样化的方式和方法进行统计调查,具有重大的现实意义。而对各种调查方式和方法及其相互配合、交叉运用进行深入的研究,则是一个重要的课题。

三、统计调查方案

统计调查是一种复杂而又细致的工作,规模较大的调查项目,面广量大,需要动员成千上万的人员协同工作才能完成。因此,进行统计调查时,必须全面地计划,严密地组织,事先要制定统计调查方案,以便在调查过程中统一认识、统一内容、统一方法、统一步调,顺利完成统计调查的任务。

统计调查方案又称统计调查计划。主要包括以下几项内容,亦即组织统计调查必须解决的基本问题。

(一) 确定调查目的

确定调查目的,就是要明确通过调查需要解决什么问题,搜集哪些资料,这是统计调查的首要问题。有了明确的目的,才能有的放矢,确定向谁调查、调查什么、采取什么方式和方法进行调查等一系列问题。

实践证明,每次调查,确定的调查目的要明确,突出中心问题,不应面面俱到;规定的调查任务要具体,以便搜集真正需要的资料。否则,就会使工作带有盲目性,严重影响统计调查的质量,甚至浪费人力、物力和时间。

调查目的和整个统计研究的目的应该是一致的,要根据社会主义建设与科学研究的需要,各级领导提出急需解决的新情况和新问题,以及统计分析中的突出问题加以确定。例如,我国1978年进行科学技术人员的普查,其目的"主要是确切掌握当前全国科学技术队伍的基本情况,为加速发展我国科学研究事业,制定科学技术规划提供必要的依据,以便为切实贯彻执行党的向科学技术现代化进军的重大政策,充分发挥科学技术人员的作用,加快实现我国科学技术的现代化服务"。又如,1982年全国第三次人口普查,目的是为制定符合国情的国民经济计划,加强计划生育、控制人口增长以及统筹安排人民物质和文化生活提供准确的人口数字资料。

(二)确定调查对象和调查单位

调查对象就是根据调查目的确定的、需要进行调查研究的某一社会经济现象的总体。调查单位就是构成该总体的个体,是在调查过程中应该登记其标志的具体单位。例如,调查目的是搜集工业企业生产情况的资料,则调查对象就是所有的工业企业,而每个工业企业都具有所要调查的各种标志(如产品产量、质量、成本等),所以是调查单位。又如,调查目的是要搜集工业企业职工状况的资料,调查对象就是所有工业企业的职工,每个职工就成为调查单位。在统计调查阶段,除了确定调查单位外,还要规定报告单位,即按规定日期、表式负责提交统计资料的企事业单位。在多数调查中,调查单位与报告单位是一致的,但有时是不一致的。在上述第一个例子中,每个工业企业既是调查单位又是报告单位。在第二个例子中,调查单位是工业企业的每个职工,而报告单位则是每个工业企业。确定调查单位,是为了明确向谁调查所要研究的各种标志;规定报告单位,即明确由谁负责提交统计资料,以保证调查工作顺利进行。

由于社会经济现象非常复杂,彼此之间相互联系、相互交错,科学地确定调查对象具有十分重要的意义。其关键就是要以马列主义的理论为指导,从质的方面划分现象的类别,结合实际情况,明确规定统计调查总体的范围,分清应该调查和不应调查的现象之间的界限。例如,以全部工业企业为调查对象,就必须根据马克思主义政治经济学原理,把工业部门与其他物质生产部门区分开来;又如,以所有工业企业职工为调查对象,除了明确工业的范围外,还应按照有关规定,划分工业企业职工与其他劳动者的界限。确定调查对象,即明确规定有关总体的范围和界限,可以避免因界限不清而导致调查登记的重复或遗漏,保证调查资料的准确性。此外,要注意调查单位与总体单位的关系。全面调查中,二者是一致的;而非全面调查中,二者是不一致的,前者仅是后者的一部分。

(三)确定调查项目

在调查目的、调查对象、调查单位确定之后,必须确定具体的调查项目。

调查项目是所要调查的具体内容,它完全是由调查对象的性质、调查目的和任务所决定的,包括调查单位所须登记的标志(品质标志和数量标志)及其他有关情况。例如,2000年全国人口普查根据调查项目拟定了姓名、性别、年龄、民族、文化程度、职业、行业、婚姻状况、迁来本地的原因等26个人记录调查项目。

调查项目所要解决的问题是向被调查者调查什么,也就是被调查者需回答什么问题。在具体拟定调查项目时需注意下列四个问题:

(1)调查项目要少而精,只列入为实现调查目的所必需的项目。否则会造成调查工作的浪费。

(2)本着需要和可行性的原则,只列入能够得到确定答案的项目。被调查者说不清楚或无法回答的项目,不要列入。凡列入的调查项目,含义要具体明确,一看就懂,理解一致;有些项目根据需要添加注释,规定统一标准等。

(3) 调查项目之间尽可能保持联系,以便相互核对起到校验作用。在一次调查中,各个项目之间保持有一定的联系;在两次或历次调查中项目之间尽可能地保持联系,使其具有可比性。

(4) 有的项目可拟定为"选择式"。例如,"文化程度"就可分为"大学毕业"、"大学肄业或在校学生"、"高中"、"初中"、"小学"、"识些字"、"不识字"几栏,被调查者可根据实际情况圈画。

2010年1月1日起执行的《中华人民共和国统计法实施条例》,对统计调查项目的设定提出了明确的要求,规定项目拟订机关在拟定调查项目时应当就项目的必要性、可行性、科学性进行论证,并征求有关方面的意见,重要的统计调查项目还应进行试点;同时还规定,设定统计调查项目,应当尽量减轻统计调查对象的负担,凡通过抽样调查、重点调查能够满足需要的,不应组织开展全面调查。

列出调查项目的表格形式就是调查表。调查表一般分为一览表与单一表两种形式。一览表是把许多调查单位和相应的项目按次序登记在一张表格里的一种统计表,当调查项目不多时可用一览表,如人口普查表就是一种一览表。单一表是一张表格里只登记一个调查单位,如果项目多,一份表格可以由几张表组成,如职工登记卡片等。一览表的优点是每个调查单位的共同事项只需要登记一次,以节省人力和时间;其缺点是不能多登记调查单位的标志。而单一表的优点是可以容纳较多的标志;其缺点是每份表上都要注明调查地点、时间及其他共同事项,造成人力和时间的浪费。

调查表亦即调查问卷。在现实生活中,很多人在网络上或者是大街上都有可能接触到各种各样的调查问卷。一份调查问卷设计质量的高低会直接影响到调查结果的好坏。因此,我们有必要阐述设计统计调查问卷时一般需注意的一些问题。

1. 调查问卷的结构

一般地说,问卷的结构主要由封面信、指导语、问题与答案、编码等几个部分组成。

(1) 封面信。即一封给被调查者的短信。它应该简明扼要地向被调查者说明该项调查的内容、调查的目的、意义和调查者的身份,可说明为被调查者保密,在信的结尾处真诚地感谢被调查者的合作与帮助等。

如果是访问问卷,在问卷的封面信的下方还应印上相关信息。

例如:调查时间、问卷编号、调查员姓名、被访者合作情况、核查员姓名。

(2) 指导语。即用来指导被调查者填写问卷的说明。它一般在封面信之后,并标有"填表说明"或"注"的标题,其内容应对填表的方法、要求、注意事项等作一个简明介绍。

此外,有些指导语放在有关问题后,用括号括起来,其作用在于指导被调查者填写该问题。例如:上例中,问"您购买了哪一类保险产品?(可多选)",等等。凡是问卷中有可能使回答者不清楚的地方,都应予明确的指导。

(3) 问题与答案。这是问卷的主体。问题可分为限定回答式和非限定回答式。限定回答式问题是指对同一问题给出几种固定的答案或方案供回答者选择。例如,上述调查问卷中有一项调查:"您是通过何种途径购买保险产品的?"就给出几种答案供回答者选择。

非限定回答式问题,就是给出一个问题让回答者自己回答。例如,上述调查问卷中有"请您留下对保险公司的宝贵意见和建议"的问题。回答者回答一点、两点或三点及三点以上都可以。当某个问题可以用具体指标衡量时,可采用限定回答式;当对某个问题不甚清楚,也没有具体衡量指标时,就采用非限定回答式。

(4) 编码。即赋予每一个问题及其答案一个数字作为它的代码。这是为了将被调查者的回答转换成数字,以便输入计算机进行处理和定量分析。编码有两种形式:一种是调查前(即设计问卷时)编码,叫事前编码;另一种是调查后编码,叫事后编码。在实际调查中,研究者大多采用事前编码,因而事前编码也就成了问卷中的一部分。

2. 提问的格式

提出的问题有非限定式问题和限定式问题两种。非限定式问题由于不需要列出答案,所以其格式很简单。在设计时,只需要提出问题,然后在该问题下留出一定的空白即可。限定式问题的格式则不同,它需要列出问题和答案两部分。在设计中,其主要格式有下面几种:

(1) 填空式。即在问题后面画一条横线,让回答者填写。它一般适合于回答者容易填写的问题,常常只需要填写数字。例如:

① 请问您家有几口人?_____口

② 您现有的住房建筑面积有多大?_____平方米

(2) 二项式或是否式。即问题可供选择的答案只有两个,被调查者只能填其中一个答案。例如:

您的性别:① 男—— ② 女——

(3) 多项式。即可供选择的答案在两个以上,根据问卷的要求,回答者或只能选填其中一个,或可以选填其中几个答案。例如:

您的职业:

① 工人_____ ② 农民_____ ③ 军人_____ ④ 干部_____ ⑤ 科研人员_____ ⑥ 其他_____

(4) 矩阵式。即把两个或两个以上的问题集中起来,用一个矩阵来表示。如表 2-1 所示。

表 2-1 矩阵式格式

	1. 满 意	2. 无所谓	3. 不满意
1. 您对本市的物价管理			
2. 您对本市的交通状况			
3. 您对本市的环境绿化			

(5) 直线式。主观态度方面的问题常常不容易一格一格地挑选,态度的两端构成是一个连续体。对于这种问题可以用直线式,让被访者在直线的任何一点上作出回答。如图 2-1 所示。

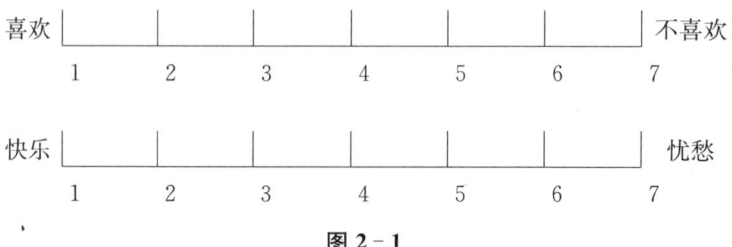

图 2-1

(6)序列式。即有些问题是需要被调查者对所给出的全部答案做出反应,并区分出重要程度。对于这类问题,可采用序列式。序列式有许多不同的格式,下面列出其中两种:

① 格式一:从几个答案类别中挑选一个最重要的。例如:

您认为我国目前最急需解决的问题是:(限填一个)

1)工业　2)农业　3)土地　4)科技　5)教育　6)生态环境　7)人口　8)其他(请说明)

② 格式二:从一系列答案类别中挑出最重要的几个。例如:

您认为我国目前最急需解决的问题是(限填2~4个):

1)工业　2)农业　3)土地　4)科技　5)教育　6)生态环境　7)人口　8)其他(请说明)

3. 调查问卷设计的要求

(1)要认识问卷设计的出发点。问卷是研究者在调查中用来收集资料的工具,所以,设计问卷应该要考虑研究的需要,但是其首要的要求就是应该认识到方便回答者理解并回答是设计问卷的出发点。不能只把注意力放在编制什么问题上,还要多从回答者的角度考虑,尽力为回答者回答问卷提供方便。

(2)问卷的问题必须围绕假设进行设计。问卷的问题应该满足检验假设的要求。为此,设计者对问卷的设计应当有一个总体框架,对设计的每一个问题所起的作用应十分清楚,对一个理论假设需要哪些指标来测量也应十分明确。

(3)问题的表述要清楚。

① 每个问题要规范化、标准化,即问卷上提出的每个问题、变量和指标都要有明确规定,使所有的回答者能作出一致的理解。为此,需要采用一种"操作"定义,明确规定或指明某一概念的具体含义。如,"青年"这个词,在我国宪法中,在征兵条款中,在共青团组织中,在老中青干部中,在青年知识分子中,都有不同的规定。因此,在问卷设计时,必须给"青年"以操作性定义,指明青年的范围。

② 一句话只问一件事,不要问两件或两件以上的事。

③ 提问不能带有暗示,即不能带有感情色彩和倾向性。

④ 问题间的承接要清楚。

(4)所列问题不能超出回答者的能力。这种能力包括识别文字和理解文字的能力、知识的范围和水平等。在问卷中,文字要浅显易懂,不要用冷僻、深奥和过于抽象的词句,要根据不同的对象,使用他们熟悉的语言。

(5)问卷中的问题应尽量避免社会禁忌和敏感性问题:如"您家有存款多少?""您离过婚吗?"等。

(6)问题的排列顺序要恰当。把被调查者熟悉的问题放在前面,把被调查者比较生疏的问题放在后面;把简单回答的问题放在前面,把较难回答的问题放在后面;把能引起被调查者兴趣的问题放在前面,把容易引起他们紧张或产生顾虑的问题放在后面,等等。

(7)文字应尽可能简明扼要。无论是设计问题还是设计答案,所用语言都应简单。问题的陈述要尽可能简短。

(8)限定式问题中的答案要具有穷尽性(即答案包括了所有可能的情况)和互斥性(即答案之间不能相互重叠或相互包含)。

(四) 确定调查时间和调查期限

调查时间是指调查资料所属的时点或时期。从资料的性质来看,有的资料反映现象在某一时点上的状态,统计调查必须规定统一的时点。对普查来说,这一时点为标准时间。我国第五次人口普查的标准时间定为 2000 年 11 月 1 日零时。有的资料反映现象在一段时期内发展过程的结果,统计调查则要明确资料所属时期的起讫(一月、一季、一年),所登记的资料指该时期第一天到最后一天的累计数字。例如,第二次全国经济普查,对于产量、产值、销售量、工资总额、利润税金等指标,皆为 2008 年 1 月 1 日到 12 月 31 日的全年数字。

调查期限是指调查工作进行的起讫时间(从开始到结束的时间),包括搜集资料和报送资料的整个工作所需的时间。例如,我国第五次人口普查规定 2000 年 11 月 1 日零时为普查登记的标准时点,要求 2000 年 11 月 10 日以前完成普查登记,则调查时间为 11 月 1 日零时,调查期限为 10 天。为了保证资料的及时性,必须尽可能缩短调查期限。

(五) 制订调查的组织实施计划

严密细致的组织工作,是使统计调查顺利进行的保证。调查工作的组织计划包括调查机构、调查步骤、人员及组织训练、经费等问题。值得注意的是,调查人员的素质往往直接影响到调查的质量,因此,在组织大型调查之前须组织必要的专门的训练,落实经费的来源,制订切实可行的调查经费计划。

整个统计调查方案的内容,即是对统计调查的设计。这个方案不仅限于调查阶段的问题,也包括了统计整理阶段汇总内容方面的问题。因此,应该把它看成特定统计过程的总方案。由于我们的认识总有局限性,所以制定的调查方案是否符合实际,还有待于调查实践的检验。随着统计工作的现代化,调查方案也要求日趋周密,并且运用系统工程的原理和运筹学的方法实行各个环节的质量控制、层层把关,以保证调查任务的顺利完成。

第二节 统计调查的方式

进行统计调查,应该根据被研究现象的性质和研究任务的不同,广泛采用各种调查的组织形式,灵活运用统计报表制度、普查、抽样调查、重点调查和典型调查等方法,取得较好的成果。

一、统计报表制度

(一) 统计报表制度的概念和作用

统计报表制度就是基层企业、单位和各级主管机关,根据一定的原始记录和核算资料,按照国家或上级统一规定的表格形式、指标和内容、上报时间和程序,定期向上级和国家报告计划执行情况、重要经济活动的报告制度。

只有在社会主义国家里,实现了生产资料的社会主义公有制,国家集中统一地管理国民经济,才有可能实行科学的统计报表制度。我国的统计报表制度,已成为一种经常使用的统计调查的组织方式。按照国家的规定,执行统计报表制度,则是各地区、各部门、各单位必须向国家履行的义务。

按照统计报表制度的规定,以表格形式提出的各种书面报告,叫作统计报表,是经常取得全面统计资料的主要途径。从不同角度和要求来分,统计报表可以作如下的分类:

1. 按制发单位的不同分类

(1) 国民经济基本统计报表,是由国家统计部门统一制发,用来搜集工业、农业、交通运输、基本建设、商业、劳动工资、物资、财政金融、文教卫生、科学研究等方面最基本的统计资料。用以反映国民经济和社会发展的基本状况,是进行宏观决策和编制计划的重要依据。

(2) 专业统计报表,是各有关部门为适应部门内业务管理的需要而制订的,在本系统内实施。用以搜集部门内的业务技术资料,作为基本统计报表的必要补充。

2. 按报送周期长短的不同分类

报表报送周期的长短与填报指标项目的详简密切相关。

(1) 日报和旬报,只限于生产中最主要的指标,主要是为了较快地反映中心工作进展和主要产品生产进度,所以又称为进度报表。

(2) 月报、季报和半年报,指标项目较多,主要用来检查各部门计划执行情况,反映生产与经济的动态。

(3) 年报,具有总结性质的报表,指标项目最多,内容全面完整,是检查当年计划执行情况和制订新的年度计划的依据。

3. 按报送方式的不同分类

(1) 邮寄报表,通过邮局寄送。

(2) 电讯报表,分为电报、电话和电视传真等方式。

采用什么报送方式,主要取决于报表内容的详简及其需要的紧迫程度。

4. 按填报统计指标的调查单位的范围分类

(1) 全面的统计报表,要求调查对象的每个单位都要填报。目前,大多数报表都属于全面的统计报表。

(2) 非全面统计报表,只要求调查对象的一部分单位填报。它一般是结合重点调查、典型调查或抽样调查等方式运用,先抽选出一部分调查单位,再将统计报表布置给这些单位填报。例如,调查工业主要技术经济指标,只要求重点企业填报这种统计报表。

5. 按填报程序和单位的不同分类

(1) 基层报表,是由基层单位填报的统计报表,填报单位称为基层填报单位。

(2) 综合报表,是由各地方统计部门或上级主管部门根据基层报表逐级汇总填报的统计报表,填报综合报表的单位或部门称为综合填报单位。

以上各类统计报表的共同特征,反映了我国统计报表制度的基本特点:(1) 统计报表的指标项目、内容和报送时间由国家统一规定,在实施范围内,各单位必须贯彻执行,以保证资料的统一性和时效性。(2) 报表中的统计指标含义、口径和计算方法均有统一规定,而且与相应的计划指标相一致,既便于资料在全国范围内进行汇总和综合,又便于检查有关计划的执行情况。(3) 统计报表提供的资料是以基层单位的原始记录、核算资料为依据,具有一定的可靠性。(4) 统计报表是定期连续地调查登记的,便于完整地积累资料,用来进行动态对比。

统计报表制度是我国搜集统计资料的一种主要的组织方式,起着重要的作用,但也有其局限性。由于通过全面的定期统计报表搜集资料,需要占用大量的人力、物力;报表内容比较固定,要按规定程序逐级报送和汇总,经过较长的时间才能取得资料,往往不利于及时地跟踪和检查计划、政策的执行情况;逐级上报汇总的中间环节较多,出现登记误差的可能性也随之而增加。此外,在一定的条件下,对于某些情况的调查,不可能或者不需要采用全面的定期统计报表来取得资料,例如职工生活水平的资料、居民消费结构的资料、有关市场调节范围的经济活动方面的资料,等等。因此,不能因过高估计统计报表的作用而忽视各种调查方式的相互交叉配合、灵活运用,有必要开辟多种调查渠道,运用多种调查方法,提供更多的合乎需要的资料,充分发挥统计服务和统计监督的作用。

(二) 统计报表制度的基本内容

统计报表制度在国民经济管理中具有重要的作用,它的制订是一项复杂细致的科学工作。其基本内容包括两个方面:

1. 表式

表式即统计报表的具体形式。每张报表除了列出表名、表号、填表单位、报出日期以及报送单位负责人和填表人的签署外,表式的主要内容是主栏项目、宾栏指标以及补充资料项目等。统计调查资料就是通过这类表式的填报而取得的,所以表式是统计报表制度的主体。

2. 填表说明

为了使基层单位对报表内容有统一的理解,正确填报,保证报表资料的质量,必须编制填表说明。主要包括:

(1) 填报范围,就是报表的实施范围。既要指明每种统计报表应由哪些单位填报,即规定填报单位或报告单位,又要指明各级主管部门或统计部门进行汇总时的综合范围。明确规定填报范围,可以避免填报单位遗漏,同时在填报范围发生变动时,便于调整统计资料,使不同时期或不同地区的统计资料具有可比性。

(2) 分类目录,即统计报表主栏项目一览表。例如,工业企业填报产品产量报表时,根据的是"主要产品产量目录";商业部门填报主要商品购销存报表时,则根据"主要商品目录"。分类目录是填报单位填报有关统计报表的重要依据。各类目录并不是一成不变的,随着客观情况的变化和管理工作的改进,需要作必要的修订。

(3) 指标解释,是统计报表制度中的一项重要内容。对列入表式的统计指标的解释,力求达到:指标的概念简明清晰,计算的范围界限分明,计算方法具体详细。填报单位对指标的概念有了统一的理解,在计算范围和计算方法上有了统一的标准,才能正确填报,保证统计数字的准确性和统计资料的可比性。

为了保证统计报表制度的贯彻执行,制订统计报表制度时一般应遵循以下的原则:(1) 关于表式和指标的确定,既要实用,又应精简。即在满足党政领导和有关部门了解情况、计划管理和业务领导的需要这一前提下,表式和指标要力求精简,避免烦琐重复。(2) 根据实际需要,确定各种统计报表的报告周期,分清轻重缓急,规定按月、按季或按年进行统计调查,如期编报。(3) 基层报表应逐步做到统一、配套。一般由统计部门会同有关主管部门共同制订一套基层企业统一使用的统计表式,或者划分不同类别的报表,由统计部门和各主管部门分别制订,最终配成一套基层企业统一适用的统计表式。这套表式一经制订,在一定时期内应保持相对稳定。(4) 结合地区性特点,地方综合统计报表在满足上级综合部门需要的前提下,可以增加地方需要的指标和分组。(5) 国家、部门和地方的统计报表制度必须适当分工,互相配合。凡是在国家统计报表的基层表中可以取得的资料,部门和地方的统计报表不应要求基层单位重复填报,以减轻基层单位的负担。

总之,制订的统计报表制度应符合科学、统一、实用、精简的要求。制订统计报表时,还要考虑基层单位的负担。

（三）原始记录和统计台账

统计报表资料来源于基层填报单位的原始记录和统计台账。建立和健全原始记录、统计台账是加强企业单位经营管理，做好统计工作的重要基础工作之一。

1. 原始记录

原始记录是基层单位通过各种表、票、单、卡和册等形式，对生产、经营活动的过程和成果所作的第一手的数字或文字记录，是未经加工整理的初级资料。例如，企业的产品产量、质量记录，工人出勤和工时记录，原材料、燃料、动力消耗记录等，是反映企业各种生产情况的原始记录；商品销售记录、现金收支凭证、库存物资收付记录等，则是反映企业经营情况的记录。

在基层企业中，哪里有生产经营活动，哪里就有原始记录，其范围广泛，种类多样。但一般说来，每种原始记录须具备三个要素：(1)时间，即生产经营活动发生的时间；(2)项目，即生产经营活动的内容，例如工人加工某种零件等；(3)数量，即实际完成或实现的数量。同时，原始记录具有以下四个特点：(1)记录内容的广泛性，即涉及企业的生产经营活动的各方面的情况，如人员的工作情况、物资的变动情况、生产活动情况、业务工作情况，等等。(2)记录事项的具体性，即按照生产活动和业务经营工作中发生的具体事实和项目，如实地加以记载。(3)记录时间的经常性，即随着生产经营活动的不断进行，经常及时地登记各个事项。(4)记录工作的群众性，这是由于原始记录涉及的范围广泛，必须动员群众，特别要依靠直接参加各项具体工作的人员和工人分别记载，与职工参加管理相结合。

由于原始记录具有上述几个要素和特点，所以对于做好统计工作和加强企业管理具有重要作用：原始记录是企业单位编制统计报表和进行经济核算的依据，又是基层单位进行科学管理的基础，也可以为群众性的劳动竞赛和职工参加管理提供根据。

为了适应企业经营管理和统计、会计、业务技术三种核算的需要，科学地设置原始记录是基层单位搞好经营管理的一项基础工作。原始记录的设置，主要包括记录表格的设计、记录指标的确定、记录方法的规定以及制度的建立等。设置原始记录，应遵循以下基本原则：

(1) 从实际出发，使原始记录符合企业生产经营的特点，适应经营管理的要求。不同的企业或同一企业的不同车间、工段和小组，不仅在生产条件和经营管理水平上不尽相同，而且在具体业务项目和范围方面存在着较大的差别，因此，对于原始记录的类别、范围、形式、内容、方法和程序等问题，应根据实际情况，区别对待，具体解决。同时，也应随着生产业务的发展和经营管理水平的提高，对原始记录进行整顿和改进。

(2) 兼顾企业经济核算的统一需要的同时，还要符合国家统计制度和会计制度的要求。企业的统计、会计和业务技术核算虽有区别，但客观上存在着有机的联系，对于原始记录的要求基本上是一致的，但也会有不尽一致的要求。因此，原始记录的设置，有关部门应互相配合，通盘考虑原始记录的范围、项目、指标及其计算方法、传递程序等，以利于各个部门能相互为用，统筹兼顾三种核算的要求，使原始记录为企业统计核算、会计核算和业务管理提供可靠的依据。此外，基层单位的有关原始记录的各项规定，必须符合国家统计制度和会计制度的要求，为执行国家和主管部门规定的统计工作和财务工作任务奠定基础。

(3) 应该和企业各项管理制度密切结合。原始记录的设置与各项管理工作配合进行，使原始记录成为企业和生产单位整个管理制度的有机组成部分。例如，职工考勤记录要与职工考勤制度相结合，产品质量记录要与产品质量检验制度相结合，原材料收发记录要与原材料管理制度相结合，等等。这样，可以发挥原始记录在企业经营管理中的作用，也有利于各项记录工作的开展。

（4）原始记录力求简明扼要，通俗易懂，记录的方式方法也简便易行，便于群众填写，保证资料的质量。

2. 统计台账

统计台账就是根据填报统计报表和统计核算工作的需要，将分散的原始记录资料按时间顺序进行系统登记、积累统计资料的表册。

统计台账种类繁多，格式多样，应视各个基层单位的具体情况和实际需要而定。其基本形式大体上可以分为多指标的综合台账和单指标的分组台账。多指标综合台账是在同一个表册上，按时间顺序，同时登记若干个有关指标数值的动态情况，例如，企业或车间为检查各项主要指标完成情况而设置的主要指标完成情况台账；单指标分组台账是在同一个表册上，按时间顺序，同时登记各个下属单位某一项指标数值的动态情况，例如，分门别类设置的产品进度台账、设备利用台账、原材料消耗台账，等等。通过统计台账，可以取得比较全面而系统的统计资料，有利于准确、及时地编制统计报表，有利于系统地积累资料，便于反映生产经营活动的动态，及时检查生产工作的进度，为开展研究分析工作打下基础。

综上所述，可见原始记录、统计台账和报表三者之间有着密切的联系。就企业内部统计资料汇总的基本过程而论，原始记录是进行大量观察、取得最基本的数字资料的最初环节，是统计报表资料的主要来源。通过中间环节即统计台账，将原始记录的数字资料，分门别类，逐日登记，进行系统整理和综合，是积累统计资料的手段。最后，将整理过的资料进行汇总和核算，按照一定报表形式加以反映。报表就是反映和提供统计资料的一种重要方式。企业按照经营管理和核算工作的要求，根据原始记录或统计台账的资料，汇总编制各种企业内部报表，在企业内部逐级上报。企业内部报表为企业各级领导和业务部门指导生产、加强经营管理提供依据，也是保证完成国家统计部门和业务部门统计任务的重要工具。

上述原始记录、统计台账、报表之间的关系，表明了统计资料的一般汇总过程及其环节，可以概括地表述，如图 2-2 所示。

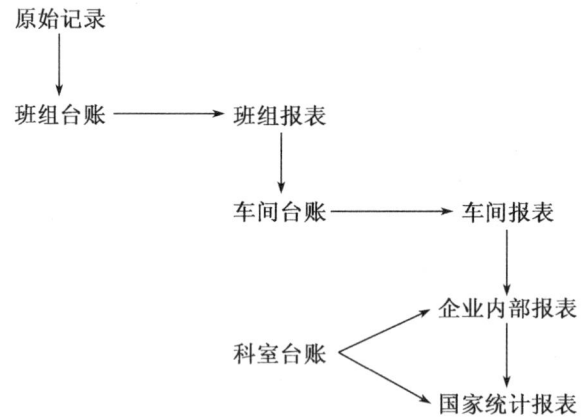

图 2-2 原始记录、统计台账和报表之间的关系图

二、普查

(一) 普查的意义和方式

在全面调查中,统计报表虽然是提供全面的基本统计资料的重要方式,但有些社会经济现象如人口增长及其构成变化、物资库存、耕地面积、工业设备等情况,不可能经常组织全面调查,也不便于实行统计报表制度,这就需要采用普查方式,以取得国家所必须掌握的这些现象的全面统计资料。

普查是一种专门组织的一次性的全面调查,例如,我国历次进行的人口普查、物资库存普查,等等。普查与统计报表主要不同之处,就在于它不是按固定的时间间隔连续进行的经常性调查,而是为了特定目的,用来调查属于一定时点的社会经济现象的总量。普查与其他专门调查不同,它是对调查对象的全部调查单位进行调查。

普查一般是在全国范围内进行的,由于它是一种具有大量性和一次性特点的社会调查,需要大量的人力、物力和财力,只有对于国民经济和政治文化生活中的重大问题,根据党和国家的需要,才分期分批地专门组织各项普查。普查主要用来搜集某些不能够或不适宜采用定期的全面统计报表搜集的重要统计资料,作为党和国家了解重要的国情国力、制定方针政策和措施、编制国民经济长远规划的依据,并作为对政治、经济、文化等现象进行深入研究分析时的参考。

进行普查的具体方式基本上有以下两种:(1) 组织专门的普查机构,派出调查人员,对调查单位直接进行登记。例如,我国历次人口普查及 1985 年的全国工业普查,都是采用这种方式进行的。(2) 不专门设立统一的普查机构和不配备专门的普查人员,而是利用企业、机关、团体内部的原始记录和报表资料进行填报,或者根据这些核算资料结合实际清库盘点的情况进行登记。例如,我国历次物资库存普查,就是属于这种方式。随着社会主义建设事业的发展,需要某些专门问题的详细资料日益增多,以及基层单位的管理和核算工作的改进,今后将会更多地采用这种方式。

(二) 组织普查的原则

由于普查是一次性的全面调查,面广量大,要求取得的资料有较高的准确性和时效性;同时,普查的对象往往随着时间而不断变化,在空间分布上也会有较大的变动。因此,与其他调查方式相比,普查要求集中领导的程度更大,力求统一要求和统一行动,并严格遵守以下的基本原则:

1. 确定普查时点

普查时点即"标准时间",以免普查中出现重复登记或遗漏。

例如,我国 1990 年第四次人口普查的标准时间是该年的 7 月 1 日零时,全国各地区的人口数都是这一时点上的数字,合计全国总人口数为 113 051 万人。不论登记的时间是在规定的时点以前或者以后,都必须按标准时间的实际状态调整,以取得标准时间上的准确数字。

2. 选择普查的时期

就是规定进行普查登记的时期。普查时期的确定,应考虑普查任务、特点和实施调查的条件,一般选择在被调查现象变动最小或者最适宜进行普查工作的时期。在选定普查时期的基础上,再确定普查的标准时间。例如,我国第三次人口普查在 1982 年 6 月下旬到 7 月上旬之间进行调查登记,就是考虑了上述因素后确定的。在此基础上,明确规定此次普查的标准时间为该年7月1日零时。

3. 同类普查的内容

在各次普查中应尽可能保持一致,一般要按一定的周期进行,以便对比分析历次的普查资料,观察被研究现象的发展变化及其规律性。

根据普查的组织原则和要求,要通盘考虑繁重复杂的普查工作的全过程,做好充分的准备工作:(1)建立和健全统一的普查领导机构,是做好普查工作的组织准备的关键。(2)设计普查方案,应根据具体目的,确定普查对象和单位、普查项目(包括有关分类、说明和计算方法等)和普查时间。(3)训练普查人员。(4)组织试点工作,总结经验,借以修订普查办法和工作细则;有时还应制定阶段工作进度图,编制从登记、复查、编码、数据录入直到分析的各个环节工作流程图等。试点的过程也是修改和完善普查方案并从中培训干部的过程,为由点到面开展普查工作奠定可靠的基础。(5)物质准备,主要涉及如电子计算机等汇总工具、印发普查文件以及经费预算等。准备工作为普查的全面展开提供条件。接着,正式进行调查登记,将普查资料及时报送受报机关;汇总分析普查资料,报送有关部门;公布资料,总结普查工作。

普查涉及千家万户,是一项广泛的群众性工作,必须进行广泛的宣传教育,阐明调查目的、任务、方法和有关政策,取得广大群众的积极支持和合作,才能顺利完成普查任务。

(三)快速普查

为了满足国家的迫切需要,如期完成特殊紧急的普查任务,就不能采取传统的"逐级布置、层层汇总、逐级上报"的做法,而要进行一种特殊的普查,即快速普查。其主要特点:一是布置任务和报送资料越过中间一切环节,由组织领导普查工作的最高机关与基层单位直接联系;二是采用电讯方式布置任务和报送资料;三是普查资料由最高领导机关集中汇总。归根到底,快速普查就是要缩短传递时间和汇总时间,突出快速,力求快中求准。我国1956年进行的"钢材快速普查",仅在21天内就完成了2 400多个单位的钢材库存情况的普查任务,为国家重新平衡调剂钢材提供了可靠的依据。

快速普查也有其局限性,普查项目要少,涉及范围要小,才能快速地完成任务,取得比较准确的资料。如果普查内容复杂,就不宜采用快速普查。同时,就快速普查进行的具体方式而论,属于以前所述的第二种方式,主要利用企业、机关、团体的原始记录和核算资料填报。只有在具备这种有利条件的情况下,快速普查才能取得预期的效果。

三、抽样调查

抽样调查是按照随机原则,从总体中抽取部分单位进行观察,借以从数量上推断总体的一种非全面调查。抽样调查也是一种非全面调查,它是在全部调查单位中按照随机原则抽取一部分单位进行调查,根据调查的结果推断总体的一种调查方法。例如,我们要检验某种产品的质量,就要从整个产品中随机抽取若干个产品进行检验,看它们的合格率或不合格率是多少,然后以此推断全部产品的合格率或不合格率是多少,还可以推算合格或不合格产品的总量。

抽样调查与其他非全面调查比较,具有两个基本特征:第一是按照随机原则抽选单位,排除个人主观意图的影响;第二是对一小部分单位做深入细致的调查研究,取得数据,并据此从数量上推算总体。

在社会经济现象中,有很多现象是无法进行全面调查的,故需采用抽样方法调查;即使对可以用全面调查方式的现象来说,有时用抽样调查方式更加节约并能提高效率。当今世界许多国家,无论自然科学试验或社会科学搜集资料,都广泛采用抽样调查方法。改革开放以来,我国进行了一系列的统计调查方法改革,要求在统计的各个领域广泛推广、运用抽样调查,并不断地提高它在统计调查方法体系中所占的比重,逐步取代传统的逐级上报、层层汇总、无所不包的全面统计报表,确立它在统计调查中的主体地位。关于抽样调查的原理和方法,留待本书第七章中专门论述。

四、重点调查

(一) 重点调查的意义和作用

研究复杂的社会经济现象,不能不讲效率,事事依靠全面调查。如果调查任务只要求掌握基本情况,就不必对调查对象进行普查,可以采用重点调查。

重点调查是在研究现象的总体中,选择其中的重点单位进行调查,借以了解总体基本情况的一种非全面调查。这些重点单位的数目只是全部单位数中的一部分,但就调查的标志值来说,它们在总体的标志总量中却占有很大的比重,因此可以从数量上反映总体的基本情况。例如,要了解全国钢铁生产的基本情况,只要对少数几个重点钢铁企业如鞍钢、宝钢、武钢、首钢等进行调查,就可以取得需要的资料,因为它们的产量占有绝大的比重,足以反映总体的基本情况。又如要调查棉花、茶叶增产减产的情况,只要在少数几个重点产区进行调查,就可以了解增减产的基本情况,不必机械求全进行全面调查。可见,重点调查的主要作用就在于以较少的时间和力量,比全面调查更加及时地掌握基本情况,以便党政领导部门抓住主要矛盾,采取措施,指导工作。

(二) 重点调查的方法

当调查任务只要求掌握调查对象的基本情况,同时调查对象中确实存在部分重点单位,它们又能比较集中地从数量上反映被研究总体的基本情况,这是采用重点调查的前提条件。亦即表明是否适宜进行重点调查,取决于调查研究对象的特点和调查的任务。

根据调查任务和需要的不同,重点单位可以是一些企业、行业,也可以是若干城市或地区。甚至在重点之中还可以再选重点。重点单位不是固定不变的,往往随着研究的问题、调查的总体、所处的时期的不同而有所改变。有些单位在这一问题上可以作为重点单位,而在另一问题上可能不是重点单位;在这一总体中是重点单位,在另一个总体中可能是一般单位。调查单位本身也在不断发展变化,在某一时期仅是一般单位,而在另一时期已发展成为重点单位。重点单位应根据历史资料或有关资料进行分析来确定。选择好重点单位,是组织重点调查的关键。一般说来,选出的重点单位宜少不宜多,而且它们的标志值在总体标志总量中所占的比重应该尽可能大一些。同时,选中的重点单位要有相对巩固的统计基础和健全的管理制度。这样,就可以拟定较多的调查项目,及时地取得比较详细而准确的资料,充分发挥重点调查的作用。但由于重点单位与一般单位差别很大,所以重点调查的结果不能用来推断总体的指标数值。

重点调查的组织方式,既可以组织专门调查,也可以颁发报表由部分重点单位填报。统计报表中的某些指标,如工业产品质量和技术经济指标、物资消耗定额、工时利用情况等指标,可以通过重点调查取得所需的数字资料。与国计民生关系重大、国家需要重点掌握的若干单位,也可以作为重点单位,布置定期统计报表填报。但应指出,这种"重点"的含义并不一定符合上述重点调查中所定义的重点,而且对这里所指的重点单位进行调查,其任务不在于了解其基本情况,而是要经常了解其生产经营的进展情况和问题。

五、典型调查

（一）典型调查的意义和作用

典型调查就是根据调查的目的和要求，在对所研究对象进行初步的全面分析的基础上，从中选择具有代表性的典型单位，作周密系统的调查，借以认识事物的本质及其发展变化规律性的一种调查研究的基本方法。典型调查就是由个别到一般的认识过程，它是由马克思主义认识论引申出来的认识世界的一种科学方法，从而成为一种广泛运用的工作方法，在我国已有丰富的经验。

作为统计调查的一种形式来说，典型调查是按照统计调查预定的目的，在被研究对象中有意识地选取具有典型意义的或富有代表性的少数单位进行的调查研究，是一种专门组织的非全面调查。由于典型单位是在充分考虑了调查目的和要求的情况下，通过对客观对象的全面分析之后有意识地选定的，所以典型调查只要对为数不多的单位进行调查，就有可能取得代表性较高的资料。正因为调查单位少，就有可能省时省力，对问题作深入细致的调查研究。因而，典型调查在内容和方式方法方面都有较大的灵活性。例如，典型调查既可以侧重研究事物的质的方面，也可以着重于现象的数量关系的分析。可以从纵向方面研究典型单位的历史和现状，综合判断其发展前景；也可以就调查单位某方面的问题，作横断剖析，研究其构成要素，等等。此外，还可以灵活采用多种多样的方法，搜集所需要的资料。

典型调查具有以上所述的调查单位少、调查范围小、省时省力、方法灵活多样、重点深入等的特点，决定了它在研究社会经济生活中的问题时，有以下的作用：

（1）可以研究新生事物，了解新情况、新问题。定期报表、普查、抽样调查等主要适用于研究社会经济生活中已发生的大量现象，而处于萌芽状态的新生事物开始总是少数，无法进行大量观察。只有采用典型调查，及时抓住典型，调查新情况，研究新问题，探索其发展方向，以形成科学的预见，为正确处理问题提供依据。

（2）对具体问题可以进行深入的具体分析，补充全面调查的不足。通常，有些资料不可能或者不需要通过全面调查和其他非全面调查来搜集，例如有关先进典型等的调查资料，可以采用典型调查及时取得所需要的统计数字和情况。特别是对一些不适宜采用全面调查深入研究的具体问题，可以通过典型调查，深入少数典型单位，进行细致的调查，具体的分析，了解事物发生和发展的过程以及数量变化的原因与后果，认识事物的本质特征。

（3）在一定条件下，典型调查的结果可以用来推断总体的指标数值。只有在下述情况下，才可以进行推断：一是总体中各单位的差异很小，每个单位都有一定的代表性。另一种情况就是总体单位之间差异很大，但通过划类选典，掌握了各类典型的数字资料，而且已知各种类型在总体中所占的比重，就可以根据类型按比例推算总体的指标数值。但典型单位不是按随机原则抽取的，所以这种推断无法计算其误差，推断结果只是一个粗略的近似值。

（二）典型调查的方法

典型调查能否取得良好的效果，关键在于正确选择典型单位。所谓典型单位，是指客观存在的同一事物中最充分、最突出地体现总体共性的代表单位。因此，要正确地选择典型单位，保证调查工作的质量，必须注意以下几点：

（1）事物的发展都存在着不平衡性，因而在调查对象总体中，各个单位在发展方向、程度和规模方面也有差异，并非任何个别单位都能代表一般。所以选择典型，首先要以马克思主义的基本原理为指导,结合有关的专业知识,对调查对象总体进行全面分析,对可供选择的单位反复对比研究,从中选出具有较大代表性的单位作为调查单位。

(2) 按照统计调查的目的和任务,选择典型的方法可以灵活多样。例如,为了了解总体的一般数量表现,可以选取中等水平的典型作为调查单位;为了总结先进经验,帮助后进,则选取先进典型和后进典型,或者选取上中下各类型进行调查和比较;为了了解调查对象一时性的问题,典型可以临时选择;而为了深入观察调查对象的发展原因及其变动趋势,可以选择比较固定的典型作为固定基点,连续调查,以取得系统的资料,这种方式称为固定基点的典型调查。

(3) 选取典型单位的多少,取决于调查对象总体本身的特点。选取的典型可以是一个或少数几个,有时则需要较多的典型单位。如果调查总体各单位的发展条件比较一致,彼此之间的差异较小,选出一个或少数几个典型单位进行调查,就可以说明事物的一般情况或事物发展的一般规律性。这种方式亦即通常所说的"解剖麻雀"式的典型调查。如果总体各单位之间的发展条件和发展程度差异较大,或者涉及的问题比较复杂,就应按照一定的标志,将总体划分为几个类型,从各类中按比例选取少数典型进行调查,再把各类典型单位的资料加以综合研究,这就是"划类选典"式的典型调查。

根据典型调查的目的和要求,可以采用多种方法搜集资料,一般有开调查会、个别访问、蹲点调查、查阅资料、发表调查等。开调查会是由调查者邀请了解情况或有经验的人员,按调查提纲开展讨论,把调查过程与研究过程结合起来,借以分析确定所需的数据和情况。个别访问是调查者直接访问当事人或知情者搜集资料的方法,其优点是机动灵活,了解深透,但应反复核实资料,防止片面性。蹲点调查是调查者到调查单位直接参加有关活动,取得详尽具体的资料。此外,可以充分利用调查单位的原始记录、统计或会计核算资料;也可以颁发调查表,由典型单位自行填报,这种方法适用于固定基点的典型调查。

上述各种搜集资料的方法,各有其不同的特点和实施条件,在调查过程中,可以交替使用多种方法,相互补充,获得既有数字又有情况、过程、因果关系等方面的资料,发挥典型调查应有的作用。

第三节 统计分组

一、统计整理的概念和内容

(一) 统计整理的概念

如前所述,准确、及时、全面、经济地搜集原始资料,是统计调查的基本要求,而做好统计资料的整理工作,则是准确、及时、全面、经济地提供统计资料的重要条件。

根据统计研究的目的和任务,将调查取得的大量原始资料进行科学的分类(或分组)和汇总,为统计分析提供系统化和条理化的综合统计资料的工作过程,称为统计资料的整理,简称统计整理。有时,为了特定的目的,对已经整理过的统计资料(即次级资料)进行再加工,以满足统计分析的要求,也属于统计整理工作的范围。

统计整理是统计工作中一个十分重要的中间环节,起着承前启后的作用,即既是统计调查阶段的继续和深入,又是统计分析阶段的基础。统计整理之所以重要,一是因为统计调查取得的大量原始资料,只能反映总体单位个体特征,是分散的、不系统的,属于反映事物表面现象和外部联系的感性材料。只有通过统计整理,对原始资料进行加工和改制,才能显现现象总体的全貌及其数量特征。二是因为搜集的原始资料即使是十分丰富、正确和详尽的,如果不按科学的原则和方法进行加工整理,或者整理不当,可能使丰富的材料失去其价值,也不可能进行科学的统计分析。其结果正如列宁所说:"总是只见树木不见森林,只见一大堆数字不见各种现象的经济类型。"由此可见,统计整理是统计调查的必然继续,也是统计分析的基础和前提条件,起着承前启后的作用,成为人们对社会经济现象从感性认识上升到理性认识的过渡阶段。统计整理工作的质量,直接影响对社会经济现象的准确的数量描述和数量分析。

(二) 统计整理的内容

统计整理既有理论性问题,又有综合汇总的技术问题,是一项细致的工作。正确制定整理纲要(或称汇总方案)是保证统计整理有计划、有组织地进行的依据。通常,整理纲要是在制订调查表的同时,根据统计研究的任务和要求,密切联系调查表的内容而设计的一整套整理表,亦即报表制度中的综合表式。在综合表式中指明资料的统计分组标志和指标体系、汇总资料的组织形式与技术、指标计算方法以及填表说明(如填表范围、程序、负责机关)等。

统计整理阶段的工作内容大致可包括以下五个方面:

1. 资料审核

汇总前对原始资料进行检查审核,是保证统计汇总质量的首要环节。

统计汇总的质量与原始资料的及时性、完整性和准确性密切有关,所以应该就这三个方面进行检查。及时性检查就是检查所有填报单位的资料是否及时送到。完整性检查就是检查资料是否完整,应报送的报表是否到齐,应填的指标有无遗漏缺报。资料的及时性和完整性是其准确性的前提条件,在统计资料及时、完整的前提下,认真检查资料的准确性,这是审核的重点。

统计资料准确性的检查,主要包括以下两种方法:

(1) 计算检查,就是对各项指标数值的计算结果,反复进行算术运算,检查调查资料是否准确。例如,单项数值相加是否等于小计,小计加总之和是否等于合计,各横行、纵栏的合计数以及有关百分数、平均数是否有误,数字的计量单位是否符合规定等。计算检查法能够确定资料是否准确。如有差错,可以及时订正。

(2) 逻辑检查,就是从理论上或根据常识来判断调查资料内容是否合理,填报的各个项目之间有无矛盾等。逻辑检查法主要是针对调查资料与一些有关的项目和已知数字进行比较,从比较的结果中发现资料的可靠性。例如在上例中,就是通过对同一单位、同一时期的各个项目或指标数值进行比较,以发现问题。此外,可以就某一指标的报表资料与同一单位的前期资料比较,审查是否存在异常的情况。还可以就某一指标数量与其他同类调查单位的同期资料相比较,如果相差非常悬殊,可以断定资料有差错。所以,只有通过比较,才有可能鉴别资料的可靠与否。逻辑检查法在多数场合只能发现存在差错的可能性,如果发现问题或可疑之处,应通知原报单位复查。

2. 统计分组

只有按照最基本的、最能说明问题本质特征的统计分组和相应的统计指标对统计资料进行加工整理,才能对被研究的社会经济现象进行准确的数量描述和数量分衍。因此,统计分组是统计整理的基础。

3. 统计汇总

在统计分组的基础上，根据汇总方案中确定的分组标志和分组数目，选择适当的汇总组织形式和具体方法，将总体各单位分别归纳到各组中，计算各组和总体的单位数、标志值，使原始统计资料转化为综合统计资料的工作过程，称为统计汇总。统计汇总是统计整理的中心内容。

在我国统计汇总工作中，采用的统计汇总技术方法，主要有手工汇总和电子计算机汇总。无疑，电子计算机汇总是统计资料集中汇总工作的发展方向。

4. 编制统计表

以简明扼要的表格形式表述统计汇总的结果，反映社会经济现象在数量方面的具体表现和有关联系。统计表成为统计整理的有效表现形式。

5. 做好统计资料的系统积累工作

统计整理绝不是一个简单的综合汇总工作。报表的汇总也是包括在整理的概念和过程之中的，但整理还有一个对调查资料进行加工、补充和推算的过程。比如，我们去一个县或者一个地区进行调查，得到了许多资料，应如何把这些资料整理成我们研究问题所需要的资料，这就不是按汇总表简单汇总所能解决的。统计整理在统计研究中起着十分重要的作用，因为统计调查所得到的大量原始资料，即使是丰富的、完善的，但若整理时所依据的原则和应用的方法不正确、不科学，那么，根据整理的结果进行统计分析，就不可能得到正确的结论。可见，统计资料整理直接决定着整个统计研究任务能否顺利完成。

在某一次调查中，对调查来的资料应该整理些什么内容，这要依据事先拟定的整理纲要的项目来确定。一般在制定调查表的同时，就要事先拟定好综合表，以便按照预定的纲要对统计资料进行系统的加工整理。整理纲要是否科学，对于统计资料的整理乃至统计分析的质量都具有重要意义。

整理纲要的内容包括一整套空白的综合表和编制说明。这种综合表就是根据统计研究任务的要求，密切联系调查表的内容而设计的表式。在编制说明中叙述整理资料的地区范围(省、市、县等)、程序、负责汇总的各级机关、主栏各组的含义、宾栏指标的计算方法等。由此可见，统计整理阶段最主要的工作内容在调查工作开始之前就应该做好，统计整理作为一个阶段来说，它所做的实际上多是一些具体工作。

综合表的内容包括两部分：一部分是分组，一部分是相应的统计指标。如表2-2所示。

表 2-2 2018—2019 年某企业房屋基建竣工情况表

单位：万平方米

	2018 年			2019 年		
	施工面积	竣工面积	房屋竣工率(%)	施工面积	竣工面积	房屋竣工率(%)
(甲)	(1)	(2)	(3)=(2)/(1)	(4)	(5)	(6)=(5)/(4)
总　计						
厂　房						
仓　库						
商业营业用房						

(续表)

	2018 年			2019 年		
	施工面积	竣工面积	房屋竣工率(%)	施工面积	竣工面积	房屋竣工率(%)
服务业用房						
办公室						
教育用房						
文化体育用房						
医疗用房						
科学实验用房						
其他						

在表2-2中,甲栏就是分组,其他(1)~(6)栏皆为统计指标。

统计整理是根据综合表的要求进行的。一般来说,一张综合表的内容不宜太多,否则,工作和阅读都不方便,内容多也可分若干张表。

统计整理阶段五个方面的工作,重要的问题在于确定对总体进行分组和如何分组,即确定分组体系,力求分组方法科学,能反映现象的客观过程。此外,综合结果要正确,这取决于两方面:一方面是被综合的资料要完整、正确,并且在进行综合时不能粗心大意;另一方面要有实事求是的原则,对被综合的资料不允许任意篡改。

二、统计分组的含义和作用

统计整理的首要步骤就是对调查的原始资料进行分组。统计分组就是根据统计研究的目的和任务,按照选定的变异标志将总体划分为若干部分或组别,使组与组之间具有差别性,而同一组内的单位保持相对的同质性。例如:社会产品按其经济用途分为第一部类和第二部类,即生产资料的生产和消费资料的生产;企业根据销售额、资产总额、职工人数等将划分为大型、中型、小型企业三组;居民按居住地区,一般可以分为城市和乡村两组;等等。

社会经济现象是复杂多样的,现象之间有其共性的一面,也有其个性的一面。有了共性,构成事物的同质总体;有了个性,就使总体各个单位之间存在某些差别,有了这些差别才有可能和必要进行分组。统计分组的目的就是要将同质总体中有差别的单位区分开来,同时又将性质相同的某些单位组合在一起,以便通过相应的指标,对总体中所有单位在质量上、数量上、空间上存在的差异进行分析,进一步认识事物的本质特征及其发展的规律性。可见,统计分组不仅是统计整理的基础,也是使认识深化的重要手段,已成为统计研究中最基本的方法之一。

进行分组,在技术上有三个基本要求:

1. 周延性

要求分组以后各子项之和应等于母项。

2. 互斥性

组与组之间要相互排斥,不能重合。

3. 分组标志的同一性

每一次分组只能以一个标志为划分依据,不能同时采纳两个或两个以上的标志为划分依据。

遵守以上要求,就能达到组内同质性、组间差别性的分组效果。反之,就可能会出现分组上的混淆和矛盾,这是我们在统计分组中必须注意的。通过统计分组,可以区别现象在质的方面的差别,在数量上以及在空间上多个方面的差别。

统计分组在统计研究中的作用,主要有以下三个方面:

(1) 类型分组,即区分社会经济现象的类型。社会经济现象是复杂多样的,客观上存在着各种不同的社会类型,各种不同类型的现象有着各自的运动形式和本质特征,由于受其内在规律所支配,决定了各类现象在规模、水平、速度、结构、比例关系等方面的数量表现有所不同或具有差异。利用统计分组,就能根据统计研究的目的,将现象区分为各种性质不同的类型,来研究各类现象的数量差异和特征以及相互关系。例如,企业按销售额、资产总额、职工人数划分为大型、中型、小型企业,在此基础上,统计这三个类型组企业的有关指标数值,并加以比较分析,就可以反映出不同类型企业的数量特征及相互关系,充分揭示出各类企业的本质及其发展规律性。

(2) 结构分组,即研究现象的内部结构。现象内部的结构,表现现象内部的组成状况和比率关系。利用统计分组,计算出各组数值在总体中所占的比重,对现象内部结构进行研究,可说明现象总体的基本性质和特征。同时,对现象内部结构的变化进行动态研究,还可以反映现象总体发展变化的过程、趋势和规律。例如,从表 2-3 中,不仅可看出各个时期农轻重结构的特征,而且各个时期农轻重比例的变化反映了某地工农业总产值中农轻重比例逐步趋向基本协调的发展过程和趋势。

表 2-3 工农业总产值构成

单位:(%)

	1958 年	1965 年	1978 年	1985 年	1990 年	2000 年	2010 年	2018 年
农 业	56.9	37.3	32.5	28.2	27.2	27.1	24.3	22.4
轻工业	27.8	32.3	31.1	31.6	34.3	34.3	37.3	37.9
重工业	15.3	30.4	36.4	40.2	38.5	38.6	38.3	39.7

(3) 分析分组,即分析现象之间的依存关系。社会经济现象之间都存在着不同程度的相互联系、相互制约的依存关系。例如,施肥量和亩产量,原材料消耗量与单位产品成本,商品销售量和商品价格之间都存在着一定的依存关系。同时,社会经济现象的数量变化又受自然技术因素的影响。利用统计分组,可以揭示现象之间的联系和依存关系。在统计中,把表现事物发展变化原因的事项称作因素标志,而把表现事物发展结果的标志叫作结果标志。通常,分析现象间的依存关系,就是通过大量观察,用因素标志对总体单位分组,再计算结果标志的数值,借以说明两个标志的联系和方向,具体表明现象之间的相互依存关系的程度。如表 2-4 所示,从表中可以看出,随着商品销售规模的扩大,其流通费用率相应降低,两者表现出负依存关系。

表 2-4　商店按商品销售额分组的商品流通费用率

商品销售额(万元)	商店数(个)	商品流通费用率(%)
100 以下	12	9.7
100～300	10	8.6
300～500	13	7.5
500～700	9	6.5
700～900	8	5.7
900 以上	5	5.4

以上统计分组的三方面的作用往往是相互联系、相互补充的,在分析某个具体问题时,可以同时实现。

三、统计分组的方法

要充分发挥统计分组的作用,必须在正确的理论指导下,进行科学的分组,其中涉及分组标志的选择、组的具体划分、分组体系的确定等问题。

(一) 分组标志的选择

分组标志就是划分总体单位为各个性质不同的组的标准或根据。例如,工业企业可以按生产资料所有制或计划完成程度分组,则所有制或计划完成程度就是作为统计分组的标准,成为分组标志。选定了分组标志,就要在分组标志的变异范围内,划定各个相邻组之间的性质界限和数量界限。如果分组标志选择不当,分组结果就难以正确反映总体的特征;如果划不清各组的界限,就将失去分组的意义。为使统计分组具有科学性,保证统计整理的准确性,其核心问题就是正确选择分组标志,关键在于分清各组的数量界限,反映各组的性质差别。

任何事物都有许多标志,要在许多可供选择的标志中选取能反映总体性质特征的标志,必须遵循以下的基本原则:

1. 根据统计研究的具体任务和目的,选择统计分组标志

对于同一总体,由于研究的任务和目的的不同,应分别采用各种与目的有密切关系的标志作为分组的标准,才能使统计分组提供符合要求的分组资料。例如,为了研究某地区各种经济类型的工业企业在整个工业部门中所占的比重以及所起的作用,就应按工业企业生产资料所有制这一标志进行分组。如果研究的目的是要了解工业企业的经营成果,则应选择劳动生产率、生产成本、利润率等作为分组标志。

2. 在对被研究对象进行理论分析的基础上,从中选择具有本质性的重要标志作为分组标志

在总体的若干标志中,有的标志能够揭示总体的本质特征,是有决定性意义的重要标志;有的则是非本质的、无足轻重的标志。只有选择能够说明问题本质的重要标志作为分组标志,才能得出触及问题实质的重要的分组。例如,研究国民经济的现状、发展和平衡关系时,按所有制进行分组、按国民经济部门进行分组等,都是重要的分组。又如,按地区、按隶属系统、按企业规模等分组,对于检查分析政策和计划执行情况,具有重要的意义。

3. 结合研究对象所处的具体历史条件或社会经济发展的条件,选择分组标志

因为能够反映现象本质的重要标志,具有条件性、地区性和历史性,所以某一个标志在一定时间、地点、条件下,可以作为最重要的标志,但时过境迁,可能失去其重要意义。例如,为了研究工业企业规模与劳动生产率等因素之间的关系,需要按企业规模进行分组。而反映企业规模的标志有职工人数、生产能力、固定资产价值、产值等,究竟应选择其中哪种标志作为分组标志,需视具体条件而定。在技术进步的历史时期或技术装备相对先进的条件下,就应考虑采用销售额、资产总额、职工人数等作为分组标志。同时还应注意,即使处于相同的历史条件下,在不同的经济部门或生产部门中,由于它们的经济发展的条件、生产性质、经营方式的不同,也应该分别情况,选择不同的分组标志和组别。例如,有些农作物产区仍然处在粗放经营的条件下,可用耕地面积表示生产单位的规模;而具有集约生产特点的地区,则要选用产值的多少来反映生产单位规模的大小。可见,选择分组标志不能千篇一律、一成不变,而要依一定的时间、地点、条件为转移,考虑研究对象所处的历史条件,选择的分组标志才有现实意义。

(二) 按品质标志和数量标志分组

分组标志按其形式可以分为品质标志和数量标志两类。统计总体可以按品质标志分组,也可以按数量标志分组。

1. 按品质标志分组

品质标志是以事物的性质属性来表现的标志。按品质标志分组,就是根据统计研究的目的,选择反映事物性质属性差异的品质标志作为分组标志,在品质标志变异的范围内,划定各组的性质界限,将总体区分为若干个性质不同的部分或组别。例如,社会产品按其经济用途分为第一部类和第二部类,即生产资料的生产和消费资料的生产;人口总体按性别分为男、女两组;按品质标志分组有些比较简单,因为在按一个品质标志进行分组的条件下,组数较少,而且有少数品质标志所表现的差异比较明确和稳定,因而组与组之间的性质界限也容易确定。上述人口按性别的分组、企业按所有制的分组就属于这种情况。但在多数情况下,这类分组相当复杂,涉及的组数较多,而主要问题就在于组与组之间的性质界限不易划分。例如,国民经济按部门分组、人口按职业分类、产品按用途分类,等等。这种按品质标志进行的复杂分组,通常称之为分类法。在我国统计工作实践中,这种分类法应用很广,作用显著,因此对重要的品质标志分组,编有标准的分类目录,例如《工业部门分类目录》、《工业产品目录》、《主要商品目录》等,以统一全国的分类口径,便于各个部门掌握和使用。

2. 按数量标志分组

数量标志就是以数量的多少来表现的标志。按数量标志进行分组,就是根据统计研究的目的,选择反映事物数量差异的数量标志作为分组标志,在数量标志值的变异范围内划定各组的数量界限,将总体划分为性质不同的若干个部分或组别。例如,人口按年龄分组、企业按计划完成程度分组、钢铁企业按年产量分组,等等。按数量标志分组的结果,形成变量数列。在统计整理和统计分析中,广泛应用变量数列,借以观察某种指标的变动及其分布状况。

可变的数量标志的具体表现,就是许多不等的变量值。在少数情况下,根据变量值的大小不等来确定分组的数量界限是比较容易的,例如,工人按看管机器的台数分组,可以分为1台、2台、3台、……;又如,企业按计划完成程度分组,一般可以分为完成计划100%以下、完成计划100%和完成计划100%以上三个组。但在多数情况下,按数量标志分组时,要使分组的数量界限能够确切地反映各组的性质上的差别,其分组界限往往不易确定,即使是同一种资料,

也会产生多种分组形式。因此,对于比较复杂的按数量标志的分组,应当根据统计研究的目的,选定数量标志,经过科学分析,先确定总体有多少种性质不同的组别,然后按实际情况研究确定各组之间的数量界限。例如,为了研究企业规模与劳动生产率等方面的关系,可以按企业规模分为大、中、小型三组。分组的数量标志可按销售额、资产总额、职工人数分组。小工业企业是指销售额低于 3 000 万元、资产总额低于 4 000 万元、职工人数低于 300 人的小型企业;小建筑业企业是指销售额低于 3 000 万元、资产总额低于 4 000 万元、职工人数低于 600 人的小型企业;小批发业企业是指销售额低于 3 000 万元、职工人数低于 100 人的小型企业;小零售业企业是指销售额低于 1 000 万元、职工人数低于 100 人的小型企业。总之,按数量标志进行分组,要从各组的量的变化中反映各组的质的特征。其中还涉及变量值的多少、变化范围的大小、变量的类型等问题,以及相应地确定组数、组限和组距等方法,留待下一节叙述。

(三) 简单分组、复合分组和分组体系

进行统计分组时,由于采用分组标志数目的不同,就有简单分组与复合分组之分。

对总体只按一个标志进行的分组称为简单分组。例如:人口总体只按性别一个标志进行分组;社会产品按其经济用途分为生产资料和消费资料两组。显然,简单分组只能说明总体在某一方面的差别情况。

对同一个总体采用两个或两个以上的标志结合起来进行的分组,称为复合分组。例如工业企业先按轻重工业这一标志进行分组,再按规模大小这一标志将已划分的各组又划分为大、中、小型三组,结果形成双层重叠的复合分组。进行复合分组,应根据统计研究的目的和要求,按照总体的特征和复杂性,选择分组标志并确定各个标志的主次顺序,然后依次进行分组。例如上例中,行业为主要标志,先按这一标志对工业企业总体进行分组,再结合其相对次要的规模标志进行分组。如有需要,还可以按照第三标志如计划完成程度对各组划分为未完成计划、完成计划和超额完成计划三组。采用复合分组,可以对总体作比较全面而深入的分析。复合分组的特点是:第一,对总体选择两个或两个以上标志进行层叠分组,可以从几个不同角度了解总体内部的差别和关系,因而比简单分组能更全面、更深入地研究问题;第二,复合分组的组数随着分组标志的增加而成倍地增加。因而在采用复合分组时,选择的分组标志的数量要适量,并且要考虑到只有在总体包括的单位数较多的情况下,才宜于采用复合分组。但是,复合分组的组数将随着分组标志个数的增加而成倍地增加。例如在上例中,采用三个分组标志,按每一标志分成三组,就有 $3^3=27$ 组。组数过多则每组中的总体单位数就相应地减少,反而不易揭示事物的本质特征。

无论是简单分组还是复合分组,都只能对社会经济现象从一个方面或几个方面进行观察和分析研究,而社会经济现象是复杂的,需从各个方面进行观察和分析研究,以获得事物的全貌的认识。这通常需采用一系列相互联系、相互补充的标志对现象进行多种分组,这些分组结合起来构成一个体系,在统计上叫作分组体系。例如,我们把国民资产分为非金融资产和金融资产两个组;而非金融资产又分为生产资产(各种固定资产、存货及珍贵物品等)和非生产资产(资源资产、专利、商誉等)两个组;金融资产则包括存贷款、各种债券、股票及股权、商业信用、同业往来等。这一系列的分组层层深入、相互联系、相互补充。又例如,为了深刻认识我国工业企业总体的构成情况,可以分别按轻重工业、企业规模、工业部门进行如下:

按轻重工业分组:轻工业、重工业;

按企业规模分组:大型企业、中型企业、小型企业;

按工业部门分组：冶金工业、电力工业、煤炭工业、石油工业、化学工业、机械工业、建材工业、森林工业、食品工业、纺织工业、造纸工业，等等。

上述三个简单分组是相互联系、相互补充的，形成一个平行分组体系。

由于复合分组将多个标志结合起来分组，包括多层错综重叠的组别，故形成复合分组体系。

第四节 变量数列

一、变量数列的概念

在统计分组基础上，将总体的所有单位按组归类整理，形成总体中各个单位数在各组间的分布，这种表明总体单位数在各组分配情况的分组资料，称为次(频)数分布，又称分配数列。编制分配数列，可以反映总体各单位的分布状况和特征，也是进一步分析总体平均水平和变异程度的基础，是统计分析的重要内容之一。

根据分组标志类型的不同，分配数列可分为品质标志分配数列和数量标志分配数列。

1. 品质数列

按品质标志分组编制的分配数列，称为品质标志分配数列，简称品质数列。

例如，某大学在校学生按性别分组，可编成如下的品质数列，如表2-5所示。

表2-5 品质数列示例

按性别分组	学生数	学生数比重(%)
男生	2 340	55.32
女生	1 890	44.68
合计	4 230	100.00
分组名称	次数(频数)	比率(频率)

编制品质数列，只要根据统计研究目的，正确选择分组标志，确定分组标准，则事物性质的差异可以明确地表现出来，也就容易划分总体中各组的性质界限。因此，在通常情况下，品质数列能够较准确地反映总体各单位的分布状态和特征。

2. 变量数列

按数量标志分组编制的分配数列，称为数量标志分配数列，简称变量数列。

按数量标志分组，就是将变量值即数量标志值划分为不同的区段，通过各组的数量差别和变化来区分现象的不同性质，反映总体各单位在各组间的分布状态和特征。例如，某企业工人按看管机器台数分组可编制变量数列如表2-6所示。

变量数列包含两个构成要素：(1) 各组变量值，用 x_i 表示，即用来分组并按大小顺序排列的数量标志的具体数值；(2) 总体单位在各组中出现的次数。次数有两种表现形式：一是以绝对数形式表现的次数，亦可称为频数，用人表示；二是以相对数形式表现的次数，即各组次数占全部次数的比重，称为比率、频率或相对次数，用 $f_i / \sum f_i$ 表示。

变量数列按照变量类型的不同,可分为连续型变量数列和离散型变量数列:

(1) 连续型变量数列,即由连续变量分组构成的变量数列。如表2-7所示。

(2) 离散型变量数列,即由离散变量分组构成的变量数列。如表2-6所示。

变量数列按照分组形式的不同,可分为单项式分组的变量数列和组距式分组的变量数列。

(1) 单项式分组的变量数列,简称单项数列。它是指数列中每一组的变量值都只有一个,即一个变量值就代表一组。如表2-6所示。

(2) 组距式分组的变量数列,简称组距数列。即数列中每一组的值是由两个变量值所确定的一个数值范围来表示。如表2-7所示。

表2-6 变量数列示例(离散型变量数列、单项数列)

按看管机器台数分组(台)	工人数	工人数比重(%)
2	11	10.5
3	35	33.3
4	40	38.1
5	12	11.4
6	7	6.7
合 计	105	100.0

分组变量值　　　次数(频数)　　　比率(频率)

表2-7 变量数列示例(连续型变量数列、组距数列)

工人按工资分组(元)	工人数
100～300	50
300～500	125
500～700	224
700～900	73
900～1 100	28
合 计	500

在组距数列中,涉及一些概念:

1) 组数,即组的数目。表2-7中组数为5。

2) 组限,即分组的数量界限,包括上限和下限。各组的最大值称作该组的上限,最小值称作该组的下限。表2-7中,第一组的上限为300,下限为100。

3) 闭口组和开口组。上限和下限都齐全的组称闭口组,如表2-7中的各个组。有上限而缺下限或者有下限而缺上限的组称开口组,如表2-9中的首组和末组。一般当资料中存在少数特大或特小变量值时,采用开口组可避免组数增加过多或组距过大。

4) 组距,即各组上限与下限之差,通常以 i 表示。如表2-7中第一组组距为200,各组组距之和等于全距。组距数列有等距和异距之分。各组组距都相等的组距数列,称作等距数列,如表2-7。各组组距不相等的组距数列,称作异距数列,如表2-8。

5) 组中值,即各组上限与下限的中点值。

在闭口组条件下,组中值的计算公式为:

$$组中值=(上限+下限)/2 \quad (2-1)$$

如表2-7中,第一组的组中值为200。

在开口组条件下,组中值的计算可参照邻组组距求得,计算公式为:

$$缺下限组中值=上限-邻组组距/2 \quad (2-2)$$

$$缺上限组中值=下限+邻组组距/2 \quad (2-3)$$

如表2-9中,其首末两组组中值应为:

首组组中值=60-10/2=55　　末组组中值=90+10/2=95

组中值是用来代表各组实际变量值的一般水平的,其前提条件是:各组的变量值在其组内是均匀分布的,或在组中值两侧呈对称分布。事实上,完全满足这一条件的可能性很小,所以组中值实际上只是各组变量值实际平均水平的近似代表值。编制组距数列时,应充分考虑到这一因素,尽可能减少其代表性误差。同时,为了计算的方便,应力求使组中值取整数。

二、变量数列的编制

变量数列的编制比较复杂,因此有必要对变量数列的编制方法、编制步骤以及编制过程中需注意的问题进行探讨。下面拟结合实例具体说明变量数列的编制过程。

例如,某班40名学生的英语考试成绩如下:

83	78	88	86	74	83	89	74	87	68
33	75	83	71	66	77	81	70	74	91
73	81	99	84	73	60	64	83	85	72
62	68	95	80	92	78	79	83	85	54

根据上述资料,试编制一个变量数列,来反映该班学生英语考试成绩的分布状况。

(一) 阵列,求全距

首先对原始资料进行初步整理,即将各个变量值按大小顺序排列,形成一个阵列,并确定其全距R。全距是指资料中的最大值与最小值之差,能反映资料中各变量值波动的范围大小。

将上述资料中各变量值按从小到大的顺序排列,可得如下的阵列:

33	54	60	62	64	66	68	68	70	71
72	73	73	74	74	74	75	77	78	78
79	80	81	81	83	83	83	83	83	84
85	85	86	87	88	89	91	92	95	99

该阵列可反映出资料的某些特征:首先,该班英语考试成绩分布在33~99分之间,最高分为99分,最低分为33分,全距为66分,波动幅度较大。其次,多数学生的考试成绩集中在70分到90分之间。通过初步整理,可使我们大致了解该资料的某些特征和变动规律,从而为正确编制变量数列提供必要的依据。

(二) 确定变量数列的形式

编制单项数列还是组距数列,主要取决于所研究变量的类型以及变量变动的幅度。对于连续变量,因其所描述对象的数量特征,在一个区间内可以有无限多个数值,无法按一定次序将其变量值一一列举,所以只能编制组距数列。对于离散变量,则要根据其变量值的多少和变异幅度的大小来确定。如变量值较少以及变异幅度较小的,可编制单项数列,如表 2-6;如变量值较多以及变异幅度较大的,应编制组距数列。例如,某地区工业企业按职工人数分组,由于不同规模的企业职工人数差别很大,少则几十人,多则上万人,编制单项数列,势必会造成组数太多,难以确切反映总体中性质不同的各部分的分布特征,这就有必要增加各组所包含的变量值范围,减少组数,就得编制组距数列。具体如何分组,要结合分析目的及资料特点确定。

(三) 确定组距和组数

组距的大小和组数的多少互为制约成反比关系。组距越大,组数就越少;组距越小,组数就越多。组数过少,容易把不同质的单位归在一个组内;组数过多,又容易把同质单位划入不同的组内。两者都不符合分组的要求,都不能确切地反映总体的分布特征。因此,确定组距和组数,应全面分析资料所反映的经济内容、变量值的离散程度或集中趋势以及数据多少等因素,要使组距能如实地反映出各组之间的数量界限,将同质单位归入同一组,而将不同质单位划分为不同的组,准确、真实地揭示出总体的分布特征及规律性。例如研究人口的年龄构成时,应结合研究任务作出相应的分组。表 2-8 就是国际上通用的人口年龄构成划分标准。

表 2-8 人口年龄构成的类型

年龄组	结构(%)		
	增加型	稳定型	减少型
0～14 岁	40	26.5	20
15～49 岁	50	50.5	50
50 岁以上	10	23.0	30

上述按年龄分组的目的,主要是为了研究人口的社会发展类型,结合实际资料,便于在国际间或地区间进行比较。

当变量值变动比较均匀,并且可能编制等距数列的条件下,其组距也可以采用斯特奇斯(H. A. Sturges)公式求得。这是一种假定总体各单位按其标志分布趋于正态分布的条件下,根据总体单位数目近似确定分组数目并计算组距近似值的方法,是由经验总结得来。计算公式为:

$$组距(i) = \frac{全距(R)}{组数(k)} = \frac{R}{1+3.322\lg n} \qquad (2-4)$$

式中:n 为变量值个数。如上述 40 名学生英语考试成绩资料,其全距 $R=99-33=66$,$n=40$,代入公式计算得组数 $k=6.32$,组距 $i=10.4$,一般取整数,组距约为 10。

需要指出,根据经验,由公式(2-4)求出的组数,当数据较少时,往往过多;当数据较多时,则往往过少。所以该公式只能作为参考之用。

结合以上分析和确定组距的方法,对上述 40 名学生按成绩分组可编制如下变量数列,如表 2-9 所示。

表 2-9 学生按成绩分组表

学生按成绩分组(分)	学生数	比率(%)
60 以下	2	5.0
60～70	6	15.0
70～80	13	32.5
80～90	15	37.5
90 以上	4	10.0
合　计	40	100.0

组距数列有等距数列和异距数列两种,选等距分组还是异距分组,应根据统计研究的任务和所研究现象变化的特点来决定。等距数列中各组组距都是相等的(如表 2-7 所示);异距数列中每组的组距是不等的(如表 2-10 所示)。一般而言,凡是现象的变动比较均匀的,宜采用等距分组。如按工资,按身高、体重,按零件尺寸误差等分组。等距分组,由于各组组距相同,各组单位数(次数)只受标志变量的影响,因此可直接比较各组的次数。同时,根据等距数列资料,便于直接绘制统计图,计算各项综合指标并进行对比分析。因此,应尽可能采用等距分组。但在社会经济统计中,有些现象性质差异的变动并不均衡,往往波动很大,如急剧上升或下降,这就难以用等距分组的方法来划分不同性质的组,从现象量的变化中反映出不同质的差别,就必须采用异距分组。对异距数列的组距和组数的确定,必须结合现象的性质特点和统计研究的任务全面综合地考虑。如表 2-10 所示。

表 2-10 某地区人口分布状况

人口按年龄分组	人口数(万人)
1 岁以下(婴儿组)	1
1～7 岁(幼儿组)	6
7～17 岁(学龄儿童组)	12
17～55 岁(有劳动能力的人口组)	24.6
55 岁以上(老年组)	8.1
合　计	51.7

采用异距分组编制的异距数列,由于各组次数要受组距大小不同的影响,为消除此影响,更确切地反映出各组次数的实际分布状况,可计算次数密度或标准组距次数。

次数密度,就是单位组距内分布的次数,又称为频数密度。计算公式为:

$$次数密度 = \frac{次数(f_i)}{组距(i)} \quad (2-5)$$

标准组距次数,即选定数列中某一合适的组距作为标准组距,用标准组距除以各组组距,得各组组距折合为标准组距的系数,再将各组的折合系数分别乘各组的次数,即可得各组的标准组距次数。次数密度和标准组距次数的具体计算,如表 2-11 所示。

表 2-11 次数密度与标准组距次数计算表

工人按日产量分组(件)	组距(标准组距20)	工人数	次数密度	折合系数	标准组距次数
30~50	20	68	3.4	1.0	68
50~60	10	65	6.5	2.0	130
60~70	10	131	13.1	2.0	262
70~80	10	37	3.7	2.0	74
80~120	40	52	1.3	0.5	26
合 计		353			

次数密度与标准组距次数其实质是相同的,都是对异距数列进行分析的重要指标。两者计算上的联系表现为:标准组距次数等于次数密度与标准组距的乘积。

(四) 确定组限

组距、组数确定后,需进一步确定组限。组限应根据变量的性质来确定,更要有利于反映出总体各单位的实际分布特征。具体应考虑以下几个方面:(1)组限最好采用整数表示,如组距为 5,10,…,100 或类似数字,则各组下限尽可能取所选定组距的倍数。(2)组限一般不用负值表示,最小为零。(3)应使最小组下限不大于资料中的最小变量值,最大组上限不小于资料中的最大变量值。(4)对连续变量、离散变量组限的划分和表示方法,在技术上有不同的要求。对连续变量,相邻两组的组限应重叠,并且习惯上按照"上限不在本组内,应归入下一组"的原则处理与上限相同的变量值。如表 2-7 中,工资为 500 元的工人,不应列入第二组而应归入第三组。对离散变量,相邻两组的组限应该间断,但又能相互衔接。如表 2-12 所示。

表 2-12 离散变量组距数列示例

商店按职工人数分组(人)	商店数(个)
1~5	9
6~10	13
11~15	31
16~20	9
21~25	5
合 计	67

实际工作中,组限的表示方法有多种形式,常用的如表 2-13 所示。

表 2-13 组限的各种表示方法

(1)	(2)	(3)	(4)	(5)	(6)	(7)
0~10	10 以下	0~	0~10 以下	0~9.99	0~10	0~9
10~20	10~20	10~	10~20 以下	10~19.99	10 以上~20	10~19
20~30	20~30	20~	20~30 以下	20~29.99	20 以上~30	20~29
30~40	30~40	30~	30~40 以下	30~39.99	30 以上~40	30~39
40~50	40 以上	40~	40~50 以下	40~49.99	40 以上~50	40~49

表中,(1)~(6),适用于表示连续变量的组限,其中(6)是"下限不在本组内,应归入上一组"的组限表示方法。一般适用于越小越好的指标,如成本、生产费用等。(7)用于表示离散变量的组限,有时也可用来表示精确至最近单位或最后完整单位的连续变量的组限。如学生按身高分组(厘米)、人口按年龄分组(岁)等。

(五) 计量各组单位数

通过手工汇总或电子计算机汇总,在变量分组确定以后,直接计量各组内总体单位数目,得出各组总体单位的分配次数或以组次数占总次数的比率形式,则变量数列的编制结束,根据变量数列可进行各种统计分析。

三、变量数列的表示方法

变量数列是统计分组的一种重要形式,对于研究总体单位分布的状况和规律,以及在经济管理和综合分析方面,都有重要的意义。因此,需要采用正确的具有综合性和总结性的方法加以反映。列表法和图示法就是表述变量数列的通用方法。

(一) 列表法

列表法就是用统计表格形式表述变量数列的内容,这种表式也叫作次数分布表,如表 2-6、2-7、2-9 等。

为了便于分析问题和计算各种指标,需要列入累计次数和累计频率。兹以表 2-14 中的假设资料为例,说明如下:

较小制累计,又称为"向上累计",是以变量值最小一组的次数为始点,逐项累计各组的次数和频率;每组的累计次数或累计频率,表示小于该组变量值上限的次数或频率合计有多少。较大制累计,又称"向下累计",则是从变量值最大一组的次数或频率开始,逐项累计各组的次数和频率;每组的累计次数或累计频率,表示大于该组变量值下限的次数或频率合计有多少。

表 2-14 累计次数和累计频率

工人按月奖金额分组(元)	次数		较小制累计		较大制累计	
	工人数	比率(%)	工人数	比率(%)	工人数	比率(%)
400~500	4	5.00	4	5.00	80	100.00
500~600	14	17.50	18	22.50	76	95.00
600~700	20	25.00	38	47.50	62	77.50
700~800	19	23.75	57	71.25	42	52.50
800~900	12	19.25	70	87.50	23	28.75
900~1 000	7	8.75	77	96.25	10	12.50
1 000~1 100	3	3.75	80	100.0	3	3.75
合计	80	100.0	—	—	—	—

(二) 图示法

图示法就是利用几何图形描述变量数列,借以鲜明地表明总体单位的分布状态和规律性。根据一定的次数分布表,可以绘制相应的次数分布图。最常用的有次数多边形图和次数直方图。此外,还可以绘制累计次数分布图。绘制这类统计图的基本方法是先画出直角坐标轴,横轴代表分组或组距,纵轴代表各组次数或频率。必要时,以左侧的纵轴表示次数,而以右侧的纵轴表示频率。

1. 次数多边形图

现以单项式变量数列为例,说明绘制方法。由于这种数列是以一个变量值作为一组,所以在横轴上可以按比例定出每组变量值的标点,再用细直线垂直于各组的标点上,各条细直线的高度分别表示各组的次数,最后用直线依次连接相邻的各条细直线的顶端,即成为表示次数分布的多边形图,也称作次数分布折线图。图 2-3 就是根据表 2-6 绘制的次数多边形图。

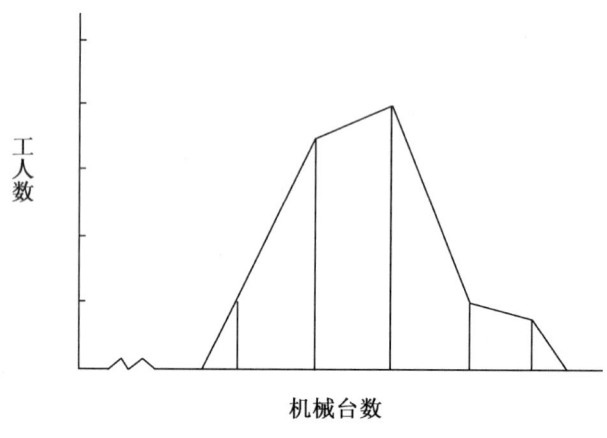

图 2-3 次数分布多边形图

2. 次数分布曲线图

如果用直线连接直方图中各个直方形顶端的中点(即各组的组中值),并在直方图形左右侧各延伸一组,使折线与横轴相连接,即成次数分布折线图。在这种折线图的基础上,稍加修匀,即连接各组次数坐标点的线段用平滑曲线,就成为次数分布曲线图。图 2-4 就是根据表 2-14 绘制的次数直方图和次数分布曲线图。

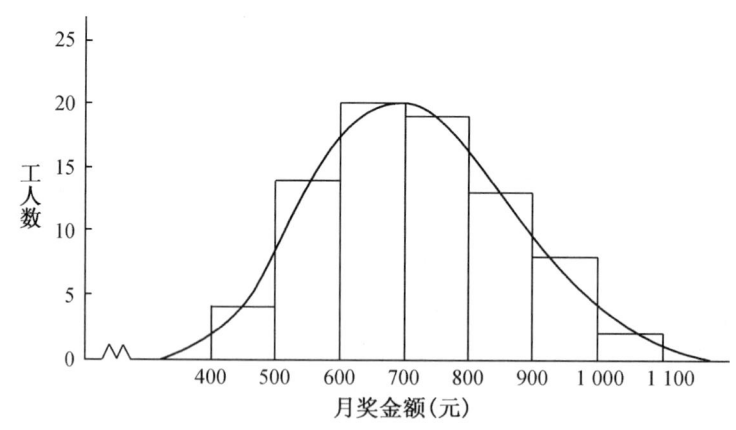

图 2-4 次数直方图

3. 累计次数分布图

这是根据累计次数分布表制成的,绘制方法与次数分布折线图基本相同,较小制累计次数曲线以各组上限为横坐标,较大制累计次数曲线以各组下限为横坐标,其纵坐标都是累计次数。如果纵轴采用百分数为单位,则可以制成累计百分数曲线图,如图2-5所示。

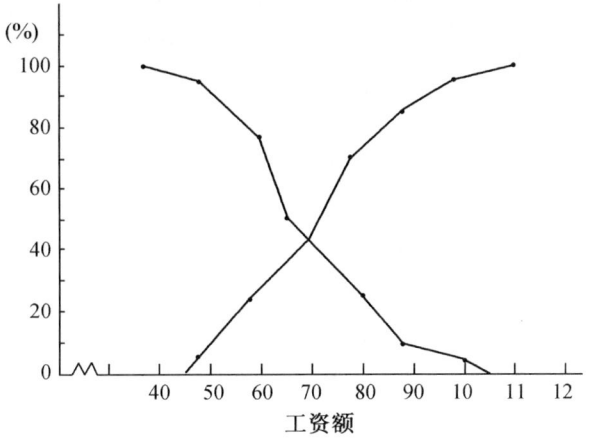

图 2-5　累计百分数曲线图

统计学家洛伦茨(M. L. renz)利用累计百分数曲线,作为检定社会收入分配平均程度的方法。这种曲线就称为洛伦茨曲线。在现代西方经济学著作中,经常使用这种曲线来描述一国的收入分配平均程度。例如,根据某年美国居民家庭收入分配的资料,见表2-15,可以绘制如图2-6所示的洛伦茨曲线。

表 2-15　某年美国居民家庭收入分配资料

年货币收入分组(千美元)	家庭户数(%)	占总收入的(%)	家庭户数累计(%)	收入累计(%)
5 以下	13	2	13	2
5～10	17	7	30	9
10～15	16	10	46	19
15～20	14	12	60	31
20～25	12	14	72	45
25～35	16	23	88	68
35～50	8	17	96	85
50 以上	4	15	100	100
合　　计	100	100		

运用洛伦茨曲线分析收入分配公平程度的方法,是利用两组对应的累计百分比资料的关系构成一个正方形图,来观察分析其分配的公平程度。其中,一组为总体标志总量分组的累计百分比,另一组为总体单位总数分组的累计百分比。如图2-6所示,联结两对角的直线,表示收入在家庭之间的分配绝对公平,可直观理解为:占总数10%的家庭获得总收入的10%,占总数20%的家庭获得总收入的20%……余可类推。因此,这条直线又称之为绝对公平分配直线,是绝对均衡的极限线。而在其对角G点周围是一个不公平分配区域,其实际涵义表示:收入在家庭之间的分配绝对不公平,即占总数很大比重的家庭仅能获得占总数很小比重的收入,

或占总数极小比重的家庭却能获得占总数极大比重的收入。事实上,一个国家或地区的收入分配既非绝对公平,也非绝对不公平,而是介于两者之间。实际分配情况由洛伦茨曲线表示,一般表现为一条下凹的曲线。下凹的程度越大,收入分配越不平均;反之,下凹的程度越小,则实际收入分配曲线与绝对平均分配直线越接近,收入分配的平均程度越高。

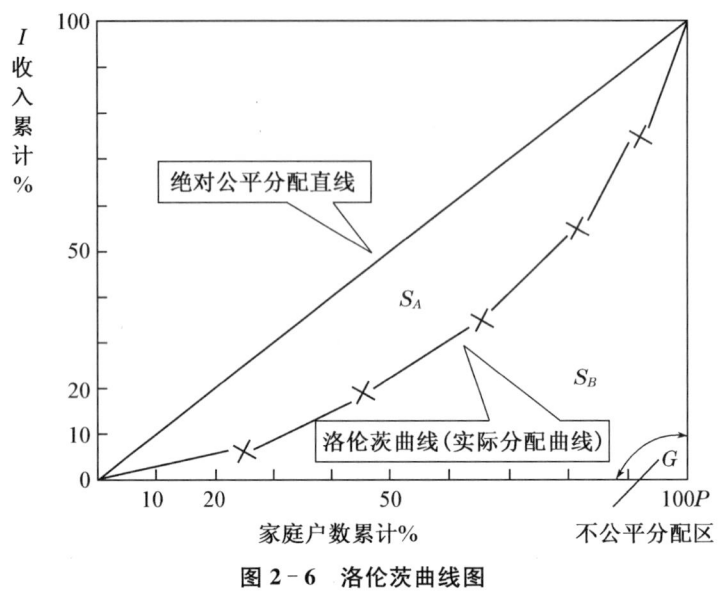

图 2-6 洛伦茨曲线图

洛伦茨曲线用图示方法形象直观地描述了收入分配的公平程度,但无法达到精确测量的要求。为了准确测定收入分配的平均程度,意大利经济学家基尼依据洛伦茨曲线,提出了计算收入分配平均程度的指标,即基尼系数 G,或称洛伦茨系数,其公式为:

$$G = \frac{S_A}{S_A + S_B} \tag{2-6}$$

参见图 2-6,上式中 S_A 代表绝对公平直线与洛伦茨曲线围成的弓形面积(表示不均衡时的量),$S_A + S_B$ 代表绝对公平直线右下方整个直角三角形的面积(表示完全均衡时的量)。G 就是 S_A 占 $S_B + S_B$ 的比例,其实际涵义就是:在全部收入中,用于进行不平均分配的百分比。

当 $S_A = 0$ 时,$G = 0$,实际分配曲线与绝对公平直线重合,说明收入分配绝对平均;而当 $S_A = S_A + S_B$ 时,$G = 1$,则说明收入分配绝对不平均。实际的基尼系数一般介于两者之间,即 $0 \leqslant G \leqslant 1$。越接近于 0,说明收入分配越平均;越接近于 1,说明收入分配的差异越大。

实际计算 G 值时,有多种不同的分析思路和求解方法,下面介绍一种常用的比较简单的计算方法。

设 M_i 为某一收入水平组家庭数累计百分比,V_i 为某一收入水平组收入数累计百分比,则基尼系数可按下式计算:

$$G = \sum_{i=1}^{n-1} (M_i V_{i+1} - M_{i+1} V_i) \tag{2-7}$$

按表 2-15 资料计算得:

$G=(0.13\times0.09-0.3\times0.02)+(0.3\times0.19-0.46\times0.09)+(0.46\times0.31-0.6\times0.19)+(0.6\times0.45-0.72\times0.31)+(0.72\times0.68-0.88\times0.45)+(0.88\times0.85-0.96\times0.68)+(0.96\times1-1\times0.85)=0.3955$

该方法计算简洁,便于记忆。

基尼系数是联合国规定的一种社会经济发展测量的统计指标,用于国际间、地区间收入分配公平程度的比较。作为一种反映社会分配公平程度的统计度量,G 值大小,对检查政策、反馈政策效果和社会改革措施都有重要作用。如对纳税前后的 G 值进行比较分析,可以判断税收政策的实际效果。基尼系数不仅仅是专用于研究收入分配问题的工具,还是广义均衡分析的工具,可扩展延伸到对各类社会经济资源配置的均衡程度进行统计研究,使其成为统计分析的一种重要方法。

4. 次数分布曲线图

由上述变量数列的图示法可以看出,当变量数列的组数无限增多时,折线近似地表现为曲线。作为次数分布折线图的极限描述,次数分布曲线图通过曲线的升降起伏,显著地反映现象总体的分布特征和规律性。各种不同性质的社会经济现象各有其特殊的次数分布,从而决定了反映其分布特征的曲线形态也有各种不同的类型。主要有以下几种:

(1) 钟形分布曲线。其形状为:中间隆起,两边低垂,宛如一口古钟。钟形分布的种类很多,主要有对称分布和非对称分布。在统计上具有重要意义的正态分布就是一种理想的对称分布。其分布特征是:以变量的平均值为中心对称轴,左右严格对称,越近中心,变量值分布的次数越多,两侧变量值分布的次数随着与中心距离的增大而逐渐减少。该曲线有一个极大值点,从这一点向两边曲线不断下降,离最高点的地方下降较快,然后渐趋平缓,一直延伸至

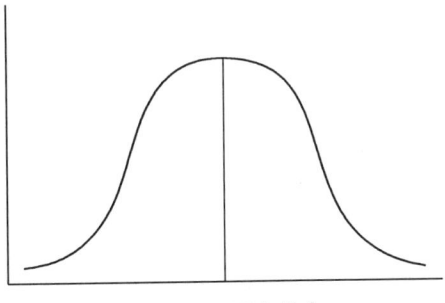

图 2-7 正态分布

无穷远,但与横轴不相交,以横轴为其渐近线。该曲线与横轴所围成的面积等于1,代表变量 X 全部可能取值的概率。如图 2-7 所示。

正态分布是一种最重要最常见的概率分布形式。中心极限定理证明:在一定条件下,大量相互独立的随机变量和的极限分布渐近地服从正态分布。在社会经济统计中,如农作物平均产量的分布、商品市场价格的分布、学生考试成绩的分布、人体身高的分布等,都可用正态分布来近似。

非对称分布,又称偏态分布,是相对对称分布而言的,即与对称分布相比,它在方向上和程度上均有所偏离。按偏离的方向不同,分为右偏(正偏)分布(其分布曲线向右方尾巴拉长)和左偏(负偏)分布(其分布曲线向左方尾巴拉长),如图 2-8 所示。图中分布曲线 A 为右偏分布曲线,分布曲线 B 为左偏分布曲线。

(2) U形分布曲线。即靠近中间的变量值分布的次数少,而靠近两端的变量值分布的次数多,形成"中间小、两头大"的状态,其曲线图形类似英文字母 U,如图 2-9 所示。例如许多发展中国家的人口死亡率按年龄分组,其分布状态成 U 形图。

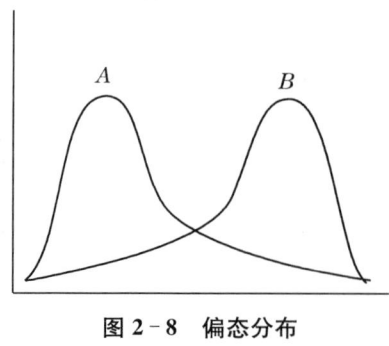
图 2-8 偏态分布

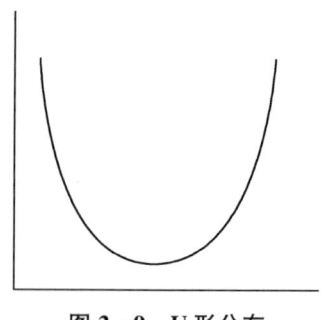
图 2-9 U形分布

(3) J形分布曲线。这类曲线的形状似英文字母J,所以称为J形分布曲线。其中有正J形分布与反J形分布之分,前者的次数随着变量值的增大而增多,后者的次数随着变量值的增大而减少。

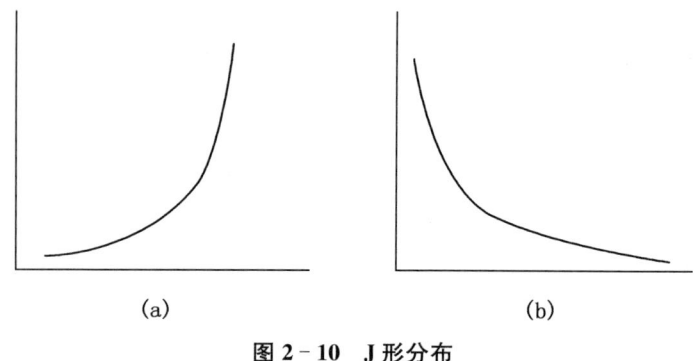

图 2-10 J形分布

例如,在资本主义国家中,投资额按利润率大小的次数分布,其图示一般形成正J形分布曲线,如图 2-10(a);育龄妇女按生育子女数分组,其次数分布趋近于反J形分布状态,如图 2-10(b)。

第五节 统 计 表

一、统计表的概念和构成

从广义上来说,统计表是以纵横线条交叉结合成的表格,用来表现统计资料的一种形式,包括统计工作各个环节所用的表格,如调查表、汇总表或整理表、统计分析表、时间数列表等。本节侧重讨论由统计资料汇总结果整理而成的统计表的内容。

统计汇总得出的许多说明社会经济现象和过程的统计资料,按照一定的顺序排列在由横行、纵栏交叉结合而成的表格中。这种表现统计资料的表格称为统计表。统计表中除了列出汇总所得的绝对数外,还可以列出有关的相对数和平均数。因此,统计表能使大量统计数字系统化,人们在阅读时一目了然,有时胜过长篇大论的叙述。同时,通过统计表,可以对社会经济现象从多方面进行对照比较,了解现象或过程的内在联系。

从统计表的形式来看,主要是由总标题、横行标题(横标目)、纵栏标题(纵标目)和指标数值(数字资料)四个部分构成,其一般表现形式如表 2-16 所示。从统计表的内容来看,包括主词和宾词两个部分。主词就是统计表所要说明的对象或总体,即被研究总体的各个组成部分,通常列在表的左下方。宾词就是用来说明主词的统计指标,通常列在表的右上方。

表 2-16 2008 年 5 月某市工业总产值(总标题)

按轻重工业分	总产值	
	绝对数(亿元)	比重(%)
轻工业	2 686.16	43.98
重工业	3 421.48	56.02
合　计	6 107.64	100.0

（纵栏标题；指标数值；横行标题；主词；宾词）

二、统计表的种类

统计表按其主词的结构状况,亦即按照主词是否分组以及分组的程度,可以分为简单表、分组表和复合表。

(一) 简单表

简单表是指表的主词未经任何分组,仅列出总体各单位的名称或按时间顺序简单排列的统计表。如表 2-17 所示。

表 2-17 我国三个城市的人口

单位:万人

城市名称	人口数
北京市	1 633
天津市	1 115
上海市	1 858

资料来源:《中国统计年鉴》。本表数据根据 2007 年人口变动情况抽样调查数据推算。

简单表一般可以用来比较各单位、地区、国家的社会经济现象和情况,或者说明某些现象的发展情况。

(二) 分组表

分组表是指表的主词按某一标志进行简单分组的统计表。分组表的主词可以按品质标志分组,如表 2-5。也可以按数量标志分组,如表 2-6、表 2-7 等。

利用分组表可以揭示不同类型现象的特征,分析现象的内部结构和现象之间的依存关系。

(三) 复合表

复合表是指表的主词按两个以上的标志进行复合分组的统计表。例如表 2-18 就是复合分组表。

表 2-18 固定资产投资额

项 目	投资额(亿元)	比重(%)
一、工业企业	952	45.1
基本建设	594	28.2
更新改造及其他措施	358	16.9
二、非工业企业	1 156	54.8
基本建设	645	30.6
更新改造及其他措施	511	24.2
合　计	2 108	100.0

利用复合表,可以揭示被研究对象因受多个因素的共同影响而产生的变化情况,分析较复杂事物的特征及其规律性。

三、宾词指标的设计

构成统计表另一个组成部分的宾词,亦即说明总体的统计指标,为了进行深入分析,可以对这类统计指标进行分组整理,通常称为宾词指标的设计。这种设计有三种情况,即不分组设计、简单设计和复合设计。

(一) 不分组设计

不分组设计就是对宾词指标不进行任何分组,直接把各项指标在表中平行排列。如表 2-14。

(二) 简单设计

简单设计就是按不同的分组标志对宾词指标进行简单分组,然后将几种不同的分组在表中并行排列,如表 2-19 所示。简单设计通过几种并行的分组,直接说明指标的内容,以便进一步对总体进行分析。

表 2-19 某企业各车间人员的性别和教育程度

车 间	全部人员	性　别		教育程度		
		男	女	高中	大专	本科及以上
	(1)	(2)	(3)	(4)	(5)	(6)
第一车间	167	54	113	59	88	20
第二车间	254	95	159	92	132	30
第三车间	65	50	15	35	22	8
合　计	486	199	287	186	242	58

(三) 复合设计

复合设计就是将宾词指标按两个或两个以上的分组标志进行复合分组,作层叠的排列,如表 2-20 所示。

表 2-20　某企业各车间人员性别和教育程度

车　间	全部人员	高中			大专			本科及以上		
		男	女	合计	男	女	合计	男	女	合计
	(1)	(2)	(3)	(4)	(5)	(6)	(7)	(8)	(9)	(10)
第一车间	167	14	45	59	32	56	88	8	12	20
第二车间	254	27	65	92	52	80	132	16	14	30
第三车间	65	28	7	35	17	5	22	5	3	8
合　计	486	69	117	186	101	141	242	29	29	58

复合设计把几种分组结合起来,可以深入说明总体的特征。但应注意,如同以前所述的复合分组一样,如果分组标志过多,则宾词指标的栏数成倍增加,使统计表过于复杂庞大,反而不容易反映出总体的规律性。究竟是采用简单设计还是复合设计,应根据统计研究的任务和要求,全面加以考虑。

四、编制统计表的规则

要使统计表既能正确地反映社会经济现象和过程的数量特征,又能使人们易于了解其内容,得出明确的结论,在设计统计表式时,应该遵循科学、实用的原则,并注意以下几项技术规则:

1. 标题简明确切

统计表的各项标题,应该简明确切。总标题要概括反映表中的基本内容,表明资料所属的时间和地区范围。

2. 内容简明扼要

统计表的内容应力求简明扼要、一目了然,避免过于庞杂,便于比较和分析。

3. 栏目排列合乎逻辑

表内各栏应按合乎逻辑的顺序依次排列并加以编号。主词栏及计量单位栏(需要分别注明不同的计量单位时专设的纵栏)常用(甲)、(乙)等文字编号;宾词指标各栏则用(1)、(2)、(3)等数字编号。如果各栏统计数字之间有一定的计算关系,可以利用数字编号表明其间的关系,例如,(6)=(5)÷(4),表示第(6)栏数字为第(5)栏数字除以第(4)栏数字之商。

4. 指标计量单位适当

指标数值应根据反映的社会经济现象性质的不同和数值的大小,采用不同计量单位。当各行的计量单位不同时,在横行标题后专设一栏,分别标写各行的计量单位。如果各栏的计量单位不同时,则各纵栏标题的下方或右侧标写相应的计量单位。当表中指标数值都按同一单位计量时,则在统计表的右上角标写计量单位。

5. 同栏数字对准

表中同一栏数字,应对准位数,要有同一的精确度。如果缺少某项数字时,用符号"…"表示;当不存在某项数字时,用符号"—"表示。

6. 采用"开口"表式

统计表左右两侧不划纵线,一般采用"开口"表式。

7. 说明资料来源

统计表的资料来源以及需要附加的说明,可以写在表的下端,以便查改。

小 结

1. 统计调查有普查、统计报表制度、重点调查、典型调查和抽样调查等多种组织方式,它们都有各自的特点和适用的条件,共同组成统计调查的方法体系。实际工作中,采用何种调查方式,必须根据调查研究的目的和具体条件进行选择。

2. 统计整理是连接统计调查和统计分析的重要阶段。统计资料整理的核心是分组。按品质标志分组的关键是界定各类型组的性质差异;按数量标志分组的关键是正确确定各组的数量界限,即确定组数和组距。必须使组与组之间的量的差异能够反映出局部的质的差异,通过分组形成的变量数列能够显示出数据的分布特征。

3. 统计整理形成的频数分布有多种形式,分为两大类:品质分布数列和变量分布数列。变量分布数列可细分为单项数列和组距数列(等距数列和异距数列)。

4. 现代统计调查的大量数据,主要靠电子计算机进行整理,这是统计工作现代化的重要标志之一。其特点是:速度快、精度高;在程序控制下自动工作,可以作多种分组,进行各种逻辑判断;而且信息储存量大,便于传递。应用电子计算机进行统计整理,通常包括以下一些步骤:(1) 对原始资料审查和编码;(2) 根据分组和汇总整理的要求,选择适当的计算机语言编写程序;(3) 录入数据和程序;(4) 逻辑检查和运算;(5) 将汇总整理的结果制表(图)打印。

5. 无论是手工整理或是应用电子计算机进行数据处理,制作统计表和统计图必须注意规则,力求规范;否则,不仅统计资料不便于利用开发,还可能引起误解,甚至得出错误的结论。

习 题

一、单项选择题

1. 对百货商店工作人员进行普查,调查对象是( )。
   A. 各百货商店　　　　　　　　B. 各百货商店的全体工作人员
   C. 一个百货商店　　　　　　　D. 每位工作人员
2. 全国人口普查中,调查单位是( )。
   A. 全国人口　　B. 每一个人　　C. 每一户　　D. 工人工资
3. 对某城市工业企业的设备进行普查,填报单位是( )。
   A. 全部设备　　B. 每台设备　　C. 每个工业企业　　D. 全部工业企业
4. 某城市拟对占全市储蓄额 4/5 的几个大储蓄所进行调查,以了解全市储蓄的一般情况,则这种调查方式是( )。
   A. 普查　　B. 典型调查　　C. 抽样调查　　D. 重点调查
5. 统计调查项目是( )。
   A. 调查过程中应进行的工作总和
   B. 统计调查计划

C. 在进行调查过程中必须得到回答的问题目录
D. 用统计调查的结果来得到答案的项目

6. 人口普查规定统一的标准时间是为了(　　)。
   A. 避免登记的重复与遗漏　　　　B. 确定调查的范围
   C. 确定调查的单位　　　　　　　D. 登记的方便

7. 某厂的职工人数构成表如下：

性别	职工人数	文化程度			
		大专以上	中学	小学	半文盲和文盲
男					
女					
合计					

该组的分组标志是(　　)。
   A. 性别　　　　B. 男、女　　　　C. 文化程度　　　　D. 性别和文化程度

8. 某连续变量数列，其末组为 500 以上。又如其邻近组的组中值为 480，则末组的组中值为(　　)。
   A. 520　　　　B. 510　　　　C. 530　　　　D. 540

9. 次数密度是(　　)。
   A. 平均每组组内分布的次数　　　　B. 各组单位组距内分布的次数
   C. 平均每组组内分布的频率　　　　D. 单位次数的组距长度

10. 变量数列中各组频率的总和应该(　　)。
    A. 小于1　　　　B. 等于1　　　　C. 大于1　　　　D. 不等于1

11. 某连续变量分为五组：第一组为40～50，第二组为50～60，第三组为60～70，第四组为70～80，第五组为80以上。依习惯上规定(　　)。
    A. 50在第一组，70在第四组　　　　B. 60在第二组，80在第五组
    C. 70在第四组，80在第五组　　　　D. 80在第四组，50在第二组

12. 对职工的生活水平状况进行分组研究，正确地选择分组标志应当用(　　)。
    A. 职工月工资总额的多少　　　　B. 职工人均月收入额的多少
    C. 职工家庭成员平均月收入额的多少　　　D. 职工的人均月岗位津贴及奖金的多少

13. 分配数列有两个组成要素，它们是(　　)。
    A. 一个是单位数，另一个是指标数　　　B. 一个是指标数，另一个是分配次数
    C. 一个是分组，另一个是次数　　　　　D. 一个是总体总量，另一个是标志总量

14. 下面哪一条不是统计分组的作用(　　)。
    A. 划分类型　　　　　　　　　　　B. 反映总体内部结构
    C. 研究现象间的依存关系　　　　　D. 反映现象的变动趋势

15. 统计表中的任何一个具体数值都要由(　　)限定。
    A. 表的总标题　　　　　　　　　　B. 表的横行标题
    C. 表的横行和表的纵栏　　　　　　D. 表的总标题、横行标题和纵栏标题

二、判析题

1. 重点调查的重点单位是根据当前的工作重点来确定的。（　）
2. 调查时间是指进行调查工作所需的时间。（　）
3. 对变化较小、变动较慢的现象应采用一次性调查来取得资料。（　）
4. 调查单位就是填报单位。（　）
5. 调查对象就是统计总体，而统计总体不都是调查对象。（　）
6. 在统计调查中，调查对象可以同时又是调查单位，调查单位可以同时又是总体单位。（　）
7. 进行组距分组时，当标志值刚好等于相邻两组上下限数值时，一般把此值归并列作为上限的那一组。（　）
8. 统计表的主词栏是说明总体各种统计指标的。（　）
9. 直接观察法不能用于对历史资料的搜集。（　）
10. 过去统计报表在我国统计调查体系中占据统治地位多年，现在要缩小其使用范围。（　）
11. 较小制累计次数表示大于该组变量值下限的次数合计有多少。（　）
12. 全面调查和非全面调查是根据调查结果所得的资料是否全面来划分的。（　）

三、计算题

1. 某灯泡厂从一批灯泡中抽取 100 只进行检查，测得每只灯泡耐用时间如下（耐用时间单位：小时）：

851	901	800	914	991	827	909	904	891	996
886	928	999	946	950	864	1 049	927	949	852
948	991	948	867	988	849	958	934	1 000	878
1 027	928	978	816	1 001	918	1 040	854	1 098	900
936	938	869	949	890	1 038	927	878	1 050	924
866	1 021	905	954	890	1 006	926	900	999	886
898	977	907	956	900	963	838	961	948	950
893	900	800	937	864	919	863	981	916	878
903	891	910	870	986	913	850	911	886	950
946	926	895	967	921	978	821	924	951	850

试将以上数据整理成组距数列，并绘制次数分布直方图和次数分配曲线图。（以 50 小时为组距）

2. 某学院某系毕业班学生共有30人，他们的情况如下表：

编号	性别	年龄	分配工作单位	编号	性别	年龄	分配工作单位	编号	性别	年龄	分配工作单位
1	男	24	制造业	11	女	24	物流运营业	21	男	19	金融服务业
2	男	21	制造业	12	女	21	制造业	22	女	20	金融服务业
3	女	22	制造业	13	女	23	金融服务业	23	女	20	物流运营业
4	女	23	金融服务业	14	男	20	金融服务业	24	女	21	物流运营业
5	男	21	金融服务业	15	女	20	制造业	25	女	23	制造业
6	男	21	物流运营业	16	女	20	物流运营业	26	男	24	金融服务业
7	女	22	金融服务业	17	男	23	物流运营业	27	女	19	金融服务业
8	女	20	制造业	18	女	23	金融服务业	28	男	20	制造业
9	女	23	制造业	19	女	20	制造业	29	女	20	物流运营业
10	男	23	物流运营业	20	男	19	制造业	30	男	21	物流运营业

利用所给资料编制如下统计表：(1) 主词用一个品质标志分组，宾词用一个品质标志和一个数量标志分三组的宾词简单设计表；(2) 主词用一个品质标志分组，宾词用一个品质标志和一个数量标志分三组的宾词复合设计表。

3. 已知220个大学生的体重资料如下表，根据下述资料计算标准组距学生人数，并绘制次数分配曲线图。

体重（千克）	学生人数（人）	体重（千克）	学生人数（人）
44～46	10	59～62	30
47～49	16	63～66	21
50～52	22	67～69	11
53～55	40	70～72	6
56～58	60	73～74	4
		合计	220

4. 某企业生产某种产品需经过六道工序，为提高该产品质量，检查了一季度全部废品产生的原因，结果如下：

工序名称	废品数（件）	工序名称	废品数（件）
A	2 606	D	59
B	1 024	E	28
C	355	F	25
		合计	4 097

要求作出累计频率分布图，并进行分析。

第三章 综合指标

学习重点和要点

（1）了解总量指标、相对指标、平均指标和变异指标的概念、作用、分类及运用原则。

（2）掌握各类指标的具体计算方法；并根据统计分析的目的，正确熟练运用这些指标说明现象各方面数量特征。

统计工作的第三个阶段就是统计分析，它根据汇总整理的统计资料，运用各种统计方法，从数量入手，研究事物之间的数量关系，揭示社会经济现象的一般特征及其规律性。

统计作为认识社会的有力武器，必须从静态和动态两方面对社会经济现象、过程加以研究分析，需要运用诸如综合指标法、动态分析法、指数分析法等。其中，综合指标法是统计中的基本数量方法，是统计分析的基础。

对社会经济现象和过程进行分析，都离不开总量指标、相对指标和平均指标，这三种指标总称为综合指标。运用综合指标对社会经济现象和过程进行数量分析的方法，称为综合指标法。

第一节 总量指标

一、总量指标的概念和作用

（一）总量指标的概念

总量指标是指反映在一定时间地点和条件下的社会经济现象总体规模或水平的统计指标。这类指标是通过全面调查的方法，对总体单位进行调查登记，逐步汇总得出的总体单位总数或某种标志总量，所以称为总量指标，其表现形式就是绝对数。

（二）总量指标的作用

反映社会经济基本情况的数字资料，最先都表现为总体单位总量或标志总量。在统计分析中，总量指标是综合指标中的基本指标，具有重要的意义和作用。

（1）总量指标是从数量方面反映社会经济现象基本情况的指标，是认识事物的客观依据和起点。例如,要了解我国的国情国力和国民经济的发展情况,就必须掌握人口总数、国土面积、工农业总产值、财政收支额、国民收入等总量指标。又如,掌握了企业的资产总额、职工人数、主要产品产量、工业总产值、负债额、利润额等一系列总量指标,就可以对企业的规模、经营管理状况基本上有所了解。

(2) 总量指标是实行社会主义的科学管理的重要依据。各级领导机构指导工作、决定政策、编制和检查计划、进行科学管理,都需要胸中有"数",这个"数"首先就是事物的总量指标的数值。

(3) 总量指标是计算相对指标和平均指标的基础,相对指标和平均指标是总量指标的派生指标。总量指标准确与否,直接影响统计分析的准确性。

二、总量指标的分类

(一) 总量指标按其反映内容的不同分类

1. 总体单位总量

反映总体中单位的总数,说明总体本身的规模大小。如工业企业总数、职工总数、学校总数,等等。

2. 总体标志总量

反映总体中各个单位某一标志值的总和,说明总体某一数量特征的总量。例如工农业总产值、基本建设投资额、商品销售额、工资总额,等等。随着统计研究目的的改变,单位总量与标志总量可以相互转化。例如,研究企业全员劳动生产率,计算职工平均工资时,职工总数作为单位总量;研究企业规模,计算企业平均职工人数时,职工总数就成为标志总量。

(二) 总量指标按其反映的时间状态的不同分类

1. 时期指标

反映总体在一段时期内(例如一旬、一月、一季或一年)活动过程的总量,例如产品产量、产值、商品销售额等。经济学中又称之为流量。时期指标的主要特点是:(1) 由于时期指标反映的现象是连续不断地发生的,所以指标数值可以连续计量,每个时期的累计数表明现象在该时期活动过程或发展过程的总成果。(2) 同一总体,时期指标数值的大小与时期长短成正比。例如,一年的总产值总是大于一季或一月的总产值。

2. 时点指标

反映总体在某一特定时刻(瞬间)上的总量,例如期初或期末的职工人数、设备台数、商品库存量等。经济学中又称之为存量。这类指标的主要特点是:(1) 由于时点指标数值表示社会经济现象发展到某一特定时点上所处的水平,所以其数值只能按时点间断计数,不能累计。如果把各时点上的数值相加,就会造成重复计算,不能反映实际情况。(2) 每个指标数值的大小与时点之间的间隔长短没有直接的依存关系。例如,一个企业年末的职工总数不一定比某月的月末职工总数大。

时期指标和时点指标都属于总量指标。时期指标和时点指标各有不同的特点,具体包括以下三方面。

(1) 时期指标的数值是连续计数的,它的每一个数值是表示现象在一段时期内发生的总量,如一月的总产值是一月中每天产值的总和;而时点指标的数值是间断计数的,它的每一个数值是表示现象发展到一定时点上所处的水平,如年末的职工人数,是指年初的职工人数经过一年的变动后至年末实有的职工人数。

(2) 时期指标具有累加性,即各期数值相加可以说明现象在较长时期内发生的总量,如一年的总产值是各月产值之和;而时点指标不具有累加性,即各时点数值相加是没有意义的。

(3) 时期指标数值的大小受时期长短的制约,如一年的总产值必然大于一月的总产值;而时点指标数值的大小与时点间的间隔长短无直接的关系,如年末的职工人数不一定比某一月末的职工人数多。

因此,在应用时期总量指标时,应明确统计数字所属的时期范围。例如,某企业利润额 20 万元,应说明这是哪一段时期的利润。而对时点总量指标,则要注意它的时刻特性。例如,某厂 5 月初职工人数 500 人,指的是 4 月 30 日和 5 月 1 日之交的人数,所以它和上月末人数是同一数字,而 5 月 1 日的人数是 5 月 1 日末的人数,经过 5 月 1 日一整天的变化,已经不一定是 500 人了。

三、总量指标的计算和运用

(一) 总量指标的统计方法及其应遵循的基本原则

总量指标数值都是通过对总体单位进行全面调查登记,采用直接计数、点数或测量等方法,逐步计算汇总得出的。例如,统计报表中的总量资料,普查中的总量资料,都是采用这种直接计量法取得的。只有在不能直接计算或不必直接计算总体的总量指标的少数情况下,才采用估计推算的方法,取得有关的总量资料。估计推算法将在本书第九章中介绍。

总量指标的计算绝不是一个简单加总的技术问题,而是一个理论问题和实际问题。这就涉及如何在质与量的统一中,反映一定历史条件下社会经济现象的规模和水平。首先,必须注意现象的同类性,即不同种类的实物总量指标的数值不能加总,只有同类现象才能计算总量。例如,计算工业产品产量时,不能简单地把原煤产量、石油产量、汽车产量、电视机产量等相加;又如,不能把粮食作物与经济作物混合加总。其次,必须明确每项总量指标的统计含义。必须以科学理论为依据,正确规定总量指标所表示的各种社会经济现象的概念、构成内容和计算范围,确定计算方法,然后才能进行计算汇总,以取得正确反映社会经济现象的总量资料。例如,在计算工业总产值和增加值时,只有明确这些指标的社会经济范畴,然后才能正确计算这些总量指标。最后,必须做到计量单位一致,即同类现象的总量指标的数值,其计量单位必须一致才能加总,否则,在统计汇总时,先要换算成统一的计量单位。

(二) 总和记法及求和规则

计算总量指标数值时,或在统计运算中,涉及一系列变量值或标志值的全部或部分相加,是最常用的一种运算,需要采用简便的记法来表示其总和。代表总和的通用符号就是希腊文大写字母 $\sum$(读作 Sigma),也称为连加和号,最常见的形式为 $\sum_{i=1}^{n} X_i$,其中 X_i 代表各个变量值,总和号上下方的标号表明计算总和的 X_i 的起止点,即从 X_1 开始加到 X_n 为止:

$$\sum_{i=1}^{n} X_i = X_1 + X_2 + X_3 + \cdots + X_n \tag{3-1}$$

为简便起见,常以 $\sum$ 作为 $\sum_{i=1}^{n}$ 的简写。

以下分别介绍三个求和规则公式。

(1) 设 X 和 Y 是两个变量,则两个变量之值的和之总和,等于每个变量之值的和之总和,即:

$$\sum(X_i+Y_i) = \sum X_i + \sum Y_i \qquad (3-2)$$

因为:

$$\begin{aligned}\sum(X_i+Y_i) &= (X_1+Y_1)+(X_2+Y_2)+\cdots+(X_n+Y_n) \\ &= X_1+Y_1+X_2+Y_2+\cdots+X_n+Y_n \\ &= X_1+X_2+\cdots+X_n+Y_1+Y_2+\cdots+Y_n = \sum X_i + \sum Y_i\end{aligned}$$

同理,可以证明两个变量之值之差的总和,等于每个变量之值的总和之差,即:

$$\begin{aligned}\sum(X_i-Y_i) &= (X_1-Y_1)+(X_2-Y_2)+\cdots+(X_n-Y_n) \\ &= (X_1+X_2+\cdots+X_n)-(Y_1+Y_2+\cdots+Y_n) \\ &= \sum X_i - \sum Y_i\end{aligned} \qquad (3-3)$$

上述结论可以推广到若干个变量之值的总和,例如:

$$\sum(X_i+Y_i-Z_i) = \sum X_i + \sum Y_i - \sum Z_i \qquad (3-4)$$

(2) 某一变量乘以常数 a 后所求的总和,等于该变量值的总和乘以常数 a,即:

$$\sum(aX_i) = aX_1+aX_2+\cdots+aX_n = a(X_1+X_2+\cdots+X_n) = a\sum X_i \qquad (3-5)$$

(3) 假设进行 n 次观测,每次所得的观测值为同一常数,则 n 次观测值的总和等于 n 乘以该常数,即:

$$\sum_{i=1}^{n} a = a+a+\cdots+a = a(1+1+\cdots+1) = a_n \qquad (3-6)$$

有必要对计量单位作进一步深入的认识。总量指标按其指标数值采用的计量单位不同,分为实物指标、价值指标和劳动量指标。

(1) 实物指标,是以实物单位计量的总量指标。用于反映各同类实物的总量,但不能用于不同类别的总量的汇总。实物单位还有不同的表现形式,可以根据事物的性质和研究任务分别采用。

① 实物的自然单位。就是按照现象的自然表现形态来计量其数量的计量单位。例如人口按人、汽车按辆、机器按台、牲畜按头计算等。

② 度量衡单位。即按照统一的度量衡制度的规定来计量事物数量的计量单位,例如钢铁按吨、粮食按公斤或吨、木材按立方米计算等。

③ 标准实物单位。就是在同一性质或同一用途的产品中,挑选一种产品作为标准产品,其他产品则按照一定的换算系数换算为以标准产品的实物单位来表示产量的一种计量单位。例如,各种牌号拖拉机的牵引马力不同,可以按 15 匹马力的拖拉机为标准折算为标准台数,就是用不同牌号的每台牵引马力除以标准单位 15 匹马力,求出换算系数,再乘以原来的台数,即得出标准台数。这种换算方法称为"能力换算法"。又如,各种不同发热量的能源换算为 7 000 大卡/千克的标准煤,称为"质量换算法"。根据实际需要和产品的特点,还可以按照同类产品的劳动消耗定额、成本、含量或使用价值等确定换算系数。

④ 复合计量单位,有时为了充分表明实物的数需要这样做。例如,货物周转量按吨公里计算、发电量按千瓦时计算等。

（2）价值指标，是以货币单位计量的总量指标。货币单位是由社会必要劳动时间所确定的商品的价值单位，如元、千元、万元等。例如，我国 2008 年国内生产总值达 300 670 亿元，就是价值指标。价值指标按价格的固定程度分为不变价价值指标和现价价值指标，上例中就是现价价值指标。价值指标具有综合和概括的能力，可以综合表现各种具有不同使用价值的产品或商品的总量。

（3）劳动量指标，是以劳动单位计量的总量指标。劳动单位是用劳动时间表示的计量单位，是一种复合单位，通常用工时、工日表示。劳动量可以相加，加总的结果就是劳动消耗总量。它可用于分析劳动资源和劳动时间的利用情况，为核算企业工人工资和计算劳动生产率提供依据。同时，也是基层企业编制和检查生产作业计划的重要依据。

第二节 相对指标

一、相对指标的概念和作用

总量指标是反映现象的规模或水平的重要指标，但不易深入说明事物发展的程度和差别，也不能直接反映事物之间数量联系的程度。为此，需要将有关指标联系起来进行比较，有比较才能鉴别。例如，只有通过有关指标的对比，才能对计划完成与否、产量的增长程度、工作质量的好坏、事物发展速度的快慢以及发展的普遍程度等作出有效的判断。可见，要深入研究社会经济现象，应在总量指标的基础上，计算各种相对指标，开展对比分析工作。

相对指标就是社会经济现象中两个相互联系的指标数值之比，用来反映某些相关事物之间数量联系程度的综合指标。例如，工农业总产值的构成、人口性别与年龄的构成、产品产量的计划完成程度、人口密度等，都是相对指标，又称为统计相对数。

相对指标的数值的表现形式，除了强度相对指标采用复名数表示外，一般是用抽象化的数值如系数、倍数、成数、百分数（%）或千分数（‰）表示。相对指标数值采用这些无名数的计量形式，主要是为了能够更明确地反映它所表示的内容。

（1）系数和倍数是将对比的基数（即分母数值）抽象为 1 而计算的相对数。当分子与分母数值相差较小时，用系数表示。例如，标准实物产量的换算系数、工资等级系数等。如果对比的分子数值与分母数值差别很大时，则用倍数表示。例如，2019 年工业总产值为 2018 年工业总产值的 285.4 倍。

（2）当对比的分子与分母数值相差不大时，可以将对比的基数抽象为 10，用成数表示。例如，设某地区今年棉花产量比上年增产 1/10，即增产一成。

（3）在大多数情况下，将对比的基数抽象为 100，用百分数表示对比的结果。例如，计划完成百分数、发展速度、结构相对数等，都采用百分数表示，这是计算相对指标数值时最常用的形式。

（4）当对比的分子数值比分母数值小得很多时，应用千分数表示其对比的结果。就是将对比的基数抽象为 1 000，计算相对数。

在统计分析中，广泛应用相对指标，已成为分析社会经济现象的内部构成和外部联系的基本方法之一。它的主要作用可以概括为以下两个方面：

(1) 利用相对数,可以综合地表明有关现象之间的联系程度,反映现象和过程的比率、构成、速度、程度、密度等,有助于深入说明总量指标所不能充分说明的问题。例如,通过结构相对数,计算国民收入使用额中积累基金和消费基金之间的比例,这对于深入认识国家建设和人民生活的相互关系,国民经济是否协调地按比例发展,都有十分重要的意义。

(2) 相对指标将现象在绝对数方面的具体差异加以抽象,使原来不能直接对比的总量指标可以对比。例如,由于企业规模不同,不能直接用工业总产值的多少来比较同类企业工作质量的好坏。如果计算产值计划完成程度、固定资产利用程度、产值资金率、产值盈利率等相对数,就可以在不同规模的同类企业之间进行对比,作出恰当的评价。

二、相对指标的种类及其计算方法

随着统计分析目的的不同,两个相互联系的指标数值对比,可以采取不同的比较标准(即对比的基础),而对比所起的作用也有所不同,从而形成不同的相对指标。一般可以分为以下六种:计划完成情况相对指标、结构相对指标、比较相对指标、比例相对指标、动态相对指标和强度相对指标。

(一) 计划完成情况相对指标

通称计划完成相对数,是以现象在某一段时间内(如旬、月、季或年)的实际完成数与计划任务数对比,借以表明计划完成程度的综合指标。一般用百分数表示,基本计算公式如下:

$$计划完成相对数 = \frac{实际完成数}{计划任务数} \times 100\% \qquad (3-7)$$

在企业、单位或在整个国民经济范围内,都经常应用计划完成相对数作为监督和检查计划的工具之一。在经济管理中,正确计算计划完成相对数,可以反映各项计划指标的完成程度,为评价工作成绩提供依据;通过计划完成相对数,可以反映计划执行进度,及时发现问题,提出措施,改进工作。从宏观角度着眼,通过计划完成相对数的对比分析,可以反映出国民经济计划执行过程中的薄弱环节,为组织新的平衡以推动国民经济的发展提供依据。

计算计划完成情况相对指标的基数是计划任务数。由于基数的表现形式有绝对数、平均数和相对数三种,因而计划完成相对数在形式上有所不同,但在计算方法上仍然以计划指标作为对比的基础或标准。兹分别说明如下:

(1) 计划任务数为绝对数,计算计划完成相对数的公式与(3-7)式相同,一般适用于研究分析社会经济现象的规模或水平的计划完成程度。

(2) 计划任务数为平均数,计算计划完成相对数时,只要将(3-7)式中的分子项和分母项相应地改为实际平均水平和计划平均水平,即:

$$计划完成相对数 = \frac{实际平均水平}{计划平均水平} \times 100\% \qquad (3-8)$$

在经营管理中,有些计划任务是用平均数形式表示的,例如工业生产中的劳动生产率、单位产品成本、单位产品原材料消耗量;又如农业生产中的粮食亩产量,等等,可以采用上述方法检查这些计划任务的完成情况。

(3) 计划任务数为相对数,计算计划完成相对数的公式为:

$$计划完成相对数 = \frac{实际完成数(\%)}{计划数(\%)} \times 100\% \qquad (3-9)$$

计划任务大多数是用计划数量指标或质量指标规定的,但有些计划任务是用计划提高的百分数或计划降低的百分数规定的,例如劳动生产率计划提高百分数、产品的成本降低率、流通费用降低率等。考核这些计划任务完成情况时,可以按上述公式计算相对指标的数值。假设某企业计划规定劳动生产率比上年水平提高10%,实际比上年提高了15.5%,则：

劳动生产率计划完成情况相对数＝115.5%/110%＝105%

结果表明,劳动生产率超额5%完成计划。又如,某种产品的计划成本降低率为5%,实际成本降低率为10%,则该产品成本降低率计划完成相对数为：

$$(100-10)\%/(100-5)\%=90\%/95\%=0.947 \text{ 或 } 94.7\%$$

结果表明,超额完成产品成本降低计划的程度为94.7%－100%＝－5.3%。

值得指出,以上两个例子中的计划数是以比上期提高或降低百分之几的形式表示的,所以计算计划完成相对数时,都应包括原有基数100%在内,不能以实际提高的百分数(或实际降低率)直接与计划提高的百分数(或计划降低率)对比。以上述产品成本降低率计划完成相对数的计算方法来说,完全符合基本公式(3－7)式的要求,实质上就是实际水平与计划水平之比：

$$\frac{\text{实际成本水平}}{\text{上期成本水平}} : \frac{\text{计划成本水平}}{\text{上期成本水平}} = \frac{\text{实际成本水平}}{\text{计划成本水平}}$$

在实际工作中,有时用计划成本降低率减实际成本降低率,即月差数来说明计划完成程度。事实上,这种用减的方法求出的月差数能表示实际数比计划数超过了或减少了多少,而不能确切地说明计划完成的程度。

检查短期计划执行情况,可以按月度、季度、年度计算完成情况相对数。检查长期计划执行情况,主要是考核五年计划完成程度,应根据五年计划指标的规定,针对不同的情况,分别采用水平法和累计法进行检查。

(1) 水平法。凡是计划指标按计划期末最后一年应达到的水平来规定任务的,如各种产品的产量、商品零售额等指标,应采用水平法计算其计划完成相对数：

$$\text{计划完成相对数}=\frac{\text{五年计划末年实际达到的水平}}{\text{五年计划中规定的末年水平}} \times 100\% \qquad (3-10)$$

按水平法检查计划完成情况时,只要有连续一年时间,实际完成数达到了计划期末年规定的水平,就算完成五年计划的任务。假设某种产品的产量按五年计划规定的末年水平为100万吨,实际上在第四年的5月至第五年的4月已达到了100万吨,就可以确认该产品已提前完成了五年计划任务,提前完成计划的时间为8个月。

(2) 累计法。凡是计划指标按计划期内累计完成工作量或应达到的总量规定任务的,如基本建设投资额、造林面积、干部培训人数等指标,应采用累计法计算其计划完成相对数：

$$\text{计划完成相对数}=\frac{\text{五年计划期间实际累计完成数}}{\text{五年计划中规定的累计数}} \times 100\% \qquad (3-11)$$

采用累计法检查计划完成情况时,只要从计划期开始至某一个时期为止,实际完成的累计数已达到计划规定的累计数,就作为完成计划任务。从计划期开始至某一时期完成规定的累计数为止,这段时期就是计划完成时期;用长期计划年限(如五年计划就是五年)减去计划完成时期,就是提前完成计划的时间。例如,我国第一个五年计划规定基本建设投资总额为427.4亿元,五年内实际累计投资额为493亿元,亦即超额完成计划15.3%。

计划完成相对数＝(493/427.4)×100%＝115.3%

事实上,从1953年起到1957年9月底投资额累计已达432亿元,表明我国第一个五年计划基本建设投资总额提前完成时间为3个月。

以上所述的各种方法有一个共同点,即计划期的实际完成数与计划任务数之比,主要用来检查本期计划执行的总结果,说明本期计划的完成程度。至于实际完成数是超过还是低于计划数为好,这要根据计划指标的性质和内容来决定。例如产品产量、商品销售额、劳动生产率等指标数值,超过计划数就表示超额完成计划。反之,诸如产品成本、原材料消耗等指标数值比计划数愈小愈好,计划完成相对数小于100%时就是超额完成计划。

此外,还应利用统计资料,考核计划执行进度,其计算方法可用公式表述如下:

$$计划执行进度 = \frac{某一段时期的实际累计完成数}{计划期全期计划任务数} \times 100\% \quad (3-12)$$

例如,某企业计划完成情况,如表3-1所示,以1月、2月的实际累计完成数与第一季度计划数对比,来说明季度计划执行进度。计算结果表明,该企业1月、2月都未完成计划,因而计划完成的进度与正常发展趋势的最低要求不相适应。一般说来,1月应完成季度产值计划的33%左右,实际上只完成全季计划的29%;截至2月,理应完成全季计划的66%,但实际计划执行进度仅是59%,出现前松后紧现象,只有及时采取措施,才能争取完成或超额完成第一季度的产值计划。

表3-1　某企业计划完成情况表

	计划(万元)	计划完成程度(%)	累计实际产值(万元)	计划执行进度(%)
1 月	130	90	117.0	29
2 月	130	92	236.6	59
3 月	140	—	—	—
第一季度	400	—	—	—

由此可见,计划执行进度指标可以用来对整个计划期间计划执行的进程作动态分析,预计计划完成的可能情况,考核计划执行的均衡性。

(二) 结构相对指标

研究社会经济现象总体时,不仅要掌握其总量,而且要揭示总体内部的组成状况的数量表现,亦即要对总体内部的结构进行数量分析,这就需要计算结构相对指标。

结构相对指标就是在分组的基础上,以各组(或部分)的单位数与总体单位总数对比,或以各组(或部分)的标志总量与总体的标志总量对比求得的比重,借以反映总体内部结构的一种综合指标。一般用百分数、成数或系数表示,可以用公式表述如下:

$$结构相对数 = \frac{总体某部分或组的数值}{总体全部数值} \times 100\% \quad (3-13)$$

概括地说,结构相对数就是部分与全体对比得出的比重或比率。由于对比的基础是同一的总体总数值,所以各部分(或组)所占比重之和应当等于100%或1。

在社会经济统计中,广泛应用结构相对数。它的主要作用可以概括为以下几个方面:

(1) 可以说明在一定的时间、地点和条件下,总体结构的特征。例如,从表3-2中的资料可以看出,某地区国内生产总值构成的特点。

表 3-2 2018 年国内生产总值构成

项目	占总数的%
国内生产总值	100.0
其中:第一产业	12.5
第二产业	47.3
第三产业	40.2

（2）不同时期结构相对数的变化，可以反映事物性质的发展趋势，分析经济结构的演变规律。例如，从表 3-3 的资料中，可以看出不同年份的世界农业人口在总人口中所占的比重呈现出平稳下降的趋势，这也是伴随经济发展、工业化程度提高和社会进步而产生的必然结果。

表 3-3 世界人口和农业人口的发展趋势

	1950 年	1960 年	1970 年	1980 年	1990 年	2000 年
世界人口总计(亿人)	25.2	30.2	36.9	44.5	52.9	62.5
其中:农业人口(亿人)	16.2	17.6	17.6	21.9	23.9	25.7
占世界总人口的%	64.3	58.3	47.8	49.2	45.2	41.1

（3）根据各构成部分所占比重的大小以及是否合理，可以反映所研究现象总体的质量和生产经营管理工作的质量以及人、财、物的利用情况。例如，文盲率、入学率、青年受高等教育人口比率等可从文化教育方面表明人口的质量；产品的合格率、优质品率、高新技术产品率、商品损耗率等可表明企业的工作质量；出勤或缺勤率、设备利用率等，则可反映企业的人、财、物的利用状况。

（4）利用结构相对数，有助于分清主次，确定工作重点。例如在物资管理工作中，采用 ABC 分析法，其基本原理就是对影响经济活动的因素进行分析，按各种因素的影响程度的大小分为 A、B、C 三类，实行分类管理。采用这种方法的依据，就是根据统计资料的分析，计算结构相对指标，如表 3-4 所示的典型情况。

表 3-4 物资管理 ABC 分类

单位:%

类别	占资金的比重	占品种的比重
A	80	20
B	15	30
C	5	50

可见，应重点抓好 A 类物资的管理，其次要注意 B 类物资的处理，就可以控制资金的 95%，收到较好的经济效果。

(三) 比较相对指标

就是将不同地区、单位或企业之间的同类指标数值作静态对比而得出的综合指标，表明同类事物在不同空间条件下的差异程度或相对状态。比较相对指标可以用百分数、倍数和系数表示。其计算公式可以概括如下：

$$\text{比较相对数} = \frac{\text{甲地区(单位或企业)某类指标数值}}{\text{乙地区(单位或企业)同类指标数值}} \qquad (3-14)$$

例如,两个类型相同的工业企业,甲企业全员劳动生产率为 18 542 元/人·年,乙企业全员劳动生产率为 21 560 元/人·年,则两个企业全员劳动生产率的比较相对数为:

$$(18\ 542/21\ 560) \times 100\% = 86\%$$

用来对比的两个性质相同的指标数值,其表现形式不一定仅限于绝对数,也可以是其他的相对数或平均数。在经济管理工作中,广泛应用比较相对数。例如用各种质量指标在企业之间、车间或班组之间进行对比,把各项技术经济指标与国家规定的标准条件对比,与同类企业的先进水平或世界先进水平对比,借以找差距、挖潜力、定措施,为提高企业的经营管理水平提供依据。

计算比较相对数应注意对比指标的可比性。此外,比较基数的选择要根据资料的特点及研究目的而定。如上例是以乙企业的全员劳动生产率作为比较标准,计算结果说明甲企业全员劳动生产率是乙企业的 86%;如以甲企业全员劳动生产率作为比较标准,则表明乙企业全员劳动生产率是甲企业的 116.28%。这两种计算方法的角度不同,但都能说明问题,具体以哪个指标作为比较的基础,应根据研究目的以及哪种方法能更确切地说明问题的实质而定。

(四)比例相对指标

比例相对指标即反映总体中各个组成部分之间的比例关系和均衡状况的综合指标。它是同一总体中某一部分数值与另一部分数值静态对比的结果,计算公式为:

$$\text{比例相对数} = \frac{\text{总体中某一部分数值}}{\text{总体中另一部分数值}} \times 100\% \qquad (3-15)$$

比例相对指标的数值,一般用百分数或几比几的形式表示。例如,某学校教学人员为 900 人,非教学人员为 100 人,则教学人员与非教学人员的比例可表示为 9∶1。统计分析中,有时还要求用连比形式表示总体中若干个组的比例关系。例如,某地区工农业总产值中,农、轻、重的比例为 1∶1.69∶1.77,国民生产总值中,第一、二、三产业的比例为 1∶1.73∶1.02,等等。

根据统计资料,计算各种比例相对数,反映有关事物之间的实际比例关系,有助于我们认识客观事物是否符合按比例协调发展的要求,参照有关标准,可以判断比例关系是否合理。在宏观经济管理中,这对于研究分析整个国民经济和社会发展是否协调均衡具有重要意义。

(五)动态相对指标

就是将同一现象在不同时期的两个数值进行动态对比而得出的相对数,借以表明现象在时间上发展变动的程度。一般用百分数或倍数表示,也称为发展速度。其计算公式如下:

$$\text{动态相对数} = \frac{\text{某一现象报告期数值}}{\text{同一现象基期数值}} \times 100\% \qquad (3-16)$$

通常,作为比较标准的时期称为基期,与基期对比的时期称为报告期。例如,2018 年国内生产总值达 300 670 亿元,如果选择 2017 年作为基期,亦即将 2017 年的国内生产总值作为基数而定为 100,则 2018 年的国内生产总值与 2017 年的国内生产总值对比,得出动态相对数为 109%,它说明在 2017 年基础上 2018 年国内生产总值的发展速度。

根据统计研究的任务以及需要说明的问题,可以选择不同的基期,例如选择相邻的上一期作为基期,也可以选择去年同期或者具有历史意义的时期作为基期。

动态相对数在统计分析中应用很广,将在第四章时间数列中详加论述。

（六）强度相对指标

就是在同一地区或单位内，两个性质不同而有一定联系的总量指标数值对比得出的相对数，是用来分析不同事物之间的数量对比关系，表明现象的强度、密度和普遍程度的综合指标。其计算公式可以概括为：

$$强度相对数 = \frac{某一总量指标数值}{另一个有联系而性质不同的总量指标数值} \times 100\% \quad (3-17)$$

例如，土地面积为960万平方公里，人口普查总数为129 533万人，则人口密度＝129 533/960＝135（人/平方公里）。

又如，以铁路（公路）长度与土地面积对比，可以得出铁路（公路）密度。这些强度相对指标都是用来反映现象的密集程度或普遍程度。

利用强度相对数来说明社会经济现象的强弱程度时，广泛采用人均产量指标来反映一个国家的经济实力。例如，按全国人口数计算的每人平均钢产量、粮食产量等，这种强度相对指标的数值愈大，表示一个国家的经济发展程度愈高，经济实力愈强。

由于强度相对数是两个性质不同但有联系的总量指标数值之比，所以在多数情况下，是由分子与分母原有单位组成的复合单位表示的，如人口密度用人/平方公里，人均钢产量用公斤/人，等等。但有少数的强度相对指标因其分子与分母的计量单位相同，可以用千分数或百分数表示其指标数值。例如：

$$人口自然增长率(‰) = \frac{年内出生数 - 年内死亡人数}{年平均人数} \times 1\,000‰$$

$$= \frac{年内人口自然增长数}{年平均人数} \times 1\,000‰$$

$$= 普通出生率(‰) - 普通死亡率(‰)$$

根据抽样调查，某年人口出生率为16.98‰，死亡率为6.56‰，自然增长率为10.42‰。

又如，商品流通费用与商品销售额对比得出的商品流通费用率，则用百分数表示。

有少数反映社会服务行业的负担情况或保证程度的强度相对指标，其分子和分母可以互换，即采用正算法计算正指标，用倒算法计算逆指标。例如：

$$商业网密度(正指标) = \frac{零售商业机构数(个)}{地区人口(千人)}$$

$$商业网密度(逆指标) = \frac{地区人口数(千人)}{零售商业机构数(个)}$$

上述正指标数值表示可以为每千人服务的商业网点数，逆指标数值则表示每个零售商店服务的按千人计算的人口数。由此可见，凡是强度相对指标数值的大小与所研究现象的发展程度或密度成正比例，称为正指标；反之，其数值大小与所研究现象的发展程度或密度成反比例，则称之为逆指标。究竟是采用正指标还是逆指标，取决于哪一个指标更能清楚地说明问题。

从强度相对指标数值的表现形式上看，带有"平均"的意义，例如，按人口计算的主要产品产量指标用吨（千克）/人表示；按全国人口分摊的每人平均国民收入用元/人表示。但究其实质，强度相对数与统计平均数有根本的区别。平均数是同一总体中的标志总量与单位总量之比，是将总体的某一数量标志的各个变量值加以平均。如前所述，强度相对数是两个性质不同而有联系的总量指标数值之比，它表明两个不同总体之间的数量对比关系。

三、正确运用相对指标的原则

上述六种相对指标从不同的角度出发，运用不同的对比方法，对两个同类的指标数值进行静态的或动态的比较，对总体各部分之间的关系进行数量分析，对两个不同总体之间的联系程度和比例作比较，是统计中常用的基本数量分析方法之一。要使相对指标在统计分析中起到应有的作用，在计算和应用相对指标时应该遵循以下原则。

（一）可比性原则

相对指标是两个有关的指标数值之比，对比结果的正确性，直接取决于两个指标数值的可比性。如果违反可比性这一基本原则计算相对指标，就会失去实际意义，导致不正确的结论。对比指标的可比性，是指对比的指标在含义、内容、范围、时间、空间和计算方法等口径方面是否协调一致，相互适应。如果各个时期的统计数字因行政区划、组织机构、隶属关系的变更，或因统计制度方法的改变而不能直接对比的，就应以报告期的口径为准，调整基期的数字。许多用金额表示的价值指标，由于价格的变动，各期的数字进行对比，不能反映实际的发展变化程度。一般要按不变价格换算，以消除价格变动的影响。

对比指标数值的计算方法是否可比，要注意研究发展的具体条件。将统计资料进行国与国之间的对比时，尤其要慎重研究不同社会制度国家所采用的指标计算方法的可比性问题。因为指标计算方法不仅涉及实际的技术处理方法上的问题，还反映出理论观点上的原则区别，从而影响指标所包含的内容。例如，按人口计算的每人平均国民收入这一强度相对指标，由于我国的国民收入与资本主义国家的国民收入，不仅计算方法不同，而且包含的内容也不一样，因而不能直接对比。

由于社会经济现象相当繁多而复杂，相对指标的种类又多，结合对比分析的不同任务和目的，对比指标的可比性具有一定的相对性，不能绝对化。以动态相对指标来说，报告期与基期的时期长短应该相同，才是可比的。但根据统计研究的任务，为了说明某些具体问题，不能过于强求指标数值的可比性。例如，我国第一个五年计划时期钢产量为 1 666.7 万吨，与 1900—1948 年期间的钢产量 760 万吨对比，得出动态相对数为 219%，即表示五年的钢产量超过旧中国半个世纪钢产量的一倍以上，充分反映新中国社会主义制度的优越性。这说明两个同类指标数值只要比得合理，符合实际，能够阐明问题，就应该认为具有可比性。

计算和运用相对指标时，需要遵循可比性原则，主要是为了保证对比的结果能够确切地说明问题，得出有意义的正确结论。因此，与可比性原则直接有关的问题就是选择基数和基期。基数是指标对比的标准，如果选择不当，就会失去相对数的作用，导致似是而非或错误的结论，甚至歪曲真相。一般说来，应结合研究问题的目的来选择基数，选择的基数应当具有典型性，例如，计算比较相对数时，对比的分母可以是平均水平、先进水平或国家制定的有关标准。基数与基期密切相连，一般应选择经济与社会发展比较稳定，能说明国民经济生活方面有重要意义的时期作为基期，以便通过和这些时期进行对比，反映我国各个部门、各个环节和各个方面在不同阶段蓬勃发展的新局面。

（二）定性分析与数量分析相结合的原则

计算对比指标数值的方法是简便易行的，但要正确地计算和运用相对数，还要注重定性分析与数量分析相结合的原则。因为事物之间的对比分析，必须是同类型的指标，只有通过统计分组，才能确定被研究现象的同质总体，便于同类现象之间的对比分析。这说明要在确定事物性质的基础上,再进行数量上的比较或分析,而统计分组在一定意义上也是一种统计的定性分类或分析。即使是同一种相对指标在不同地区或不同时间进行比较时,也必须先对现象的性质进行分析,判断是否具有可比性。同时,通过定性分析,可以确定两个指标数值的对比是否合理。例如,将不识字人口数与全部人口数对比来计算文盲率,显然是不合理的,因为其中包括未达学龄的人数和不到接受初中文化教育年龄的人数在内,不能如实反映文盲人数在相应的人口数中所占的比重。通常计算文盲率的公式为:

$$\text{文盲率} = \frac{15 \text{岁及} 15 \text{岁以上不识字人口数}}{15 \text{岁及} 15 \text{岁以上全部人口数}} \times 100\% \qquad (3-18)$$

由于考虑了人口中有识字的可能性这一因素,所以上述两个指标数值的对比是合理的。

(三)相对指标和总量指标结合运用的原则

绝大多数的相对指标都是两个有关的总量指标数值之比,用抽象化的比值来表明事物之间的对比关系的程度,而不能反映事物在绝对量方面的差别。因此在一般情况下,相对指标离开了据以形成对比关系的总量指标,就不能深入地说明问题。兹以表3-5中所示的情况进行说明。

表3-5 某地钢产量发展情况

	基期:1949年				基期:2018年		
	钢产量(万吨)	发展速度(%)	增长量(万吨)		钢产量(万吨)	发展速度(%)	增长量(万吨)
1949年	7.9	100	—	2018年	9 536	100.0	—
1950年	30.5	386	22.6	2019年	10 124	106.2	588

从上表资料看出,某地钢产量按其发展速度来说,2019年比2018年增长了6.2%,而1950年比1949年增长了286%,前者的增长速度远远小于后者的增长速度。但联系总量指标数值来看,2019年比2018年多生产588万吨钢,每增长1%的绝对值为95.36万吨。1950年钢产量比1949年只增加了22.6万吨,每增长1%的绝对值仅仅是0.079万吨。可见,只有将相对指标与总量指标结合运用,才能正确地剖析问题的实质,得出恰如其分的结论。

(四)各种相对指标综合应用的原则

各种相对指标的具体作用不同,都是从不同的侧面来说明所研究的问题。为了全面而深入地说明现象及其发展过程的规律性,应该根据统计研究的目的,综合应用各种相对指标。例如,为了研究工业生产情况,既要利用生产计划的完成情况指标,又要计算生产发展的动态相对数和强度相对数。又如,分析生产计划的执行情况,有必要全面分析总产值计划、品种计划、劳动生产率计划和成本计划等完成情况。此外,将几种相对指标结合起来运用,可以比较、分析现象变动中的相互关系,更好地阐明现象之间的发展变化情况。由此可见,综合运用结构相对数、比较相对数、动态相对数等,有助于我们剖析事物变动中的相互关系及其后果。

第三节 平均指标

一、平均指标的概念与作用

(一)平均指标的概念

在社会经济现象的同质总体中,每个总体单位都有区别于其他单位的数量特征,具体表现为数值大小不等、水平高低不一,这主要因为各个单位的标志值是由多种因素交错影响的结果。例如在同一个企业中的工人,在工龄、劳动生产率、工资额等方面不尽相同,互有差别。但是,处在同一个同质总体中的各个单位,都受一般基本条件和共同起作用的因素的影响,所以就某一数量标志而论,它们在具体数值上的差异总有一定的限度,在一定时间、地点条件下,客观上存在该数量标志值的一般水平。平均指标就是表明同类社会经济现象在一定时间、地点条件下所达到的一般水平的综合指标。它的数值表现就是平均数,所以平均指标通常称为统计平均数。马克思把平均指标可以揭示大量社会经济现象一般水平以及总体分布集中趋势特征值的这种特性,称之为"平均数规律"。这一规律的实质就是在大量观察的情况下,可以把总体单位各个变异数值的离差予以抽象,从而揭示大量过程的基本趋势。

社会经济统计中采用的平均数有以下五种,即算术平均数、调和平均数、几何平均数、众数和中位数。前三种平均数是根据总体全部单位标志值计算的,又称之为数值平均数;后两种平均数是根据标志值在总体的各个单位中所处的位置来计算的,又称之为位置平均数。各种平均数已成为统计分析中最重要的基本数量分析方法。

(二)平均指标的特点

从上述平均指标的意义来说,它有如下两个主要特点:

(1)任何一个总体中的单位都有许多标志,只能分别在总体单位的某一数量标志计算其平均指标,亦即以一个具有代表性的数量标志值代表总体各单位标志值的一般水平,而不是代表总体某一单位的具体数值。例如,以平均工资代表职工工资的一般水平,以小麦平均亩产量代表小麦生产的一般水平,等等。

(2)平均指标把总体各单位的某一数量标志值之间的差异加以抽象概括,其中各个个别标志值的偶然性波动相互抵消,从而反映被研究现象在一定时期内或一定时点上所达到的一般水平或集中趋势。例如,根据社会经济统计数据编制的变量数列中的次数分布来看,在多数情况下,标志值(或变量值)愈接近平均数,其出现次数愈多,而偏离平均数愈远的标志值的次数愈少,平均数两边的正离差和负离差大体相等,相互抵消,所以平均数成为整个变量数列的代表值,是反映总体分布集中趋势的重要特征值。

(三)平均指标的作用

平均指标的特点表明,它是通过科学的抽象而得出的总体代表值和总体分布的特征值,是认识社会经济现象的本质和规律的工具。平均指标在统计研究中具有重要的作用。

(1)利用平均指标可以对比同类现象在不同地区、不同单位的一般水平,以反映各地区、各单位工作的质量和效果。

(2)利用平均指标可以对比同一现象在不同时间的一般水平的变化,反映这类现象发展变化的趋势及其规律性。例如,将历年的城市职工平均每人每月全部收入、农民家庭平均每人纯收入等进行比较,可以反映我国城乡人民的收入不断提高和生活逐步改善情况。

(3) 利用平均指标可以分析现象之间的依存关系。例如,将某种农作物的耕地按施肥量进行分组,在这种分组的基础上,分别算出各组的农作物平均亩产量,就可以反映施肥量的多少与平均亩产量之间的依存关系。

(4) 利用平均指标可以进行数量上的估计推断。例如,根据部分总体单位计算的平均指标,可以用来推断整个总体的平均数或标志总量。

二、算术平均数

(一) 算术平均数的基本形式

在社会经济现象中,总体的标志总量通常都是总体单位标志值之和,因此用总体单位数去除标志总量,即得算术平均数(简单算术平均数),其基本公式为:

$$算术平均数 = \frac{总体标志总量}{总体单位数}$$

$$\overline{X} = \frac{X_1 + X_2 + X_3 + \cdots + X_N}{N} = \frac{\sum X}{N} \qquad (3-19)$$

式中:$\overline{X}$——算术平均数;

X——总体各单位的标志值(变量值);

N——总体单位数;

$\sum$——总和符号。

利用上式计算算术平均数时,标志总量和总体单位数必须同属于一个总体,两者所包含的内容在口径上严格一致,要具有可比性。否则,计算的平均数就会失去其意义。

再次指出,算术平均数与强度相对数的计算方法在形式上很相似,但实质上有根本的区别。前者是同一总体的标志总量与总体单位数之比,标志总量是随着总体单位数的变动而相应地变动的;后者则是两个性质不同而有联系的总量指标之比,作为分子的总量指标数值并不随着作为分母的总量指标数值的变动而变动。

(二) 加权算术平均数

如果掌握的资料是经过分组整理编成了单项数列或组距数列,并且每组次数不同时,就应采用加权算术平均数的方法计算算术平均数。具体方法是:① 将各组标志值分别乘以相应的频数求得各组的标志总量,并加总得到总体标志总量;② 将各组的频数加总,得到总体单位总数;③ 用总体标志总量除以总体单位总数,即得算术平均数。

例如,某企业有 50 个工人,他们每人每日加工的某种零件数,编成单项数列如下(见表3-6所示)。

表 3-6 某企业工人生产情况

工人按日产量零件分组(X)	工人人数(f)	总产量(Xf)
20	1	20
21	4	84
22	6	132
23	8	184
24	12	288
25	10	250
26	7	182
27	2	54
合　计	50	1 194

上述 50 个工人的总产量为 1 194 件,所以每个工人平均日产量为:

工人平均日产量=1 194/50=23.88(件)

上式如以 X 代表变量(在本例即为日产件数),f 代表次数,也称频数(即权数,在本例即为工人数),用符号代表:

$$\bar{X} = \frac{X_1f_1 + X_2f_2 + X_3f_3 + \cdots + X_Nf_N}{f_1 + f_2 + f_3 + \cdots + f_N} = \frac{\sum Xf}{\sum f} \qquad (3-20)$$

式中:$\sum xf$——总体标志总量;

$\sum f$——总体单位总数,亦称总次数或总权数。

从上述计算公式可看出:平均日产件数的大小,不仅取决于各组变量(X)的大小,也决定于各组单位数(f),即各个变量的个数的多少,称次数。某组出现次数多,平均数受该组的影响就较大;反之,次数少,对平均数影响也小。次数(f)在这里起着权衡轻重的作用,所以,统计上把次数亦称为权数。用加权方法计算的算术平均数叫作加权算术平均数。

变量数列的权数有两种形式:一种是以绝对数表示,称次数或频数;另一种是以比重表示,称比率或频率。在同一变量数列中,不论用绝对数加权还是用相对数加权,计算结果完全相同。因为:

$$\bar{X} = \frac{\sum Xf}{\sum f} = \sum X \frac{f}{\sum f} \qquad (3-21)$$

权数采用频率的形式计算时,表现为 $\bar{X} = \sum X \dfrac{f}{\sum f}$。用频率计算的公式和直接用次数计算的公式在内容上是相等的,即 $\dfrac{\sum Xf}{\sum f} = \sum x \cdot \dfrac{f}{\sum f}$。现在仍以表 3-6 的资料为例,用权数系数形式计算加权算术平均数,见表 3-7 所示。$\bar{X} = \sum X \dfrac{f}{\sum f} = 23.88$。

表 3-7　某企业工人生产情况

工人按日产量零件分组(X)	工人人数 绝对数(f)	工人人数 频率 $f/\sum f$	$\sum x \cdot \dfrac{f}{\sum f}$
20	1	0.02	0.40
21	4	0.08	1.68
22	6	0.12	2.64
23	8	0.16	3.68
24	12	0.24	5.76
25	10	0.20	5.00
26	7	0.14	3.64
27	2	0.04	1.08
合　计	50	1.00	23.88

其计算结果与用次数公式计算的结果完全一样。

如果我们掌握的资料,不是单项变量数列,而是组距数列,则计算算术平均数的方法与上述方法基本相同,所不同的只是要利用各组的组中值作为代表标志值进行计算。具体方法是,必须先算出组距数列各组的组中值,以各组中值代表该组的标志值,然后再来计算加权算术平均数。举例见表 3-8 所示。

表 3-8　某企业工人日产量的算术平均数计算表

按日产量分组（千克）	工人数(人) f	组中值 X	Xf
60 以下	10	55	550
60～70	19	65	1 235
70～80	50	75	3 750
80～90	36	85	3 060
90～100	27	95	2 565
100～110	14	105	1 470
110 以上	8	115	920
合　计	164		13 550

工人平均日产量＝13 550/164＝82.62(千克)

应该指出,这种计算方法具有一定的假定性。即假定各单位标志值在组内是均匀分配的,但实际上要分配得完全均匀是不可能的。这样,用组中值计算出来的算术平均数也就带有近似值的性质。还要指出,根据组距数列计算算术平均数时,有时往往会遇到开口组,如表 3-8 中,第一组的 60 以下,及最后一组的 110 以上,这时我们一般就假定它们同邻组组限相仿来计算组中值。因此,根据开口组计算的算术平均数就更具有假定性。尽管如此,单就整个数列来看,由于分组引起的影响变量数值高低的各种因素会起到相互抵消的作用,所以,由此而计算的平均数仍然具有足够的代表性。

综上所述,加权算术平均数与简单算术平均数的不同之处在于:加权算术平均数受到两个因素的影响,即变量值大小和次数比重多少的影响;而简单算术平均数只受变量值大小这一个因素的影响。

(三) 算术平均数的简捷计算法

由于标志数值较大,分组较多,计算算术平均数的过程比较繁杂,有必要采用简捷计算法。这种简捷法是以如下几个主要的算术平均数的数学性质为依据的(后面的算式分别说明其推导过程)。

(1) $N\bar{X} = \sum X$

$$N\bar{X} = N \frac{\sum X}{N} = \sum X$$

(2) $\sum(X - \bar{X}) = 0$

$$\sum(X - \bar{X}) = \sum X - N\bar{X} = \sum X - \sum X = 0$$

(3) $\dfrac{\sum(X \pm A)}{N} = \bar{X} \pm A$

A 为任意常数

$$\frac{\sum(X \pm A)}{N} = \frac{\sum X}{N} \pm \frac{NA}{N} = \bar{X} \pm A$$

(4) $\dfrac{\sum AX}{N} = A\bar{X}$

$$\frac{\sum AX}{N} = \frac{A \sum X}{N} = A\bar{X}$$

(5) $\dfrac{\sum \frac{1}{A}X}{N} = \dfrac{1}{A}\bar{X}$

$$\frac{\sum \frac{1}{A}X}{N} = \frac{\frac{1}{A}\sum X}{N} = \frac{1}{A} \cdot \frac{\sum X}{N} = \frac{1}{A}\bar{X}$$

(6) $\sum(X - \bar{X})^2 = \min(最小值)$

设 X_0 = 任意值,$C = \bar{X} - X_0$

$X_0 = \bar{X} - C$,以 X_0 为中心的离差平方和为

$$\begin{aligned}\sum(X - X_0)^2 &= \sum[X - (\bar{X} - C)]^2 \\ &= \sum[(X - \bar{X}) + C]^2 \\ &= \sum(X - \bar{X})^2 + 2C\sum(X - \bar{X}) + NC^2 \\ &= \sum(X - \bar{X})^2 + NC^2\end{aligned}$$

$\because NC^2 \geqslant 0$

$\therefore \sum(X - X_0)^2 \geqslant \sum(X - \bar{X})^2$;$\sum(X - \bar{X})^2$ 为最小值。

一般在等距分组的情况下,利用上述算术平均数的数学性质,可以将变量数列的标志值(或组中值)减去一个任意常数 A 再除以组距 i,得出新的标志值(或变量值)$\frac{X_i - A}{i}$,然后求出新变量值的平均数,最后乘上 i,并加上常数 A,即得原变量值的平均数,从而使平均数的计算过程大为简化。简捷法公式如下:

$$\overline{X} = A + \frac{\sum \left(\frac{X-A}{i}\right)f}{\sum f} \times i \tag{3-22}$$

兹以表 3-9 中的资料为例,计算其算术平均数如下:

表 3-9 算术平均数简捷法计算

制造一个零件所需的时间(分)	工人数 f	组中值 X	Xf	$\left(\frac{X-A}{i}\right)$	$\left(\frac{X-A}{i}\right)f$	累积次数 S
2.1～2.7	2	2.4	4.8	-2	-4	2
2.7～3.3	6	3.0	18.0	-1	-6	8
3.3～3.9	7	3.6	25.2	0	0	15
3.9～4.5	5	4.2	21.0	1	5	20
4.5～5.1	3	4.8	14.4	2	6	23
5.1～5.7	2	5.4	10.8	3	6	25
合　计	25	—	94.2	—	7	—

$$\overline{X} = \frac{\sum Xf}{\sum f} = 94.20/25 = 3.77(\text{分})$$

令假定平均数 $A = 3.60$ 分,则:

$$\overline{X} = A + \frac{\sum \left(\frac{X-A}{i}\right)f}{\sum f} \times i = 3.60 + \frac{7}{5} \times 0.6 = 3.77(\text{分})$$

(四)算术平均数与定额的制订

制订定额的方法很多,其中利用统计分析方法计算先进平均数,则是制订平均先进定额的基础。

先进平均数的计算方法,就是先求出总平均数,再根据优于平均水平以上的标志值计算其平均数。其计算式如下:

$$\overline{X_a} = \frac{\sum X_a f_a}{\sum f_a} \tag{3-23}$$

式中:$\overline{X_a}$——先进平均数;
　　　X_a——优于一般平均数的标志值;
　　　f_a——优于一般平均数的各组总体单位数。

根据表 3-10 资料计算工人平均日产零件数。

表 3-10　各组工人生产零件数情况

工人生产零件数（件）	工人数 f	组中值 X	每组工人生产件数 Xf
6～8	5	7	35
8～10	10	9	90
10～12	17	11	187
12～14	8	13	104
合　计	40	—	416

如果根据单项数列计算先进平均数，方法比较简单。如果根据组距数列计算，方法比较复杂，因为总平均数所在数组的位置对先进平均数有一定的影响，需要用插补法按比例来补正先进平均数的近似值。根据上表资料计算工人平均日产零件数，说明如下：

$$\overline{X} = \frac{\sum Xf}{\sum f} = 416/40 = 10.4（件）$$

可见，超过总平均数的先进部分在 10～12 件这一组中，因此要按比例先计算 10.4～12 件这一部分的工人数和组中值，然后计算先进平均数。

表 3-11　工人生产零件先进平均数计算

工人生产零件数（件）	工人数 f	组中值 X	每组工人生产件数 Xf
10.4～12	14	11.2	156.8
12～14	8	13.0	104.0
合　计	22	—	260.8

上表中：(1) 插补的标志值就是 10.4～12 件这一组的组中值，即 (10.4+12)/2 = 11.2（件）；(2) 插补的次数 f 就是根据原有的资料 10～12 这一组的工人数，按比例均摊，推算得出 $\frac{12-10.4}{12-10} \times 17 \approx 14$（人）。则先进平均数的近似值为：

$$\overline{X_a} = \frac{\sum X_a f_a}{\sum f_a} = \frac{11.2 \times 14 + 13 \times 8}{14 + 8} = \frac{260.8}{22} = 11.85（件）$$

以上计算的先进平均数，是以平均数值愈大愈好的现象为例。如果遇到平均数值愈小愈好的现象，如单位产品平均原材料消耗量、单位产品的平均成本等，计算先进平均数的方法基本相同，但应该用小于总平均数部分的标志值进行计算。先进平均数可以为制订平均先进定额、加强经济管理、提高经济效益、编制计划等提供参考依据。

管理部门做好定额统计和分析工作外，还采用加权平均数制订劳动定额等。例如，根据已掌握的为完成任务 A 的先进工时为 a，保守工时为 b，有把握的工时为 m，则完成任务 A 的平均工时定额为：

$$M_T = \frac{a + 4m + b}{6} \tag{3-24}$$

上式是一加权平均数公式。首先假定 m 的可能性两倍于 a，应用加权平均数，求 a 和 m 间的平均值为 $(a+2m)/3$；同理，在 m 和 a 之间的平均值为 $(2m+b)/3$。因此，为完成任务 A

的时间分布,可用$(a+2m)/3$和$(2m+b)/3$各以1/2的可能性的分布来代表,从而取其平均数,即:

$$\frac{1}{2}\left(\frac{a+2m}{3}+\frac{2m+b}{3}\right)=\frac{a+4m+b}{6}$$

这一加权算术平均数公式的数学模型在管理工作中广泛采用。此外,对市场动向和需求进行预测时,为了将几种预测值汇总成整个企业的预测值,一般采用"推定平均值"的办法,实质上就是(3-24)式的具体应用:

$$指定平均值=\frac{最乐观预测值+4×最可能预测量+最悲观预测值}{6}$$

三、调和平均数

(一)调和平均数的意义和种类

调和平均数是各个变量值(标志值)倒数的算术平均数的倒数。它是根据各个变量值的倒数计算的平均数,所以又称为倒数平均数,一般用符号X_H代表。从其计算方法来说,也有简单调和平均数和加权调和平均数两种。

设有变量值$X_1,X_2,\cdots,X_N$,其倒数分别为$\frac{1}{X_1},\frac{1}{X_2},\cdots,\frac{1}{X_N}$,即得出简单调和平均数公式如下:

$$\overline{X}_H=\frac{N}{\sum\frac{1}{X}} \tag{3-25}$$

例如,某种蔬菜的价格,甲集市每千克3.50元,乙集市每千克4.10元,丙集市每千克4.60元,若在以上集市各买1元,求平均每千克多少元?可采用简单调和平均数计算,得:

$$\overline{X}_H=\frac{N}{\sum\frac{1}{X}}=3/(1/3.50+1/4.10+1/4.60)=4(元)$$

在社会经济统计中,常用的则是一种特定权数的加权调和平均数。

(二)加权调和平均数的应用

在很多情况下,由于只掌握每组某个标志的数值总和(M)而缺少总体单位数(f)的资料,不能直接采用加权算术平均数法计算平均数,则应采用加权调和平均数。例如,设某种商品在三个农贸市场上的单价和贸易额资料如表3-12所示。

表3-12 某种商品在三个农贸市场上贸易资料

市 场	单价 X(元)	贸易额 $M=Xf$(元)	贸易量 $f=M/X$(公斤)
甲	1.00	2 500	2 500
乙	0.90	2 700	3 000
丙	0.80	4 000	5 000
合 计	—	9 200	10 500

$$平均价格=\frac{2\,500+2\,700+4\,000}{\frac{2\,500}{1.0}+\frac{2\,700}{0.9}+\frac{4\,000}{0.8}}=\frac{9200}{10\,500}=0.88(元)$$

用符号表示:

$$\overline{X}_H = \frac{\sum M}{\sum \frac{M}{X}} = \frac{\sum M}{\sum \frac{1}{X}M} \tag{3-26}$$

(3-26)式就是以总体单位的标志总量 M 为权数的加权调和平均数公式。事实上,研究同一个问题时,加权调和平均数同加权算术平均数的实际意义是相同的,只是由于所掌握的资料不同,采用不同的计算过程而已。因 $M=Xf$,代入(3-26)式,即得:

$$\overline{X}_H = \frac{\sum M}{\sum \frac{M}{X}} = \frac{\sum Xf}{\sum \frac{Xf}{X}} = \frac{\sum Xf}{\sum f}$$

可见,加权调和平均数和加权算术平均数的计算公式可以相互推算,前者是作为后者的变形来应用的。

在统计工作中,有时需要根据相对数和平均数来计算其平均数,以下将举例说明在什么条件下应当采用调和平均数法。

(1) 由相对数计算平均数。计算平均计划完成程度时,如果只有实际完成数字而无计划数字,就应采用加权调和平均数法计算。例如在表3-13中,计算工作量计划完成程度如下:

表3-13 平均计划完成程度计算

按工作量计划完成程度分组(%)	组中值 X(%)	实际工作量 M(万元)	计划工作量 M/X(万元)
90～100	95	57	60
100～110	105	420	400
110～120	115	172	150
合　计	—	649	610

$$\text{平均完成计划}(\%) = \frac{\sum M}{\sum \frac{M}{X}} = \frac{57 + 420 + 172}{\frac{57}{0.95} + \frac{420}{1.05} + \frac{172}{1.15}} = \frac{649}{610} = 1.064 \text{ 或 } 106.4\%$$

(2) 由平均数计算平均数。设某车间三个班组工人的劳动生产率和实际产量如表3-14所示,计算车间平均劳动生产率时,应采用加权调和平均数法。

表3-14 车间平均劳动生产率计算

班　组	平均劳动生产率 (件/工时)X	实际产量(件) M	M/X (实际工时)
甲	10	4 000	400
乙	11	2 200	200
丙	12	2 400	200
合　计	—	8 600	800

$$\text{车间平均劳动生产率} = \frac{\sum M}{\sum \frac{M}{X}} = \frac{4\,000 + 2\,200 + 2\,400}{\frac{4\,000}{10} + \frac{2\,200}{11} + \frac{2\,400}{12}} = \frac{8\,600}{800} = 10.75(\text{件/工时})$$

从以上计算平均数的例子来看，当掌握的资料是变量值(X)和总体的标志总量(M)时，则权数就是标志总量，这时就采用加权调和平均数公式计算平均数。反之，如果已掌握变量值(X)及其相应的总体单位数(f)，则权数就是总体单位数，就可以直接采用加权算术平均数法计算平均数。

从上述两例可以看到，在由相对数或平均数计算平均数时，要判断在什么情况下可以采用算术平均数或调和平均数的问题，关键在于以算术平均数的基本公式为依据。如果我们所掌握的权数资料是基本公式的母项数值，则直接采用加权算术平均数形式；如果我们所掌握的权数资料是基本公式的子项数值，则采用调和平均数形式。总之，根据所掌握的资料条件来决定。

调和平均数有如下特点：① 如果数列中有一标志值等于零，则无法计算；② 它作为一种数值平均数，受所有标志值的影响，它受极小值的影响大于受极大值的影响，但较之算术平均数，调和平均数受极端值的影响要小。

四、几何平均数

几何平均数又称"对数平均数"，它是若干项变量值连乘积开其项数次方的算术根。当所掌握的变量值本身是比率的形式，而且各比率的乘积等于总的比率，就应采用几何平均法计算平均比率。几何平均数是另一种计算平均标志值的平均数。根据几何平均数的数学性质，它是计算平均比率和平均速度常用的一种方法。

几何平均数根据资料情况，可分为简单几何平均数和加权几何平均数两种。前者适用于未分组资料，后者适用于分组后的变量数列。但常用的是简单几何平均数。

（一）几何平均数的种类

几何平均数就是 n 个变量值(X_i)连乘积的 n 次方根。其计算公式为：

$$\overline{X}_G = \sqrt[n]{X_1 \cdot X_2 \cdot X_3 \cdots X_n} = \sqrt[n]{\prod X} \qquad (3-27)$$

式中：$\overline{X}_G$——几何平均数；

$\prod$——连乘符号。

计算几何平均数时，由于变量值个数较多，需要开高次方，为了计算上的方便，通常利用对数进行计算。将(3-27)式两边各取对数，则：

$$\lg \overline{X}_G = \frac{1}{n}(\lg X_1 + \lg X_2 + \lg X_3 + \cdots + \lg X_n) = \frac{1}{n}\sum \lg X \qquad (3-28)$$

可见，几何平均数的对数等于各个变量值的对数的算术平均数。求出几何平均数的对数后，再由对数找出真数，就是几何平均数。

例如，某企业生产某一产品，要经过铸造、精加工和电镀三个连续作业的车间，各车间的产品合格率如表 3-15 所示。

表 3-15　各车间的产品合格率

车间	产品合格率(%) X	合格率的对数 lg X
铸造车间	95.0	1.977 7
精加工车间	95.8	1.981 4
电镀车间	93.0	1.968 5
合　计	—	5.927 6

由于各个车间的产品合格率是在前一个车间的合格产品基础上计算的,所以各车间产品合格率的总和并不等于该企业产品的总合格率,因此不能采用算术平均数计算车间产品平均合格率。上述三个车间的产品合格率的连乘积等于该企业产品的总合格率,这就符合计算几何平均数的基本要求,即某一个总体的标志总量(一般表现为总比率或总速度)等于各个变量值的连乘积,则适合采用几何平均数方法计算平均标志值。所以应采用几何平均数计算车间产品平均合格率:

$$\overline{X}_G = \sqrt[n]{\prod X} = \sqrt[3]{95\% \times 95.8\% \times 93\%} = 94.58\%$$

按对数方法计算几何平均数,得出车间产品平均合格率为:

$$\lg \overline{X}_G = \frac{1}{n} \sum \lg X = 5.927\,6/3 = 1.975\,8$$

$$\overline{X}_G = 94.58\%$$

从几何平均数的计算方法来看,有简单几何平均数和加权几何平均数两种。(3-27)和(3-28)式都是简单几何平均数公式。如果变量值较多,其出现的次数不同,则应该采用加权几何平均法,其公式如下:

$$\overline{X}_G = \sqrt[\sum f]{X_1^{f_1} \cdot X_2^{f_2} \cdot X_3^{f_3} \cdots X_n^{f_n}} = \sqrt[\sum f]{\prod X^f} \qquad (3-29)$$

按对数方法计算,将上式两边各取对数,则:

$$\lg \overline{X}_G = \frac{f_1 \lg X_1 + f_2 \lg X_2 + f_3 \lg X_3 + \cdots + f_n \lg X_n}{f_1 + f_2 + f_3 + \cdots + f_n} = \frac{\sum f \lg X}{\sum f} \qquad (3-30)$$

在社会经济统计中,直接应用加权几何平均数的场合并不多见。为了说明其计算方法,以美国 50 个大城市的物价指数为例,计算加权几何平均数,如表 3-16 所示。

表 3-16　美国 50 个大城市的物价指数

按指数分组(%)	组中值 X	城市数 f	lg X	f lg X
95~105	100	3	2.000 0	6.000 0
105~115	110	9	2.041 4	18.372 6
115~125	120	11	2.079 2	22.871 2
125~135	130	18	2.113 9	38.050 2
135~145	140	9	2.146 1	19.314 9
合　计	—	50	—	104.608 9

$$\lg \overline{X}_G = \frac{\sum f \lg X}{\sum f} = 104.6089/50 = 2.09218$$

$\overline{X}_G = 123.646\%$,即平均物价指数为 123.646%。

几何平均数适用于反映特定现象的平均水平,即现象的总标志值不是各单位标志值的总和,而是各单位标志值的连乘积。比如,上述计算某工业产品产量的平均发展速度。再比如,计算流水生产线产品的平均合格率,因为一批产品总的合格率等于流水线各道工序合格率的乘积。

几何平均数较之算术平均数,应用范围较窄。几何平均数还有如下特点:① 如果数列中有一个标志值等于零或负值,就无法计算;② 受极端值影响较小,故较稳健。

(二)几何平均数与算术平均数、调和平均数的关系

算术平均数最容易受极端变量值的影响,而受极大值的影响大于受极小值的影响。调和平均数也受极端变量值的影响,但受极小值的影响大于受极大值的影响。几何平均数受极端数值的影响程度,要比前两种平均数小。因此,从数量关系上考察,用同一资料计算这三种平均数时,其结果可用下述不等式表示:

$$\overline{X} \geqslant \overline{X}_G \geqslant \overline{X}_H \tag{3-31}$$

当标志值数列中的每一个标志值都相等时,则有:$\overline{X} = \overline{X}_G = \overline{X}_{H_X}$。

五、众数

(一)众数的概念

众数是指总体中最常见的标志值,亦即在研究和考察某种社会经济现象时,重复出现次数最多的标志值。因此,它具有普遍性,可以近似地表明现象的一般水平。

通常,如果只要求掌握一般的、常见的变量值作为研究问题和安排工作时的参考,就可以采用众数。例如,说明企业职工最普遍的工资和工人的一般文化水平,反映某地区某种农作物通常达到的单位面积产量,掌握消费者需要最多的服装、鞋袜、帽子等的尺码,表明某种商品成交量最多的价格水平,等等,就可以不计算算术平均数而采用众数。

(二)众数的计算方法

计算众数的方法,需视所掌握的资料而定。在未分组资料或单项数列中,可以直接观察来确定众数,即总体中具有最多次数的标志值。从等距分组数列计算众数时,首先要确定次数最多的一组为众数组,然后参照变量数列次数分布的情况,根据众数组的变量值,进一步计算众数的近似值。

在等距数列次数分布对称的条件下,或者众数组相邻两组的次数相等时,则众数组的组中值可以作为众数的近似值。反之,在等距数列次数分布不对称的情况下,众数的数值(M_0)一般受相邻组次数的影响,亦即众数具体数值并不等于众数组的组中值,而要根据其相邻两组次数的多少来确定。如果众数组前一组的次数(f_1)大于众数组后一组的次数(f_3),则众数值将偏向于众数组的下限(X_L);反之,如果众数组前一组的次数小于众数组后一组的次数,则众数值将偏向于众数组的上限(X_U)。因此,可以按众数组次数(f_2)与其两个相邻组次数的差数($f_2 - f_1$)和($f_2 - f_3$)的比例,采用下限公式或上限公式来确定众数的近似值,这种方法叫作比例插值法。仍以 i 代表众数组的组距,则用上述方法计算众数近似值的公式如下:

(1) 下限公式：

$$M_0 = X_L + \frac{f_2 - f_1}{(f_2 - f_1) + (f_2 - f_3)} \times i \tag{3-32}$$

根据表 3-9 中的资料,代入上式：

$$M_0 = 3.3 + (7-6) \times 0.6 / [(7-6) + (7-5)] = 3.3 + 0.2 = 3.5 \text{ 分}$$

(2) 上限公式：

$$M_0 = X_U - \frac{f_2 - f_3}{(f_2 - f_1) + (f_2 - f_3)} \times i \tag{3-33}$$

按照上例中的有关资料代入,得：

$$M_0 = 3.9 - (7-5) \times 0.6 / [(7-6) + (7-5)] = 3.9 - 0.4 = 3.5 \text{ 分}$$

此外,可以用图示法求众数的近似值。根据等距数列的资料绘制直方图,每一个柱形的高度与相应组的次数成正比,如图 3-1 所示。将图 3-1 中的 S 和 Q 两点连成一直线,T 和 P 连成一直线,这两条直线的交点的横坐标就是众数的近似值。

从众数的计算可看到众数的特点：① 众数是一个位置平均数,它只考虑总体分布中最频繁出现的变量值,而不受极端值和开口组数列的影响,从而增强了对变量数列一般水平的代表性。② 众数是一个不容易确定的平均指标,当分布数列没有明显的集中趋势而趋均匀分布时,则无众数可言；当变量数列是不等距分组时,众数的位置也不好确定。

如上所述,可见众数的数值是在总体各单位高度集中的变量值上,不是根据全部变量值加以平均求得的,所以它不受极大极小数值的影响,仅受其前后相邻两组次数大小的影响。因此,只有当总体单位数很多而又有明显的集中趋势时,测定众数才有现实意义。

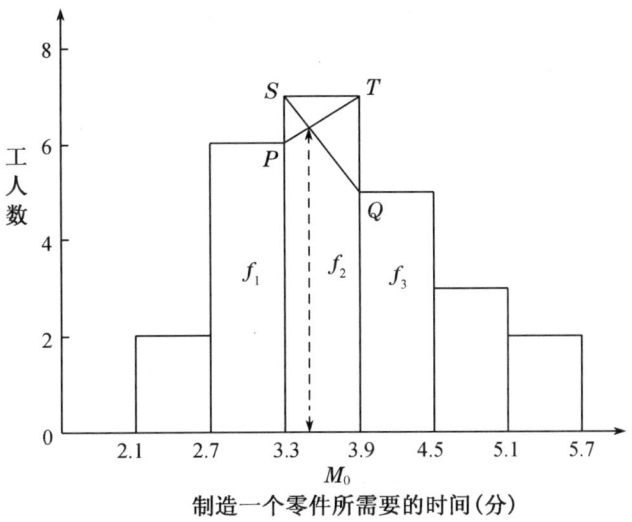

图 3-1 计算众数近似值示意图

六、中位数

(一) 中位数的概念

将总体单位的某一数量标志的各个数值按其大小顺序排列,处于中点位置的标志值就是中位数。例如,某生产小组有七个工人生产某种零件,其日产量按递升顺序排列如下：

$$17,18,20,20,22,22,24$$

中位数就是第四个工人的日产量 20 件。

中位数就是将某标志的全部数值均等地分为两半的那个标志值。其中,有一半数值小于中位数,另一半数值则大于中位数。由于中位数是根据标志值所处的中点位次来确定的,不受极大或极小数值的影响,所以可以用来代替变量值的一般水平。在工业产品质量检查中,经常采用中位数。

(二) 确定中位数的方法

表 3-17 工业产品质量问题检查数据

工人按日产量分组(件)X	工人数 f	累计次数 S
4	8	8
5	22	30
6	42	72
7	38	110
8	17	127
9	3	130
合 计	130	—

在资料未分组的情况下,将总体各单位的标志值按其大小顺序排列,确定标志值数列的中间位置点,即:

$$中位数位置 = \frac{n+1}{2} \tag{3-34}$$

如果总体单位的项数(n)为奇数,则居于中间位置点的标志值就是中位数,如上例所示。如果总体单位的项数(n)为偶数,则中间位置点的两个标志值的算术平均数为中位数。

1. 单项数列计算中位数

单项数列计算中位数时,先计算各组的累计次数,然后根据中点的位次 $\left(\sum f/2\right)$ 对照累计次数来确定中位数所在组;中位数所在组的标志值就是中位数。以表 3-17 中的资料为例,说明如下:

例中的中点位次 $\sum f/2 = 130/2 = 65$,中位数为第 65 个工人的日产量件数。根据累计次数确定中位数为第三组的变量值,即中位数为 6 件。

2. 组距数列计算中位数

组距数列计算中位数时,首先要计算各组累计次数,再按 $\sum f/2$ 确定中点位次,根据累计次数确定中位数的所在组,用比例插值法计算中位数的近似值。仍以表 3-9 中的资料为例,说明其计算方法如下:(1) 表 3-9 中的工人数为 25 人,其中点位次为 $\sum f/2 = 25/2 = 12.5$,(2) 根据累计次数可以看出,中位数在第三组,即在制造一个零件所需的时间 3.3~3.9 分这一组内;(3) 假定中位数所在组内的标志值是均匀分布的,就可用比例插值法推算中位数的近似值。因中位数在该组中的位次为 $\sum f/2 - S_{m-1}$(中位数前一组的累计次数),即 $25/2 - 8 = 4.5$ 位次,占中位数所在组次数(f_m)的比例为:$4.5/7$,按组距 $i = 0.6$(分)计算其位次数值为:

(4.5/7)×0.6＝0.386(分);(4)将上述数字与中位数所在组的下限(X_L)相加,就是中位数(M_e)的近似值:3.3＋0.386＝3.686(分)。

由上述计算中位数的过程可以归纳为如下的公式,并用表 3－9 中的数字代入公式,其结果如下:

$$M_e = X_L + \frac{\sum f/2 - S_{m-1}}{f_m} \times i \qquad (3-35)$$

$$= 3.3 + (25/2 - 8) \times 0.6 = 3.3 + 0.386 = 3.686(分)$$

上述公式是按下限计算中位数的近似值,简称下限公式。如果按上限计算时,则上限公式为:

$$M_e = X_U - \frac{\sum f/2 - S_{m+1}}{f_m} \times i \qquad (3-36)$$

式中:X_U——中位数所在组上限;

S_{m+1}——中位数所在组以后各组的累计次数。

现用表 3－9 中的资料,代入(3－36)式,S_{m+1} 按较大制累计得出的,在本例中为 2＋3＋5＝10。

$$M_e = 3.9 - [(25/2 - 10)/7] \times 0.6 = 3.9 - 0.214 = 3.686$$

由此可见,中位数有以下特点:① 与众数一样,也是一种位置平均数,不受极端值及开口组的影响,具有稳健性。② 各单位标志值与中位数离差的绝对值之和为最小值。利用中位数的这一性质,可解决一些实际问题。例如,要在一条长街上设居民生活燃料供应站,使该站到各用户的距离总和为最短,等等。③ 对某些不具有数学特点或不能用数字测定的现象,可用中位数求其一般水平。例如,印染厂对某种颜色按不同深浅排列后,可以求出其中位数色泽。

七、众数、中位数和算术平均数的关系

众数、中位数与算术平均数之间有着一定的关系,这种关系决定于总体次数分布的状况。

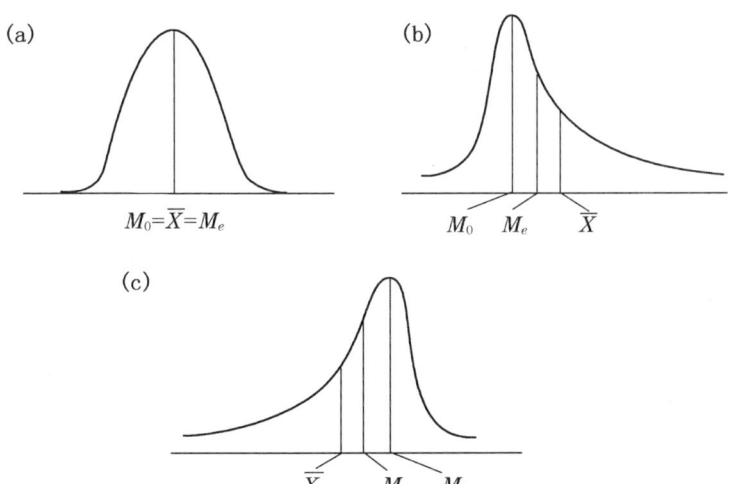

图 3－2 众数、中位数和算术平均数的位置比较

当次数分布呈对称的钟形分布时,算术平均数位于次数分布曲线的对称点上,而该点又是曲线的最高点和中心点,因此,众数、中位数和算术平均数三者相等,其关系如图 3-2(a)所示。当次数分布呈非对称的钟形分布时,由于这三种平均数受极端数值影响程度不同,因而它们的数值就存在一定的差别,但三者之间仍有一定的关系。当次数分布右偏时,算术平均数受偏高数值影响较大,其位置必然在众数之右,中位数在众数与算术平均数之间,因而有如下的关系[见图 3-2(b)]:$M_0 < M_e < \overline{X}$。反之,当次数分布左偏时,算术平均数受偏小数值的影响较大,其位置在众数之左,中位数仍在两者之间,三者的关系如图 3-2(c)所示:$\overline{X} < M_e < M_0$。

根据英国统计学家皮尔逊(Karl Pearson)的经验,在偏态分布的偏斜程度不太显著时,上述三种平均数的位置有一定的关系,即中位数与算术平均数的距离,约等于众数与算术平均数距离全长的 1/3;中位数与众数的距离,约等于众数与算术平均数距离全长的 2/3。据此,得出如下的经验公式:

$$M_0 = \overline{X} - 3(\overline{X} - M_e) = 3M_e - 2\overline{X} \tag{3-37}$$

利用上述经验公式,从已知其中任何两个平均数之值,可以推算另一个平均数之值。例如,以表 3-9 中的资料为例,已知 $\overline{X} = 3.77$ 分,$M_e = 3.686$ 分,代入上式,得

$$M_0 = 3 \times 3.686 - 2 \times 3.77 = 11.054 - 7.54 = 3.518(\text{分})$$

结果与按(3-32)、(3-33)式计算的近似值 3.5 分非常接近。

八、应用平均指标的基本原则

在统计研究和分析中,平均指标是一种广泛应用的指标,具有十分重要的作用。为了正确发挥平均指标的作用,在应用时应该注意以下几个基本原则:

1. 总体的同质性是计算和应用平均数的前提条件

因为只有在同质总体中,总体各单位才具有共同的特征,从而才能按某一数量标志计算其平均数,用一个代表性数值来说明总体的一般水平。马克思早已指出:"平均量始终只是同种的许多不同的个别量的平均数。"反之,如果将不同性质的各个单位混合在一起计算平均数,只能给人们以假象,掩盖事物的真相。例如在资本主义国家统计中,把企业中资方代理人的高额薪金和工人的工资混合在一起,计算所谓的平均工资。这是客观上不存在的平均数,所以列宁斥之为"虚构平均数"。

2. 各种平均数、中位数和众数,各有其特点和适用条件

应该从研究对象的实际内容出发,根据统计资料的特点和研究的目的来选用各种平均数。有时,还可以把几种平均数结合起来应用,以利于全面分析社会经济现象总体某一标志的一般水平及其分布情况。

3. 要用组平均数补充总平均数

根据同质总体计算的平均数,称之为总平均数,反映现象总体的一般水平。但在很多情况下,只计算总平均数还不足以说明问题。现用表 3-18 中的假设资料为例,说明如下:

表 3-18　甲、乙生产队粮食产量

按地势条件分组	甲生产队				乙生产队			
	播种面积（亩）	比重（%）	总产量（千克）	平均亩产量（千克）	播种面积（亩）	比重（%）	总产量（千克）	平均亩产量（千克）
平　原	30	60	15 000	500	40	40	20 800	520
丘　陵	20	40	7 500	375	60	60	22 800	380
合　计	50	100	22 500	450	100	100	43 600	436

从表 3-18 中看出，甲队粮食总平均亩产量为 450 千克，乙队粮食亩产量总平均数为 436 千克。但从各组的平均数来看，乙队的平原地和丘陵地的平均亩产量均高于甲队。导致总平均数与组平均数不一致的原因和影响总平均数的大小有两个因素：一是平原地和丘陵地的生产水平，二是生产水平不同的播种面积在总的播种面积中的比重，其中任何一个因素发生变化，都会影响粮食总平均亩产量。从上表中可以明显看出，乙队的平原地播种面积的比重只占 40%，小于甲队，所以乙队的总平均亩产量低于甲队。由此可见，现象内部结构不同，对总平均数的影响很大。为了正确表明总平均指标的影响因素或变动的原因，应在分组的基础上计算组平均数，借以补充说明总平均数。

4. 用分配数列和典型单位的资料补充说明平均数

因为平均数在反映现象总体一般水平的同时却又掩盖了总体某一标志在各个单位之间的差异及其分布状况，因此，为了全面深入地说明问题，在应用平均数时，要按被平均的数量标志进行分组，编制分配数列来补充说明平均数。此外，反映现象总体一般水平的平均数体现了一定范围内的现象总体的共性，但同时又掩盖了被研究现象的个性，因此，平均数必须和总体单位的典型事例相结合，特别要研究先进和后进的典型，使平均数具有丰富的内容，以发挥平均数对社会经济现象的认识作用。

第四节　标志变异指标

一、标志变异指标的意义和作用

在同质总体中，按某一不变标志而言，总体各单位之间并无本质上的差别，但从另一方面来看，彼此之间则存在着数量上的差异。总体各单位标志值的差异在统计上称为变异，反映总体各单位标志值的离散状况或变异程度的综合指标，称为标志变异指标或标志变动度。

标志变异指标和平均指标是一对相互联系的对应指标，是从两个不同的侧面反映同质总体的共同特征。平均指标表明总体各单位标志值的一般水平，说明变量数列中变量值的集中趋势；标志变异指标则表明总体各单位标志值的差别大小的程度，说明变量值的离中趋势。

在统计分析中，计算总体标志值的平均数的同时，进一步测定标志变异指标，这对于全面认识总体的特征、探讨其变动的规律性、进行科学管理与预测等都有重要的意义。

测定标志变异指标是应用平均指标进行统计分析的重要方法之一。标志变异指标的主要作用可以归纳如下：

1. 衡量平均数的代表性

很明显,如果总体各单位标志值的差异程度大,则平均数的代表性小。反之,标志值变动范围或程度小,则平均数的代表性就大。例如,假设有两个工人小组日产零件数如下:

$$\text{甲组}:5,6,7,8,9;\overline{X}=7\text{件} \qquad \text{乙组}:2,3,7,10,13;\overline{X}=7\text{件}$$

显然,甲、乙两组的平均日产零件都是7件,但两组工人的日产量的变异程度不同,因而平均日产量的代表性也不同。甲组工人的日产量变动幅度较小,其平均数的代表性就大;乙组工人的日产量彼此差异较大,其平均数的代表性也就较小。

2. 反映经济活动过程的均衡性、节奏性或稳定性

例如,检查生产计划执行情况时,除了计算平均完成计划程度外,要用变异指标分析计划执行过程中的均衡性和节奏性,是否存在前松后紧和突击现象。又如进行产品质量统计检验,经常采用标志变异指标。如果指标变动度较小,说明产品质量比较稳定;反之,变动程度愈大,则产品质量的稳定性愈差。

3. 揭示总体变量分布的离中趋势

如前所述,社会经济现象受多种因素的影响,其中,由于主要的必然的因素的作用,次要的偶然的因素则在平均数周围正负作用而相互抵消,从而使总体各单位标志值以平均数为中心上下波动。因此,平均指标揭示总体变量分布的集中趋势,成为研究总体分布的重要特征值。而标志变异指标则从另一侧面揭示了以平均数为中心,各标志值偏离中心的程度。一般来说,标志变异指标值越大,说明总体各标志值平均来说离中心点越远,亦即偏离平均数的程度越大,反之则相反。通过标志值的离中分析,可以进一步研究标志变量的分布是否接近或偏离正态分布的状况,从而可以帮助我们更好地认识数列分布的规律性。

二、标志变异绝对指标

常用的标志变异指标有全距、平均差和标准差。这一类变异指标主要用以反映标志变动的绝对程度,用绝对数表示,一般不能用于不同总体之间离散程度大小的直接比较。

(一) 全距

全距就是总体各单位标志值中的最大值与最小值的差距,借以表明总体标志值的差异范围的大小。在组距数列中,全距的近似值就是最高组的上限与最低组的下限之差。由于全距(R)是一个数列中两个极端数值之差,所以又称为极差:

$$R = X_{\max} - X_{\min} \qquad (3-38)$$

全距是测定标志变动度最简单的方法,计算简便,而且容易理解,因此在很多场合采用全距来约略地说明某些现象的标志变动程度,例如农作物收获率的差距、某一商品价格的差距等。特别是在现代化高速生产的工艺过程中,全距常被用来检查产品质量的稳定性和进行质量控制。在正常的生产条件下,产品的质量性能指标(如强度、浓度、长度等)的误差总在一定范围内波动,如果误差超出了一定范围,就说明生产可能出现毛病。利用全距指标可以及时发现生产中存在的问题,采取相应措施,保证产品的质量。但全距这个指标很粗略,它只考虑数列两端数值差异,而不管中间数值的差异情况,也不受次数分配的影响,因而不能全面反映总体各单位标志的变异程度。

(二) 平均差

平均差就是总体各单位标志值对其算术平均数的离差绝对值的算术平均数,它能综合反

映总体各单位标志值的变动程度。平均差愈大,表示标志变动度愈大;反之,平均差愈小,表示变动度愈小。

在资料未经分组的情况下,平均差(用 A.D. 代表)可按下述公式计算:

$$A.D. = \frac{\sum |X - \overline{X}|}{N} \qquad (3-39)$$

由于各个标志值与其算术平均数的离差的代数和恒等于零,所以要用离差的绝对值($|X-\overline{X}|$)计算平均差。在资料已分组的情况下,要计算加权平均差,其计算公式为:

$$A.D. = \frac{\sum |X - \overline{X}| f}{\sum f} \qquad (3-40)$$

上式中的 X,在组距数列中则用各组的组中值代表。兹以工人按日产量分组的资料为例,说明平均差的计算方法如下(见表 3-19):

$$\overline{X} = \frac{\sum Xf}{\sum f} = \frac{2\,400}{50} = 48(件) \quad A.D. = \frac{\sum |X - \overline{X}| f}{\sum f} = \frac{380}{50} = 7.6(件)$$

表 3-19 工人日产量

工人按日产量分组(件)	工人数 f	组中值 X	Xf	$|X-\overline{X}|$	$|X-\overline{X}|f$
30~40	10	35	350	13	130
40~50	20	45	900	3	60
50~60	15	55	825	7	105
60~70	5	65	325	17	85
合 计	50	—	2 400	—	380

平均差不同于全距,它考虑了总体全部单位标志值的差异,能较准确地反映总体各标志值的平均变异程度。但由于它采用绝对值的离差形式加以数学假定,在运用上有较大的局限性,因此,需要采用一种数学性能更优越的标志变异指标,即标准差。

(三)标准差

为了克服平均差采用离差绝对值计算的缺点,可以先求出各个标志值对其算术平均数的离差,将各项离差加以平方$(X-\overline{X})^2$,以消除离差的正负号;再计算这些离差平方的算术平均数,所得结果称为总体方差。如果用符号 σ^2 代表总体方差,其计算公式为:

$$\sigma^2 = \frac{1}{N} \sum (X - \overline{X})^2 \qquad (3-41)$$

因为统计指标数值一般都是名数,而名数的平方除了少数如平方米等有意义外,很多名数如千克、元等的平方并没有现实意义,不容易理解。因此,在统计分析中通常将方差开方,求出正平方根,还原为与平均数相同的名数,称为标准差或均方差,记作 σ,其公式如下:

$$\sigma = \sqrt{\frac{\sum (X - \overline{X})^2}{N}} \qquad (3-42)$$

上式可以化为：

$$\sigma = \sqrt{\frac{\sum(X-\overline{X})^2}{N}} = \sqrt{\frac{\sum(X^2 - 2\overline{X}X + \overline{X}^2)}{N}}$$

$$= \sqrt{\frac{\sum X^2}{N} - \frac{2\overline{X}\sum X}{N} + \frac{N\overline{X}^2}{N}} = \sqrt{\frac{\sum X^2}{N} - 2\overline{X}^2 + \overline{X}^2} \qquad (3-43)$$

$$= \sqrt{\frac{\sum X^2}{N} - \overline{X}^2}$$

上述(3-42)和(3-45)式是根据未分组资料计算标准差的简单平均式。如果用(3-43)式计算标准差，可以不必先求出 $\overline{X}$，直接按各个标志值计算，从而避免因计算平均数时四舍五入引起的舍入误差。

假设某自学小组 6 名学生统计考试成绩如表 3-20 第一栏所示，现用公式(3-42)和(3-43)计算其标准差如下(详见表 3-20)：

表 3-20　标准差计算

分数 X	$X - \overline{X}$	$(X-\overline{X})^2$	X^2
67	−11.5	132.25	4 489
70	−8.5	72.25	4 900
73	−5.5	30.25	5 329
80	1.5	2.25	6 400
85	6.5	42.25	7 225
96	17.5	306.25	9 216
471	—	585.50	37 559

根据(3-42)式：

$$\sigma = \sqrt{\frac{\sum(X-\overline{X})^2}{N}} = \sqrt{\frac{585.5}{6}} = 9.88(\text{分})$$

或根据(3-43)式：

$$\sigma = \sqrt{\frac{\sum X^2}{N} - \left(\frac{\sum X}{N}\right)^2} = \sqrt{\frac{37\ 559}{6} - \left(\frac{471}{6}\right)^2} = 9.88(\text{分})$$

由分组资料或组距数列计算均方差，需要采用加权公式：

$$\sigma = \sqrt{\frac{\sum(X-\overline{X})^2 f}{\sum f}} \qquad (3-44)$$

同理，上式也可以化为如下的形式：

$$\sigma = \sqrt{\frac{\sum fX^2}{\sum f} - \left(\frac{\sum fX}{\sum f}\right)^2} \qquad (3-45)$$

当 X 和 f 的数值相当大时，计算标准差的过程相当复杂，可以采用简捷法。根据算术平

均数的数学性质,可以将(3-45)式化为:

$$\sigma = i\sqrt{\frac{\sum\left(\frac{X-A}{i}\right)^2 f}{\sum f} - \left[\frac{\sum\left(\frac{X-A}{i}\right)f}{\sum f}\right]^2} \qquad (3-46)$$

设 $\frac{X-A}{i} = d$,则:

$$\sigma = i\sqrt{\frac{\sum fd^2}{\sum f} - \left(\frac{\sum fd}{\sum f}\right)^2} \qquad (3-47)$$

以甲、乙两组日产零件数的分组资料为例,说明按简捷法公式计算标准差的方法。甲组中,令 $A=230$;乙组中,令 $A=170$。

表 3-21 标准差计算

甲 组					乙 组				
工人按日产零件数分组	工人数 f	d	fd	fd^2	工人按日产零件数分组	工人数 f	d	fd	fd^2
140~160	7	-4	-28	112	120~140	2	-2	-4	8
160~180	5	-3	-15	45	140~160	16	-1	-16	16
180~200	11	-2	-22	44	160~180	37	0	0	0
200~220	7	-5	-7	7	180~200	24	1	24	24
220~240	18	0	0	0	200~220	14	2	28	56
240~260	3	1	3	3	220~240	10	3	30	90
260~280	3	2	6	12	240~260	3	4	12	48
280~300	1	3	3	9	260~280	1	5	5	25
合 计	55	—	-60	232	合 计	107	—	79	267

甲组 $\overline{X} = A + \frac{\sum fd}{\sum f} \times i = 230 + \frac{-60}{55} \times 20 = 208.18$(件)

$$\sigma = i\sqrt{\frac{\sum fd^2}{\sum f} - \left(\frac{\sum fd}{\sum f}\right)^2} = 20\sqrt{\frac{232}{55} - \left(\frac{-60}{55}\right)^2} = 20\sqrt{3.028} = 34.8\text{(件)}$$

乙组 $\overline{X} = A + \frac{\sum fd}{\sum f} \times i = 170 + \frac{79}{107} \times 20 = 184.77$(件)

$$\sigma = i\sqrt{\frac{\sum fd^2}{\sum f} - \left(\frac{\sum fd}{\sum f}\right)^2} = 20\sqrt{\frac{267}{107} - \left(\frac{79}{107}\right)^2} = 20\sqrt{1.9522} = 27.93\text{(件)}$$

标准差不仅具有平均差的优点,而且在数学处理上比平均差更为合理:其一,采用平方的方法来消除离差的正负号,便于数学运用;其二,运用了 $\sum(X-\overline{X})^2 =$ 最小值的数学性质,使标准差的计算更精确、更科学;其三,在正态分布条件下,标准差与平均数有着明确的数量关系,是真正测度离中趋势的标准。

三、交替标志的平均数与标准差

在统计研究中,经常遇到这样一种情况,即总体全部单位可划分两种情况,即具有或不具有某种性质的单位,这两部分单位合并构成一个总体。例如,全部产品经质量检验,可分为合格品和非合格品两部分;人口总体按性别,可分为男性和女性两部分,等等。这种通过"是、否"或"有、无"的区分将总体单位划分为两部分的标志,称为交替标志。它在总体单位间以两种形式出现,非此即彼。交替标志主要用于反映总体单位间性质上的差别。

对交替标志进行研究,需要把这种标志在性质上的差别转化为数量上的差异,进一步分析其数量特征。统计上是通过(0,1)变量值的处理方法对其进行过渡。由于交替标志只有两种标志表现,因此可用 1 代表具有某种性质的单位的标志值,用 0 代表不具有某种性质的单位的标志值,并将具有某种标志值的那部分总体单位数占总体全部单位数的比重(成数),用 P 表示;将不具有某种标志值的那部分总体单位数占总体全部单位数的比重(成数),用 Q 表示。即:

$$P=\frac{N_1}{N} \quad Q=\frac{N_0}{N} \quad N_1+N_0=N \quad P+Q=1$$

通过以上对交替标志的过渡与转换,就能计算交替标志的平均数与标准差。计算交替标志的平均数和标准差的方法见表 3-22。

表 3-22 交替标志的平均数与标准差计算

交替标志值 X	总体成数 f	Xf	$X-\overline{X}(\overline{X}=P)$	$(X-\overline{X})^2$	$(X-\overline{X})^2 f$
1	P	P	$1-P$	$(1-P)^2$	$(1-P)^2 P$
0	Q	0	$0-P$	$(0-P)^2$	$(0-P)^2 Q$
合 计	1	P	—	—	$Q^2 P+P^2 Q$

交替标志的平均数:

$$\overline{X}=\frac{\sum Xf}{\sum f}=\frac{1\times P+0\times Q}{P+Q}=\frac{P}{1}=P \tag{3-48}$$

交替标志的标准差:

$$\sigma=\sqrt{\frac{\sum(X-\overline{X})^2 f}{\sum f}}=\sqrt{\frac{(1-P)^2 P+(0-P)^2 Q}{P+Q}}=\sqrt{\frac{Q^2 P+P^2 Q}{1}} \tag{3-49}$$
$$=\sqrt{PQ(Q+P)}=\sqrt{PQ}=\sqrt{P(1-P)}$$

标准差是统计学中的支柱性概念。在社会经济现象的统计分析中,标准差是反映总体分布离散趋势的重要特征值,在现实生活中具有广泛的应用价值。比如,产品质量检验、教学质量评估等。标准差还有一种更重要的作用,即在抽样推断时计算抽样误差。抽样误差是所有样本指标的标准差,具体计算方法将在本书第七章中介绍。

四、离散系数

上述讨论的各种标志变异的绝对指标,如平均差、标准差等,都是绝对指标,都有与平均指标相同的计量单位,是有计量单位的名数。其数值的大小不仅受标志值变动程度的影响,而且受平均水平高低的影响。因此,为了对比分析不同平均水平的变量数列的标志变动度,不宜直接用平均差或标准差,而应消除计量单位不同以及平均水平高低不一的影响,计算能反映标志变动的相对指标。因此,在对比分析中,不宜直接用上述各种标志变异指标来比较不同水平数列之间的标志离散程度,必须用反映标志变异程度的相对指标来比较,即用离散系数比较。

离散系数也称为标志变动系数。各种标志变异指标都可以计算离散系数,来反映总体各单位标志值的相对离散程度,但最常用的是根据标准差与算术平均数对比的离散系数,称作"标准差系数",即标准差除以相应的算术平均数,反映标志值离差的相对水平,记作 V_σ,其计算公式为:

$$V_\sigma = \frac{\sigma}{\overline{X}} \times 100\% \tag{3-50}$$

离散系数值越小,说明平均数代表性就越好;离散系数值越大,则平均数代表性就越差。

综上所述,可见标志变动系数一般用百分数表示,由于把相应的算术平均数都化作100,因而标志变动系数可以用来比较平均水平不同的几组标志值的变动程度。同时,平均差系数、标准差系数只是平均差、标准差相当于相应的算术平均数的百分比,不再保持原有资料的单位,因此,可以用来比较计量单位不同的指标之间的变异程度。

例如,甲乙两企业平均产量和标准差、标准差系数资料见表3-23。

表3-23 甲、乙两企业的平均产量和标准差、标准差系数

企业名称	计量单位	月平均产量 $\overline{X}$	标准差 σ	标准差系数 V_σ(%)
甲	件	5 500	225	4.09
乙	千克	640	50	7.81

上表资料,从标准差看,乙企业明显小于甲企业,但不能就此断定乙企业平均产量的代表性高。因为这两个企业生产的是不同产品(计量单位不同),平均产量相差悬殊(平均水平不同),故不能直接根据标准差对比,而应采用标准差系数进行比较分析。计算 V_σ 的结果与 σ 截然相反,得出的结论是:甲企业的平均产量比乙企业稳定,代表性高。

第五节 Excel在综合指标中的应用

一、Excel数据分析工具库宏程序的开启操作

(一) Excel数据分析程序的安装

如果在"工具"菜单中没有"数据分析"命令,必须在 Microsoft Excel 中安装"分析工具库"。点击工具菜单中的加载宏,在弹出的下级工具选择菜单中勾选"分析工具库",点击确定,即完成了Excel数据分析程序的安装,在Excel的"工具"菜单里出现"数据分析"的命令选项。

（二）使用 Excel 数据分析程序进行统计分析

完成 Excel 数据分析程序安装后，点击工具菜单中的"数据分析"，即会弹出 Excel 的统计分析工具选择菜单，选中某一个统计分析工具，点击确定按钮，就能进入该统计分析工具的运行状态。此外，Excel 数据分析还能结合运用统计函数"f_x"进行简单或复杂的编辑运算。

二、利用 Excel 数据分析的"直方图"工具进行数据分组和制作统计图表

以 50 名学生的统计学考试成绩为例，说明统计频率分布和直方图等操作的步骤。

（1）进入 Excel 并打开新工作簿，在 A 单元列中逐个输入原始数据，在 B 单元列中输入各组的分组上限，不管连续性变量还是离散性变量，分组的频数都只计算到各组上限包括的变量值数目为止。故一般均取"10"的倍数减 1，而分组的下限将默认为"10"的倍数。

（2）输入 50 名学生统计学考试成绩的原始数据。在 B1 单元中输入标志名称，在 B2 单元中输入"59"（说明在小于和等于"59 分"的变量数计在第一组的频数内，等于"60 分"的变量数将计到下一组的频数内），作为第一组的分组上限，在 B3 单元中输入"69"作为第二项数据，选取 B2:B3，向下拖动所选区域右下角的填充柄可以填充到需要的分组单元。

（3）从工具菜单中下拉选择数据分析/直方图，点击确定按钮，打开直方图分析选项框。

（4）在直方图分析选项框的"输入区域"中输入含有原始数据单元范围的引用（A1:An），本例为 \$A\$1:\$A\$51，更为简便的是直接用光标圈选 A 列的数据。此外，如果引用范围包括标志值的名称，必须勾选"标志"选项。

（5）在"接收区域"中输入含有分组单元的引用（B1:Bn），输入包含有分组标志值单元范围的引用 \$B\$1:\$B\$6，通常这些分组区间的界限（上限）必须按升序排列。

（6）在"输出区域"中输入想让输出表显示其范围的左上角单元引用（必须是空的单元），注意防止表格与图表以及原始数据的覆盖和重叠。本例取 \$D\$1。

（7）如果勾选"图表输出"复选框，除了在 Excel 工作表上得到一个频率分布表外，还可得到另一与之相对应的直方图。

（8）在 Excel 数据分析/直方图分析工具的对话框中输入完毕后，单击确定。数据分析/直方图分析工具就将频率分布表放在工作表 \$D\$1:\$E\$7 的单元中；把直方图放在工作表 \$G\$10:\$L\$7 的单元中。输出表的 \$D 列为分组的上限，\$E 列为各组的频数。

对输出的图表可以进行各种各样的修改并进行格式化确定，修改后的直方图可以与原始数据放在一起，也可以输出到新的工作表中。

三、利用"描述统计"工具计算单变量数列的分布特征值指标

Excel 有一个简单方便的统计分析工具即"描述统计"，通常可以直接用来计算变量数列的分布特征值集中趋势（算术平均数、众数、中位数）、分布离散趋势指标（标准差、方差、标准误差、峰度）和分布非对称性趋势（偏度）等的计算测定。如果要测定的是反映动态的单因素时间序列数据，则应该先检验时间序列数据的随机性，若具有随机性，那么也可以采用"描述统计"分析工具来测定其动态的特征值。

按下列步骤操作，可以计算得到单变量分布的特征值。

（1）打开一个 Excel 新工作表并在 A 列中输入变量数列数据或时间序列数据。必须将这些数据输在工作表的同一列中，并且在第一个数值上方的单元格中键入有关的标志名称，以便

在输出图表的分析结果中定义数据的名称。

（2）从工具菜单中选择数据分析命令，弹出统计分析对话框，双击"描述统计"，显示对话框，它带有输入输出和有关测定项目的选择框。

（3）在输入区域里输入数据，处于 A 列单元格范围的引用（A1：An），例如＄Ａ＄1：＄Ａ＄5"仍以上述 50 名学生《统计学原理》考试成绩为例，这里还包括变量数列的标志名称"50 名学生统计学成绩"，与前面"直方图"工具的输入方法相同。

（4）勾选标志这一选项框。选择该框是说明输入区域和接收区域的单元格范围引用中，第一行为标志名称，而非数据，并且在输出结果中能够显示数据被定义的名称。

（5）为了得到分布特征值，必须在输出选项中勾选"汇总统计"，而置信区间选项框则是说明，以输入的变量数据为样本的特征值将取怎样的置信水平进行区间估计，默认值的置信水平为 95％。如果用户还想知道分析数据中排序为第 K 个最大值的变量值，可选"第 K 最大值"的选项框，并在其序号框中输入要知道的序号值，比如需要知道第 2 个最大值，即在序号框中输入 2，一般的默认值为 1，即最大值。此外，也可在"第 K 最小值"的选项框中作同样选择，以得到第 K 个最小值的变量值。

（6）在描述统计的输出选项框中确定输出结果所处的工作表地域，有两种选择，即新设工作表和原始工作表。如果输出结果将位于原始数据所在的原始工作表上，可以把光标点定在选定范围的左上角的某个单元格上，但须注意防止输出内容与原始数据的覆盖和重叠。如果输出结果将位于新设工作表上，可以在选项框中输入新设工作表的名称。

（7）完成上述步骤后，单击确定，分布特征值就会显示在输出区域中。

"描述统计"分析工具输出结果有关指标的解释：

平均（算术平均数）	偏斜度（偏度）	标准误差（抽样平均误差）
区域（全距）	中值（中位数）	最小值（第 K 个最小值）
模式（众数）	最大值（第 K 个最大值）	标准偏差（标准差）
求和（标志值总和）	样本方差（方差）	计数（总频数）
峰值（峰度）		

小 结

1. 综合指标按不同的形式分，有总量指标、相对指标和平均指标三种。总量指标是社会经济统计的基础指标，计算和应用总量指标，必须确定指标的科学涵义、包括的范围、计算方法和计量单位，在整理和综合过程中，上述几方面应该保持一致。

2. 相对指标是两个有联系的指标对比的比值，反映现象的数量特征、数量关系和变动程度，可以用于社会经济现象、工作业绩的比较和评价。常用的相对指标有结构相对数、比例相对数、动态相对数、强度相对数和计划完成程度相对数等。运用相对指标对社会经济现象进行比较、评价时，必须注意统计的可比性，也即用于对比的指标在涵义及包括范围、计算方法、计量单位、时间跨度等方面要保持一致；如果违反了可比性原则，计算的相对数就不能真实反映对象量的差异，不能作出客观的评价。此外，运用相对指标进行比较、评价，还必须注意以下两点：（1）正确选择对比的基数。相对指标的意义与对比基数的选择直接有关。只有基数选择恰当，构造的相对指标科学、合理，计算的结果才有客观实际意义。（2）相对指标与总量指标相结合。相对指标抽象了现象数量的绝对差异,只说明现象数量相对差异。因此,如果对比的基数不同,同样的相对数,其绝对差额却可能悬殊。

3. 平均指标是反映总体一般水平的代表值和描述数量分布集中趋势的重要特征值,同相对指标一样,在社会经济统计中,可以用于纵向和横向的比较、评价。常用的平均指标有算术平均数、调和平均数、几何平均数、众数、中位数等。它们各有特点和适用的条件,计算方法不同,对同一资料的计算结果也不同。因此,必须根据研究的具体目的和数据分布特点,正确选择平均指标。在社会经济统计中,计算和运用平均指标还必须注意:(1)只有同质的量才能平均。如果把不同质的量混同一起平均,其结果便是虚假的平均数,不能正确说明事物的一般水平。(2)对于分组资料,要将总平均数同组平均数结合起来分析。因为总平均数同时受组平均数和各组权数变动的影响,由于权数变动,总平均数可能发生与组平均数相反方向的变化。(3)将平均指标与离散指标结合起来分析,这样,不仅可以由离散指标来判断平均指标的代表性,而且能同时从集中趋势和离散趋势两个方面全面考察数据分布的特点。

4. 变异指标反映分布的离散趋势,是与平均指标相匹配的重要特征值。常用的变异指标有全距、四分位差、平均差、标准差(或方差)等。其中,标准差是最重要、应用最广泛的一种,它也是计算抽样误差的基本公式。但要对平均水平相差较大、计量单位不同的变量的离散程度进行比较,还需计算离散系数。

习 题

一、单项选择题

1. 某地区有 10 万人口,共有 80 个医院。平均每个医院要服务 1 250 人,这个指标是(　　)。

  A. 平均指标　　　　B. 强度相对指标　　C. 总量指标　　　D. 发展水平指标

2. 加权调和平均数有时可作为加权算术平均数的(　　)。

  A. 变形　　　　　B. 倒数　　　　　C. 平均数　　　　D. 开平方

3. 某工业企业的某种产品成本,第一季度是连续下降的。1 月份产量 750 件,单位成本 20 元;2 月份产量 1 000 件,单位成本 18 元;3 月份产量 1 500 件,单位成本 15 元。则第一季度的平均单位成本为(　　)。

  A. $(20+18+15)/3=17.67$(元)

  B. $(20\times 18\times 15)^{1/3}=17.54$(元)

  C. $(20\times 750+18\times 1\,000+15\times 1\,500)/(750+1\,000+1\,500)=17.8$(元)

  D. $(750+1\,000+1\,500)/(750/20+1\,000/18+1\,500/15)=16.83$(元)

4. 有甲、乙两个数列,若甲的全距比乙的全距大,那么(　　)。

  A. 甲的标准差一定大于乙的标准差

  B. 甲的标准差一定小于乙的标准差

  C. 甲的标准差一定等于乙的标准差

  D. 全距与标准差并不存在上述关系

5. 权数对加权算术平均数的影响,决定于(　　)。

  A. 各组标志值的数值大小　　　　　　B. 权数的绝对数多少

C. 各组单位数占总体单位数比重的大小 D. 总体单位数的多少

6. 标准差系数抽象为（ ）。
   A. 总体指标数值大小的影响
   B. 总体单位数多少的影响
   C. 各组单位数占总体单位总数比重的影响
   D. 平均水平高低的影响

7. 已知4个水果商店苹果的单价和销售额，要求计算4个商店苹果的平均单价，应该采用（ ）。
   A. 简单算术平均数　　　　　　　B. 加权算术平均数
   C. 加权调和平均数　　　　　　　D. 几何平均数

8. 如果分配数列把频数换成频率，那么方差（ ）。
   A. 不变　　　　B. 增大　　　　C. 减小　　　　D. 无法预期其变化

9. 今有两组大学生按年龄分配的资料如下：

周　岁	各组大学生数（人）	
	第一组	第二组
18以下	2	—
18～20	17	8
20～22	9	12
22～24	—	6
24以上	—	2
合　计	28	28

哪一组大学生平均年龄高？甲为第一组，乙为第二组。哪一组年龄众数高？丙为第一组，丁为第二组。全部答对的是（ ）。
   A. 甲、丙　　　　B. 甲、丁　　　　C. 乙、丙　　　　D. 乙、丁

10. 第一批产品废品率为1%，第二批废品率为1.5%，第三批废品率为2%。第一批产品数量占总数的35%，第二批占40%，则平均废品率为（ ）。
    A. 1.5　　　　B. 1.45　　　　C. 4.5　　　　D. 0.94

11. 某商店在制订男式衬衫进货计划时，需了解已售衬衫的平均尺寸，则应计算（ ）。
    A. 算术平均数　　B. 调和平均数　　C. 几何平均数　　D. 众数

12. 现有一数列：3，9，27，81，243，729，2 187，反映其平均水平最好用（ ）。
    A. 算术平均数　　B. 调和平均数　　C. 几何平均数　　D. 中位数

13. 某高新技术开发区现有人口11万，有8家医院（其病床数合计为700床），则该开发区的每万人的病床数为63.636。这个指标属于（ ）。
    A. 平均指标　　B. 相对指标　　C. 总量指标　　D. 发展水平指标

14. 由以下数列可知下列判断（ ）。

完成生产定额数	工人数
10~20	35
20~30	20
30~40	25
40~50	10
50~60	15

A. $M_o > M_e$ B. $M_e > M_o$ C. $M_o > 30$ D. $M_e > 30$

15. 某企业 2016 年职工平均工资为 5 200 元,标准差为 110 元,2019 年职工平均工资增长了 40%,标准差增大到 150 元。职工平均工资的相对变异(　　)。

   A. 增大   B. 减小   C. 不变   D. 不能比较

二、判断题

1. 根据分组资料计算的算术平均数,只是一个近似值。　　　　　　　　　　(　)
2. 结构相对指标的计算方法灵活,分子和分母可以互换。　　　　　　　　　(　)
3. 用劳动单位表示的总量指标,称为劳动量指标,它是不能直接相加的。　　(　)
4. 如甲、乙、丙三个企业今年产量计划完成程度分别为 95%、100% 和 105%,那么这三个企业产量平均计划完成程度为 100%。　　　　　　　　　　　　　　　　　　　(　)
5. 平均差和标准差都表示各标志值对算术平均数的平均离差。　　　　　　　(　)
6. 强度相对指标的数值是用复名数来表示的,因此都可以计算它的正指标和逆指标。
　　　　　　　　　　　　　　　　　　　　　　　　　　　　　　　　　　(　)
7. 权数的绝对数越大,对算术平均数的影响也就越大。　　　　　　　　　　(　)
8. 两个企业比较,若 $\overline{X}_甲 > \overline{X}_乙$,$\sigma_甲 > \sigma_乙$,由此可以肯定乙企业生产的均衡性比甲企业好。
　　　　　　　　　　　　　　　　　　　　　　　　　　　　　　　　　　(　)
9. 组距数列条件下,众数的大小主要取决于众数组相邻两组次数多少的影响。(　)
10. 某企业计划规定,2019 年第一季度的单位产品成本比去年同期降低 10%,实际执行结果降低 5%,仅完成单位产品成本计划的一半。　　　　　　　　　　　　　　　(　)
11. 当各组的变量值所出现的频率相等时,加权算术平均数中的权数就失去作用,因而,权算术平均数也就等于简单算术平均数。　　　　　　　　　　　　　　　　　　(　)
12. 甲洗衣机厂 2019 年第一季度洗衣机产量对乙洗衣机厂同期产量的比率是比例相对指标。　　　　　　　　　　　　　　　　　　　　　　　　　　　　　　　　　(　)

三、计算题

1. 某工厂第二季度生产情况资料如下:

月份\指标	总产值(万元)		职工平均人数(人)		全员劳动生产率(元/人)		全员劳动生产率计划完成程度(%)
	计划	实际	计划	实际	计划	实际	
4月	57.2	56.9	970	968			
5月	60.5	61.4	980	984			
6月	62.3	64.1	993	1 005			
合计							

要求:根据上表资料,计算各空栏的指标。指出 4～6 月及第二季度的全员劳动生产率计划完成程度。

2. 某市某"五年计划"规定,计划期最末一年甲产品产量应达到 70 万吨,实际生产情况如下表:

单位:万吨

时间	第一年	第二年	第三年		第四年				第五年			
			上半年	下半年	第一季	第二季	第三季	第四季	第一季	第二季	第三季	第四季
产量	45	48	25	27	16	16	18	17	18	20	23	25

试计算该市甲产品产量五年计划完成程度和提前完成计划的时间。

3. 某企业 2019 年的劳动生产率计划规定比上年提高 8%,实际执行结果比上年提高 10%。问劳动生产率计划完成程度是多少?

4. 某厂按计划规定,第一季度的单位产品成本比去年同期降低 10%。实际执行结果,单位产品成本较去年同期降低 8%。问该厂第一季度产品单位成本计划的完成程度如何?

5. 某企业产值计划完成 103%,比去年增长 5%。试问计划规定比去年增长多少?

6. 某地区 2018—2019 年生产总值资料如下表:

单位:亿元

	2018 年	2019 年
生产总值	36 405	44 470
其中:第一产业	8 157	8 679
第二产业	13 801	17 472
第三产业	14 447	18 319

根据资料:(1) 计算 2018 年和 2019 年,第一产业、第二产业、第三产业的结构相对指标和比例相对指标。(2) 计算该地区生产总值、第一产业、第二产业、第三产业增加值的动态相对指标及增长百分数。

7. 现有甲、乙两国钢产量和人口资料如下:

	甲 国		乙 国	
	2018 年	2019 年	2018 年	2019 年
钢产量(万吨)	3 000	3 300	5 000	5 250
年平均人口数(万人)	6 000	6 000	7 143	7 192

试通过计算动态相对指标、强度相对指标和比较相对指标来简单分析甲、乙两国钢产量的发展情况。

8. 某乡甲、乙两个村的粮食生产情况如下:

按耕地自然 条件分组	甲 村		乙 村	
	平均亩产 （千克/亩）	粮食产量 （千克）	平均亩产 （千克/亩）	播种面积 （亩）
山　地	100	25 000	150	1 250
丘陵地	150	150 000	200	500
平原地	400	500 000	450	750

试分别计算甲、乙两个村的平均亩产。根据表列资料及计算结果，比较分析哪一个村的生产经营管理工作做得好，并简述作出这一结论的理由。

9. 某工业系统所属企业产值计划完成程度的次数分配资料如下：

按产值计划完成程度分组（%）	各组企业数占总数的比重（系数）
95～100	0.12
100～105	0.56
105～110	0.24
110～115	0.08
合　计	1.00

试算该工业系统所属企业产值的平均计划完成程度。

10. 市场上卖某种蔬菜，早市每元买 2 千克，午市每元买 2.5 千克，晚市每元买 5 千克。若早、中、晚的购买量相同，平均每元买了多少千克蔬菜？若早、中、晚的购买额相同，平均每元买了多少千克蔬菜？

11. 某工厂生产某种零件，要经过三道工序，各道工序的合格率分别为 95.74%、92.22%、96.3%。试求该零件的平均合格率。

12. 某地区水稻收获量分组资料如下表：

水稻收获量（千克/亩）	耕地面积（亩）
150～175	18
175～200	32
200～225	53
225～250	69
250～275	84
275～300	133
300～325	119
325～350	56
350～375	22
375～425	10
425～500	4
合　计	600

要求:(1)计算中位数、众数;(2)计算全距、平均差;(3)计算算术平均数、标准差;(4)比较算术平均数、中位数、众数的大小,说明本资料分布的偏斜特征。

13. 甲、乙两单位工人的生产资料如下:

日产量(件/人)	甲单位工人数(人)	乙单位总产量(件)
1	120	30
2	60	120
3	20	30
合 计	200	180

试分析:(1)哪个单位工人的生产水平高?(2)哪个单位工人的生产水平整齐?

14. 某地区有一半家庭的月人均收入低于600元,一半高于600元,众数为700元,试估计算术平均数的近似值并说明分布态势。

15. 已知200名职工日平均销售额为164.09元,标准差为51.29元,试对销售额70、98、126、140、154、168、175、196、217、245、308元进行标准化处理。

16. 某笔投资的年利率资料如下:

年利率	年数
2%	1
4%	3
5%	6
7%	4
8%	2

要求:(1)若年利率按复利计算,则该笔投资的平均年利率为多少?
(2)若年利率按单利计算,即利息不转为本金,则该笔投资的平均年利率为多少?

第四章 动态数列

学习重点和要点

（1）掌握动态数列分析的原理及方法。熟练掌握序时平均数的计算与运用、平均发展速度的计算方法。

（2）了解现象动态变动的四类影响因素，熟练掌握长期趋势与季节变动的测定方法。

第一节 动态数列的编制

一、动态数列的概念

动态数列是指将同类社会经济现象在不同时间上发展变化的一系列统计指标，按时间先后顺序排列所形成的统计数列，亦称时间数列。

如将某省职工工资的发展情况按时间先后顺序排列起来就是一个动态数列，如表4-1所示。

表4-1 2015—2019年某省职工工资动态数列

年份	职工工资总额（亿元）	年末总人口数（万人）	职工年平均工资（元）	指数(以下年为100)		
				职工工资总额	年末总人口数	职工年平均工资
	(1)	(2)	(3)	(4)	(5)	(6)
2015	917.33	7 405.82	15 712	112.8	100.3	116.3
2016	1 050.35	7 432.50	18 202	114.5	100.4	115.8
2017	1 252.06	7 474.50	20 957	119.2	100.6	115.1
2018	1 520.39	7 549.50	23 782	121.4	101.0	113.5
2019	1 806.65	7 624.50	27 374	118.8	101.0	115.1

由表 4-1 可看出,动态数列是由互相配对的两个数列构成的,即由两个基本要素构成:一是被研究现象所属的时间;二是反映现象在各个时间上的发展水平,亦称动态水平。

第一,通过时间数列的编制和分析,可以从事物在不同时间上的量变过程中,认识社会经济现象的发展变化的方向、程度、趋势和规律,为制定政策、编制计划提供依据。

第二,通过对时间数列资料的研究,可以对某些经济现象进行预测。

第三,利用不同的时间数列对比,可以揭示各种社会现象的不同发展方向、发展规律及其相互之间的变化关系。

第四,利用时间数列,可以在不同地区或国家之间进行对比分析。

二、动态数列的种类

动态数列按其指标表现形式的不同分为总量指标动态数列、相对指标动态数列和平均指标动态数列。总量指标动态数列是最基本的动态数列。而相对指标动态数列和平均指标动态数列是在总量指标数列的基础上派生出来的动态数列。

(一) 总量指标(绝对数)动态数列

总量指标时间数列是指将反映某种社会经济现象的一系列总量指标按时间的先后顺序排列而形成的数列。总量指标动态数列用以反映现象在一段时间内达到的绝对水平及增减变化情况。根据总量指标反映社会经济现象所属的时间不同,又可分为时期指标动态数列和时点指标动态数列。简称时期数列和时点数列。

1. 时期数列

时期数列是指由时期总量指标编制而成的动态数列。在时期数列中,每个指标都反映某社会经济现象在一定时期内发展过程的总量。如表 4-1 中的职工工资总额。

时期数列具有以下几个特点:

(1) 数列中每一个指标,都表示社会经济现象在一定时期内发展过程的总量。

(2) 数列中的各个指标是可以相加的。由于时期数列中每一个指标数值都是在一段时期内发展的总数,所以相加之后指标数值就表明现象在更长时期发展的总量。如全年的国内生产总值是一年中每个月国内生产总值相加的结果,各月份的国内生产总值又是月份内每天的国内生产总值之和。

(3) 时期数列中,每个指标数值的大小与时期长短有直接关系。由于时期数列中每个指标都是社会经济现象在一段时期内的发展过程中不断累计的结果,所以一般来说,时期愈长指标数值就愈大,反之就愈小。

(4) 时期数列中每一个指标数值,通常都是通过连续不断的登记取得的。

2. 时点数列

时点数列是指由时点总量指标编制而成的动态数列。在时点数列中,每个指标数值所反映的社会经济现象都是在某一时点(时刻)上所达到的水平。如表 4-1 中的年末总人口数。

时点数列有以下几个特点:

(1) 时点数列中的每一个指标数值,都表示社会经济现象在某一时点(时刻)上的数量。

(2) 时点数列中的每个指标不能相加。由于时点数列中的指标数值都是反映现象在某一瞬间的数量,几个指标相加后无法说明这个数值属于哪一个时点上的数量,没有实际意义。

(3) 时点数列中每个指标数值大小和"时点间隔"长短没有直接关系。时点数列中每个指标只是现象在某一时点上的水平,因此它的大小与时点间隔的长短没有直接关系。例如,年末的人口数不一定比某月底的人口数大。

（4）时点数列中每个指标数值通常都是定期（间断）登记取得的。

（二）相对数动态数列

是指一系列相对指标按照时间先后顺序排列所组成的动态数列。它是用来反映社会经济现象之间数量对比关系的发展变化过程及其规律。表4-1中的指数数列就是相对数动态数列。表4-1中的职工工资总额指数反映了江苏省2003—2007年职工工资总额不断上升的趋势。因此,相对数动态数列比较直观,更能明显地表现现象发展的趋势和规律性。

相对数动态数列一般是两个有联系的总量指标动态数列对比派生的数列。由于总量指标动态数列有时期数列和时点数列之分,因而,两个总量指标动态数列对比所形成的相对数动态数列又可分为：

1. 由两个时期数列对比而成的相对数动态数列；
2. 由两个时点数列对比而成的相对数动态数列；
3. 由一个时期数列和一个时点数列对比形成的相对数时间数列。在相对数动态数列中,由于每个指标都是相对数,因而各个指标值是不能直接相加的。

（三）平均数动态数列

是由一系列同类平均指标按照时间的先后顺序排列而成的动态数列。它反映的是社会经济现象一般水平的发展过程及其变动趋势。表4-1所列的江苏省职工年平均工资数列,就是一个平均数动态数列。

由于平均数有静态平均数和动态平均数之分,所以,平均数动态数列也有静态平均数动态数列和动态平均数动态数列之分,表4-1所列的年平均工资属于静态平均数动态数列。

三、动态数列的编制原则

动态数列编制的目的是要通过对数列中各时期的指标值的比较,来研究社会经济现象的发展变化规律。因此,保证数列中各个指标数值的可比性,是编制动态数列的基本原则。要求：

1. 时间长短应该前后一致

时期数列指标值的大小和指标包含的时间长短有直接关系。因此,一般要求时期数列指标值包含的时期前后一致,以利于对比。但在特殊情况下,可以将时期不同的指标编制为动态数列。例如我国几个重要时期钢产量资料如表4-2所示,说明我国钢铁工业发展迅速。

表4-2 我国几个重要时期钢产量资料

单位：万吨

年份	1900—1949年	1953—1957年	1981—1985年	1986—1990年	1991—1995年
钢产量	776	1 667	20 304	27 372	42 478

这里要注意动态数列指标数值所包含时期长短与各指标数值之间的间隔的区别。时期数列中,如果各个时期不连续,如表4-2,也存在有间隔的问题。时期数列的间隔最好相等,以便于动态比较分析。对于时点数列来说,由于数列上的指标值均表示一定时刻上的状态,不存在包含时期长短的因素,只有间隔的问题。为了既便于动态对比分析,又便于进一步计算动态

分析指标,时点指标数列间隔也最好相等。

2. 总体范围应该一致

在同一时间数列中总体范围前后应该一致,若有变化,指标数值就不能直接对比,而必须经过调整后才能进行比较。

3. 计算方法应该一致

计算方法有时也可以叫作计算口径。例如要研究企业劳动生产率的变动,产量指标是用实物量指标还是用价值量指标,人数指标是用全部职工人数还是用生产工人数,若进行动态对比,前后应一致。再如,要把不同时期的工业产值进行对比,就要注意到价格水平的变动,是采用不变价,还是用现行价格,在前后时期对比时,价格应一致。

4. 经济内容要一致

即使经济指标的名称是相同的,其所包含的经济含义也有可能是不一样的。在实际工作中应注意不同历史时期、不同国家或地区的同一指标的经济内容的一致性。如农业总产值指标,在1984年前包含村办工业产值,而在1984年以后则不包含这一部分内容。这样1984年后的农业总产值的内容就不尽相同,在进行动态分析时要注意这一点,对指标进行适当调整后,才可对比。

我们所面对的动态数列,往往是反映一段很长时期的过程,各期的统计资料难免由于各种原因发生指标的所属时间、总体范围、计算方法乃至于经济内容不统一,所以可比性问题是要一再强调不能忽视。

第二节 动态数列水平分析指标

动态分析指标由于运用的指标形式和计算方法不同,分为动态水平指标和动态速度指标两大类。本节讨论动态水平指标。它是指经济现象在某一时期或时点上的发展水平和增长水平,包括发展水平、平均发展水平、增长量、平均增长量。

一、发展水平和平均发展水平

(一) 发展水平

发展水平是指时间数列中的每一项具体指标数值,它反映了某种社会经济现象在不同时间上所达到的水平,也是计算各项动态分析指标的基础。

发展水平一般是时期或时点总量指标,如销售额、在册工人数等;也可以是平均指标,如平均工资、单位产品成本等;还可以是相对指标,如计划完成程度、商品流转次数等。

根据各发展水平在动态数列中所处的地位与作用不同,可有:

最初水平——动态数列中第一项指标值,用 a_0 表示。

最末水平——动态数列中最后一项指标值,用 a_n 表示。

中间水平——处于中间位置的指标值。用 $a_1, a_2, a_3 \cdots, a_{n-1}$ 表示。

报告期水平——用于研究时期的指标值。

基期水平——用于被比较时期的指标值。

动态数列可用符号表示如下:$a_0, a_1, a_2, a_3 \cdots, a_{n-1}, a_n$

表 4-3 某地区国内生产总值的资料

单位:亿元

2015 年	2016 年	2017 年	2018 年	2019 年
a_0	a_1	a_2	a_3	a_4
120 332.7	135 822.8	159 878.3	183 867.9	210 871.0

发展水平在文字说明上习惯用"增加到"、"增加为"或"降低到"、"降低为"表示事物"增加"或"降低"到某种水平。如:2018 年某市高等学校在校生人数 36 700 人,2019 年增加到 45 000 人。"增加"或"降低"后面的"到""为"两个字很重要,遗漏掉就会改变原有的意思。

(二)平均发展水平

平均发展水平又称之为序时平均数,它是将整个时间数列作为一个整体,反映这个整体的一般水平。序时平均数与一般的算术平均数虽然都是通过具体数值计算,将现象的数量差异抽象化,概括反映整体的一般水平,但两者也存在着明显的差异,主要表现在:

第一,序时平均数平均的是事物在不同时间上的数量差异;算术平均数平均的是总体各单位某一数量标志在同一时间上的数量差异。

第二,序时平均数是从动态上说明某一事物在不同时间上发展的一般水平;算术平均数是从静态上说明同一事物总体不同单位在同一时间上的一般水平。

第三,序时平均数是根据时间数列计算的;算术平均数是根据变量数列计算的。

序时平均数的计算,由于不同时间数列具有不同特点需要用不同的方法,现分别介绍。

1. 由绝对数动态数列计算序时平均数

总量指标按其性质分为时期指标和时点指标,由于两种指标的性质不同,在计算序时平均数时,所采用的计算方法不同,以下分别介绍。

(1) 由时期数列计算序时平均数

由时期数列计算序时平均数比较简单。因为它的各项指标能直接相加,可采用简单算术平均法,即将数列中各项指标数值之和除以时期项数。其计算公式为:

$$\bar{a} = \frac{a_1 + a_2 + \cdots + a_n}{n} = \frac{\sum a}{n} \tag{4-1}$$

式中:$\bar{a}$——序时平均数;

a_i——各时期发展水平;

n——时期项数。

某商业企业 2019 年各月商品销售额资料如表 4-4 所示。

表 4-4 某商业企业 2019 年各月商品销售额

单位:万元

月份	1	2	3	4	5	6	7	8	9	10	11	12
销售额	300	400	380	440	480	520	540	600	660	760	700	820

以上时期数列资料反映的销售额参差不齐,发展变化趋势也不明显。如果用序时平均法计算出各季月平均销售额,就可以明显地反映出它的发展基本趋势是不断增长的。

如：第一季度月平均销售额 $=\dfrac{300+400+380}{3}=360$（万元）

第二季度月平均销售额 $=\dfrac{440+480+520}{3}=480$（万元）

第三季度月平均销售额 $=\dfrac{540+600+660}{3}=600$（万元）

第四季度月平均销售额 $=\dfrac{760+700+820}{3}=760$（万元）

全年月平均销售额 $=\dfrac{300+400+380+440+480+520+540+600+660+760+700+820}{12}=550$（万元）

从以上计算可以看出，该商业企业这一年第三、四季度的月平均销售额大于第一、二季度的月平均销售额。

（2）由时点数列计算的序时平均数

要精确计算时点数列序时平均数就应该有每一瞬间都登记的资料。这在实际中几乎是不可能的，所以习惯上以天为单位作为瞬间登记时点。即使这样也不便操作。通常的做法有两种：一是每隔一段时间登记一次，时点定在月（季、年）初或末，每次登记的间隔相等；二是只有当现象的数量发生变化时登记，每次登记的间隔不等。两种情况下计算序时平均数的方法有所不同。

① 由连续时点数列计算序时平均数

在连续时点数列中，有间隔相等和间隔不等两种登记情况。

第一种，间隔相等的连续时点数列。

如果时点数列的资料是逐日进行记录，并且又是逐日排列的，可采用简单算术平均法计算其序时平均数。即用各个时点数值除以点的个数（即天数）。其计算公式为：

$$\bar{a}=\dfrac{a_1+a_2+\cdots+a_n}{n}=\dfrac{\sum a}{n} \tag{4-2}$$

某年级学生星期一至星期五出勤人数资料见表 4-5。

表 4-5 某年级学生出勤资料

星期	星期一	星期二	星期三	星期四	星期五
人数（人）	1 160	1 156	1 162	1 158	1 154

计算该专业学生平均每天出勤人数。

$$\bar{a}=\dfrac{\sum a}{n}=\dfrac{1\,160+1\,156+1\,162+1\,158+1\,154}{5}=1\,158（人）$$

由计算可知，该年级学生本星期平均每天出勤人数为 1 158 人。

第二种，间隔不等的连续时点数列。

如果被研究现象不是逐日变动的，而是每隔一段时间变动一次，则可根据每次变动的记录资料，用每次变动持续的间隔时间为权数（f）对其时点水平（a）加权，应用加权算术平均法计算序时平均数。其计算公式为：

$$\bar{a} = \frac{a_1 f_1 + a_2 f_2 + \cdots + a_n f_n}{f_1 + f_2 + \cdots + f_n} = \frac{\sum af}{\sum f} \tag{4-3}$$

某企业 2019 年 4 月上旬职工出勤人数见表 4-6。

表 4-6　某企业 2019 年 4 月上旬职工出勤人数

日期	1—3 日	4—5 日	6—7 日	8 日	9—10 日
职工出勤人数（人）	250	262	258	266	272

则 4 月上旬职工平均每日出勤人数 $= \dfrac{250 \times 3 + 262 \times 2 + 258 \times 2 + 266 \times 1 + 272 \times 2}{3+2+2+1+2} = 260$（人）

② 由间断时点数列计算序时平均数

第一种，间隔相等的间断时点数列。如果掌握了间隔相等的每期期末资料，如企业中职工人数和商品库存等月末数字，可采用简单算术平均法计算序时平均数，现举例说明。

某企业 2019 年第四季度职工人数资料如表 4-7 所示。计算该企业第四季度平均职工人数。

表 4-7　某企业 2019 年第四季度职工人数资料

日期	9 月 30 日	10 月 31 日	11 月 30 日	12 月 31 日
月末职工人数（人）	250	242	246	244

解决这一问题，应先计算出各月平均职工人数。各月平均职工人数如下：

10 月份平均职工人数 $= \dfrac{250+242}{2} = 246$（人）

11 月份平均职工人数 $= \dfrac{242+246}{2} = 244$（人）

12 月份平均职工人数 $= \dfrac{246+244}{2} = 245$（人）

则第四季度月平均职工人数 $= \dfrac{246+244+245}{3} = 245$（人）

上述计算步骤合并简化为：

第四季度平均职工人数为 $= \dfrac{\dfrac{250+242}{2} + \dfrac{242+246}{2} + \dfrac{246+244}{2}}{3}$

$= \dfrac{\dfrac{250}{2} + 242 + 246 + \dfrac{244}{2}}{3}$

$= 245$（人）

由此可见，可得出间隔相等的间断时点数列序时平均数的计算公式：

$$\bar{a} = \frac{\dfrac{a_1}{2} + a_2 + a_3 + \cdots + a_{n-1} + \dfrac{a_n}{2}}{n-1} \tag{4-4}$$

这种方法也称作"首尾折半法"，便于应用，实际计算中主要采用这一形式。

第二种，间隔不等的间断时点数列。在某些情况下，间断时点数列的间隔也可能是不相等的。如果掌握间隔不等的每期期末资料，则可用各间隔时间为权数对各项相应的相邻两时点数列加权，应用加权算术平均法计算序时平均数。其计算公式为：

$$\bar{a}=\frac{\frac{a_0+a_1}{2}\cdot f_1+\frac{a_1+a_2}{2}\cdot f_2+\cdots+\frac{a_{n-1}+a_n}{2}\cdot f_n}{f_1+f_2+\cdots+f_n} \tag{4-5}$$

某商场 2019 年库存情况如表 4-8 所示。计算该商场 2013 年的月平均库存额。

表 4-8 某商场 2019 年库存情况表

日期	1月1日	3月1日	7月1日	12月31日
商品库存额(万元)	200	220	260	300

$$\bar{a}=\frac{\frac{200+220}{2}\times 2+\frac{220+260}{2}\times 4+\frac{260+300}{2}\times 6}{2+4+6}$$

$$=\frac{3\,040}{12}=253.3(万元)$$

2. 由相对数或平均数动态数列计算序时平均数

相对数或平均数动态数列是由互相联系的两个总量指标动态数列对比加以计算的，在相对指标或平均指标背后掩藏着与之相适应的绝对数，我们不能像总量指标动态数列那样直接计算序时平均数。只能按照数列的性质，分别计算分子、分母两个基本总量指标动态数列的序时平均数，然后加以对比。所以，总量指标动态数列的序时平均数是基本方法，相对指标或平均指标时间数列计算序时平均数，也应以此为基础。其计算公式一般写为：

$$\bar{c}=\frac{\bar{a}}{\bar{b}} \tag{4-6}$$

式中：$\bar{c}$——相对数或平均数动态数列的序时平均数；

$\bar{a}$——分子的总量指标动态数列的序时平均数；

$\bar{b}$——分母的总量指标动态数列的序时平均数。

在这里 a、b 作为总量指标时间数列（时点或时期）有三种可能：

① 由两个时期数列对比形成的相对数或平均数动态数列的序时平均数的计算。

其计算公式为：

$$\bar{c}=\frac{\bar{a}}{\bar{b}}=\frac{\frac{a_1+a_2+\cdots+a_n}{n}}{\frac{b_1+b_2+\cdots+b_n}{n}}=\frac{\frac{\sum a}{n}}{\frac{\sum b}{n}}=\frac{\sum a}{\sum b} \tag{4-7}$$

由于相对数或平均数都是由两个总量指标对比形成的，即 $c=\frac{a}{b}$。可以根据掌握的资料不同 $a=b\cdot c$ 或 $b=\frac{a}{c}$，故以上公式可变形为：

$$\bar{c}=\frac{\sum a}{\sum b}=\frac{\sum b\cdot c}{\sum b}=\frac{\sum a}{\sum \frac{a}{c}}$$

某企业2019年1—3月份产量计划完成程度资料如表4-9。

表4-9 某企业2019年1—3月份产量情况

单位：件

月份	一月	二月	三月
实际完成产量 a	510	618	864
计划完成产量 b	500	600	800
计划完成程度（%） c	102	103	108

计算该企业第一季度平均计划完成程度。

$$\bar{c} = \frac{\bar{a}}{\bar{b}} = \frac{\sum a}{\sum b} = \frac{510+618+864}{500+600+800} = 1.048 \text{ 或 } 104.8\%$$

该企业第一季度平均计划完成程度为104.8%。

② 由两个时点数列对比形成的相对指标或平均指标动态数列计算序时平均数。其计算公式为：

$$\bar{c} = \frac{\bar{a}}{\bar{b}} = \frac{\dfrac{\dfrac{a_0}{2}+a_1+\cdots+a_{n-1}+\dfrac{a_n}{2}}{n}}{\dfrac{\dfrac{b_0}{2}+b_1+\cdots+b_{n-1}+\dfrac{b_n}{2}}{n}} \tag{4-8}$$

某企业2019年4—6月份生产工人占全部职工的比重情况如表4-10所示。

表4-10 某企业2019年4—6月份生产工人占全部职工的比重

日期	4月1日	5月1日	5月31日	6月30日
生产工人 a（人）	300	368	390	408
全部工人 b（人）	400	460	500	510
比重 c（%）	75	80	78	80

该企业第二季度生产工人占全部职工人数的平均比重（%）为：

$$\bar{c} = \frac{\bar{a}}{\bar{b}} = \frac{\dfrac{\dfrac{a_0}{2}+a_1+\cdots+a_{n-1}+\dfrac{a_n}{2}}{n}}{\dfrac{\dfrac{b_0}{2}+b_1+\cdots+b_{n-1}+\dfrac{b_n}{2}}{n}} = \frac{\dfrac{\dfrac{300}{2}+368+390+\dfrac{408}{2}}{3}}{\dfrac{\dfrac{400}{2}+460+500+\dfrac{510}{2}}{3}} = 78.6\%$$

③ 由一个时期数列和一个时点数列对比形成的相对指标或平均指标的动态数列计算序时平均数。其计算公式为：

$$\bar{c} = \frac{\bar{a}}{\bar{b}} = \frac{\dfrac{\sum a}{n}}{\dfrac{\dfrac{b_1}{2}+b_2+\cdots b_{n-1}+\dfrac{b_n}{2}}{n-1}} \tag{4-9}$$

某企业第一季度商品销售额与月初库存额资料如表 4-11 所示。

表 4-11 某企业第一季度商品销售额月初库存额资料

月份	1	2	3	4
商品销售额 a(万元)	120	220	350	—
月初商品库存额 b(万元)	50	70	90	110
商品流转次数 c(次)	2	2.75	3.5	—

计算该商业企业第一季度商品平均流转次数。

$$\bar{c}=\frac{\bar{a}}{\bar{b}}=\frac{\dfrac{\sum a}{n}}{\dfrac{\dfrac{b_1}{2}+b_2+\cdots+\dfrac{b_n}{2}}{n-1}}=\frac{\dfrac{120+220+350}{3}}{\dfrac{\dfrac{50}{2}+70+90+\dfrac{110}{2}}{4-1}}=\frac{230}{80}=2.875(次)$$

该商业企业第一季度商品平均流转次数为 2.875 次。

二、增长量和平均增长量

(一) 增长量

增长量,也称增减量,是指某种社会经济现象在一定时期内增长或减少的绝对数量。它等于报告期水平与基期水平之差。其计算公式为:

$$增长量=报告期水平-基期水平 \quad (4-10)$$

当报告期水平大于基期水平的时候,增长量为正值,表示现象的水平增加;当报告期水平小于等于基期水平的时候,增长量为负值,即负增长或零增长,表示现象的水平减少或不变。

由于增长量采用的对比基期不同,增长量有两种,即逐期增长量和累计增长量。

(1) 逐期增长量

逐期增长量是以相邻前期为基期,用报告期水平减去前一期的水平计算的增长量。它表示各报告期比前一期(相邻前期)增长的绝对数量。其计算公式为:

$$逐期增长量=报告期水平-前一期水平 \quad (4-11)$$

用符号表示为:$a_1-a_0; a_2-a_1; \cdots; a_n-a_{n-1}$。

(2) 累计增长量

累计增长量是用报告期水平减去某一固定基期水平 a_0 计算的增长量。它表示某种社会现象在一定时期内(从固定基期到报告期)累计增长的总量。其计算公式为:

$$累计增长量=报告期水平-某一固定基期水平 \quad (4-12)$$

用符号表示为:$a_1-a_0; a_2-a_0; \cdots; a_n-a_0$。

表 4-12 某企业 2015—2019 年电视机产量

单位:万台

年份	2015	2016	2017	2018	2019
产量	768	918	980	1 044	1 060
逐期增长量	—	150	62	64	16
累计增长量	—	150	212	276	292

(3) 逐期增长量与累计增长量的关系

逐期增长量与累计增长量的对比基期虽不同,但两者存在着一定的数量关系。即:

① 整个时期的逐期增长量之和等于最后一个时期的累计增长量。用符号公式表示为:

$$(a_1 - a_0) + (a_2 - a_1) + \cdots + (a_n - a_{n-1}) = a_n - a_0 \qquad (4-13)$$

② 相邻两个时期的累计增长量之差等于相应时期的逐期增长量。用符号公式表示为:

$$(a_i - a_0) - (a_{i-1} - a_0) = a_i - a_{i-1} \qquad (4-14)$$

掌握了逐期增长量与累计增长量的关系,就便于二者的相互推算了。

在实际统计分析工作中,为了消除季节变动的影响,也常计算发展水平比去年同期发展水平的增长量,这个指标叫年距增长量,其公式为:

$$年距增长量 = 本期发展水平 - 去年同期发展水平 \qquad (4-15)$$

(二) 平均增长量

平均增长量是指动态数列的各个逐期增长量的序时平均数,用以说明现象在一定时期内平均每期增长的数量。其计算公式为:

$$平均增长量 = \frac{逐期增长量之和}{逐期增长量的个数} = \frac{累计增长量}{时间数列项数 - 1} \qquad (4-16)$$

2015—2019 年某企业电视机年平均增长量 $= \frac{292}{4} = 73$(万台)

第三节 动态数列速度分析指标

动态数列的速度分析指标有发展速度和增长速度、平均发展速度和平均增长速度。其中发展速度是基本的速度分析指标。

一、发展速度和增长速度

(一) 发展速度

发展速度是表明社会现象发展方向和程度的动态分析指标,是根据报告期水平和基期水平对比而得到的动态相对数。它主要说明报告期水平已发展到(或增加到)基期水平的若干倍(或百分之几)。其计算公式为:

$$发展速度 = \frac{报告期水平}{基期水平} \qquad (4-17)$$

发展速度一般用百分数表示,也用倍数表示。若发展速度大于百分之百(或大于1)则表示为上升速度;若发展速度小于百分之百(或小于1)则表示为下降速度。

由于对比的基期不同,发展速度可分为定基发展速度和环比发展速度两种。

1. 定基发展速度

定基发展速度是指报告期水平与某一固定时期水平(通常为最初水平)之比。它说明报告期水平相当于某一固定时期的多少倍(或百分之几),表明这种社会现象在较长时期内总的发展速度。因此,有时也叫"总速度",其计算公式为:

$$定期发展速度 = \frac{报告期水平}{固定基期水平} \qquad (4-18)$$

用符号表示为：$\dfrac{a_1}{a_0}, \dfrac{a_2}{a_0}, \dfrac{a_3}{a_0}, \cdots, \dfrac{a_n}{a_0}$

2. 环比发展速度

环比发展速度是指报告期水平与其前一期水平之比。它说明报告期水平相对于前一期水平来说已发展到多少倍（或百分之几），表明这种社会现象逐期发展的程度。如果计算的单位时期为一年，则这个指标也可以叫作"年速度"。其计算公式为：

$$\text{环比发展速度} = \dfrac{\text{报告期水平}}{\text{前一期水平}} \tag{4-19}$$

用符号表示为：$\dfrac{a_1}{a_0}, \dfrac{a_2}{a_1}, \dfrac{a_3}{a_2}, \cdots, \dfrac{a_n}{a_{n-1}}$

表 4-13 某企业 2015—2019 年电视机产量

年份	2015	2016	2017	2018	2019
产量(万台)	768	918	980	1 044	1 060
环比发展速度(%)	—	119.5	106.8	106.5	101.5
定基发展速度(%)	—	119.5	127.6	135.9	138.0

3. 定基发展速度与环比发展速度的关系

虽然二者各自说明的问题不同，但却存在着一定的数量关系。

(1) 定基发展速度等于相应时期内的各个环比发展速度的连乘积，用符号表示为：

$$\dfrac{a_1}{a_0} \times \dfrac{a_2}{a_1} \times \dfrac{a_3}{a_2} \times \cdots \times \dfrac{a_n}{a_{n-1}} = \dfrac{a_n}{a_0} \tag{4-20}$$

(2) 相邻两个定基发展速度之比等于相应时期的环比发展速度，用符号表示为：

$$\dfrac{a_i}{a_0} \div \dfrac{a_{i-1}}{a_0} = \dfrac{a_i}{a_{i-1}} \tag{4-21}$$

(二) 增长速度

增长速度是表明社会现象增长程度的动态相对指标，它是根据增长量与基期水平对比求得。亦可用发展速度减 1。它表明报告期水平比基期水平增长（或降低）了百分之几或若干倍。其计算公式为：

$$\text{增长速度} = \dfrac{\text{报告期增长量}}{\text{基期水平}} = \dfrac{\text{报告期水平} - \text{基期水平}}{\text{基期水平}} = \dfrac{\text{报告期水平}}{\text{基期水平}} - 1 = \text{发展速度} - 1 \tag{4-22}$$

增长速度可正可负。若发展速度大于 1，则增长速度为正值，表示这种现象增长的程度。若发展速度小于 1，则增长速度为负值，表示这种现象降低的程度，此时称为降低速度。

增长速度与发展速度相似，由于采用对比的基期不同，也分为定基增长速度和环比增长速度。

1. 定基增长速度

$$\text{定基增长速度} = \dfrac{\text{累计增长量}}{\text{某一固定基期水平}} = \dfrac{\text{报告期水平} - \text{某一固定基期水平}}{\text{某一固定基期水平}} = \text{定基发展速度} - 1 \tag{4-23}$$

2. 环比增长速度

环比增长速度是指报告期逐期增长量与前一期水平之比，它表明社会经济现象逐期的相对增长方向和程度。其计算公式为：

$$环比增长速度 = \frac{逐期增长量}{前一期水平} = \frac{报告期水平 - 前一期水平}{前一期水平} = 环比发展速度 - 1 \tag{4-24}$$

表 4-14　某企业 2015—2019 年电视机产量

年份	2015	2016	2017	2018	2019
产量（万台）	768	918	980	1 044	1 060
环比发展速度（%）	—	119.5	106.8	106.5	101.5
定基发展速度（%）	—	119.5	127.6	135.9	138.0
环比增长速度（%）	—	19.5	6.8	6.5	1.5
定基增长速度（%）	—	19.5	27.6	35.9	38.0

注意：① 环比增长速度与定基增长速度这两个指标都是发展速度的派生指标，它只反映增长部分的相对程度，不能直接进行互相换算，如要进行换算，需先将环比增长速度加"1"化为环比发展速度后，再连乘得定基发展速度，然后再减"1"，才能求得定基增长速度。

② 发展速度大于1，则增长速度为正值，说明社会经济现象增长的程度时用"增加了"表示；反之，发展速度小于1，则增长速度为负值，说明社会经济现象降低的程度时用"降低了"表示。

（三）增长1%的绝对值

速度指标是反映社会现象发展或增长的相对程度，是一种相对数。由于相对数固有的抽象化特点，速度指标把所对比的发展水平掩盖住了。高速度可能掩盖着低水平，低速度的背后可能隐藏着高水平。因此仅仅观察速度指标往往不易全面地认识现象的发展情况。为了了解增长速度带来的实际效果，常常要把增长速度与增长量联系起来，计算增长1%的绝对值。

增长1%的绝对值，是指在报告期水平与基期水平的比较中，报告期比基期每增长1%所包含的绝对量。它是用逐期增长量与环比增长速度对比求得的。其计算公式为：

$$增长1\%的绝对值 = \frac{逐期增长量}{环比增长速度 \times 100} = \frac{a_i - a_{i-1}}{\frac{a_i - a_{i-1}}{a_{i-1}} \times 100} = \frac{a_{i-1}}{100} \tag{4-25}$$

从公式上看，增长1%的绝对值等于前一期发展水平除以100。这样，只要将前一期的发展水平的小数点向前移两位，即缩小为原来的百分之一，就是增长1%的绝对值，计算过程可以大大简化。例中某企业 2015—2019 年电视机产量增长1%的绝对值分别是 7.68，9.18，9.80，10.44 万台。

二、平均发展速度和平均增长速度

平均发展速度和平均增长速度统称为平均速度。平均速度是各个时期环比速度的平均数，说明社会经济现象在较长时期内速度变化的平均程度。平均发展速度表明现象逐期发展的平均速度，平均增长速度则是反映现象递增的平均速度。

平均速度指标是应用十分重要并得到广泛运用的动态分析指标。例如我国 1995 年钢产量为 9 400 万吨,比 1990 年的 6 604 万吨增长 42.3%,平均每年增长 7.3%。平均速度指标还经常用来对比不同发展阶段的不同发展速度,例如我国钢产量在"六五"、"七五"、"八五"各个时期分别平均增长 4.7%、7.1%和 7.3%。此外,平均速度指标还用来对比不同国家或地区经济发展的不同情况。

平均发展速度和平均增长速度的关系是：
$$\text{平均增长速度} = \text{平均发展速度} - 1(\text{或} 100\%)$$

平均发展速度总是正值,而平均增长速度可为正值也可为负值。正值表明现象在一定发展阶段内逐期平均递增的速度。负值正好相反,说明现象平均递减的速度。平均发展速度是环比发展速度的平均数,也是一种序时平均数。但是,环比发展速度是根据动态数列中前后项指标对比得来的相对数动态数列,不同于由两个总量指标数列所构成的相对数动态数列,所以不能按上述计算序时平均数的方法来计算,在实际统计工作中运用两种计算平均发展速度的方法,即几何平均数法和方程式法。

(一) 几何平均数法

现象发展的平均速度,一般用几何平均数法来计算。平均速度是总速度的平均,但现象发展的总速度,不等于各年发展速度之和,而等于各年环比发展速度的连乘积。因而求环比发展速度的平均数,不能用总和法,按算术平均数公式计算;只能按连乘法,用几何平均数公式来计算。

$$\overline{x} = \sqrt[n]{x_1 \cdot x_2 \cdot x_3 \cdots x_n} = \sqrt[n]{\pi x} \tag{4-26}$$

式中：$\overline{x}$——平均发展速度；

x_i——各年环比发展速度；

n——环比发展速度的项数。

动态数列中定基发展速度等于各环比发展速度的连乘积,故计算平均发展速度的公式还可表示为：

$$\overline{x} = \sqrt[n]{\frac{a_1}{a_0} \cdot \frac{a_2}{a_1} \cdot \frac{a_3}{a_2} \cdots \frac{a_n}{a_{n-1}}} \tag{4-27}$$

$$\overline{x} = \sqrt[n]{\frac{a_n}{a_0}} \tag{4-28}$$

式中：$\overline{x}$——平均发展速度；

a_n——期末水平；

a_0——基期水平；

n——环比发展水平的个数(发展水平的项数减 1)。

一段时间的定基发展速度即为现象的总速度,用 R 表示总速度,则平均发展速度的计算公式还可以写作：

$$\overline{x} = \sqrt[n]{R} \tag{4-29}$$

以上几个计算公式,可根据掌握的具体资料灵活使用。

按几何平均数法计算平均发展速度,需要借助于对数来进行计算,用多功能的电子计算器更为方便。实际工作中也可采用编造好的《水平法查对表》进行查找。

已知某地区钢产量 2014—2019 年各年的环比发展速度分别为 1.069,1.134,1.108,1.032,1.027,计算平均发展速度。

$$\bar{x} = \sqrt[n]{\pi x}$$

$$\lg \bar{x} = \frac{1}{5}(\lg 1.069 + \lg 1.134 + \lg 1.108 + \lg 1.032 + \lg 1.027)$$

$$= \frac{1}{5}(0.029 + 0.0546 + 0.0445 + 0.0137 + 0.0116)$$

$$= 0.0368$$

$$\bar{x} = 1.073 \times 100\% = 107.3\%$$

2015年国民生产总值 5.76 万亿元，按照五年计划规定，到 2020 年达到 8.5 万亿元，计算每年平均递增率：

$$\bar{x} = \sqrt[n]{\frac{a_n}{a_0}} = \sqrt[5]{\frac{8.5}{5.76}} = \sqrt[5]{1.4757}$$

$$\lg \bar{x} = \frac{1}{5} \times \lg 1.4757 = 0.00338$$

$$\bar{x} = 1.081 \times 100\% = 108.1\%$$

平均递增率 $= 108.1\% - 100\% = 8.1\%$

（二）方程式法（累计法）

方程式法又叫累计法或代数平均法，是以各期发展水平的总和与基期水平之比为基础来计算的。计算公式是利用基期水平与各期定基发展速度的乘积得出各期发展水平，在此基础上计算各期发展水平之和，进而计算平均发展速度。

$$\left(a_0 \cdot \frac{a_1}{a_0}\right) \cdot \left(a_0 \cdot \frac{a_2}{a_0}\right) \cdot \left(a_0 \cdot \frac{a_3}{a_0}\right) + \cdots + \left(a_0 \cdot \frac{a_n}{a_0}\right) = \sum a$$

由于定基发展速度等于环比发展速度的连乘积，可用环比发展速度表示。

$$a_0 \cdot x_1 + a_0 \cdot x_1 \cdot x_2 + a_0 \cdot x_1 \cdot x_2 \cdot x_3 + \cdots + a_0 \cdot x_1 \cdot x_2 \cdot x_3 \cdots x_n = \sum a$$

$$a_0 \cdot \bar{x} + a_0 \cdot \bar{x} \cdot \bar{x} + a_0 \cdot \bar{x} \cdot \bar{x} \cdot \bar{x} + \cdots + a_0 \cdot \bar{x} \cdot \bar{x} \cdots \bar{x} = \sum a$$

$$a_0(\bar{x} + \bar{x}^2 + \bar{x}^3 + \cdots + \bar{x}^n) = \sum a$$

$$(\bar{x} + \bar{x}^2 + \bar{x}^3 + \cdots + \bar{x}^n) = \frac{\sum a}{a_0}$$

(4-30)

这个方程式的正根，就是所求的年平均发展速度。但是要这个方程式的根是比较复杂的，因此，在实际统计工作中，都是根据编制好的《平均增长速度查对表》来查对应用。

使用查对表时，要先计算出 $\sum a/a_0$ 的数值，如下：

$$\sum \frac{a}{a_0} = \frac{a_1}{a_0} + \frac{a_2}{a_0} + \frac{a_3}{a_0} + \cdots + \frac{a_n}{a_0} = \sum y$$

式中 Y 表示定基发展速度即各期发展水平之和与基期水平之比，实际上就是各期定基发展速度之和。因此，这个数值可根据全期总水平即各年发展水平总和除以基期水平来计算；也可以计算各年定基发展速度之和。我们可根据掌握的具体资料加以具体运用。

当 $\frac{1}{n}\left(\sum \frac{a}{a_0}\right) > 1$ 时，表明现象是递增的，应查找递增速度部分；当 $\frac{1}{n}\left(\sum \frac{a}{a_0}\right) < 1$ 时，表明现象是递减的，应查找递减速度部分。

现以我国第四次、第五次全国人口普查资料为例,计算我国人口平均增长速度及其有关指标。

根据第四次、第五次人口普查资料,我国人口1990年普查时为113 368万人[①],2000年普查时为126 583万人,试求两次人口普查之间我国人口平均递增率。

由题中已知 $a_0=113\,368, a_n=126\,583, n=10$

$$\bar{x}=\sqrt[n]{\frac{a_n}{a_0}}=\sqrt[10]{\frac{126\,583}{113\,368}}=1.011\,087 \times 100\% = 101.108\,7\%$$

平均增长率 $=(1.011\,087-1) \times 1\,000‰ = 11.087‰$

如果以2000年人口普查数为基数,其后每年以11.087‰递增,到2010年我国人口数将达到多少?

根据公式可知 $\bar{x}=\sqrt[n]{\frac{a_n}{a_0}}, a_n=a_0 \cdot \bar{x}$

$$a_n = 126\,583 \times 1.011\,087^{10} = 141\,338(万人)$$

即按11.087‰的速度递增,到2010年11月1日我国人口数将超过14亿。

若要求在2010年底,把我国人口数控制在14亿以内,以2000年底全国人口为基数,10年内我国人口增长率应控制在什么水平上?

由已知条件可知 $a_0=126\,583, a_n=140\,000, n=10$

$$\bar{x}=\sqrt[10]{\frac{140\,000}{126\,583}}=1.010\,125$$

平均增长率 $=(1.010\,125-1) \times 1\,000‰ = 10.125‰$

即从2000年开始我国人口年平均增长速度必须控制在10.125‰以内,才能保证到2010年年底人口不突破14亿人。

第四节 长期趋势的测定与预测

一、现象变动趋势分析的意义

动态数列各项发展水平的变化,是由许多复杂因素共同作用的结果。影响因素归纳起来大体上有以下四类:

(一) 长期趋势

指现象在一段较长的时间内,由于普遍的、持续的、决定性的基本因素的作用,使发展水平沿着一个方向,逐渐向上或向下变动的趋势。例如粮食生产由于种植方法的不断改良、日益发达的农田水利等基本因素的影响,较长时期看来,粮食生产的总趋势是持续增加,向上发展的。认识和掌握事物的长期趋势,可以把握事物发展变化的基本特点。

(二) 季节变动

季节变动是指事物受季节的影响而发生的变动。其变动的特点是,在一年或更短的时间

---

① 本书所列数据不含港澳台地区。

内随着时序的更换,使现象呈周期重复的变化。引起季节变动的原因有自然因素,也有人为因素,如气候条件、节假日以及风俗习惯等。季节变动的影响有以年为周期的,也有以日、周、月为周期的。认识掌握季节变动,对于近期行动决策有重要作用。

(三) 循环变动

指现象发生周期比较长的涨落起伏变动。通常所指的循环变动乃经济发展荣衰不绝相替之变动。它与寒暑温凉相继不息的天时循环变动有明显的不同,也不同于朝单一方向持续发展的长期趋势。引起循环变动可能由于不同的原因,使得变动的周期长短不同,常在一年以上甚至七八年或十多年。各期始末亦难定为何年何月,上下波动程度也不相同。

(四) 不规则变动

指现象除了受以上各种变动的影响外,还受临时的、偶然因素或不明原因而引起的非周期性、非趋势性的随机变动。不规则变动是无法预知的。

现象变动趋势分析就是要把动态数列受各类因素的影响状况分别测定出来,搞清研究对象发展变化的原因及其规律,为预测未来和决策提供依据。

一般地说,动态数列变动包含了上述四类原因的影响,因而动态数列的成分结构包括了这四种变动的形式。把这些变动与时间数列的关系用一定的数学关系式表示,就构成了时间数列的分解模型。其种类有很多,其中加法模型和乘法模型是最基本的。

1. 乘法模型是假定四种因素存在着某种相互影响关系,互不独立。因此,动态数列各期发展水平是各个影响因素相乘之积,适用于动态相对指标总变动的计算。其计算公式为:

$$Y = T \cdot S \cdot G \cdot I \tag{4-31}$$

式中:Y——动态总变动;

T——长期趋势变动;

S——季节变动;

G——循环变动;

I——不规则变动。

2. 加法模型是假定四种变动因素是互相独立的,则动态数列各期发展水平是各个影响因素相加的总和,适用于动态总量指标总变动的计算。其计算公式为:

$$Y = T + S + G + I \tag{4-32}$$

但就实际情况来看,季节变动和循环变动在某些场合并不存在。比如按年排列的动态数列就不体现季节变动。我国工农业生产发展趋势一般不存在循环变动。因此在实际工作中,要对研究现象进行具体的分析,实际包含什么因素就测定什么因素。在这里,我们仅介绍通常使用的两种方法,即长期趋势和季节变动的测定。

二、长期趋势测定

长期趋势是指现象在较长时期内持续发展变化的方向和状态。研究长期趋势,对正确认识事物发展变化的数量规律有重要意义。

长期趋势是现象在一段较长的时间内,由于普遍的、持续的、决定性的基本因素的作用,使发展水平沿着一个方向,逐渐向上或向下变动的趋势。

在一个长时期的动态数列中,影响数列中指标数值升降变动的因素是多方面的,除了长期趋势外,还有一些因素短期起作用,造成短期的波动,还有一些偶然性因素,造成不规则的偶然变动,在按月或按季资料中,有不少现象还存在季节变动。在一个动态数列中,这几种变动往往是互相交织在一起的。现象变动的长期趋势就体现在这种多因素相互交织作用所形成的波动中,只有把波动修匀之后,才能体现出趋势的状态和走向。长期趋势的测定,就是用一定的方法对动态数列进行修匀,使修匀后的数列排除季节变动、偶然变动等因素的影响,显示出现象变动的基本趋势,作为预测的依据。测定长期趋势的主要方法有时距扩大法、移动平均法、数学模型法等。数学模型又有线性模型和非线性模型之分。下面分别介绍这些方法的运用。

(一) 时距扩大法

这是对长期的动态数列资料进行统计修匀的一种简便方法。把原有动态数列中各时期资料加以合并,扩大每段计算所包括的时间,得出较长时距的新动态数列,以消除由于时距较短受偶然因素影响所引起的波动,清楚地显示现象变动的趋势和方向。

时距扩大法修匀可以用扩大时距后的总量指标表示,也可以用扩大时距后的平均指标表示。前者只适用于时期数列,后者可以用于所有动态数列数列。表 4-15 是我国 1961—1995 年粮食产量资料,以它来说明时距扩大法的运用。

表 4-15 我国 1961—1995 年粮食产量

单位:万吨

年份	产量	年份	产量	年份	产量
1961	14 750	1973	26 494	1985	37 911
1962	16 000	1974	27 527	1986	39 151
1963	17 000	1975	28 452	1987	40 298
1964	18 750	1976	28 631	1988	39 408
1965	19 453	1977	28 273	1989	40 755
1966	21 400	1978	30 477	1990	43 498
1967	21 782	1979	33 212	1991	43 524
1968	20 906	1980	32 056	1992	44 258
1969	21 097	1981	32 502	1993	45 644
1970	23 996	1982	35 450	1994	44 450
1971	25 014	1983	38 728	1995	45 600
1972	24 084	1984	40 731	—	—

从表 4-15 中看出,这 35 年我国粮食产量呈不断上升的趋势,但中间有过几次波动。我们把时距扩大为五年,可消除时间受偶然因素影响所带来的波动。

表 4-16 我国 1961—1995 年粮食产量(时距为五年)

单位:万吨

年份	总产量	平均年产量
1961—1965	85 953	17 190.6
1966—1970	109 181	21 836.6

(续表)

年份	总产量	平均年产量
1971—1975	131 535	26 307.0
1976—1980	152 649	30 529.8
1981—1985	185 320	37 064.0
1986—1990	203 110	40 622.0
1991—1995	223 476	44 695.2

把时距扩大为5年,把中间个别年份波动修匀,形成35年来完全上升的总趋势,见表4-16。

(二) 移动平均法

移动平均法是通过对原有的时间数列进行修匀,以测定长期趋势的一种比较简单的方法。即对时间数列采用逐项移动的办法按一定时期分别计算一系列序时平均数,形成一个派生的时间数列。

所谓移动平均,就是从动态数列的第一位数值开始,按一定项数求序时平均数,逐项移动,边移动边平均。这样就可以得到一个由移动平均数构成的新的动态数列,这个派生的新动态数列把原数列中的某些不规则变动加以修匀,变动更平滑,趋势倾向更明显,可以更深刻地描述现象发展的基本趋势。

移动平均项数的确定是一个重要问题,因为移动项数多少直接影响修匀的程度。一般说来,移动项数越多,修匀的作用就越大,而所得出的移动平均数的项数也就越少;反之,移动项数越少,修匀的作用就越小,所得出的移动平均数的项数也就越多。移动项数的确定应注意动态数列水平波动的周期性。一般要求移动项数与周期变动的时距相吻合,或为它的整倍数。比如,对于具有季度或月份水平资料的时期数列,受每年季节性的涨落影响,必须清除季节变动因素,以运用4项或8项移动平均为宜。以年为单位的数据所形成的动态数列,所要清除的是循环变动和不规则变动因素,可借助对于动态数列水平的观察,找出循环周期大体是几年,就相应采用几年移动平均。而且宜用奇数项,较简便,每次移动平均值应对准所平均时期的正中间,奇数项平均数正好对着中间时期,一次平均即可,偶数项移动平均因为中点差了半期,需要再作一次两项移动平均才能正过来。可见,偶数项移动平均,计算较繁,故一般多用奇数移动平均。

表4-17是根据我国1951—1980年灯泡产量资料计算的四项移动平均和五项移动平均数形成的动态数列。图4-1是根据表4-17中资料绘制的趋势图形。

表4-17 我国1951—1980年灯泡产量移动平均数列

年份	产量	四项移动平均	二项平均移正	五项移动平均
1951	0.21			
1952	0.26			
1953	0.29	0.28	0.31	0.31
1954	0.36	0.33	0.37	0.38

(续表)

年份	产量	四项移动平均	二项平均移正	五项移动平均
1955	0.42	0.41	0.46	0.46
1956	0.55	0.51	0.62	0.65
1957	0.69	0.73	0.9	0.94
1958	1.24	1.07	1.27	1.29
1959	1.79	1.48	1.66	1.61
1960	2.19	1.84	1.96	1.91
1961	2.12	2.08	2.13	2.1
1962	2.2	2.18	2.16	2.15
1963	2.22	2.14	2.12	2.1
1964	2.02	2.09	2.11	2.15
1965	1.92	2.13	2.06	2.04
1966	2.37	1.99	1.93	1.9
1967	1.65	1.88	1.95	2.01
1968	1.56	2.03	2.22	2.4
1969	2.55	2.41	2.74	2.8
1970	3.86	3.08	3.48	3.41
1971	4.36	3.87	4.18	4.1
1972	4.72	4.49	4.56	4.47
1973	5.03	4.62	4.73	4.74
1974	4.38	4.83	4.88	4.88
1975	5.2	4.92	4.69	4.57
1976	5.06	4.45	4.85	5.08
1977	3.17	5.26	5.67	5.9
1978	7.59	6.08	6.63	6.76
1979	8.5	7.18		
1980	9.46			

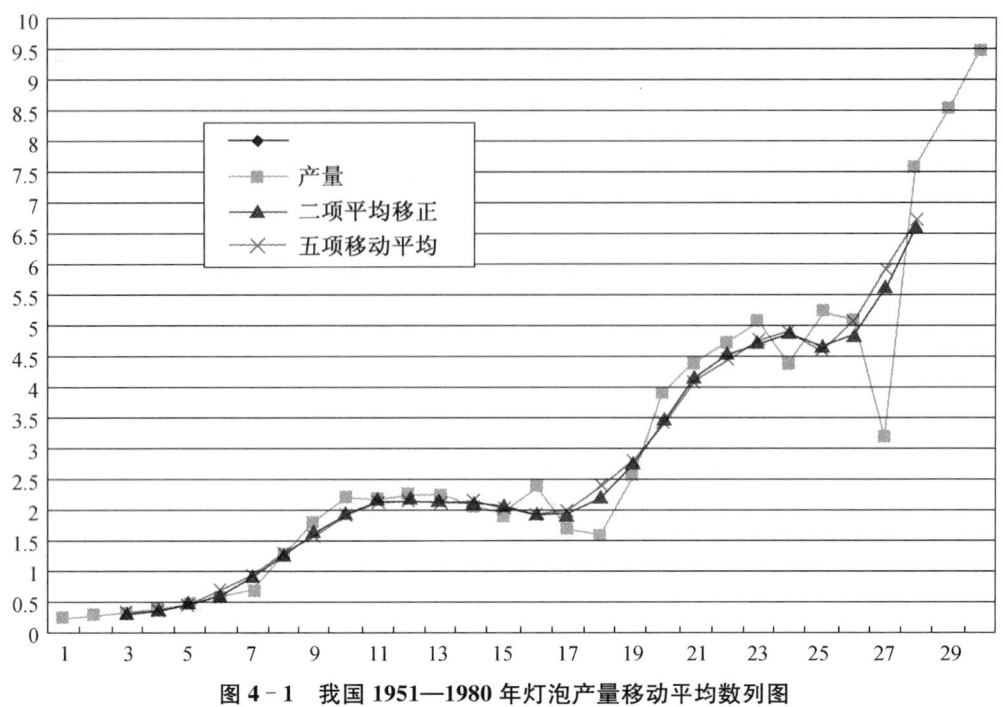

图 4-1 我国 1951—1980 年灯泡产量移动平均数列图

从表 4-17 和图 4-1 中看到,移动平均的结果使短期的偶然因素引起的波动被削弱,整个动态数列被修匀得更加平滑,波动趋于平稳。

按移动平均法对动态数列修匀后趋势值的个数比原数列实际水平的个数减少了。上面举例中,按四项和五项移动,首尾都有两项(两个时期)得不到趋势值。可以想象,把移动项记为 N 时,凡按奇数项移动平均,首尾各有 $\frac{N-1}{2}$ 时期得不到趋势值;凡按偶数项移动平均,首尾各有 $\frac{N}{2}$ 时期得不到趋势值。无疑在一定程度上减少了研究最初和最末发展阶段显示趋势特点的可能性。然而,移动平均有足够的灵活性,终究能够看到趋势变动的特点。但是,移动平均不能对趋势进行分析修匀,即无法得到可供预测的方程。

(三)数学模型法

数学模型法,这是对动态数列进行分析修匀的方法,它用适当的数学模型对动态数列配合一个方程式,据以计算各期的趋势值,是测定长期趋势广泛使用的方法。

1. 直线趋势的测定

如果动态数列逐期增长量相对稳定,即现象的发展水平按相当固定的绝对数量变化时,则采用直线作为趋势线来描述趋势变化,预测前景。

如果以时间作为自变量 t,把数列水平作为因变量 y,配合的直线趋势方程为:

$$y_c = a + bt \tag{4-33}$$

参数 a 和 b 的求解通过最小平方法完成。最小平方法,也叫最小二乘法,是分析和预测现象长期趋势常用的方法之一。它的基本原理是:通过对原始数列的数字处理,拟合一条比较理想的趋势直线或趋势曲线,使原数列各数据点与趋势线垂直距离的离差平方和为最小,即

$\sum(y-y_c)^2$ 为最小值。能够满足 $\sum(y-y_c)^2$ 为最小值的直线趋势方程 $y_c=a+bt$,利用微分求极值原理,其参数 a 和 b 可以通过求解下面的联立方程求得：

$$\sum y = na + b\sum t$$
$$\sum ty = a\sum t + b\sum t^2$$
(4-34)

解得：

$$a = \frac{\sum y}{n} - \frac{b\sum t}{n} = \bar{y} - b\bar{t}$$

$$b = \frac{\sum ty - \frac{1}{n}(\sum t)(\sum y)}{\sum t^2 - \frac{1}{n}(\sum t)^2}$$
(4-35)

为了简化计算,把原数列中间项作为原点。其具体方法是：当动态数列的项数为奇数时,可取中间一项的时间序号等于零,中间以前的时间序号为负值,中间以后的时间序号为正值。如,数列有5项水平,时间跨度从2008年至2012年,则 t 值分别为：

2008	2009	2010	2011	2012
-2	-1	0	1	2

当动态数列的项数为偶数时,中间以前的时间序号为负值,中间以后的时间序号为正值。如,某数列由6项水平,时间跨度从2008年至2013年,则 t 值分别为：

2008	2009	2010	2011	2012	2013
-5	-3	-1	1	3	5

在以上两种场合,$\sum t = 0$,使标准方程简化为：

$$\sum y = na$$
$$\sum ty = b\sum t^2$$
(4-36)

因此：

$$a = \frac{\sum y}{n}; b = \frac{\sum ty}{\sum t^2}$$
(4-37)

下面以某企业连续6年的销售量资料为例说明最小平方法的计算。

表4-18 某企业的销售量

单位：万件

年份	时间代码 t	销售额 y	t^2	ty	$y_c=98.85+2.66t$
2008	-5	85.6	25	-428.0	85.6
2009	-3	91.0	9	-273.0	90.9
2010	-1	96.1	1	-96.1	96.2
2011	1	101.2	1	101.2	101.5
2012	3	107.0	9	321.0	106.8
2013	5	112.2	25	561.0	112.1
合计	0	593.1	70	186.1	593.1

将表 4-18 中数字代入公式,可得:

$$b = \frac{\sum ty}{\sum t^2} = \frac{186.1}{70} = 2.66$$

$$a = \frac{\sum y}{n} = \frac{593.1}{6} = 98.85$$

则所拟合的直线趋势方程为:

$$y_c = a + bt = 98.85 + 2.66t$$

则 2008 年的趋势值为:

$y_c = 98.85 + 2.66 \times (-5) = 85.55$(万件),以此类推。

若预测 2014 年的销售量,将 $t=7$ 代入方程得:

$$y_c = 98.85 + 2.66 \times 7 = 117.47 (万件)$$

2. 曲线趋势的测定

现实生活中,大量的现象是非线性发展的。因此,研究长期趋势变动的各种曲线类型是十分必要的。但是,对于具有曲线发展的现象来说,若就其在某一定时间区段内的变化进行研究,又可以发现具有线性变化的特点。事实上,曲线是由许多不同的直线连接而成的。可以说直线是曲线的特殊形式。因此,研究长期趋势变动的直线型就成为研究其曲线型的基础。

曲线类型很多,我们仅选定指数曲线来讨论非线性趋势的测定。

当动态数列大体上是按每期以相同的增长速度变化,即各期环比增长速度大体相同,则数列的基本趋势是指数曲线型,方程式为:

$$y = ab^t \tag{4-38}$$

进行指数曲线配合,必须先将指数曲线化为直线形式。

对方程式 $y = ab^t$ 两边取对数,得:

$$\lg y = \lg a + t \lg b$$

令 $y' = \lg y, A = \lg a, B = \lg b$

则指数曲线的方程可表示为直线形式:$y' = A + Bt$

于是,可以按直线配合的方法确定所需的指数曲线。

现以某地区人口资料为例加以说明指数曲线方程的配合。

表 4-19 曲线趋势测定计算表

年份	人口 y(万人)	递增速度‰	时间代码 t	t^2	$y' = \lg y$	$t \lg y$	$y_c = 84.547 \times (1.0113)^t$
2008	85.50	—	1	1	1.932 0	1.932 0	85.50
2009	86.48	15	2	4	1.936 9	3.873 8	86.47
2010	87.46	13	3	9	1.941 8	5.852 4	87.45
2011	88.47	15	4	16	1.946 8	7.787 2	88.43
2012	89.46	12	5	25	1.951 6	9.758 0	89.43
2013	90.44	10	6	36	1.956 4	11.738 4	90.44
合计			21	91	11.665 5	40.941 8	—

$$B = \frac{n\sum t\lg y - \sum t \sum \lg y}{n\sum t^2 - (\sum t)^2} = \frac{6\times 40.914\ 8 - 21\times 11.665\ 5}{6\times 91 - (21)^2} = 0.004\ 89$$

$$b = 1.011\ 3$$

$$A = \bar{y}' - B\bar{t} = \frac{11.665\ 5}{6} - 0.004\ 89 \times \frac{21}{6} = 1.927\ 1, a = 84.547$$

则配合的曲线方程如下：

$$y'_c = 1.927\ 1 + 0.004\ 89t$$

$$y_c = ab^t = 84.547 \times (1.011\ 3)^t$$

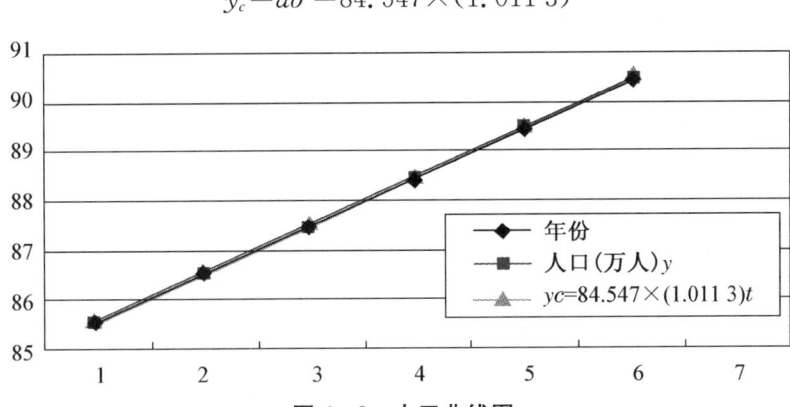

图 4-2 人口曲线图

指数方程参数的意义是十分明确的。如图 4-2 所示，a 表示修匀数列的初始水平，b 表示 t 单位时间趋势值发展速度，比如在上例中，$b=1.011\ 3$，表示某地区人口数的趋势值每年的发展速度为 101.13%，或者说人口以这个平均发展速度发展。

第五节 季节变动的测定与预测

季节变动是指现象随着季节的变动而引起的比较有规则的变动。在现实生活中，季节变动是一种极为普遍的现象。例如，许多农副产品的产量都因季节更替而有淡季、旺季之分；商业部门的许多商品的销售量也随着气候变化的影响而形成有规律的周期性变动。

季节变动具有三个特点：一是季节变动每年重复进行；二是季节变动按照一定的周期进行；三是每个周期变化强度大体相同。

认识和掌握这种变动规律，对于组织生产、安排人民生活等都具有重要意义。研究季节变动，对于正确认识现象整体的发展变化规律性也具有重要意义。例如，农牧业生产就是典型的季节性生产，并且影响以农牧业产品为原料的加工工业的生产、商业部门对农牧产品的购销以及交通运输部门的货运量方面，使得它们的生产经营也带有季节性。又如在北方，建筑业的生产冬季就要受到影响，日常生活人们对四季服装的需求季节性也很明显。季节变动的原因，主要是自然季节、气候的影响，也与人们的生活习惯、作息制度有关。自然季节的更替不以人们的意志为转移，人们的生活习俗、作息制度也较稳定，因而季节性变动是规律性较强的变动。

季节变动对某些部门的生产经营活动和人们的经济生活有一定的影响,所以要对它进行测定,看看它的规律性和变化情况。测定季节变动对实际工作有重要意义。首先,掌握了季节变动的规律性,有利于指导工作。我们研究社会经济现象的季节变动的主要目的,就是在于考察在一定历史条件下已经形成的季节变动的规律性,掌握其变动的幅度,不仅有助于有关部门和企业制订计划、合理组织货源,准备原料进行生产,有效地使用资金,取得较好的经济效益,而且可以提高为人民经济生活服务的质量。其次,可根据季节变动规律性进行经济预测。季节变动的规律性强,可据此进行短期预测,得到比较准确的结果;同时,利用季节变动规律配合长期趋势进行长期预测,可以大大提高预测的准确性。

测定季节变动的主要方法是计算季节比率,来反映季节变动的程度。季节比率高说明"旺季",反之说明"淡季"。计算季节比率通常有两种方法:按月(季)平均法和移动平均趋势剔除法。

一、按月(季)平均法

这种方法不考虑长期趋势的影响,直接用原始动态数列来计算。如果给出的是季度资料,用按季平均法;如果给出的是月度资料,用按月平均法,计算方法一致。以按月平均法为例来说明。按月平均法计算的季节比率是各月份的水平对全年各月平均总水平之比。为了准确地观察季节变动情况,要用连续3个周期,即3年以上的发展水平资料,加以平均分析。其计算步骤如下:

(1) 分别就每年相同月的指标值加总后,求各年同月的月平均数;
(2) 各年内每个月的指标值总计,求总的月平均数;
(3) 将各年同月的月平均数与总的月平均数相比,即得季节比率,也叫季节指数。季节比率公式如下:

$$季节比率 = 各月(季)的月平均数 / 总的月平均数 \qquad (4-39)$$

表 4-20 为某服装公司 2001—2005 年各月的销售额的季节比率计算表。

表 4-20 某服装公司 2001—2005 年各月的销售额季节比率

月份	各年销售额					五年同月销售额合计	五年同月销售额平均	季节比率 %
	2001	2002	2003	2004	2005			
1月	1.1	1.1	1.4	1.4	1.3	6.3	1.26	17.6
2月	1.2	1.5	2.1	2.1	2.2	9.1	1.82	25.5
3月	1.9	2.2	3.1	3.1	3.3	13.6	2.72	38.1
4月	3.6	3.9	5.2	5.0	4.9	22.6	4.52	63.3
5月	4.2	6.4	6.8	6.6	7.0	31.0	6.20	86.8
6月	14.2	16.4	18.8	19.5	20.0	88.9	17.78	249.0
7月	24.0	28.0	31.0	31.5	31.8	146.3	29.26	409.7
8月	9.5	12.0	14.0	14.5	15.3	65.3	13.06	182.9
9月	3.8	3.9	4.8	4.9	5.1	22.5	4.50	63.0
10月	1.8	1.8	2.4	2.5	2.6	11.1	2.22	31.1

(续表)

月份	各年销售额					五年同月销售额合计	五年同月销售额平均	季节比率 %
	2001	2002	2003	2004	2005			
11月	1.2	1.3	1.2	1.4	1.4	6.5	1.30	18.2
12月	0.9	1.0	1.1	1.2	1.1	5.3	1.06	14.8
年总计	67.4	79.5	91.9	93.7	96.0	428.5	7.14	100.00

（1）5 年间月份的平均销售额 $\bar{y}_i = \dfrac{\sum y_i}{N}$，如 1 月平均销售额 $\bar{y}_i = \dfrac{1.1+1.1+1.4+1.4+1.3}{5} = 1.26$（万元）

（2）5 年间总平均月销售额 $\bar{y} = \dfrac{\sum \bar{y}_i}{n} = \dfrac{1.26+1.82+\cdots+1.06}{12} = 7.14$（万元）

（3）季节比率 $I_s = \dfrac{\bar{y}_i}{\bar{y}}$，1 月季节比率 $I_1 = \dfrac{1.26}{7.14} \times 100\% = 17.6\%$

这样由各月份季节比率组成的数列，清楚地表明某服装公司销售额的季节性变动趋势，自 1 月起逐月增长，7 月达到最高峰，8 月开始下降，到 12 月底降到最低点。若以横轴表示月份，纵轴表示季节比率，绘成季节变动图，就更明显地看出季节性变动趋势，见图 4-3。

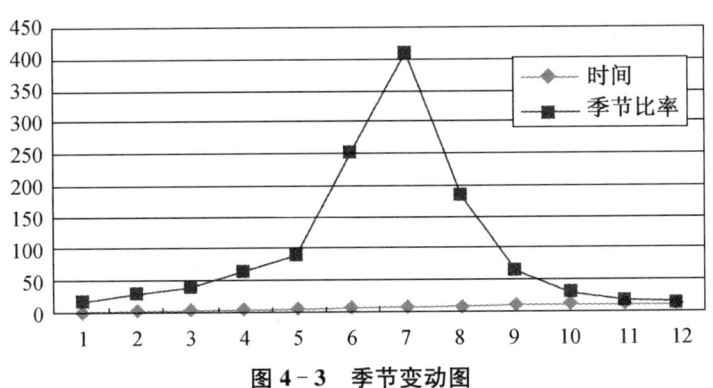

图 4-3 季节变动图

按月平均法计算简便，容易掌握。但季节比率的计算不够精确，因为它不考虑长期趋势的影响。在前后月水平波动较大的资料中，后期各月水平比前期水平有较大提高，对平均数的影响大，从而影响了季节比率的准确性。我们可以用移动平均趋势剔除法来测定季节变动。

二、移动平均趋势剔除法

如果所提供的是三年或更多年份的资料，不仅仅是各月份发展水平有规则性的季节变动，就要采用另一种分析方法，即移动平均趋势剔除法。这一方法的特点是：先对动态数列计算移动平均数，作为相应时期的趋势值，而后将其从数列中加以剔除，再测定季节比率。

下面这个资料就需要采取趋势剔除法。步骤和方法如下：

（1）计算 12 项移动平均数，作为该时期中间月份的趋势值，目的是消除各月份销售量的影响。

（2）将各月实际销售量除以趋势值，得出修匀比率，使增长趋势的影响得以消除，以表明各月份销售量的季节变动程度。修匀比率的计算公式为：

$$U_i = y_i \div y_c \tag{4-40}$$

表4-21为剔除法剔除长期趋势后季节比率计算表。

表4-21 除法剔除长期趋势后季节比率计算表

年份	月份	销售量 y_i（万公斤）	12项移动平均数（万公斤）	移动趋势值 y_c（万公斤）	修匀比率
2002	1	40			
	2	35			
	3	30			
	4	26			
	5	27			
	6	32	45.17		
	7	55	48.92	47.04	1.169
	8	72	52.50	50.71	1.420
	9	77	55.83	54.17	1.422
	10	68	58.92	57.38	1.185
	11	42	60.42	59.67	0.704
	12	38	63.50	61.96	0.613
2003	1	85	67.92	65.71	1.294
	2	78	75.50	71.71	1.088
	3	70	83.67	79.58	0.880
	4	63	89.00	86.33	0.730
	5	45	93.42	91.21	0.493
	6	69	97.75	95.58	0.722
	7	108	100.67	99.21	1.089
	8	163	102.75	101.71	1.603
	9	175	105.08	103.92	1.684
	10	132	106.92	106.00	1.245
	11	95	111.08	109.00	0.872
	12	90	114.08	112.58	0.799

(续表)

年份	月份	销售量 y_i(万公斤)	12项移动平均数(万公斤)	移动趋势值 y_c(万公斤)	修匀比率
2004	1	120	120.50	117.29	1.023
	2	103	124.67	122.58	0.840
	3	98	129.67	127.17	0.771
	4	85	136.00	132.83	0.640
	5	95	140.17	138.08	0.688
	6	105	143.25	141.71	0.741
	7	185			
	8	213			
	9	235			
	10	208			
	11	145			
	12	127			

将各年同月份修匀比率加以平均,得到各年同月的平均修匀比率($\overline{U}_i$)。表 4-22 为 2002—2004 年平均修匀比率和季节比率表。

表 4-22 平均修匀比率

年份	1月	2月	3月	4月	5月	6月	7月	8月	9月	10月	11月	12月
2002	—	—	—	—	—	—	117	142	142	119	70	61
2003	129	109	88	73	49	72	109	160	168	125	87	80
2004	102	84	77	64	69	74	—	—	—	—	—	—
平均 $\overline{y}_i$	116	96	83	69	59	73	113	151	155	122	79	71
季节比率 $\overline{U}_i$	117	98	84	69	60	74	114	153	157	123	80	71

平均修匀比率已经是季节比率,但由于 12 个月的总和不等于 1 200%,要通过以下步骤进行调整来最后确定。

$$\overline{U}_i = \frac{\sum \overline{y}_i}{12} = \frac{116\% + 96\% + \cdots + 71\%}{12} = 99\%$$

$$I_s = \frac{\overline{y}_i}{\overline{U}_i}, I_1 = \frac{\overline{y}_1}{\overline{U}_1} = \frac{116\%}{99\%} 117\%, \cdots\cdots$$

应用季节变动资料,可以进行某些外推预测。比如动态数列没有明显的长期趋势,或允许不考虑长期趋势存在的情况下,可直接用按月(季)计算的季节比率来调整各月(季)的预测值。有两种办法:其一,如果已测得下一年度全年预测值,则各月(季)的预测值等于月(季)平均预测值乘以该月(季)的季节比率。其二,如果已知下一年份几个月的实际水平,则以后各月(季)的预测值等于已知月(季)的季节数值与已知月(季)季节比率之比乘以预测月季节比率。

就上面关于服装销售的例子,假设已预测 2006 年全年销售额为 99.6 万元,平均每月销售额为 8.3 万元,则:

1 月份的销售额预测值为 8.3×17.6%=1.46 万元

2 月份的销售额预测值为 8.3×25.5%=2.12 万元

如果 2006 年 1—3 月份销售额为 7 万元,则可以预测以后各月的销售额。例如:

$$\text{预测 4 月份销售额} = 7 \times \left(\frac{63.3\%}{17.6\% + 25.5\% + 38.1\%} \right) = 5.46 \text{ 万元}$$

$$\text{预测 5 月份销售额} = 7 \times \left(\frac{86.8\%}{17.6\% + 25.5\% + 38.1\%} \right) = 7.48 \text{ 万元}$$

第六节 Excel 在动态数列中的应用

一、制作描述长期趋势的动态数列折线图

① 打开动态数列表

表 4-23　1998 年—2006 年我国国内生产总值

年份	国内生产总值(亿元)	年份	国内生产总值(亿元)
1998	84 402.3	2003	135 822.8
1999	89 677.1	2004	159 878.3
2000	99 214.6	2005	183 867.9
2001	109 655.2	2006	210 871.0
2002	120 332.7		

② 打开 Excel"插入"菜单,选择"插入"菜单中的"图表"选项,Excel 会启动"图表向导"。在步骤 1"图表类型"中选择"折线图"及"数据点折线图",单击"下一步"按钮,进入步骤 2 的向导窗口。

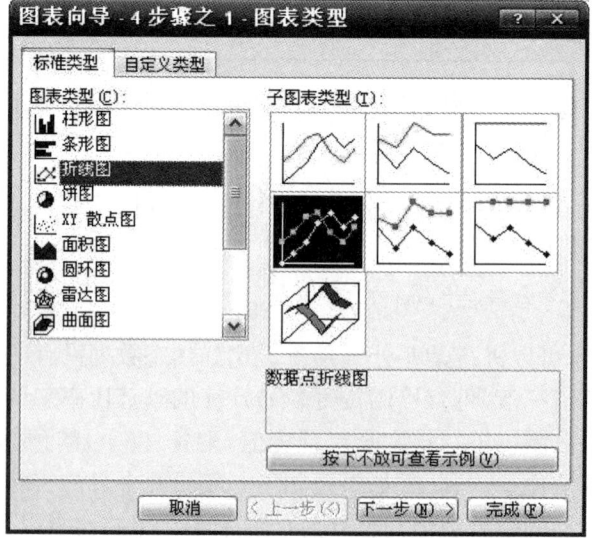

图 4-4　图表类型

③ 在步骤2中的数据区域中输入A2:B11,单击"下一步"按钮,进入向导"步骤3"。

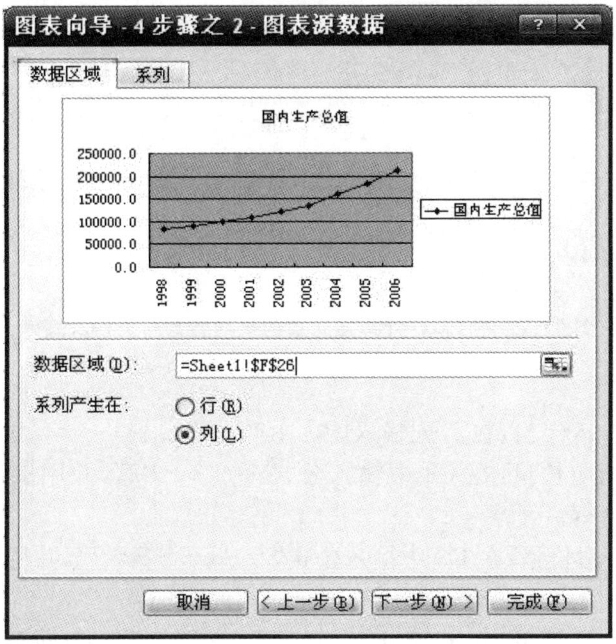

图4-5 图表源数据

④ 在步骤3中单击图表"标题"页面,输入标题"国内生产总值趋势图";单击"图例"页面,取消显示图例,如果通过图表预览,认为满意,即可单击"完成"按钮。经过修饰,得到图4-6。

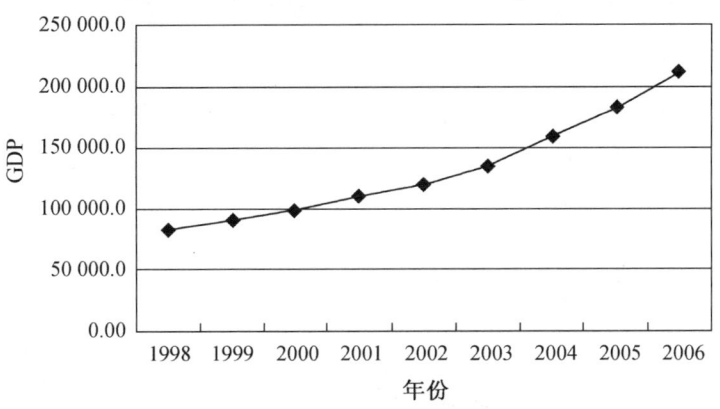

图4-6 国内生产总值趋势图

二、计算增长量和平均增长量

根据1998年—2006年我国国内生产总值,计算逐期增长量、累计增长量和平均增长量如图4-7。

	A	B	C	D
1	年份	国内生产总值(亿元)	逐期增长量（亿元）	累计增长量（亿元）
2	1998	84402.3		
3	1999	89677.1	5274.8	5274.8
4	2000	99214.6	9537.5	14812.3
5	2001	109655.2	10440.6	25252.9
6	2002	120332.7	10677.5	35930.4
7	2003	135822.8	15490.1	51420.5
8	2004	159878.3	24055.6	75476.1
9	2005	183867.9	23989.5	99465.6
10	2006	210871.0	27003.1	126468.7
11				
12		平均增长量	15808.6	

图 4-7 用 Excel 计算增长量和平均增长量资料及结果

计算步骤如下：

第一步：在 A 列输入年份，在 B 列输入国内生产总值。

第二步：计算逐期增长量：在 C3 中输入公式"＝B3－B2"，并用鼠标拖拽将公式复制到 C3：C10 区域。

第三步：计算累计增长量：在 D3 中输入公式"＝B3－＄B＄2"，并用鼠标拖拽公式复制到 D3：D10 区域。

第四步：计算平均增长量：在 C12 中输入公式"＝D10/8"，按回车键，即可得到平均增长量。

三、计算发展速度和平均发展速度

以 1998 年—2006 年我国国内生产总值为例，说明如何计算定基发展速度、环比发展速度和平均发展速度如图 4-8。

	A	B	C	D
1	年份	国内生产总值(亿元)	定基发展速度	环比发展速度
2	1998	84402.3		
3	1999	89677.1	106.2%	106.2%
4	2000	99214.6	117.5%	110.6%
5	2001	109655.2	129.9%	110.5%
6	2002	120332.7	142.6%	109.7%
7	2003	135822.8	160.9%	112.9%
8	2004	159878.3	189.4%	117.7%
9	2005	183867.9	217.8%	115.0%
10	2006	210871.0	249.8%	114.7%
11				
12		平均发展速度	112.1%	

图 4-8 用 Excel 计算发展速度和平均发展速度资料及结果

第一步：在 A 列输入年份，在 B 列输入国内生产总值。

第二步：计算定基发展速度：在 C3 中输入公式"＝B3/＄B＄2"，并用鼠标拖拽将公式复制到 C3：C10 区域，设置单元格格式为百分比，保留一位小数。

第三步：计算环比发展速度：在 D3 中输入公式"＝B3/B2"，并用鼠标拖拽将公式复制到 D3：D10 区域，设置单元格格式为百分比，保留一位小数。

第四步：计算平均发展速度(水平法)：选中 C10 单元格，单击插入菜单，选择函数选项，出现插入函数对话框后,选择 GEOMEAN(返回几何平均值)函数,在数值区域中输入 D3:D10 即可,设置单元格格式为百分比,保留一位小数。

四、进行趋势预测

在 1998 年—2006 年我国国内生产总值例中,取 1998 年为 1,1999 年为 2,依次取出,即为 t,如表 4-24 所示。

表 4-24 1998 年—2006 年我国国内生产总值资料

年份	国内生产总值(亿元)	t
1998	84402.3	1
1999	89677.1	2
2000	99214.6	3
2001	109655.2	4
2002	120332.7	5
2003	135822.8	6
2004	159878.3	7
2005	183867.9	8
2006	210871.0	9

1. 用 LINEST 建立直线方程

在工作表中选择两个单元格 E2、F2,在函数中选择 LINEST,在对话框中输入相应的地址。

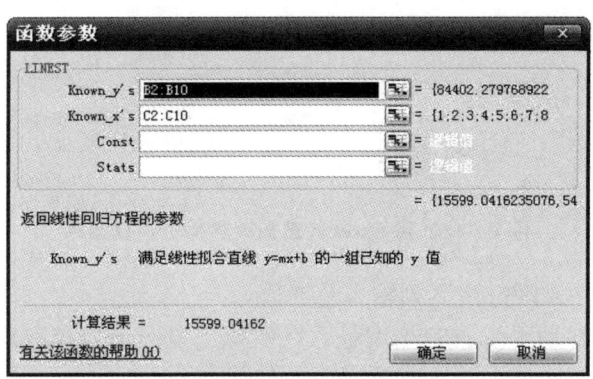

图 4-9 利用函数 LINEST 建立直线方程过程

同时按 CTRL+SHIFT+回车(注释公式必须以数组公式输入,如果公式不是以数组公式输入,则返回单个结果值 15 599.04)。

在 E2 和 F2 出现两个参数 15 599.04 和 54 640.54,即为 b 和 a 的参数。

2. 用 TREND 函数进行预测

在工作表中选定一个单元格,在函数中选择 TREND,在对话框中输入相应的地址,按确定,即得到 2007 年国内生产总值预测值 210 630.95。

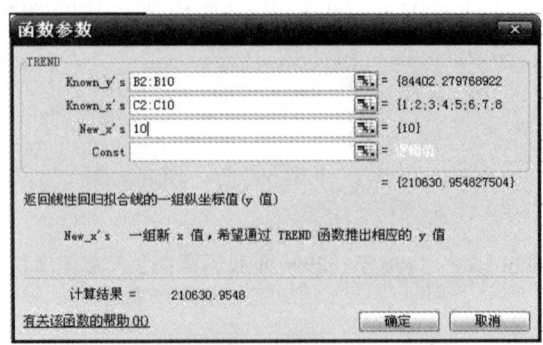

图 4-10 利用函数 TREND 建立直线方程过程

五、计算长期趋势

我们用 1998 年—2006 年我国国内生产总值资料来说明如何用移动平均法计算长期趋势,如图 4-11。

	A	B	C	D	E
1	年份	国内生产总值(亿元)	三项移动平均	四项移动平均	二项移正平均
2	1998	84402.3			
3	1999	89677.1	91098.0		
4				95737.3	
5	2000	99214.6	99515.6		100228.6
6				104719.9	
7	2001	109655.2	109734.1		110488.1
8				116256.3	
9	2002	120332.7	121936.9		123839.3
10				131422.2	
11	2003	135822.8	138677.9		140698.8
12				149975.4	
13	2004	159878.3	159856.3		161292.7
14				172610.0	
15	2005	183867.9	184872.4		
16	2006	210871.0			

图 4-11 用 Excel 计算长期趋势资料及结果

第一步:在 A 列输入月份,在 B 列输入总产值。

第二步:计算三项移动平均:在 C3 中输入"=(B2+B3+B4)/3",并用鼠标拖拽将公式复制到 C3:C12 区域。

第三步:计算四项移动平均:在 D4 中输入"=SUM(B2:B5)/4",并用鼠标拖拽将公式复制到 D4:D12 区域。

第四步:计算二项移正平均数:在 E4 中输入"=(D4+D5)/2",并用公式拖拽将公式复制到 E4:E11 区域。

六、计算季节变动

利用某种商品五年分季度的销售额资料,说明如何用移动平均趋势剔除法测定季节变动,如图 4-12。

	A	B	C	D	E	F
1	年份	季别	销售收入Y	四项移动平均	趋势值T	Y/T
2	第一年	1	1861			
3		2	2203	2096.75		
4		3	2415	2111.75	2104.25	1.147677
5		4	1908	2146.75	2129.25	0.89609
6	第二年	1	1921	2171.5	2159.125	0.889712
7		2	2343	2191	2181.25	1.074155
8		3	2514	2169.25	2180.125	1.153145
9		4	1986	2122	2145.625	0.925604
10	第三年	1	1834	2018	2070	0.88599
11		2	2154	1971.25	1994.625	1.079902
12		3	2098	1972	1971.625	1.064097
13		4	1799	1939.75	1955.875	0.919793
14	第四年	1	1837	1991.25	1965.5	0.934622
15		2	2025	2032.75	2012	1.006461
16		3	2304	2091.75	2062.25	1.117226
17		4	1965	2189	2140.375	0.918063
18	第五年	1	2073	2197.75	2193.375	0.945119
19		2	2414	2198.25	2198	1.098271
20		3	2339			
21		4	1967			

图 4-12　用 Excel 计算季节变动资料

第一步：按图上的格式在 A 列输入年份，在 B 列输入季别，在 C 列输入销售收入。

第二步：计算四项移动平均，D3 输入"＝SUM(C2:C4)/4"，并用鼠标拖拽将公式复制到 D3:D19 区域。

第三步：计算趋势值（即二项移正平均）T：在 E4 中输入"＝(D3＋D4)/2"，并用鼠标拖拽将公式复制到 E4:E19 区域。

第四步：剔除长期趋势，即计算 Y/T：F4 输入"＝C4/E4"，并用鼠标拖拽将公式复制到 F4:F19 区域。

第五步：重新排列 F4:F19 区域中的数字，使同季的数字位于一列；共排成四列。

第六步：计算各年同季平均数：在 B29 单元格中输入"＝average(B25:B28)"；在 C29 中输入"＝average(C25:C28)"；在 D29 中输入"＝average(D24:27)"；在 E29 中输入"＝average(E24:E27)"。

第七步：计算调整系数：在 B31 中输入"＝4/sum(B29:E29)"。

第八步：计算季节比率：在 B30 中输入"＝B29＊B31"，并用鼠标拖拽将公式复制到单元格区域 B30:E30，就可以得到季节比率的值，具体结果见图 4-13。

	A	B	C	D	E
22					
23		第一季	第二季	第三季	第四季
24	第一年	0	0	1.14767732	0.89609
25	第二年	0.889712	1.0741547	1.153144888	0.925604
26	第三年	0.88599	1.0799022	1.064096874	0.919793
27	第四年	0.934622	1.0064612	1.11722633	0.918063
28	第五年	0.945119	1.0982712	0	0
29	平均	0.913861	1.0646973	1.120536353	0.914888
30	季节比率	0.910678	1.0609886	1.116633066	0.911701
31	调整系数	0.996517			

图 4-13　计算季节变动结果

小 结

1. 同类社会经济现象在不同时间上发展变化的一系列统计指标,按时间先后顺序排列所形成的统计数列称为动态数列,亦称时间数列,可分为绝对数、相对数、平均数动态数列。

　　对动态数列进行分析的目的:一是为了描述事物在过去时间的状态,分析其发展趋势;二是为了揭示事物发展变化的规律性;三是预测事物在未来时间的数量。

2. 动态数列的水平分析指标主要有发展水平、平均发展水平、增长量和平均增长量。动态数列的速度分析指标主要有发展速度、增长速度、平均发展速度和平均增长速度。

3. 动态数列的构成要素通常可归纳为四种:长期趋势、季节变动、循环变动和不规则变动。形成动态数列变动的四类构成要素,按照影响方式可以设定为乘法模型和加法模型。

4. 测定动态数列长期趋势的常用方法有时距扩大法、移动平均法、数学模型法。季节变动是指客观现象因受自然因素或社会因素的影响而形成的在一年内有规则的周期性变动。当动态数列的长期趋势近似于水平趋势时,测定季节变动可以不考虑长期趋势的影响,直接用原始资料平均法。当序列中有明显的趋势时,首先设法从序列中消除趋势因素,然后再分解季节变动成分。

5. 动态数列分析的实际计算和图形的描绘可以应用 Excel 去实现。

习 题

一、单项选择题

1. 动态数列的构成要素是(　　)。
   A. 变量和次数　　　　　　　　B. 时间和指标数值
   C. 时间和次数　　　　　　　　D. 主词和宾词

2. 动态数列中,每个指标数值可以相加的是(　　)。
   A. 相对数动态数列　　　　　　B. 时期数列
   C. 间断时点数列　　　　　　　D. 平均数动态数列

3. 某地从 2014—2019 年统计的人口资料如下表所示。

2014—2019 年各年年末统计人口资料表

年份	2014	2015	2016	2017	2018	2019
人口数(万人)	23	23	24	25	25	26

则该地区 2014—2019 年的年平均人数为(　　)。

A. $\dfrac{\dfrac{23}{2}+23+24+25+25+\dfrac{26}{2}}{5}=24.3$(万人)

B. $\dfrac{23+24+25+25+26}{5}=24.6$(万人)

C. $\dfrac{\dfrac{23}{2}+24+25+25+\dfrac{26}{2}}{5}=19.7$(万人)

D. $\dfrac{\dfrac{23}{2}+23+24+25+25+\dfrac{26}{2}}{6}=20.25(万人)$

4. 定基增长速度与环比增长速度的关系为( )。
   A. 定基增长速度等于相应的各个环比增长速度的算术和
   B. 定基增长速度等于相应的各个环比增长速度的连乘积
   C. 定基增长速度等于相应的各个环比增长速度加 1 后的连乘积再减 1
   D. 定基增长速度等于相应的各个环比增长速度连乘积加 1(或 100%)

5. 按季平均法测定季节比率时,各季的季节比率之和应等于( )。
   A. 100%　　　　B. 400%　　　　C. 120%　　　　D. 1 200%

6. 以 1971 年的钢产量为最初水平,2019 年的钢产量为最末水平,计算钢产量的年平均发展速度时,需开( )。
   A. 41 次方　　　B. 47 次方　　　C. 48 次方　　　D. 49 次方

7. 某厂 5 年的销售收入如下:200 万,220 万,250 万,300 万,320 万,则平均增长量为( )。
   A. $\dfrac{120}{5}$　　　B. $\dfrac{120}{4}$　　　C. $\sqrt[5]{\dfrac{320}{200}}$　　　D. $\sqrt[4]{\dfrac{320}{200}}$

8. 某企业甲产品的单位成本是连年下降的,已知从 2014 年至 2019 年间总的降低了 60%,则平均每年降低速度为( )
   A. $\dfrac{60\%}{5}=12\%$　　　　　　　B. $\dfrac{100\%-60\%}{5}=8\%$
   C. $\sqrt[5]{60\%}=90.3\%$　　　　　　D. $100\%-\sqrt[5]{100\%-60\%}=16.7\%$

9. 某城市 2019 年末有人口 750 万人,有零售商业网点 3 万个,则该市的商业网点密度指标是( )。
   A. 2.5 千人/个　　B. 250 人/个　　C. 0.25 个/千人　　D. 250 个/人

10. 按水平法计算的平均发展速度推算可以使( )。
    A. 推算的各期水平之和等于各期实际水平之和
    B. 推算的期末水平等于实际期末水平
    C. 推算的各期定基发展速度等于实际的各期定基发展速度
    D. 推算的各期增长量等于实际的逐期增长量

11. 增长百分之一的绝对值所用的计算公式是( )。
    A. $\dfrac{本期水平}{100}$　　　　　　　　B. $\dfrac{前期水平}{100}$
    C. $\dfrac{本期水平-前期水平}{100}$　　　D. 本期水平×1%

12. 按月平均法测定季节比率时,各月的季节比率之和应等于( )。
    A. 100%　　　　B. 120%　　　　C. 400%　　　　D. 1200%

13. 年距增长速度的计算公式是( )。
    A. 年距增长量÷最初水平　　　　B. 逐期增长量÷最初水平
    C. 逐期增长量÷前期水平　　　　D. 年距增长量÷上年同期发展水平

14. 动态数列中的发展水平（　　）。
    A. 只能是总量指标 B. 只能是相对指标
    C. 只能是平均指标 D. 上述三种指标均可以

15. 某农贸市场土豆价格2月份比1月份上升5%，3月份比2月份下降2%，则3月份土豆价格与1月份相比（　　）。
    A. 提高2.9%　　B. 提高3%　　C. 下降3%　　D. 下降2%

二、判断题

1. 总体的同质性是计算平均数和平均速度都应遵守的原则之一。（　　）
2. 年距增减水平是反映本期发展水平较上期发展水平的增减绝对量。（　　）
3. 把某大学历年招生的增加人数按时间先后顺序排列，形成的动态数列属于时点数列。（　　）
4. 若各期的增长量相等，则各期的增长速度也相等。（　　）
5. 最佳拟合趋势最好的判断方法是用各条线 $\hat{y}$ 与实际值 y 的离差平方和 $\sum(y-\hat{y})^2$ 的大小来判断。（　　）
6. 某企业产品产值同去年相比增加了4倍，即翻了两番。（　　）
7. 如果季节比率等于1或季节变差等于0，说明没有季节变动。（　　）
8. 动态数列的指标数值只有用绝对数表示。（　　）
9. 一个动态数列，如中间年份的递增速度大于最末年份的递增速度，则按方程法计算的平均发展速度大于按几何平均法计算的平均发展速度。（　　）
10. 根据最小平方法建立直线方程后，可以精确地外推任意一年的趋势值。（　　）

三、计算题

1. 某工厂职工人数4月份增减变动如下：1日职工总数500人，其中非直接生产人员100人；15日职工10人离厂，其中有5人为企业管理人员，22日新来厂报到工人5人。试分别计算本月该厂非直接生产人员及全部职工的平均人数。

2. 某建筑工地水泥库存量资料如下表所示。

水泥库存量资料表

日期	1月1日	2月1日	3月1日	4月1日	6月1日	7月1日	10月1日	11月1日	次年1月1日
水泥库存量（吨）	8.14	7.83	7.25	8.28	10.12	9.76	9.82	10.04	9.56

要求：计算该工地各季度及全年的平均水泥库存量。

3. 2014—2019年某企业职工人数和工程技术人员数如下表所示。

2014—2019年某企业职工和工程技术人员数

年份	2014	2015	2016	2017	2018	2019
年末职工人数（人）	1 000	1 020	1 083	1 120	1 218	1 425
年末工程技术人员数（人）	50	50	52	60	78	82

试计算2014—2019年工程技术人员占全部职工人数的平均比重。

4. 某企业 2019 年第一季度职工人数及产值资料如下表所示。

2014 年某企业第一季度职工人数和产值资料

月份	单位	1	2	3	4
产值	百元	4 000	4 200	4 500	
月初人数	人	60	64	68	67

要求：(1) 编制第一季度各月劳动生产率的动态数列。
(2) 计算第一季度的月平均劳动生产率。
(3) 计算第一季度的劳动生产率。

5. 某炼钢厂连续 5 年钢产量资料如下表所示。

钢产量资料表

年份	第 1 年	第 2 年	第 3 年	第 4 年	第 5 年
钢产量(千吨)	200	240	360	540	756

要求：(1) 试编制一统计表，列出下列各种分析指标：发展水平与平均发展水平；增减量（逐期、累计）与平均增减量；发展速度（定基、环比）与平均发展速度；增减速度（环比、定基）与平均增减速度；增长 1% 绝对值（环比、定基）。（不必反映各指标的计算过程）
(2) 就表中数字说明下列各种关系：① 发展速度和增减速度的关系；② 定基发展速度和环比发展速度的关系；③ 增长 1% 的绝对值与基期发展水平的关系；④ 增减量、增减速度与增长 1% 绝对值的关系；⑤ 逐期增减量与累计增减量的关系；⑥ 平均发展速度与环比发展速度的关系；⑦ 平均发展速度与平均增减速度的关系。

6. 已知某工厂 2015 年比 2014 年增长 20%，2016 年比 2015 年增长 50%，2017 年比 2016 年增长 25%，2018 年比 2014 年增长 110%，2019 年比 2018 年增长 30%，试根据以上资料编制 2015—2019 年的环比增长速度数列和定基增长速度数列，并求平均发展速度。

7. 设有甲、乙、丙三家工厂，其 2014—2019 年增加值如下表所示。

甲、乙、丙三厂增加值资料表

单位：万元

年份\工厂	甲工厂	乙工厂	丙工厂
2014	102	90	102
2015	105	90	110
2016	110	85	110
2017	115	100	120
2018	120	110	120
2019	130	130	120
合计	682	605	682

要求：(1)按几何平均法和方程法两种方法计算甲、乙、丙3个工厂的平均发展速度。(2)说明按两种计算方法所求得的结果发生差异的原因,并简述两种方法的优缺点。

8. 某煤矿某月份每日原煤产量如下表所示。

某煤矿某月每日原煤产量表

单位:吨

日期	原煤产量	日期	原煤产量	日期	原煤产量
1	2 010	11	2 080	21	2 361
2	2 025	12	2 193	22	2 345
3	2 042	13	2 204	23	2 382
4	1 910	14	2 230	24	2 282
5	1 960	15	1 965	25	2 390
6	2 101	16	1 900	26	2 450
7	2 050	17	2 280	27	2 424
8	2 130	18	2 300	28	2 468
9	2 152	19	2 342	29	2 500
10	2 103	20	2 338	30	2 504

要求：(1)用移动平均法(五项移动平均)求上表资料的长期趋势并作图。(2)用最小平方方法为本题资料配直线方程式。

9. 某部门各年基本建设投资资料如下表所示。

2011—2019年基本建设投资资料表

年份	投资额(万元)	年份	投资额(万元)
2011	1 240	2016	1 695
2012	1 291	2017	1 845
2013	1 362	2018	2 018
2014	1 450	2019	2 210
2015	1 562		

要求：(1)判断投资额发展的趋势接近于哪一种类型。(2)用最小平方方法配合适当的曲线方程。(3)预测该部门2020年、2021年基本建设投资额。

10. 某地区2015—2019年各年末人口数资料如下表所示。

人口资料表

年份	年末人口数(万人)	年份	年末人口数(万人)
2015	25	2018	44
2016	30	2019	53
2017	36		

要求:(1)判断人口数发展的趋势接近于哪一种类型。(2)用最小平方法配合适当的曲线方程。(3)预测该地区 2020 年底人口数。

11. 某市汗衫、背心零售量资料如下表所示。

零售量资料表

月份 年份	1	2	3	4	5	6	7	8	9	10	11	12
2016	10	17	41	64	111	225	203	89	42	23	16	12
2017	16	20	58	90	139	235	198	96	53	28	16	17
2018	15	23	66	91	148	253	240	127	78	50	25	19
2019	16	23	69	96	155	265	250	132	81	52	26	20

要求:(1)用按月平均法计算汗衫、背心零售量的季节比率。(2)用移动平均法计算剔除趋势影响的季节比率。

12. 某企业 2015 年第三、四季度至 2019 年第一、二季度 4 年 16 个季度某产品销售量资料如下表所示。

销售量资料表

季　度	季度顺序	销售量(千件)	季　度	季度顺序	销售量(千件)
2015 年 3	1	13	2017 年 3	9	16
4	2	18	4	10	22
2016 年 1	3	5	2018 年 1	11	8
2	4	8	2	12	12
3	5	14	3	13	19
4	6	18	4	14	25
2017 年 1	7	5	2019 年 1	15	15
2	8	10	2	16	17

要求:(1)计算该产品的季销售量的季节比率。(2)如该产品销售量的趋势拟合方程为:$\hat{y}=7.42+0.85t$。其中,t 为季度,2015 年第 3 季度为方程原点,$\hat{y}$ 为销售估计值(千件)。预测 2020 年剔除季节因素后各季的销售量。

13. 按照某市制定城市社会发展十年规划,该市人均绿化面积要在 2015 年的人均 4 平方米的基础上十年后翻一番。试问:(1)若在 2025 年达到翻一番的目标,每年的平均发展速度是多少?(2)若在 2023 年就达到翻一番的目标,每年的平均增长速度是多少?(3)若 2016 年和 2017 年的平均发展速度都为 110%,那么后 8 年应该以怎样的平均发展速度才能实现这一目标?(4)假定 2022 年的人均绿化面积为人均 6.6 平方米,以 2015 年为基期,那么平均年增长量是多少?

14. 某蔬菜公司的季节性指数如下表所示。

季节指数表

季　度	一	二	三	四
季节指数(%)	91.8	102.0	117.3	96.9

要求：(1)对上述季节指数进行调整。(2)该公司预计明年总销售值为24万元，并估计长期趋势对全年各季影响不大，试估计明年第三、四季度的销售值。(3)本年第一季度的实际销售值为4万元，第三季度为5万元，如剔除季节性因素，求第三季度比第一季度销售值的变动比率。

15. 已知某企业制造产品的单位成本资料如下表所示。

单位成本资料表

年　份	2014	2015	2016	2017	2018	2019
成本水平(元)	12.80	13.00	12.40	12.10	11.80	11.60

试计算该产品成本水平逐期降低量、逐期降低率和平均每年递减率。

第五章 统计指数

学习重点和要点

(1) 了解指数的含义,指数体系的含义与内容。了解常见的经济指数。

(2) 掌握综合指数和平均指数编制原理、方法,掌握总量指标和平均指标因素分析方法。

第一节 指数概述

指数,是社会经济统计中历史最悠久、应用最广泛,同社会经济生活关系最密切的一个组成部分。它产生于18世纪欧洲资本主义迅速发展时期。当时由于美洲新大陆开发的大批金银贵金属源源不断输入,使欧洲物价骤然上涨,引起社会的普遍关注。经济学家为了测定物价的变动,开始尝试编制物价指数。此后两百多年,指数的应用和理论不断发展,逐步扩展到工业生产、进出口贸易、铁路运输、工资、成本、生活费用、股票证券等各个方面。其中有些指数,如零售商品价格指数、生活消费价格指数,同人们的日常生活休戚相关;有些指数,如生产资料价格指数、股票价格指数等,则直接影响人们的投资活动,成为社会经济的晴雨表。至今,指数不仅是分析社会经济和景气预测的重要工具,而且被应用于经济效益、生活质量、综合国力、社会发展水平的综合评价研究。

一、指数的概念

指数概念产生于18世纪后半期,在这两百多年的历史中,指数的运用在发展,指数的理论在发展,关于指数的概念也在发展。同时,由于对事物观察的角度不同,统计学家对指数的解释也有所不同。

指数的编制是从物价的变动产生的。1675年,英国经济学家伏亨(Rice Vaughan)在其所著《铸货币及其货币铸造论》一书中,为了测定当时劳资双方对于货币交换的比例,采用谷物、家畜、鱼类、布帛与皮革等样品,以1352年为基期,将1650年的价格与之作比较。这是价格指数的首创。到1707年,英国主教佛里特伍德(Bishop Fleetwood)出于和伏亨同样的目的,为了计算货币交换价值,将1440—1480年5英镑货币所购上列物品的数量加以比较,以研究数百年间这些物品价格的变动。一般认为,佛里特伍德在价格指数史上的贡献具有划时代的意义。这实际上都是个体指数的比较问题。由于个体指数是分别说明某种商品的价格涨落或货币升贬情况的,因此,无论是计算还是理解都不会太困难。

在指数的编制过程中,总指数的编制要比个体指数复杂得多。因为同时反映多种商品价格的变动,人们容易从不同的角度去理解,并使用不同的方法加以计算。比如,1738年,法国学者杜托(Dutot)在其《从政治上考虑财政和商业》中,就路易十四(1638—1715)与路易十二(1462—1515)时代的价格,从总数上加以比较,即把两期价格单纯地加在一起,来对商品的价格变动加以综合说明,这是简单综合法的初端。但由于其本身存在的一些问题,这一计算方法提出后采用者不多。

自从欧洲人发现美洲后,因大量金银由美洲输入,欧洲物价飞涨。为了研究货币购买力对价格的影响,1764年,意大利贵族卡里(Giovanni Rinaldo Carli)在其《铸币金属的价值与比例》中,用1750年的粮食、葡萄酒和植物油三类消费品的价格与1500年同样的三种商品的价格对比,再把计算出来的百分数(即分类指数)相加除以3,这就是简单算术平均指数法。这种方法在各种商品价比基础上平均的方法,超脱了价格的总量形态,比杜托的简单综合法前进了一步。

1863年,英国经济学家杰文斯(W. S. Jevons)在《金价的暴跌》一文中,提出了计算价格指数的简单几何平均法。为了证实这种方法的优越性,他编制了一种英国价格指数,并且通过对价格指数的分析研究而概括出金价跌落是1849年起黄金产量增加的缘故。

现在,物价指数编制已运用到我们经济生活的各个方面。

例如,中国政府每个月都发布各类指数,编制这些指数是为了帮助居民了解当前的商业和经济状况。这些指数中,被广为了解和运用的是居民消费价格指数(CPI, consumer price index)。正如它的名字,居民消费价格指数是反映居民家庭一般所购买的消费品和服务价格水平变动情况的指标。它同人民生活密切相关,在整个国民经济价格体系中具有极为重要的地位。比如,已知某年全国的居民消费价格指数为108%,表示若以上年的价格水平为100%,当年全国的价格水平就相当于上年的108%,或者说当年价格上涨了8%。

有些指数,如商品零售价格指数、居民消费价格指数等,同人们的日常生活休戚相关;有些指数,如工业生产指数、股票价格指数等,则直接影响人们的投资活动,成为社会经济的晴雨表。

社会经济统计理论中的指数,主要研究指数的方法论问题。目前,无论在国外还是在国内,也无论在实际工作中或理论著作中,指数还推广应用于反映不同地区、部门和国家某指标的对比,反映实际和计划的对比等方面。

指数的含义有广义和狭义两种。广义的指数是指一切说明社会经济现象数量变动或差异程度的相对数,如动态相对数、比较相对数、计划完成相对数等都可称为指数。狭义指数是一种特殊的相对数,也即专指不能直接相加和对比的复杂社会经济现象综合变动程度的相对数。例如,商品零售价格指数,是说明全部零售商品价格总变动的相对数;工业产品产量指数,是说明一定范围内全部工业产品实物量总变动的相对数,等等。统计指数理论主要是探讨复杂现象总体综合变动状况和对比关系。本章所述的指数,主要指这种狭义概念的指数。

狭义指数具有以下特点:

1. 综合性

狭义指数不是反映一种事物的变动,而是综合反映多种事物构成的总体的变动,所以它是一种综合性的指数。如股票价格指数是综合反映所有上市公司股票交易的价格变动,而不是某一上市公司股票价格的变动。

2. 平均性

由于各个个体的变动是参差不齐的,狭义指数所反映的总体的变动只能是一种平均意义上的变动,即表示各个个体变动的一般程度。例如,上海证券交易所综合指数当天与昨天比股票指数上涨了1.2%,表示平均来说上海证券交易所挂牌交易的上市公司平均股票价格今天比昨天上涨了1.2%,但有的上市公司上涨10%,也有的上市公司下跌了10%。

二、指数的作用

(一) 综合反映事物变动方向和变动程度

这是指数的主要作用。无论哪一种指数,计算的结果,一般都是用百分比表示相对指标。这个百分比大于或小于100%,表示上升或下降变动的方向,比100%大多少或小多少,就是升降变动的程度。例如商品零售价格指数110%,说明许多种商品零售价格有涨有落,总的来讲,涨了10%。在指数中,由于指数的子项和母项是两个总量指标,所以既可以计算经济量的变动程度,也可以计算子项和母项两个总量指标之差,表示绝对变动。

(二) 分析多因素影响现象的总变动中,各个因素的影响大小和影响程度

现象的总量指标是若干因素的乘积,比如:

$$商品销售额 = 商品销售量 \times 单位商品价格$$

$$产品总成本 = 产品生产量 \times 单位产品成本$$

$$原材料费用总额 = 产品生产量 \times 单位产品原材料消耗量 \times 单位原材料价格$$

一个总量指标受两三个因素影响。在商品销售额变动中,受商品销售量和商品价格影响各为多少;原材料费用总额变动中受产品生产量、单位产品原材料消耗量和单位原材料价格的影响各为多少,等等。这种影响可从相对数和绝对数两方面分析,分析因素的影响方向和影响程度。

(三) 研究事物在长时间内的变动趋势

在由连续编制的动态数列形成的指数数列中,可反映事物的发展变化趋势。这种方法特别适合于对比分析有联系而性质又不同的动态数列之间的变动关系,因为用指数的变动进行比较,可解决不同性质数列之间不能对比的困难。

(四) 对多指标的变动进行综合测评

随着指数分析方法在实际应用中的发展,运用指数还可以对多指标的变动进行综合测评。许多经济现象都需要用多指标构成的指标体系进行系统的描述和多角度的分析。为了在数量上对多个指标的变动程度和差异程度进行综合的测定、评判,也常运用指数,如宏观经济景气指数、综合国力指数、企业竞争力指数等。

三、指数的种类

由于不同的角度,统计指数可以划分成不同的种类。

(一) 按照说明现象的范围不同,分为个体指数和总指数

1. 个体指数

说明单项事物动态的比较指标称个体指数,也叫单项指数。例如,说明一种商品价格动态

的个体价格指数、说明一种产品生产量动态的个体生产量指数,以及个体销售量指数、个体成本指数,等等。

2. 总指数

说明多种事物综合动态的比较指标称为总指数。例如,说明多种商品价格综合变动的商品零售价格指数、居民消费价格指数,说明多种产品生产量综合变动的工业生产指数,以及商品销售量总指数、成本总指数,等等。

总指数的特点是多种事物计量单位不相同,不能够直接相加。为了解决这个问题,可以有多种方法。

计算统计指标时,可以同时使用分组方法,即对包含的多项事物进行分类或分组,按每个类或组计算统计指数。这样在个体指数和总指数之间又产生了一个类指数。以我国居民消费商品分类来解释,居民消费商品分成:

1. 食品类

(1) 粮食

① 细粮小类

大米

面粉

② 粗粮小类

(2) 肉禽及其制品

(3) 蛋

(4) 水产品

(5) 鲜菜

(6) 鲜果

2. 烟酒及用品类

3. 衣着类

4. 家庭设备用品及维修服务类

5. 医疗保健和个人用品类

6. 交通和通信类

7. 娱乐教育文化用品及服务类

8. 居住类

我国居民消费价格指数为总指数,下设食品类、烟酒及用品类、衣着类、家庭设备用品及维修服务类、医疗保健和个人用品类、交通和通信类、娱乐教育文化用品及服务类、居住类这八大类指数为大类指数。每大类指数下分设若干中类,如食品大类下分设粮食、肉禽及其制品、蛋、水产品等中类指数。每个中类指数再分设若干小类,如粮食中类下分设大米、面粉小类。大类、中类和小类指数实质上也是总指数,因为它们包含了不能直接相加的多种事物,只是它们比总指数所包含的范围小而已。

(二) 按照统计指标的内容不同,分为数量指标指数和质量指标指数

1. 数量指标指数

数量指标指数是说明总体规模变动情况的指数。例如,工业产品物量指数、商品销售量指数、职工人数指数,等等。

2. 质量指标指数

质量指标指数是说明总体内涵数量变动情况的指数。例如,价格指数、工资水平指数、单位成本指数,等等。

这种分类和指数的计算方法有关,要把这两个概念分辨清楚。

(三) 按照指数表现形式不同,可分为综合指数和平均指标指数

1. 综合指数

综合指数是通过两个有联系的综合总量指标的对比计算的总指数。

2. 平均指标指数

平均指标指数是用加权平均的方法计算出来的指数,分算术平均数指数和调和平均数指数。

这两类指数之间既有区别,又有密切联系,各适用于说明不同的问题。

(四) 按照指数所说明的因素多少,可分为两因素指数和多因素指数

两因素指数反映由两个因素构成的总体变动情况,多因素指数则反映由三个以上因素构成的总体变动情况。两因素指数原理是基本的,多因素指数是两因素指数的推广。

(五) 按照在一个指数数列中所采用的基期不同,指数可分为定基指数和环比指数

1. 定基指数

指数时常是连续编制的,形成在时间上前后衔接的指数数列。凡是在一个指数数列中的各个指数都是以某一固定时期作为基期,叫作定基指数。

2. 环比指数

凡是各个指数都是以前一期作为基期的,就是环比指数。

指数数列也是时间数列,定基指数和环比指数也就是社会经济变量的定基发展速度和环比发展速度,通常可结合应用,以反映现象发展变化的特点和趋势。

本章各节将以各种数量指标指数和质量指标指数为例,着重介绍综合指数、平均指标指数、平均指标对比指数的编制原理,阐述广泛使用的几种指数及其在经济生活中的作用。

第二节 综合指数

总指数的计算形式有两种:综合指数和平均指标指数。综合指数是总指数的基本形式。

综合指数的重要意义,在于它能最完善地显示出所研究现象的经济内容,即不仅在相对量方面反映,而且能在绝对量方面反映。

如何设计综合指数的形式,关键是在经济联系中寻找同度量因素,而后再把它固定不变,以反映我们所要研究总体的某种现象的变化情况。归纳起来要解决以下两个问题:

(1) 用什么因素为同度量因素是合理的?

(2) 把同度量因素固定在哪个时期是恰当的?

同度量因素是把不能直接相加的指标过渡为可以相加的因素。假设要求计算社会商品零售价格总指数,由于商品的单价不能相加而无法计算,用同度量因素把单价过渡为销售额就可以相加了。又如,要计算社会商品销售量指数,由于实物量计量单位不同而不能相加,用同度量因素把它过渡为销售额就可以相加了。同度量因素不是随意选定的,而是从它们的经济联系考虑,这个假设就是从下面的经济关系式出发的。

$$商品销售额＝商品销售量×商品销售价格$$

计算商品销售价格总指数时,以商品销售量为同度量因素;计算商品销售量总指数时,以商品销售价格为同度量因素。经济关系式中的三个指标各自独立而又互相联系。既可以把销售额作为销售量与销售价格的综合,又可以把销售量、销售价格视为销售额的分解。

综合指数是总指数的基本形式。它是将不可同度量的诸经济变量通过另一个有关的称为同度量因素的变量转换成可以相加的总量指标,然后以总量指标对比所得到的相对数来说明复杂现象量的综合变动。其主要特点是先综合而后对比。综合指数有两种:数量指标综合指数和质量指标综合指数。两种综合指数在计算形式上基本道理是一样的,但是在处理方法上既有联系又有区别。

一、数量指标综合指数

数量指标综合指数是说明总体规模变动情况的相对数。例如,产品产量指数、商品销售量指数、工业生产指数、农业产品指数、职工人数指数、货物运输量指数等。以商品销售量为例,说明数量指标综合指数计算公式的形成过程。

假设某商店销售三种商品,基期和报告期的销售量和价格资料如表 5－1 所示。

表 5－1　商品销售量和价格资料

商品	计量单位	基期销售量(q_0)	报告期销售量(q_1)	基期价格(p_0)	报告期价格(p_1)
甲	公斤	50	62.5	20	14
乙	套	75	90.0	10	8
丙	件	100	115.0	5	5
合计	—	—	—	—	—

三种商品的销售量均有所增长,它们各自的增长变动可用个体指数表示。以 k_q 表示个体物量指数,q_1 和 q_0 分别表示报告期和基期的销售量,则三种商品的个体物量指数分别为:

甲商品　$k_q = \dfrac{q_1}{q_0} = 62.5/50 = 125\%$

乙商品　$k_q = \dfrac{q_1}{q_0} = 90/75 = 120\%$

丙商品　$k_q = \dfrac{q_1}{q_0} = 115/100 = 115\%$

为了概括说明三种商品销售量总变动情况,就要计算销售量总指数。由于这三种商品使用价值不同,计量单位也不同,因此不能直接相加取得两个时期的销售总量。但是,从价值形态来衡量,它们都是同质的,只有量的差别,可以直接相加。如果将各种商品的销售量分别乘上它们的销售价格,成为销售额,这就使各种商品由不同的使用价值形态转化为同质异量的价值总量。即:销售量×销售价格＝销售额。

各种商品销售额相加便得到销售总额($\sum qp$)。这里要说明其变动程度的变量是销售量,故称之为指数化因素;而价格只起中介的作用,故称之为同度量因素。为了说明销售量的变动,用销售总额进行对比时,就必须把价格固定下来,由此得到综合的物量指数。其计算公式为：

（一）用基期价格作为同度量因素的综合指数

$$\overline{k_q} = \frac{\sum q_1 p_0}{\sum q_0 p_0} \qquad (5-1)$$

（二）用报告期价格作为同度量因素的综合指数

$$\overline{k_q} = \frac{\sum q_1 p_1}{\sum q_0 p_1} \qquad (5-2)$$

式(5-1)是以基期价格为同度量因素的物量指数；(2)式是以报告期价格为同度量因素的物量指数。

上例资料按式(5-1)计算：

$$\overline{k_q} = \frac{\sum q_1 p_0}{\sum q_0 p_0} = \frac{62.5 \times 20 + 90 \times 10 + 115 \times 5}{50 \times 20 + 75 \times 10 + 100 \times 5} = \frac{2\,725}{2\,250} = 121.11\%$$

计算结果表明，三种商品销售量报告期比基期总的增长或平均增长 21.11%。其增长程度介于三种商品销售量个体指数之间。公式中的分子和分母是三种商品的销售额，其差为：

$$\sum q_1 p_0 - \sum q_0 p_0 = 2\,725 - 2\,250 = 475(元)$$

说明由于三种商品销售量平均增长 21.11% 而使销售额增加 475 元。它是假定价格不变的前提下纯粹由于销售量变动而带来的结果，其经济意义是很明确的。

上例资料如果按(2)式计算：

$$\overline{k_q} = \frac{\sum q_1 p_1}{\sum q_0 p_1} = \frac{62.5 \times 14 + 90 \times 8 + 115 \times 5}{50 \times 14 + 75 \times 8 + 100 \times 8} = \frac{2\,170}{1\,800} = 120.56\%$$

计算结果表明，三种商品销售量总的增长或平均增长 20.56%，增长幅度同样也在三种商品销售量个体指数之间。其分子分母之差为：

$$\sum q_1 p_1 - \sum q_0 p_1 = 2\,170 - 1\,800 = 370(元)$$

说明由于三种商品销售量平均增长 20.56% 而使销售额增加 370 元。它是在销售价格已经发生变化的前提下，由于销售量的变动而带来的结果。也就是说，增加的销售额不只是销售量变动的结果，还包含着价格变动因素的影响。对此，只需将式(5-2)稍加变换便可看出：

$$\frac{\sum q_1 p_1}{\sum q_0 p_1} = \frac{\sum q_1 (p_0 - p_0 + p_1)}{\sum q_0 (p_0 - p_0 + p_1)} = \frac{\sum q_1 p_0 + \sum q_1 (p_1 - p_0)}{\sum q_0 p_0 + \sum q_0 (p_1 - p_0)}$$

分子和分母中的第一项是按基期价格计算的报告期和基期的销售额，而后一项包含着价格变化因素。上式分子分母之差为：

$$\sum q_1 p_1 - \sum q_0 p_1 = \left[\sum q_1 p_0 + \sum q_1 (p_1 - p_0)\right] - \left[\sum q_0 p_0 + \sum q_0 (p_1 - p_0)\right]$$

$$= \sum q_1 p_0 - \sum q_0 p_0 + \sum q_1 (p_1 - p_0) - \sum q_0 (p_1 - p_0)$$

$$= \sum (q_1 - q_0) \cdot p_0 + \sum (q_1 - q_0)(p_1 - p_0)$$

将表 5-1 资料代入计算，得到：370 = 475 + (-105)

以报告期价格为同度量因素的物量指数表明，由于产量平均增长 20.56% 而增加销售额

370元,实际上也是包括受到价格下降因素而被冲销105元的结果。

对上述计算结果不同的两个数量指标指数公式如何取舍?应该说,从编制综合指数的方法原则来看,两个公式都是正确的。但是,为了说明纯粹的数量指标变动,当以剔除价格变动影响为好;而且,按基期价格计算的公式,分子分母之差的绝对值所表明的经济意义也更加明确。因此,实际工作中通常采用式(5-1)来测定数量指标的综合变动。

二、质量指标综合指数

质量指标综合指数是说明总体效益和质量变动情况的相对数。例如,价格指数、成本指数、工资水平指数、股票价格指数等。价格属于质量指标。价格指数是最常见的质量指标指数。

根据表5-1的资料,可以分别计算三种商品的个体价格指数来说明它们各自的价格变动情况。以k_p表示个体价格指数,p_1和p_0分别表示报告期和基期价格,则三种商品的个体价格指数为:

甲商品　　$k_q = \dfrac{p_1}{p_0} = 14/20 = 70\%$

乙商品　　$k_q = \dfrac{p_1}{p_0} = 8/10 = 80\%$

丙商品　　$k_q = \dfrac{p_1}{p_0} = 5/5 = 100\%$

为了说明三种商品价格总的变动情况,就要编制价格总指数。不同的商品的价格虽然都以货币单位计量,似乎可以直接相加,其实它们也是不同度量的。甲商品是每公斤的价格,乙是每套的价格,丙是每件的价格,各种产品使用价值不同,它们的价格相加也是无意义的。因此,也要通过同度量因素使之转化为可以相加的价值量指标,也即销售量×销售价格=销售额。

这里,同度量因素是销售量,并且要使同度量因素固定在某一时期才能通过销售额的对比说明价格的变动。价格综合指数的公式为:

(一) 以基期销售量为同度量因素的综合指数

$$\overline{k_p} = \frac{\sum p_1 q_0}{\sum p_0 q_0} \tag{5-3}$$

(二) 以报告期销售量为同度量因素的综合指数

$$\overline{k_p} = \frac{\sum p_1 q_1}{\sum p_0 q_1} \tag{5-4}$$

式(5-3)是以基期销售量为同度量因素的价格综合指数;式(5-4)是以报告期销售量为同度量因素的价格综合指数。

根据表5-1资料,按(5-3)式计算:

$$\overline{k_p} = \frac{\sum p_1 q_0}{\sum p_0 q_0} = \frac{14 \times 50 + 8 \times 75 + 5 \times 100}{20 \times 50 + 10 \times 75 + 5 \times 100} = 1\,800/2\,250 = 80\%$$

销售价格综合指数为80%,说明三种商品价格总的下降或平均下降20%。其降低幅度介于三种商品个体价格指数降幅之间。上式的分子分母之差为：

$$\sum p_1 q_0 - \sum p_0 q_0 = 1\,800 - 2\,250 = -450(元)$$

说明由于三种商品价格平均降低 20% 而使销售额减少 450 元。它是假定基期销售量没有变动情况下，纯粹由于价格变动而带来的结果，这样的价格综合指数反映价格变动及其影响，意义也是很明确的。

上例资料如果按式(5-4)计算价格综合指数：

$$\overline{k_p} = \frac{\sum p_1 q_1}{\sum p_0 q_1} = \frac{14 \times 62.5 + 8 \times 90 + 5 \times 115}{20 \times 62.5 + 10 \times 90 + 5 \times 115} = 2\,170/2\,725 = 79.63\%$$

三种商品价格综合指数为 79.63%，价格平均降低 20.37%。分子分母之差为：

$$\sum p_1 q_1 - \sum p_0 q_1 = 2\,170 - 2\,725 = -555(元)$$

说明由于三种商品价格平均降低 20.37% 而使销售额减少 555 元。它是按报告期销售量计算的。因此，类似前面以报告期价格为同度量因素的销售量综合指数，具有双重因素的影响。也就是说，这种价格综合指数不仅反映价格的变动，而且包含销售量变动的影响。对价格综合指数的两种公式进行比较，式(5-4)比式(5-3)更具有现实经济意义。因为按式(5-4)计算，表明由于价格变化，报告期实际销售这么多商品，商店减少销售额 555 元；对消费者来说，就是报告期购买这些商品由于价格变动而少支出 555 元。而按式(5-3)计算，则表明由于价格变化，商店如果销售基期那么多商品，报告期会减少销售额 450 元；对消费者来说，也就是在报告期如果购买基期那么多商品，可以少支出 450 元，也即消费者为维持基期的消费水平，可以节省 450 元。显然，不如按式(5-4)计算更有现实意义。另外，实际生活表明，价格变化会引起生产或销售商品的结构变化，也会引起消费结构的变化。因此，如果我们编制价格指数反映价格变化对生产和销售者以及对消费者的影响，就应从现实的商品结构出发选择式(5-4)。当然，这不是编制价格指数的绝对原则。因为有时基期资料较易取得，而报告期销售量资料尚不具备，所以也用基期销售量作为同度量因素计算价格指数。

三、其他形式的综合指数公式

从上述综合指数编制方法可以看出，如何确定同度量因素是一个关键问题。选择同度量因素不仅要解决对不同度量的现象的综合，而且要能解释其实际经济意义。对于价格指数来说，以数量指标为同度量因素，同时也是权数，也即不同价格的商品销售量对价格指数也具有权衡轻重的作用。因此，同度量的选择实际上也是权数的选择。历史上，早期的价格指数曾用各种价格的总和进行对比和简单平均方法计算。这类指数由于不考虑各种商品的重要性，难以反映价格的真实变动及其影响而被淘汰了。以后逐渐出现了加权计算的总指数。影响较大并延续至今的加权的综合指数公式，有以下几种：

1. 法国统计学家拉斯贝尔(Etienre Laspeyres，1834—1913)于 1864 年提出以基期物量为权数的综合指数公式 $\sum p_1 q_0 / \sum p_0 q_0$。相应的数量指标指数公式为 $\sum q_1 p_0 / \sum q_0 p_0$。这种指数公式被后人称为拉氏公式。拉氏的价格指数以基期物量为权数，出发点是想说明人们维持基期的消费水平在报告期因价格变动而要多支出（或少支出）的费用。但是，却不能反映报告期实际消费结构在价格变动情况下的结果。

2. 1874 年，法国年轻的统计学家派许（Hermann Paasche，1851—1925）又提出了以报告期数量指标为权数的综合价格指数公式 $\sum p_1 q_1 / \sum p_0 q_1$，相应的数量指标物量指数公式为 $\sum q_1 p_1 / \sum q_0 p_1$。后人称这种公式为派氏公式。其优缺点如上面所述。

对拉氏公式和派氏公式的取舍，历史上学者们见仁见智，褒贬不一。并且认为这两种公式在量的测定上都存在偏大和偏小的问题，也即当拉氏权数偏大时，派氏权数便偏小，或当拉氏权数偏小时，派氏权数便偏大。

3. 1887 年英国经济学家马歇尔（Alfred Marshall，1842—1924）提出了以基期与报告期的实物平均量为权数的质量指标综合指数，其计算公式为 $\dfrac{\sum p_1(q_0+q_1)/2}{\sum p_0(q_0+q_1)/2}$。此公式又为英国统计学家艾奇沃斯（Francis Ysidro Edgeworth，1854—1926）所推广，故被称为马歇尔—艾奇沃斯公式。不难看出，按此公式计算的价格指数在拉氏和派氏指数之间。虽然从数量测定上似乎不偏不倚，但却失去了拉氏和派氏公式的经济意义。

4. 1911 年美国统计学家费暄（Irving Fisher，1867—1947）提出了交叉计算（Crossing）的公式，即拉氏与派氏公式的几何平均公式 $\sqrt{\dfrac{\sum p_1 q_0}{\sum p_0 q_0} \cdot \dfrac{\sum p_1 q_1}{\sum p_0 q_1}}$。费暄系统地总结了各种指数公式的特点，提出了对指数优劣的三种测验方法（时间互换测验、因子互换测验和循环测验）。费暄对各种指数进行了检验，绝大多数指数公式不符合这三种检验，唯有他的公式通过检验，故自称他的公式为"理想公式"。"理想公式"同"马艾公式"一样，虽然"不偏不倚"，但同样缺乏明确的经济意义，而且所用资料更多，计算比较困难。前苏联经济学家、统计学家和西方国家的统计学家对这种不注重经济内容的指数公式都曾提出严厉的批评。

5. 除了上述各种以实际资料为权数的价格指数公式外，还有一种固定权数公式，即以某一年份的数量指标构成，延续多年用于编制价格指数，或以某一年份的价格作为固定的同度量因素，延续多年用于编制数量指标指数。其计算公式为：

质量指标综合物价指数 $= \sum p_1 q_n / \sum p_0 q_n$

数量指标综合物价指数 $= \sum q_1 p_n / \sum q_0 p_n$

中国的工业产品产量指数曾长期采用这种形式。例如，20 世纪 80 年代各年的产量指数都以 1980 年的产品价格为固定的同度量因素。其优点是可以事先编制不变价格详细目录，查目录编制指数，操作方便，也便于前后动态比较。缺点是编制不变价格目录工作浩繁，而且固定的价格不能确切反映日新月异的新产品出现的影响，特别是当市场价格变动很大时，固定价格背离实际，据此计算的动态指数就不能真实反映工业生产的增长。

上述的各种加权方法的综合指数公式都有其特点和一定的适用条件，以"马—艾"指数公式为例，虽然用于动态指数计算，经济意义不明确，但当用于不同地区的价格综合比较时，却不失为一种公允的方法。社会经济现象极其复杂，任何一种指数形式都不可能一应万全地满足需要。因此，当我们强调按编制指数的经济意义选择指数的权数或同度量因素时，还要注意根据具体的研究对象和条件选择指数公式。

第三节 平均指标指数

一、平均指标指数的概念

综合指数是编制总指数的基本形式,它正确地反映了被研究现象总体动态变化的客观实际内容。在综合指数公式中,或是分子,或是分母,都存在一种假定,即 p_0q_1 或 p_1q_0。但在实际统计工作中,有时由于受统计资料的限制,不能直接利用综合指数公式编制总指数。这时,需改变公式形式,根据综合指数公式推导出平均指标形式来编制总指数。以个体指数为基础采取平均指标形式编制的总指数,叫作平均指标指数(也称为平均数指数)。平均指标指数是对个体指数的加权平均,它可以根据抽样调查资料利用代表商品的数量指标或质量指标的个体指数计算。从综合指数公式推导出平均数指数公式形式有两种:加权算术平均数指数形式和加权调和平均数指数形式。通常情况下,加权算术平均数指数用于编制数量指标综合指数,加权调和平均数指数用于编制质量指标综合指数。但是作为一种独立指数形式的平均数指数,不只是作为综合指数的变形来使用,它本身具有广泛的应用价值。

二、加权算术平均数指数

加权算术平均数指数是对个体指数采用加权算术平均方法计算的总指数。通常用于计算数量指标指数。以数量指标指数为例,计算公式为:

$$\overline{k_q} = \frac{\sum k_q q_0 p_0}{\sum q_0 p_0} = \sum k_q \cdot \frac{q_0 p_0}{\sum q_0 p_0} \tag{5-5}$$

式中:k_q——个体数量指标指数 q_1/q_0;

$\overline{k_q}$——数量指标的加权算术平均数指数。

现仍用上例资料说明加权算术平均数指数的计算,见表 5-2。

表 5-2 商品销售量和销售额资料

商品	计量单位	销售量 (q_0)	销售量 (q_1)	销售量个体指数(%) $K_q=q_1/q_0$	基期销售额(元) $q_0 p_0$
甲	公斤	50	62.5	125	1 000
乙	套	75	90	120	750
丙	件	100	115	115	500
合计	—	—	—	—	2 250

三种商品销售量的加权算术平均数指数为:

$$\overline{k_q} = \sum k_q \cdot \frac{q_0 p_0}{\sum q_0 p_0} = 125\% \times \frac{1\,000}{2\,250} + 120\% \times \frac{750}{2\,250} + 115\% \times \frac{500}{2\,250}$$

$$= 55.56\% + 40\% + 25.56\% = 121.11\%$$

计算结果表明,三种商品销售量报告期比基期平均增长 21.11%,与前面按拉氏综合数量指标指数公式计算结果相同。从计算公式也不难看出,在资料完全相同的情况下,以基期价值总量指标为权数的加权算术平均数指数同拉氏的综合数量指标指数是一致的:

$$\overline{k_q} = \frac{\sum k_q q_0 p_0}{\sum q_0 p_0} = \frac{\sum \frac{q_1}{q_0} \cdot p_0 q_0}{\sum q_0 p_0} = \frac{\sum p_0 q_1}{\sum p_0 q_0}$$

需要注意的是,实际工作中用两种方法计算的指数是不一致的。因为综合指数通常采用全面资料,而加权平均数指数则是采用抽样资料。此外,如果上列公式中权数不是用基期资料,而是用报告期资料,结果也会不同。

三、加权调和平均数指数

加权调和平均数指数是对个体指数用加权调和平均方法计算的总指数。通常用于计算质量指标指数。计算公式为:

$$\overline{k_p} = \frac{\sum p_1 q_1}{\sum \frac{1}{k_p} p_1 q_1} \tag{5-6}$$

式中:$\overline{k_p}$——质量指标加权调和平均数指数;

k_p——个体质量指标指数 p_1/p_0。

对上例资料计算加权调和平均数指数,见表 5-3。

表 5-3 商品销售额和价格资料

商 品	计量单位	价 格		个体价格指数(%)	报告期销售额(元)
		p_0	p_1	$k_p = p_1/p_0$	$q_1 p_1$
甲	公斤	20	14	70.0	875
乙	套	10	8	80.0	720
丙	件	5	5	100.0	575
合 计	—	—	—	—	2 170

$$\overline{k_p} = \frac{\sum p_1 q_1}{\sum \frac{1}{k_p} p_1 q_1} = \frac{2\,170}{\frac{1}{0.7} \times 875 + \frac{1}{0.8} \times 720 + \frac{1}{1.0} \times 575} = 2\,170/2\,725 = 79.63\%$$

计算结果表明,三种商品的价格报告期比基期平均降低 21.37%,与前面按派氏综合质量指标指数公式计算结果相同。从计算公式也可以看出,在资料相同情况下,以报告期质量指标价值总量指数为权数的加权调和平均数指数同派氏的综合价格指数公式是一致的:

$$\overline{k_p} = \frac{\sum p_1 q_1}{\sum \frac{1}{k_p} p_1 q_1} = \frac{\sum p_1 q_1}{\sum \frac{p_0}{p_1} p_1 q_1} = \frac{\sum p_1 q_1}{\sum p_0 q_1}$$

公式中之所以采用报告期价值总量指数为权数,其理由同综合价格指数采用报告期数量指标指标为同度量因素是相同的,都是为了突出指数的经济意义。

实际工作中,无论是加权算术平均数指数还是加权调和平均数指数,往往采用经济发展比较稳定的某一时期的价值总量结构作为固定的权数,如同综合指数中采用固定权数一样,一经确定便沿用5年乃至10年不变。如西方国家的工业生产指数便是采用固定权数的平均数指数。固定权数为比重形式,加权算术平均指数和加权调和平均数指数的公式为:

$$\overline{k_p} = \frac{\sum k_q w}{\sum w} \qquad (5-7)$$

$$\overline{k_p} = \frac{\sum w}{\sum \frac{1}{k_p} w} \qquad (5-8)$$

采用固定权数的加权平均数指数,不仅可以避免每次编制指数权数资料来源的困难,而且便于前后不同时期比较。

平均数指数和综合指数都是总指数,其经济内容是一致的。它们的区别,除了计算方法不同(综合指数是先综合后对比,平均数指数是先对比后综合)、资料来源不同(综合指数通常采用全面资料,平均数指数则是采用抽样资料)之外,综合指数的分子分母之差具有一定的经济内容,即说明由于质量指标价格变动或数量指标变动而带来价值总量指标的增减量;而平均数指数的分子分母之差却不具有价值总量指标增减的经济内容。特别是采用固定权数的平均数指数,只具有相对数的意义。因此,纵然平均数指数有许多优点,也不能完全取代综合指数的应用。

第四节 指数因素分析

指数不仅可以反映社会经济现象数量的变动程度,而且可以用于分析总量变动的因素,说明各因素影响的程度和绝对差额。

一、指数体系

复杂的社会经济现象往往由两个或多个因素构成。它们的数量关系通常可以用下列指标体系的形式予以表现,例如:

产品总产值＝产品产量×产品价格
产品总成本＝产品产量×单位产品成本

指数体系是由三个或三个以上有联系的指数所组成的数学关系式。例如:

商品销售额指数＝商品销售量指数×商品销售价格指数

这就是一个指数体系。在指数体系中,商品销售量与商品销售价格两个指数成为商品销售额指数的两个因素,在上面的关系式中是作为因式出现的。指数体系是由三个或三个以上有联系的指数所组成的数学关系式。

指数体系的作用可以概括为两点:

1. 可以用来推算体系中某一个未知的指数

如商品销售价格指数(物价指数)经常公布,可以用它来推算商品销售量指数。

2. 可以作为因素分解方法之一

如:产值＝工人的劳动生产率×工人人数,即产值受工人劳动生产率和工人人数两个因素

的影响。如果再进一步分解,那么净产值也可以受三个因素影响:

$$产值=工人劳动生产率×职工人数×\frac{工人人数}{职工人数}$$

$$产值=\frac{净产值}{工人人数}×\frac{工人人数}{职工人数}×职工人数$$

$$=工人劳动生产率×工人人数在全部职工中所占比重×职工人数$$

二、总量指标的两因素分析

某一价值总量是由两个指标相互作用的结果。它们之间的这种联系同样也表现为各指标指数之间的联系,根据同一个资料计算的数量指标指数和质量指标指数之间存在着一定的联系,即:

$$总产值指数=产品产量指数×产品价格指数$$
$$总成本指数=产品产量指数×单位产品成本指数$$

这种相互联系的指数结合成的整体称为指数体系。它包含两个基本内容:(1) 各因素指数的乘积等于现象的总变动指数;(2) 各因素影响的差额之和等于实际发生的总差额。指数体系是综合指数因素分析法的基础。指数体系是:

$$总量动态指标=\frac{\sum p_1 q_1}{\sum p_0 q_0} \quad 数量指标指数=\frac{\sum q_1 p_0}{\sum q_0 p_0} \quad 质量指标指数=\frac{\sum p_1 q_1}{\sum p_0 q_1}$$

$$总量动态指标=数量指标指数×质量指标指数$$

$$\frac{\sum p_1 q_1}{\sum p_0 q_0}=\frac{\sum q_1 p_0}{\sum q_0 p_0}×\frac{\sum p_1 q_1}{\sum p_0 q_1}$$

$$\sum p_1 q_1 - \sum p_1 q_1 = (\sum q_1 p_0 - \sum q_0 p_0) + (\sum p_1 q_1 - \sum p_0 q_1)$$

指数因素分析就是运用指数体系测定各因素对总量指标变动的影响程度和影响的数额。现以某食品厂产品销售量和价格资料(见表5-4),说明两因素的分析方法。

表5-4 某食品厂产品产量和价格资料

产品	销售量(万斤)		单价(元)		销售额(万元)		
	q_0	q_1	p_0	p_1	$q_0 p_0$	$q_1 p_1$	$q_1 p_0$
甲	50	80	2.4	3.0	120	240	192
乙	100	120	1.6	2.2	160	264	192
合计	—	—	—	—	280	504	384

报告期销售额为504万元,基期销售额为280万元。报告期对基期的变动,以销售额指数表示,即:

$$\frac{\sum p_1 q_1}{\sum p_0 q_0}=504/280=180\%$$

报告期销售额比基期增长80%。销售额增加(504-280)=224万元。根据列表资料,可依据下列体系来分析销售额增长的影响因素：
$$销售额指数＝销售量指数\times 单价指数$$
代入表中有关资料计算：$504/280＝(384/280)\times(504/384)$
$$180\%＝137.14\%\times 131.25\%$$

也即该厂报告期销售额比基期提高 80%，是由于销售量增长 37.14% 和单价提高 31.25% 两个因素共同影响的结果。各项分子分母之差为：
$$504-280＝(384-280)+(504-384)$$
$$224＝104+120(万元)$$

说明销售额增加 224 万元，是由于销售量增长 37.14% 带来销售额增加 104 万元和由于单价上涨 31.25% 带来销售额增加 120 万元的结果。

销售额的总差额，是由销售量变动带来的差额 $(q_1-q_0)p_0$ 和单价变动带来的差额 $(p_1-p_0)q_1$ 组成。而其中单价带来的差额 $(p_1-p_0)q_1$，除了价格变动的影响之外，还包含单价变动与销售量变动即所谓共变因素的影响。

三、总量指标的多因素分析

指数体系因素分析法，原则上可以推广到三个、四个甚至更多的因素分析。但实际工作并非要得到精确的核算数字，而是要分清主次，抓住主要矛盾，以便采取对策。因此，一般限于三个或四个因素的分析。

现以某企业原材料消耗总额的资料(见表 5-5)来说明多因素的指数分析方法。

表 5-5 某企业生产某种产品的产量及原材料消耗资料

车间	产量(万件)		单耗(公斤/件)		原材料单价(元/公斤)		原材料支出额	
	q_0	q_1	m_0	m_1	p_0	p_1	$q_0 m_0 p_0$	$q_1 m_1 p_1$
一	85	90	21	19	8	9	14 280	15 390
二	80	90	22	19	8	9	14 080	15 390
合计	—	—	—	—	—	—	28 360	30 780

原材料支出总额的变动因素可按以下指数体系逐项进行分析：
原材料支出总额指数＝产品产量指数×原材料单耗指数×原材料单价指数

$$\underbrace{\frac{\sum q_1 m_1 p_1}{\sum q_0 m_0 p_0}}_{(1)} = \underbrace{\frac{\sum q_1 m_0 p_0}{\sum q_0 m_0 p_0}}_{(2)} \cdot \underbrace{\frac{\sum q_1 m_1 p_0}{\sum q_1 m_0 p_0}}_{(3)} \cdot \frac{\sum q_1 m_1 p_1}{\sum q_1 m_1 p_0}$$

其中：

(1) 原材料支出总额指数 $= \dfrac{\sum q_1 m_1 p_1}{\sum q_0 m_0 p_0} = 30\ 780/28\ 360 = 108.53\%$

原材料支出总额报告期比基期多支出 8.53%。绝对额为：
$$\sum q_1 m_1 p_1 - \sum q_0 m_0 p_0 = 30\ 780 - 28\ 360 = 2\ 420(万元)$$

(2) 产品产量指数 $= \dfrac{\sum q_1 m_0 p_0}{\sum q_0 m_0 p_0} = \dfrac{90 \times 21 \times 8 + 90 \times 22 \times 8}{85 \times 21 \times 8 + 80 \times 22 \times 8} = \dfrac{30\ 960}{28\ 360} = 109.17\%$

产品产量报告期比基期增长了 9.17%,由此而增加原材料支出额为:

$$\sum q_1 m_0 p_0 - \sum q_0 m_0 p_0 = 30\ 960 - 28\ 360 = 2\ 600(万元)$$

(3) 原材料单耗指数 $= \dfrac{\sum q_1 m_1 p_0}{\sum q_1 m_0 p_0} = \dfrac{90 \times 19 \times 8 + 90 \times 19 \times 8}{90 \times 21 \times 8 + 90 \times 22 \times 8} = \dfrac{27\ 360}{30\ 960} = 88.37\%$

产品原材料单耗报告期比基期减少 11.63%,由此而节约原材料支出额为:

$$\sum q_1 m_1 p_0 - \sum q_1 m_0 p_0 = 27\ 360 - 30\ 960 = -3\ 600(万元)$$

(4) 原材料单价指数 $\dfrac{\sum q_1 m_1 p_1}{\sum q_1 m_1 p_0} = \dfrac{90 \times 19 \times 9 + 90 \times 19 \times 9}{90 \times 19 \times 8 + 90 \times 19 \times 8} = \dfrac{30\ 780}{27\ 360} = 112.50\%$

原材料单价报告期比基期提高 12.50%,由此而增加原材料支出额为:

$$\sum q_1 m_1 p_1 - \sum q_1 m_1 p_0 = 30\ 780 - 27\ 360 = 3\ 420(万元)$$

上列计算结果整理如下:

$$108.53\% = 109.17\% \times 88.37\% \times 112.50\%$$
$$2\ 420 = 2\ 600 - 360\ 0 + 3\ 420(万元)$$

分析说明,报告期由于产量增长 9.17%,单耗下降 1 163% 和原材料单价上升 12.50% 三方面因素而使该种产品原材料支出总额增长 8.53%;多支出 2 420 万元,是由于产量增加和原材料价格上升分别导致原材料支出总额多支出 2 600 万元和 3 420 万元,以及由于单耗下降而导致原材料支出总额少支出 3 600 万元综合的结果。

上述的指数因素分析法也称连锁替代法。它的基本特点是研究某个因素变量变化时,把其他因素固定下来,依次由一个因素变量替代另一个因素变量进行分析。这里需要注意两点:

(1) 固定不变的因素也即同度量因素的时期选择,一般情况下,可按照质量指标固定在基期,数量指标固定在报告期的规则确定,目的是要使各因素指数的连乘积等于总量指标的指数,各因素指数引起的变动差额之总和等于总量指标实际发生的差额。

(2) 各因素的排序,应使相邻两变量的乘积具有独立意义。例如,原材料消耗总额由"产量×单耗×原材料单价"三个因素变量构成,其排序除上述方式之外,也可以倒转为"原材料单价×单耗×产品产量"。无论哪一种,其相邻两变量即原材料单价和单耗,或是单耗和产量的乘积都具有独立意义,前者为"单位产品原材料费用",后者为"全部产品原材料消耗量"。如此排序的根据是三因素可以归并为两因素,或者说,三因素是两因素的展开。如果按照"单耗×原材料单价×产品产量"排序,就不符合指标分解的逻辑,因为"原材料单价×产品产量"无意义。

四、平均指标对比指数的因素分析

任何两个不同时期的同一经济内容的平均指标对比都可以形成一个平均指标对比指数。平均指标对比指数是两个平均指标在不同时间上对比的相对数。

平均指标对比指数的分解是平均指标的因素分析的基础。

(一) 平均指标对比指数的分解

前章曾讲述加权算术平均数受变量和权数两个因素的影响：

$$\overline{X} = \frac{\sum Xf}{\sum f} = \sum X \frac{f}{\sum f}$$

加权算术平均数＝变量×权数比率

两个时期的加权算术平均数进行对比时，仍然存在着这两个因素的影响。平均指标对比指数的分解，是把两个因素分开编制成两个独立的指数。

(二) 平均指标对比指数的因素分析

一般指数公式的产生关键在于确定同度量因素。以何种因素为同度量因素的问题，已经由加权算术平均数的公式予以确定了，即变量与权数比率互为同度量因素。权数比率就是相对数中的结构指标，又称构成指标。确定同度量因素的第二个问题是时间上的选择。这里，每组次数在总体单位变量中所占比重，即 $f/\sum f$，虽然是以相对指标表示，其实质还是数量指标，从而变量就是质量指标了。

平均指标对比指数的一般公式如下：

$$K_x = \frac{\overline{x_1}}{\overline{x_0}}$$

式中：$\overline{x_1}$——报告期某一经济量的平均指标；

$\overline{x_0}$——基期某一经济量的平均指标。

常见的平均指标对比指数有平均工资指数、平均劳动生产率指数、平均单位成本指数等。平均指标对比指数主要用于分析平均工资指数、平均劳动生产率指数、平均单位成本指数等。

下面以平均工资指数为例，对平均指标对比指数的特点进行分析。

平均工资指数公式如下：

$$K_x = \frac{\overline{x_1}}{\overline{x_0}} = \frac{\dfrac{\sum x_1 f_1}{f_1}}{\dfrac{\sum x_0 f_0}{f_0}} \tag{5-9}$$

式中：$\overline{x_1}$——报告期平均工资；

$\overline{x_0}$——基期平均工资；

$\sum x_1 f_1$——报告期工资总额，即报告期各组平均工资乘各级职工人数之和；

$\sum f_1$——报告期各级职工人数之和；

$\sum x_0 f_0$——基期工资总额，即基期各级平均工资乘各级职工人数之和；

$\sum f_0$——基期各级职工人数之和。

这个平均工资指数可以改写成如下公式：

$$K_x = \frac{\sum x_1 \dfrac{f_1}{\sum f_1}}{\sum x_0 \dfrac{f_0}{\sum f_0}} \tag{5-10}$$

从上面公式可以看出：平均工资指数反映两个因素的变动的影响，即各级职工工资水平变动的影响和各级职工人数在全部职工总数中所占比重变动的影响，这是所有平均指标对比指数所共同具有的特点。这个特点可以表述如下：平均指标对比指数所反映的变动程度，包括两个因素的影响，即不仅受所平均的经济指标变动的影响，而且受所研究总体内部单位数结构变动的影响。

平均指标对比指数的分析见表5-6。

表 5-6　某企业技术人员、管理人员平均工资指数计算表

组　别	工人数		月平均工资(元)		工资总额(元)			
	基　期	报告期	基　期	报告期	基　期	报告期	假定的	假定的
	f_0	f_1	x_0	x_1	$x_0 f_0$	$x_1 f_1$	$x_0 f_1$	$x_1 f_0$
技术人员	70	66	8 000	8 600	560 000	567 000	528 000	602 000
管理人员	30	74	5 000	5 500	150 000	407 000	370 000	165 000
合　计	100	140	7 100	6 960	710 000	974 600	898 000	767 000

基期平均工资 $\overline{x_0} = \dfrac{\sum x_0 f_0}{\sum f_0} = 710\,000/100 = 7\,100(元)$

报告期平均工资 $\overline{x_1} = \dfrac{\sum x_1 f_1}{\sum f_1} = 974\,600/140 = 6\,960(元)$

平均工资指数(可变构成指数) $= \dfrac{\overline{x_1}}{\overline{x_0}} = \dfrac{\dfrac{\sum x_1 f_1}{f_1}}{\dfrac{\sum x_0 f_0}{f_0}} = 696/710 = 98.03\%$

$\dfrac{\sum x_1 f_1}{\sum f_1} - \dfrac{\sum x_0 f_0}{\sum f_0} = 6\,960 - 7\,100 = -140(元)$

上述算例中两组工资水平虽然都有所提高，但由于各组人数的比重发生变化，工资水平较低的管理人员比重从30%(30/100=0.3)提高到52.9%(74/140=0.528 6)，而工资水平较高的技术人员比重则从70%(70/100=0.7)降低到47.1%(66/140=0.471 4)，因而总的平均工资反而降低了2%，在绝对值上减少140元。现在的问题是在两个总的平均指标动态对比中，究竟受水平变化影响是多少？受各组人数结构变化影响又是多少？

总的平均工资受工资水平和技术人员、管理人员结构(也称组成)两个因素的影响，因此，我们要测定一个因素的影响程度，就必须将另一个因素的变化固定下来。现在，我们先固定结构的变动，得固定构成的工资指数如下：

$$\text{固定构成指数} = \dfrac{\dfrac{\sum x_1 f_1}{f_1}}{\dfrac{\sum x_0 f_1}{f_1}} = \dfrac{\dfrac{974\,600}{140}}{\dfrac{898\,000}{140}} = 6\,960/6\,410 = 108.6\%$$

$$\frac{\sum x_1 f_1}{\sum f_1} - \frac{\sum x_0 f_1}{\sum f_1} = 6\,960 - 6\,410 = 550(元)$$

这个指数说明,若排除了职工人数结构变动的影响,则报告期总的工资水平比基期提高了 8.6%,在绝对值上增加了 550 元。

这种将结构变动固定下来的指数在统计中称为固定构成指数(或固定组成指数);而原来那种将构成变动也包括在内的两个平均数相对比的动态指数,则称为可变构成指数(或可变组成指数)。

如果将上例中工资水平的变化固定下来,得结构变动影响指数如下:

$$结构影响指数 = \frac{\dfrac{\sum x_0 f_1}{f_1}}{\dfrac{\sum x_0 f_0}{f_0}} = \frac{\dfrac{898\,000}{140}}{\dfrac{710\,000}{100}} = 6\,410/7\,100 = 90.30\%$$

$$\frac{\sum x_0 f_1}{\sum f_1} - \frac{\sum x_0 f_0}{\sum f_0} = 6\,410 - 7\,100 = -690(元)$$

这个指数说明,假使工资水平仍和基期一样没有变化,那么由于技术人员、管理人员人数结构变化的影响,将使总的平均工资降低 9.7%,在绝对值上减少 690 元。

以上计算的固定构成指数把职工人数结构固定在报告期,而结构影响指数中,把工资水平固定在基期。当然,还存在另一种固定方法,就是把技术人员、管理人员人数结构固定在基期,而把工资水平固定在报告期。这样算出来的两个指数是:

$$固定构成指数 = \frac{\dfrac{\sum x_1 f_0}{f_0}}{\dfrac{\sum x_0 f_0}{f_0}} = \frac{\dfrac{767\,000}{100}}{\dfrac{710\,000}{100}} = 7\,670/7\,100 = 108.3\%$$

$$\frac{\sum x_1 f_0}{\sum f_0} - \frac{\sum x_0 f_0}{\sum f_0} = 7\,610 - 7\,100 = 570(元)$$

$$结构影响指数 = \frac{\dfrac{\sum x_1 f_1}{f_1}}{\dfrac{\sum x_1 f_0}{f_0}} = \frac{\dfrac{974\,600}{140}}{\dfrac{767\,000}{100}} = 6\,960/7\,670 = 90.7\%$$

$$\frac{\sum x_1 f_1}{\sum f_1} - \frac{\sum x_1 f_0}{\sum f_0} = 6\,960 - 7\,670 = 710(元)$$

从以上计算可以看出,把工资水平和职工人数构成固定在不同的时期上,得出指数结果不同。这个问题类似于综合指数中把同度量因素固定在哪个时期为好的问题。我们曾用公式证明:把同度量因素固定在报告期的派许综合指数中,把同度量因素本身的变动影响也带进指数中来了,这是不应该的。同理,在平均指标对比指数中,用报告期职工人数结构计算的固定构成指数 108.6%(绝对额 550 元)中,包括了不应有的职工人数结构变动影响,而在用报告期工资水平计算的结构影响指数 90.7%(绝对额 -710 元)中,也包括了不应有的工资水平变动影响。为此,就指数本身而言,固定构成指数以使用基期的职工人数构成计算为宜,而结构影响指数也是以使用基期的工资水平计算为宜。

上述可变构成指数、固定构成指数和结构影响指数三个指数在形式上为两个平均数之比。就平均工资指数而言,它的三个指数的分子和分母都是平均工资,所不同的是,有的是实际平均工资 $\left[\dfrac{\sum x_0 f_0}{f_0} 或 \dfrac{\sum x_1 f_1}{f_1}\right]$,有的是假定平均工资 $\left[\dfrac{\sum x_0 f_1}{f_1} 或 \dfrac{\sum x_1 f_0}{f_0}\right]$,它们都是客观存在的或可能存在的经济范畴。但是在这三个平均指标指数当中,只有两个平均指标指数反映的是平均工资的变动程度。一个即是我们一般所指的平均数指数(可变构成指数),是我们分析研究的对象,它所反映的是有结构变动的平均工资的变动程度。对于这个平均工资指数有人称之为总平均工资指数,意思是说,它同时反映两个因素的变动。第二个平均指标指数即所谓固定构成的平均工资指数用来分析总平均工资指数,它只反映工资水平变动对总平均数变动的影响程度。第三个平均指标指数即结构影响指数形式上是两个平均工资的对比,但它并不反映工资水平的变动,而只反映在工资水平不变的条件下单纯由于职工人数构成上的变动对总平均工资变动的影响程度。

在平均指标对比指数中,也存在着指数体系,其公式为:

可变构成指数=固定构成指数×结构影响指数

$$\left[\frac{\sum x_1 f_1}{\sum f_1} \Big/ \frac{\sum x_0 f_0}{\sum f_0}\right] = \left[\frac{\sum x_1 f_1}{\sum f_1} \Big/ \frac{\sum x_0 f_1}{\sum f_1}\right] \times \left[\frac{\sum x_0 f_1}{\sum f_1} \Big/ \frac{\sum x_0 f_0}{\sum f_0}\right] \quad (5-11)$$

绝对数体系:

$$\left[\frac{\sum x_1 f_1}{\sum f_1} - \frac{\sum x_0 f_0}{\sum f_0}\right] = \left[\frac{\sum x_1 f_1}{\sum f_1} - \frac{\sum x_0 f_1}{\sum f_1}\right] + \left[\frac{\sum x_0 f_1}{\sum f_1} - \frac{\sum x_0 f_0}{\sum f_0}\right] \quad (5-12)$$

第五节 几种常见的经济指数

指数在社会经济统计中应用很广泛。这一节介绍最常见的三种经济指数——居民消费价格指数、股票价格指数和房地产价格指数,进一步说明指数的编制方法及其在社会经济问题研究中的应用。

一、居民消费价格指数

居民消费价格是指居民支付购买消费品和获得服务项目的价格,它同人民生活休戚相关,在整个国民经济价格体系中占有重要地位。居民消费价格指数就是反映这种消费品和服务项目价格变动趋势、程度的相对数,可用于分析居民实际收入水平和生活水平的变化,也是国民经济核算和宏观经济分析与决策的重要指标。

(一)居民消费价格指数的编制方法

居民消费价格指数按研究的范围不同区分,有市县级、省(区)级居民消费价格指数和全国范围的居民消费价格指数;同时,还分别按农村和城市编制,反映各地和全国城乡不同经济条件下居民消费价格的变动情况。

由于消费品和服务项目繁多,而且价格处于经常变动中,难以取得全面资料按综合指数公式计算,实际工作中,只能用抽样方法,选择代表规格品,对这些代表规格品的个体指数加以平均逐次计算类指数和总指数。因此,编制居民消费价格指数必须解决商品和服务项目分类、代表规格品选择、价格采集和权数确定等问题。

1. 消费品、服务项目的分类和代表规格品的选择

居民消费价格指数包括居民用于日常生活的全部商品和服务项目。按国家统计局《居民消费价格指数商品及服务项目目录》规定共分 8 个大类,即食品、烟酒及用品、衣着、家庭设备用品及维修服务、医疗保健及个人用品、交通和通讯、娱乐教育文化用品及服务、居住等。每个大类包括若干个中类,中类之下又有基本分类;根据全国城乡 9 万余户居民家庭消费支出调查资料中消费额较大的项目和习惯确定,共设 351 个基本分类。

代表规格品是按照消费量较大,其价格变动趋势和变动程度有较强代表性的合格品的要求选择的,并且都规定了最低数量标准,各地可根据当地实际情况适当增加。

2. 价格的调查与计算

对代表规格品价格的调查,首先是将各种类型的商店、农贸市场、服务网点分别以人均销售额、成交额和经营规模为标志,从高到低排队;其次,分别将销售额、成交额和经营规模累计起来,然后依据所需调查点的数量进行等距抽样选定价格调查点,实行定人、定点、定时的直接调查。一般性商品每月调查 2~3 次价格,对于与居民生活密切相关、价格变动比较频繁的商品,至少每 5 天调查一次。报告期内各调查点及各次调查采集到的价格,用简单算术平均法计算各种代表规格品的平均价格。例如,某市某月大米(基本分类)中的特粳散装大米这种规格品平均价格的计算(见表 5-7)。

表 5-7 特粳散装大米(规格品)价格采集表

大米	单位	规格等级	第一次调查	第二次调查	第三次调查	
静安区第六粮油商店	千克	特粳散装	2.60	2.60	2.60	—
南山农贸市场	千克	特粳散装	2.13	2.20	2.20	—
洛川集市贸易	千克	特粳散装	2.20	2.20	2.20	—
平均价格	元					2.33

将报告期平均价格除以基期平均价格便是代表规格的单项指数(即个体指数)。如已知该地上月特粳散装大米每千克为 2.22 元,这种规格大米的单项指数为 $(2.33 \div 2.22) \times 100\% = 105.1\%$。

3. 指数计算方法和权数

居民消费价格指数计算的程序是先基本分类指数,再中类、大类,最终由各大类指数加权平均为城市(或农村)居民消费价格总指数。基本分类指数是用简单几何平均法对若干种代表规格品的个体指数进行平均;中类和大类指数及总指数则是用加权算术平均法逐层计算。

居民消费价格指数的权数,是居民家庭用于各种商品和服务的支出额占所有消费品和服务支出总额的比重,反映调查商品和服务项目的价格变动在总指数形成中的影响程度,其资料来自城镇和农村居民住户的抽样调查。权数一经确定,一年内固定不变。

现举例说明居民消费价格指数计算的步骤。见表 5-8 和表 5-9。

表 5-8 居民消费价格食品类指数计算表

类别及品名	规格等级	计量单位	权数	指数	指数×权数
食品大类指数			1 000	106.3	
1. 粮食中类			60	101.8	6.10
大米基本分类			600	102.5	61.50
	特粳　散装大米	千克	—	105.1	
	乐惠牌　10公斤袋装	千克		100.0	
	新大米自销品牌 10公斤袋装	千克		102.5	
面粉基本分类			50	103.1	5.16
	富强粉	千克	—	106.3	
	精制粉	千克		100.0	
粮食制品基本分类			322	100.8	32.46
其他			28	95.5	2.67
2. 淀粉及薯类中类			7	99.4	0.70
3. 干豆类及豆制品中类			20	99.2	1.98
4. 油脂中类			25	113.4	2.84
5. 肉禽及其制品中类			178	105.2	18.73
6. 蛋中类			20	103.2	2.06
7. 水产品中类			160	115.5	18.48
8. 菜中类			80	122.1	9.77
9. 调味品中类			15	102.4	1.54
10. 糖中类			10	98.4	0.98
11. 茶及饮料中类			35	100.1	3.50
12. 干鲜瓜果中类			80	106.3	8.50
13. 糕点饼干面包中类			40	100.0	4.00
14. 奶及奶制品中类			50	99.7	4.99
15. 在外用餐食品中类			190	100.6	19.11
16. 其他食品及食品加工服务中类			30	100.0	3.00

表 5-8 列出了食品大类包括的 16 个中类。其中,粮食中类包括大米、面粉、粮食制品和其他 4 个基本分类;大米和面粉的两个基本分类中又分别包括 3 种和 2 种代表规格。

(1) 由各代表规格品的单项指数计算基本分类指数。

例如,大米这一基本分类指数为:

$$I_{(大米)} = \sqrt[3]{1.051 \times 1.00 \times 1.025} \times 100\% = 102.5\%$$

(2) 根据基本分类指数计算中类指数。例如粮食中类指数为:

$$I_{(粮食)} = \sum I_{(基)} W \quad (W—权数)$$

= (1.025×600＋1.031×50＋1.008×322＋0.955×28)/1 000×100%
= 101.8%①

(3) 各中类指数乘以相应的权数,便得到大类指数。例如,食品大类指数便是该大类所含 16 个中类指数与相应权数乘积之和为 106.3%。

(4) 将 8 个大类指数分别乘以相应的权数,便得到总指数。该市某月居民消费价格环比总指数为 102.8%(见表 5-9)。

表 5-9　居民消费价格总指数计算表

类别及品名	规格等级	计量单位	权　数	指　数	指数×权数
居民消费价格指数			1 000	102.8	
一、食品类			390	106.3	41.6
二、烟酒及用品类			30	0.7	3.02
三、衣着类			70	103.8	7.27
四、家庭设备用品及维修服务类			80	100.9	8.07
五、医疗保健及个人用品类			90	99.8	8.98
六、交通和通讯类			75	99.4	7.46
七、娱乐教育文化用品及服务类			152	101.2	15.38
八、居住类			113	98.5	11.13

(二) 居民消费价格指数的应用

居民消费价格指数包含着丰富的社会经济内容,除直接测定不同范围商品和服务价格变动程度、变动趋势外,还可派生出其他一些指数,是研究社会经济问题、制定有关政策的重要依据。现列举几个重要方面来概述。

1. 测定通货膨胀

通货膨胀是货币发行过多,超过商品流通正常需要,引起物价上涨、货币贬值的一种经济现象。它干扰正常的经济秩序,加剧经济周期波动,扩大财政赤字规模,增加居民负担,特别是对低收入居民生活影响更大,给社会带来不稳定因素。因此,各国政府都把抑制和克服通货膨胀作为一种政策目标。对通货膨胀程度的测定是计算通货膨胀率。计算通货膨胀率方法很多,最常见的是用价格指数的增长率表示。计算公式为:

$$通货膨胀率(\%) = \frac{计算期居民消费价格指数}{基期居民消费价格指数} \times 100 - 100 \qquad (5-13)$$

计算结果若为正值,表明存在通货膨胀;若为负值,则表明出现通货紧缩,即价格下跌,币值提高。通货膨胀率通常为环比指数,即选择上一年为基期(如表 5-10)。

---

① 价格指数计算中为避免各项权数数值太小,故权数总和定为 1 000。

表 5-10　我国 1985—1998 年通货膨胀率

单位:%

年　份	通货膨胀率	年　份	通货膨胀率
1985	6.4	1992	2.9
1986	-2.6	1993	7.8
1987	0.7	1994	8.2
1988	10.7	1995	-6.6
1989	0.7	1996	-7.5
1990	-12.6	1997	-6.1
1991	0.3	1998	-4.5

2. 测定货币购买力和职工实际工资(或居民实际收入)的变动

(1) 货币购买力指数。所谓货币购买力,是指单位货币所能购买到的消费品和服务。货币购买力的变动直接由价格的变动所决定,而且呈反方向变动,即价格上涨,货币购买力下降;价格下降,货币购买力提高。因此,货币购买力指数可以由价格指数的倒数表示。计算公式为:

$$货币购买力指数 = \frac{1}{居民消费价格指数} \quad (5-14)$$

例如,上海市 2000 年居民消费价格指数为 102.5%,则同期货币购买力指数为 97.56%,表明该市 2000 年人民币的币值相当于 1999 年的 97.56%。

(2) 职工实际工资指数。职工领得的货币工资能够买到多少消费品和服务,直接受价格变动的影响。为了更确切地反映职工实际生活水平的变动,可以用价格指数来推算职工货币工资实际能够购买到的消费品和服务数量的变动,也即计算职工实际工资指数。计算公式为:

$$职工实际工资指数 = \frac{职工平均工资指数}{居民消费价格指数} \quad (5-15)$$

或　　　　　　　　$= 职工平均工资指数 \times 货币购买力指数$

如上海市 2000 年职工年平均工资为 15 439 元,比上年增长 9.1%,同期居民消费价格指数为 102.5%,则职工实际工资指数为 106.43%(109.1%/102.5%＝106.43%或 109.1%×97.56%＝106.43%)。

3. 计算商品需求的价格弹性系数

商品价格的变动引起对商品需求量的变动,这种经济现象称为需求价格弹性。不同的商品和同种商品不同价格水平的需求弹性是不同的,通常有以下三种情况:

(1) 价格变化同商品需求量的变化方向相反,即商品价格上涨,需求减少;价格下降,需求增加,表明需求有弹性。

(2) 价格变化同商品需求变化方向一致,表明需求弹性不足。

(3) 价格变化而商品需求量没有变化,表明不存在需求弹性。

测定商品需求的价格弹性的指标是价格弹性系数。计算公式为:

$$价格弹性系数 = \frac{需求量变动率}{价格变动率} \quad (5-16)$$

用符号表示：

$$|e|=\frac{\Delta Q}{Q}/\frac{\Delta p}{p}$$

式中：$|e|$——弹性系数绝对值；

Q——商品需求量（或用支出额表示）；

p——价格，Δ 表示增量；$\frac{\Delta p}{p}$＝价格指数－100％。

此外，由于商品之间存在效用替代性，一种商品的价格变动不仅引起自身需求量的变动，还会引起相关商品或替代商品需求量的变动。这种现象称为需求的交叉弹性，可以用交叉弹性系数测定。计算公式为：

$$\text{交叉弹性系数}=\frac{\text{甲商品需求量变动率}}{\text{乙商品价格变动率}} \tag{5-17}$$

用符号表示：

$$e_{ij}=\frac{\Delta Q_j}{Q_j}/\frac{\Delta p_i}{p_i}$$

式中：e_{ij}——商品 j 的需求对商品 i 价格的弹性系数；

j、i——甲、乙两种商品，其他符号同价格弹性系数公式。

计算的结果可为正值或负值，表明乙商品的价格变动 1％引起甲商品需求量增减的百分比。$e_{ij}>0$ 为需求增加，$e_{ij}<0$ 为需求减少。需求的价格弹性系数可用于商品定价决策、需求量的预测和消费结构的变动分析等。

二、股票价格指数

股票作为一种特殊的金融商品，也有价格。广义的股票价格包括票面价格、发行价格、账面价格、清算价格、内在价格、市场价格等。狭义的股票价格，即通常所说的市场价格，也称股票行市。它完全随股市供求行情变化而涨落。股票价格指数是根据精心选择的那些具有代表性和敏感性强的样本股票某时点平均市场价格计算的动态相对数，用以反映某一股市股票价格总的变动趋势。股价指数的单位习惯上用"点"表示，即以基期为 100（或 1 000），每上升或下降 1 个单位称为 1 点。股价指数计算的方法很多，但一般以发行量为权数进行加权综合。公式为：

$$I=\sum p_{1i}q_i/\sum p_{0i}q_i \tag{5-18}$$

式中：p_{1i} 和 p_{0i}——分别为报告期和基期样本股的平均价格；

q_i——第 i 种股票的报告期发行量（也有采用基期的）。

股价指数是反映证券市场行情变化的重要指标，不仅是广大证券投资者进行投资决策分析的依据，也被视为一个地区或国家宏观经济态势的"晴雨表"。世界各地的股票市场都有自己的股票价格指数。在一个国家里，同一股市往往有不同的股票价格。下面介绍几种常见的股票价格指数。

（一）道-琼斯股价平均数

道-琼斯股价平均数（Dow-Jones's Average Index）由美国的道-琼斯公司计算并发布。自 1884 年第一次发布，迄今已有一个多世纪。它是久负盛名、影响最广泛的一种股票价格指数。

道-琼斯股价平均数以在纽约交易所挂牌上市交易的一些著名大公司的股票为编制对象。

最初采用简单算术平均方法计算,将采样股票价格总额除以公司数,反映的是每一公司的平均股票价格总额。为了反映每一单位平均股票价格,应将采样股票价格总和除以总股数,但考虑到增资和折股等各种非市场因素对股票总股数的影响,因此,后来采用除数修正法,即将各种采样股票价格总和除以一个修正后的除数来计算道-琼斯股价平均数。除数修正公式为:

$$修正后的新除数 = \frac{非市场因素影响后的各种采样股票理论价格之和}{非市场因素影响前各种采样股票理论价格之和} \times 原先除数$$

$$道\text{-}琼斯股价平均数 = \frac{采样股票价格总和}{修正后的新除数}$$

人们通常引用的道-琼斯股价指数实际上是一组平均数,包括:

(1) 道-琼斯工业股价平均数。它由美国 30 家著名工商业公司股票组成采样股。主要用以反映整个工商业股票的价格水平。在许多场合,也被用作道-琼斯股价平均数的代表。

(2) 交通运输业股价平均数。以美国 20 家著名的交通运输公司的股票为采样,其中有 8 家铁路公司、8 家航空公司和 4 家公路货运公司。

(3) 公用事业股价平均数。以美国 15 家最大公用事业公司的股票为采样股,反映公用事业类股票的价格水平。

(4) 股价综合平均数。以上述三种股价平均数所涉及的共 65 家公司的股票为采样股综合得到的股价平均数,反映整个股票市场价格的变化趋势。

(二) 标准・普尔股价指数

标准・普尔公司是美国最大的证券研究机构,于 1923 年起开始编制标准・普尔股价指数(Standard & Poor's Lndex)。1957 年起至今,标准・普尔股价指数的采样股一直保持 500 种之多,其中工业股票 400 种、公用事业股票 40 种、金融业股票 40 种、运输业股票 20 种。

标准・普尔股价指数以 1941—1943 年为基期,以股票发行量为权数对所有采样股票价格加权计算而成,其权数根据发行量变化调整。由于它包括了股票市价总值约占纽约证券交易所上市股票的 75%,因此,代表性强,能较全面地反映股票市场价格的变动,在国际金融市场上影响也较大。

(三) 香港恒生指数

1969 年 11 月 24 日,香港恒生银行编制并首次公开发表香港恒生指数(Heng Seng Index, HSI)。它是香港证券市场上最有代表性的股票价格指数。

香港恒生指数共选择了 33 种具有代表性的股票(成分股)为指数计算对象。其中,金融业 4 种、公用事业 6 种、地产业 9 种、其他行业 14 种。

香港恒生指数是以 1964 年 7 月 31 日为基期,基日指数定为 100。计算公式为:

$$即时指数 = \frac{现时成分股的总市值}{上日收市时成分股的总市值} \times 上日收市指数$$

成分股的市值是按股价乘以发行股数计算的。因此,香港恒生指数也是以股票发行量为权数的加权综合指数。

(四) 上海证券交易所股价指数

上海证券交易所股价指数主要有上证综合指数。上证综合指数是以 1990 年 12 月 19 日为基日(该日为上证所正式营业之日),基日定为 100,以所有在上海证券交易所上市的股票为编制范围,采用以股票发行量为权数的综合股价指数。计算公式为:

$$上证综合指数 = \frac{报告期市价总值}{基日市价总值} \times 100$$

式中:市价总值是股票市价乘发行股数;基日市价总值也称为除数。

当市价总值出现非交易因素(增股、配股、汇率等)变动时,原除数需修正,以维持指数的连续可比。修正公式为:

$$修正后的除数 = \frac{修正后的市价总值}{修正前的市价总值} \times 原除数$$

(五)深圳证券交易所股价指数

深圳证券交易所股价指数有深证综合指数和深证成分股指数。

(1)深证综合指数,是以在深圳证券交易所上市的所有股票为对象编制的指数,1991年4月3日为指数的基日,1991年4月4日公布。深证综合指数是以发行量为权数,纳入指数计算范围的股票称为指数股。指数计算基本公式为:

$$深证综合指数 = \frac{现时指数股总市值}{基日指数股总市值} \times 100$$

若遇股市结构有所变动,其修正是用"连锁"方法计算得到的指数溯源于原有基期,以维持指数的连续性。每日连锁方法的计算公式为:

$$今日即时指数 = 上日收市指数 \times \frac{今日即时指数股总市值}{经调整的上日指数股收市总市值}$$

(2)深证成分股指数,是以1994年7月20日为基日,基日指数定为1 000,于1995年1月23日开始发布。深证成分股指数采用流通量为权数,计算公式同深证综合指数。深证成分股指数是从上市公司中挑选出40家具有代表性的成分股计算,成分股选择的一般原则是:① 有一定上市交易日期;② 有一定上市规模;③ 交易活跃。此外,结合考虑公司股份的市盈率,公司的行业代表性,地区、板块代表性,公司的财务状况、管理素质等。

三、房地产价格指数

房地产价格指数是反映房屋销售、租赁和土地交易过程中房地产价格水平变动趋势与变动程度的相对数。它是房屋销售价格指数、房屋租赁价格指数和土地交易价格指数的统称。

(一)房屋销售价格指数

反映商品房、公有房屋和私有房屋各大类房屋的销售价格的变动情况。其中,商品房细分为经济适用房、普通住房、高档公寓等各类住宅,以及商业用房、写字楼等非住宅。在房屋销售价格指数的计算中,小类指数是以报告期的销售收入作为计算权数,大类指数和总指数是以上一年全市各类房屋的销售额作为权数,采用加权算术平均的方法计算出来的。

(二)房屋租赁价格指数

反映住宅、办公用房、商业用房、厂房、仓库的租赁价格变动情况。房屋租赁价格指数的计算与房屋销售价格指数的计算相同,小类指数是以报告期的租赁收入作为计算权数,大类和总指数是以上一年全市各类房屋的租赁额作为权数,采用加权算术平均的方法计算出来的。

(三)土地交易价格指数

反映房地产开发商或其他建设单位,为取得土地使用权而实际支付价格的变动情况。土地交易价格指数主要分类为住宅用地、工业用地、商业、旅游用地等,它是以上一年各类用地的成交额作为权数,采用加权算术平均的方法计算出来的。

房地产价格指数采用重点调查与典型调查相结合的方法取得被调查项目的价格资料,然后采用由下到上逐级汇总的方法编制。以房屋销售价格指数为例,具体的计算方法如下。

(1) 计算调查对象(样本楼盘、土地等)的个体价格指数:
$$k_i = P_1/P_0$$

(2) 计算调查细项(如多层、高层等)和小类价格指数:
$$K = \frac{\sum W_i}{\sum \frac{W_i}{k_i}}$$

式中:k_i——细项中第i个调查对象的个体指数;

P_{1i}和P_{0i}——分别为第i个调查对象的报告期和基期单价;

K——细项指数;

W_i——代表权数,即细项中不同调查对象的报告期销售额。

(3) 计算中类(如:住宅、非住宅)、大类(如:商品房、二手房)价格指数
$$K = \frac{\sum k_i W_i}{\sum W_i}$$

式中:K——某中、大类指数;

k_i——该中、大类下某小类的价格指数;

W_i——中、大类权数,即某中、大类上年的销售额占全社会销售额的比重。

按照方案要求,计算房地产价格指数需要取得报告期样本价格和与之同质可比的房地产(房屋、土地、租赁、物业,下同)基期价格资料。样本价格为报告期销售金额最大的那种类型的价格。由于房地产市场的特殊性,房地产交易是一次性买卖,因此,样本确定及同质可比的基期价格,一般由基层统计人员按方案提供的方法进行确定,尤其是基期价格的确定,其技术性要求很强。目前,受各基层统计人员业务素质参差不齐影响,难免产生误差。这一问题往往需要省市一级的专业统计干部深入实地加强调研,以纠正误差。

小 结

1. 指数从广义而言,是指反映社会经济现象数量差异和变动程度的相对数。狭义的或严格意义上的指数,是指测定复杂的、不可同度量的社会现象综合变动的相对数。指数在社会经济统计中除用于测定诸如价格、产量等综合变动外,还用于总量变动的因素分析和对多指标复杂事物的综合测评。

2. 指数按研究范围不同分为个体指数和总指数,以及介于其中的类指数;按指标的性质不同分为数量指标指数和质量指标指数。总指数有综合指数和平均数指数两种形式。

综合指数和平均数指数都是总指数,在资料完全相同情况下,平均数指数可视为综合指数的变形,计算结果相同。它们的主要区别是:综合指数通常用全面资料计算;先综合,后对比;公式中分子分母之差可以说明变动因素影响的差额。平均数指数用抽样资料计算;先对比,后综合;分子分母之差不能说明变动因素影响的总量差额。在编制方法上,综合指数的关键是确定同度量因素;平均数指数的关键是确定权数。

3. 总平均数指数属于广义指数范畴,它根据分组资料计算,有可变构成指数、固定构成指

数、结构变动影响指数三种形式,在结构分析和因素分析中有独特的意义。

4. 依据互相联系的一组指数以数量平衡形式构成的指数体系,可以对总量变动进行因素分析。

5. 居民消费价格指数和股价指数等是几种最常见的重要的经济指数。从编制方法中,可以看到编制指数在资料采集、公式选择、权数和基期的确定等方面需要处理一系列技术性问题;从指数的应用中,可以看到指数在社会经济问题研究中的重要意义。

习 题

一、单项选择题

1. 能分解为固定构成指数和结构影响指数的平均数指数,它的分子、分母通常是( )。
   A. 简单调和平均数　　　　　　　B. 简单算术平均数
   C. 加权调和平均数　　　　　　　D. 加权算术平均数

2. 编制综合指数数量指标指数(数量指标指数化)时,其同度量因素最好固定在( )。
   A. 报告期　　　B. 基期　　　C. 计划期　　　D. 任意时期

3. 平均价格可变构成指数的公式是( )。

   A. $\dfrac{\sum p_1 q_1 / \sum q_1}{\sum p_0 q_1 / \sum q_1}$　　
   B. $\dfrac{\sum p_0 q_1 / \sum q_1}{\sum p_0 q_0 / \sum q_0}$　　
   C. $\dfrac{\sum p_1 q_1 / \sum q_1}{\sum p_0 q_0 / \sum q_0}$　　
   D. $\dfrac{\sum p_0 q_1 / \sum q_1}{\sum p_1 q_0 / \sum q_0}$

4. 平均指标指数可以分解为两个指数,所以( )。
   A. 任何平均指标都能分解
   B. 加权算术平均指标和加权调和平均指标才能分解
   C. 只有加权算术平均指标才能分解
   D. 按加权算术平均法计算的平均指标,并有变量数值和权数资料时才能进行分解

5. 某企业报告期产量比基期增长了10%,生产费用增长了8%,则其产品单位成本降低了( )。
   A. 1.8%　　　B. 2%　　　C. 20%　　　D. 18%

6. 狭义指数是反映( )数量综合变动的方法。
   A. 有限总体　　B. 无限总体　　C. 复杂总体　　D. 简单总体

7. 数量指标综合指数 $\left[\dfrac{\sum q_1 p_0}{\sum q_0 p_0}\right]$ 变形为加权算术平均数指数时的权数是( )。
   A. $q_1 p_1$　　　B. $q_0 p_0$　　　C. $q_1 p_0$　　　D. $q_0 p_1$

8. 在由3个指数所组成的指数体系中,两个因素指数的同度量因素通常( )。
   A. 都固定在基期　　　　　　　　B. 都固定在报告期
   C. 一个固定在基期一个固定在报告期　　D. 采用基期和报告期的平均数

9. 固定权数的加权算术平均数价格指数的计算公式是( )。

A. $\dfrac{\sum \frac{p_1}{p_0}W}{\sum W}$ B. $\dfrac{\sum \frac{q_1}{q_0}W}{\sum W}$ C. $\dfrac{\sum W}{\sum \frac{1}{k}}$ D. $\dfrac{\sum W}{\sum \frac{p_1}{p_0}W}$

10. 结构影响指数大于1,说明(　　)。
   A. 基期平均水平较高组数量指标比重下降
   B. 基期平均水平较高组数量指标比重上升
   C. 基期平均水平较低组数量指标比重不变
   D. 基期平均水平较低组数量指标比重上升

11. 若要了解某市居民的收入情况,则比较适合采用(　　)。
   A. 简单随机抽样　　B. 类型抽样　　C. 整群抽样　　D. 机械抽样

12. $\sum q_1 p_0 - \sum q_0 p_0$ 表示(　　)。
   A. 由于价格的变动而引起的产值增减数　B. 由于价格的变动而引起的产量增减数
   C. 由于产量的变动而引起的价格增减数　D. 由于产量的变动而引起的产值增减数

13. 如果产值增加50%,职工人数增长20%,则全员劳动生产率将增长(　　)。
   A. 25%　　B. 30%　　C. 70%　　D. 150%

14. 某商品价格发生变化,现在的100元只值原来的90元,则价格指数为(　　)。
   A. 10%　　B. 90%　　C. 110%　　D. 111%

15. 加权调和平均数指数用于编制下列哪种指数?(　　)
   A. 工业生产指数　　　　　　B. 零售商品价格指数
   C. 居民消费价格指数　　　　D. 农副产品收购价格指数

二、判断题
1. 统计指数的本质是对简单相对数的平均。(　)
2. 在编制综合指数时,虽然将同度量因素加以固定,但是,同度量因素仍起权数作用。(　)
3. 在编制总指数时经常采用非全面统计资料仅仅是为了节约人力、物力和财力。(　)
4. 拉氏数量指数并不是编制数量指标综合指数的唯一公式。(　)
5. 在平均指标变动因素分析中,可变构成指数是专门用以反映总体构成变化影响的指数。(　)
6. 在由三个指数构成的指数体系中,两个因素指数的同度量因素指标是不同的。(　)
7. 价格降低后,同样多的人民币可多购商品15%,则价格指数应为85%。(　)
8. 某厂工人分为技术工和辅助工两类,技术工的工资水平大大高于辅助工。最近,该厂一财务人员对全厂工人的平均工资变动情况进行了动态对比,他发现与上年相比,全厂工人的平均工资下降了5%。而另一人则通过分析认为,全厂工人的工资水平并没有下降,而实际上工人的工资平均提高了5%。则认为这两人的分析结论是矛盾的。(　)
9. 说明现象总的规模和水平变动情况的统计指数是质量指数。(　)
10. 有人认为,定基发展速度等于相应环比发展速度连乘积,动态指数相当于发展速度,因此,定基指数也总是等于相应环比指数的连乘积。(　)

三、计算题

1. 某市几种主要副食品调整价格前后资料如下：

	调整前		调整后	
	零售价(元/千克)	销售量(万担)	零售价(元/千克)	销售量(万担)
蔬菜	3.00	5.00	4.00	5.20
猪肉	22.00	4.46	24.40	5.52
鲜蛋	7.20	1.20	7.68	1.15
水产品	12.60	1.15	15.2	1.30

试计算：(1) 各商品零售物价和销售量的个体指数。(2) 四种商品物价和销售量的总指数。(3) 由于每种商品和全部商品价格变动使该市居民增加支出的金额。

2. 某地区2018—2019年三种鲜果产品收购资料如下：

	2018年		2019年	
	旺季平均价格(元/担)	收购额(万元)	旺季平均价格(元/担)	收购额(万元)
芦柑	110	250	118	300
香蕉	120	300	128	330
鲜桃	98	80	106	120

试计算三种鲜果产品收购价格指数，说明该地区2019年较2018年鲜果收购价格的提高程度，以及由于收购价格提高使农民增加的收入。

3. 试根据以下关于某企业三种产品产值和产量动态的资料，计算三种产品产量总指数，以及由于产量增加使企业所增加的产值。

产品	实际产值(万元)		2019年比2018年产量增长(%)
	2018年	2019年	
甲	400	4 260	74
乙	848	1 135	10
丙	700	1 432	40

4. 某企业资料如下表所示：

商品名称	总产值(万元)		报告期出厂价格比基期增长(%)
	基期	报告期	
甲	1 450	1 680	12
乙	2 200	2 760	15
丙	3 500	3 780	5

试计算:(1) 计算出厂价格指数和由于价格变化而增加的总产值;(2) 计算总产值指数和产品产量指数;(3) 试从相对数和绝对数两方面简要分析总产值变动所受的因素影响。

5. 某企业全员劳动生产率资料如下表所示:

车 间	平均职工人数(人)		全员劳动生产率(元/人)	
	一季度	二季度	一季度	二季度
甲	900	600	1 588	2 000
乙	1 100	1 400	2 909	3 429

试计算:试从相对数和绝对数两方面简要分析该企业全员劳动生产率二季度比一季度变动所受的因素影响。

6. 根据下列资料,计算某市粮食物价指数、副食品物价指数、食品类物价指数和全部零售商品物价指数。

类别和项目	权 数	组指数或类指数(%)
一、食品类	48	
(一)粮食	25	
1. 细粮	98	100.0
2. 粗粮	2	100.0
(二)副食品	48	
1. 食用植物油及油料	6	106.1
2. 食盐	2	100.0
3. 鲜菜	17	96.7
4. 干菜	4	101.7
5. 肉禽蛋	38	122.7
6. 水产品	21	140.2
7. 调味品	5	98.6
8. 食糖	7	103.0
(三)烟酒类	13	102.3
(四)其他食品	14	108.1
二、衣着类	16	116.4
三、家庭设备及用品类	10	109.7
四、医疗保健类	3	98.0
五、交通和通讯工具类	3	105.2
六、娱乐教育文化类	8	108.0
七、居住类	7	128.3
八、服务项目类	3	112.6

7. 某省农副产品收购价格和收购金额见下表：

商品类别和名称	代表规格品等级	计量单位	平均价格(元) 基期	平均价格(元) 报告期	指数(%)	报告期实际收购额(元)
总指数						
一、粮食类						90 000
稻 谷					101.15	60 000
小 麦					101.53	20 000
玉 米	二级	kg	1.74	1.76	102.73	10 000
二、经济作物类	中等	kg	2.62	2.66	105.11	50 000
三、木材类	中等	kg	2.20	2.26	104.23	20 000
四、工业品油漆类					101.23	35 000
五、禽畜产品类					99.36	15 000
六、蚕丝类					101.35	10 000
七、干鲜类					102.38	30 000
八、干鲜菜及调味品类					108.40	50 000
九、土副产品类					105.40	30 000
十、药材类					102.50	40 000
十一、水产品类					98.60	10 000

要求：(1) 计算各类产品按基期价格计算的收购额。(2) 计算该省农副产品收购价格总指数。

8. 某企业报告期生产的甲、乙、丙三种产品的总产值分别是80万元、32万元、150万元，产品价格报告期和基期相比分别为105%、100%和98%，该企业总产值报告期比基期增长了8.5%。试计算三种产品产量和价格总指数以及对总产值的影响。

9. 某地区社会商品零售额报告期为9.89亿元，比基期增加1.29亿元，零售物价指数涨了3%，试分析报告期比基期的商品销售量的变动情况。

10. 某地区市场销售额，报告期为40万元，比上年增加了5万元，销售量与上年相比上升3%，试计算：

(1) 市场销售量总指数；(2) 市场销售价格指数；(3) 由于销售量变动对销售额的影响。

11. 某地区，甲、乙、丙、丁四种产品的个体零售价格指数分别为：110%、104%、108.5%、118%，它们的固定权数分别为11%、29%、35%、25%，试计算这四类商品的零售物价指数。

12. 某企业2018年和2019年的产值和职工人数资料如下：

年份	产值(万元)	职工人数(人) 总人数	职工人数(人) 其中：生产工人数
2018	4 500	800	640
2019	6 500	840	714

试分析该企业 2019 年比 2018 年产值增长中各个因素变动的影响作用。试计算：

（1）就生产工人及工人劳动生产率两个因素进行分析。（2）就职工人数、生产工人占职工人数比重及工人劳动生产率三个因素进行分析。以上两种分析，都要计算相对影响程度和绝对影响额。

13. 某化工厂两种产品产量和原材料耗用的资料如下：

产品名称	产量		原材料名称	每吨产品原材料消耗量（吨）		每吨原材料价格	
	基期	报告期		基期	报告期	基期	报告期
	q_0	q_1		m_0	m_1	p_0	p_1
电石	10	11	石灰石	0.85	0.84	25.0	25.0
			焦炭	0.55	0.54	90.0	86.0
石灰	9	10	石灰石	2.00	2.00	7.0	6.8
			焦炭	0.14	0.15	90.0	86.0

试分析原材料费用总额变动受各因素变动的影响程度和影响绝对额。

14. 某企业基期和报告期工人工资如下：

按技术级别分组	基期		报告期	
	工人数（人）	平均工资（元）	工人数（人）	平均工资（元）
5 级以上	45	6 000	50	6 800
3～4 级	120	5 000	180	5 400
1～2 级	40	3 000	135	3 700

试分析该企业职工工资水平变动情况（从相对数和绝对数两方面分析）。

15. 试根据下表资料，从相对程度和绝对额两个方面，分析原材料费用总额变动分别受产量（Q）、每吨产品材料消耗量（M）、材料价格（P）因素的影响。

产品	产量（Q）		材料名称	每吨产品材料消耗量（M）		每吨材料价格（P）（元）	
	基期	报告期		基期	报告期	基期	报告期
甲	100	120	A	1.1	1.05	40	45
			B	0.5	0.48	15	22
乙	40	46	A	2	2.1	40	45
			B	0.2	0.19	15	22

第六章 概率基础

学习重点和要点

（1）了解样本空间的概念，理解随机事件的概念，掌握事件的关系与运算。

（2）了解概率的定义，掌握概率的性质并利用它们进行概率计算。

（3）理解条件概率的概念，掌握概率的乘法公式、全概率公式、贝叶斯公式，并会应用它们进行概率计算。

（4）理解随机变量、分布函数的概念，掌握离散型随机变量的分布列、连续型随机变量的密度函数。

（5）熟练掌握二项分布、泊松分布、正态分布，理解数学期望、方差的定义和性质。

第一节 概率概述

一、随机试验

（一）基本概念

在自然界和日常生活中存在着许多不确定现象，如每天的天气可能不同，抛一枚硬币和从一副纸牌中随机抽取一张的结果也不可预测等，所有这些现象都有一个共同的特点，那就是在一定条件下事物的出现只具有可能性但不具有必然性。所谓可能而又不必然，则意味着在一定条件下出现的结果不止一种，因此对其中任意一种结果的出现，都只能说具有一定的可能性、偶然性或称随机性，我们把这种现象称为随机现象。

很多随机现象是可以大量重复的，对于这种可重复的随机现象的观察称为随机试验，简称试验。随机试验必须符合以下条件：

1. 可重复性

随机试验可以在相同的条件下重复进行。

2. 结果非唯一性

试验的所有可能的结果是事先已知的，并且结果不止一个。

3. 随机性

每次试验之前不能肯定将会出现哪个结果。

试验的每一种可能的结果称为样本点,记为 ω。所有样本点的集合称为样本空间,记为 Ω。从集合论的角度来看,ω 是 Ω 的一个元素,即 $\omega \in \Omega$。

若干样本点的集合称为随机事件,简称事件,记为大写字母 A、B、C 等。可见,事件是样本空间 Ω 的子集。在试验中,如果出现 A 中所包含的一个样本点,则称事件 A 发生。随机事件有两种极端的情况:一种是在一定条件下,每次实验必然发生的事件,称为必然事件;另一种为不可能事件。从样本空间来看,必然事件是由其全部样本点组成的,故可记为 Ω;而不可能事件则不含有任何样本点,故记为空集 Φ。必然事件和不可能事件实质上都是已经失去了"随机性"的确定现象,只是为方便起见,仍将其作为随机事件的两个极端情形来处理。

例如,有编号为 1、2、3 的三件产品(其中 1、2 号为合格品,3 号为不合格品),从中随机抽出 2 件,$\omega_1 = \{1, 2\}$、$\omega_2 = \{1, 3\}$、$\omega_3 = \{2, 3\}$ 为基本事件;样本空间 $\Omega = \{\omega_1, \omega_2, \omega_3\}$;$B = \{\omega_1, \omega_2\}$;"抽到 1 件合格品,1 件不合格品"为复合事件;"抽到的 2 件产品都是不合格品"为不可能事件;"抽到的 2 件产品中至少有一件是合格品"为必然事件。

(二) 随机事件的关系和运算

在实际问题中,常常要研究一些比较复杂的事件,这些比较复杂的事件往往是由一些较简单的事件组成的。这就需要将这些较复杂的事件分解成若干个较简单的事件,并研究它们之间的相互关系。

1. 事件的包含

设有事件 A 与 B,若事件 A 发生时事件 B 必然发生,则称事件 B 包含事件 A,记作 $A \subset B$ 或 $B \supset A$。

2. 事件的相等

若事件 A 包含事件 B,同时事件 B 也包含事件 A,则称事件 A 与 B 相等,记作 $A = B$。

3. 事件的和(或并)

若事件 A 和 B 中至少有一个发生,即事件"A 或 B"发生,则称该事件为 A 与 B 的和(或并),记作 $A + B$ 或 $A \cup B$。

4. 事件的差

若事件 A 发生而事件 B 不发生,则称该事件为事件 A 与事件 B 的差,记作 $A - B$。

5. 事件的积(或交)

若事件 A 与 B 同时发生,即事件"A 并且 B"发生,则称该事件为事件 A 与 B 的联合事件(亦可称两个事件的交或积),记作 AB 或 $A \cap B$。

6. 互不相容事件

若事件 A 与 B 不能同时发生,即 $AB = \Phi$,则称事件 A 与 B 互不相容(或称互斥)。显然,基本事件间是互不相容的。

7. 对立事件

若事件 A 与 B 两者中必有一个发生且仅有一个发生,即同时满足条件 $A + B = \Omega$ 及 $AB = \Phi$,则称 A 与 B 为互相对立(或互逆)事件。事件 A 的对立事件记作 $\overline{A}$,即有 $A + \overline{A} = \Omega$ 且 $A\overline{A} = \Phi$。

8. 完备事件组

若事件 $A_1, A_2, A_3, \cdots, A_n$ 为两两互斥，且 $A_1 + A_2 + A_3 + \cdots + A_n = \Omega$，称 $A_1, A_2, A_3, \cdots, A_n$ 构成一个完备事件组。

二、事件发生的概率

由于随机事件的随机性，在一次试验中事件是否发生不能事先知道，但它在一次试验中发生的可能性有的要大些，有的要小些。我们常常需要知道某些事件在一次试验中发生的可能性大小，揭示出这些事件的内在的统计规律，以便我们能更好地认识客观事物。例如，知道了某食品在每段时间内变质的可能性大小，就可以合理地制定该食品的保质期。为了合理地刻画事件在一次实验中发生的可能性大小，我们先引入频率的概念，进而引出表征事件在一次试验中发生的可能性大小的数字度量——概率。

(一) 事件发生的频率及计算

设 A 是一个事件，在相同的条件下，进行 n 次试验，在 n 次试验中，事件 A 发生了 m 次。则称 m 为事件 A 在 n 次试验中发生的次数，称 m 与 n 的比值 m/n 为事件 A 在 n 次试验中发生的频率，记为 $f_n(A)$，即：

$$f_n(A) = \frac{m}{n}$$

由频率的定义不难知道频率有如下性质：

1. 非负性

$$f_n(A) \geqslant 0;$$

2. 规范性

$$f_n(\Omega) = 1;$$

3. 有限可加性

设 n 个事件 $A_1, A_2, A_3, \cdots, A_n$ 是互不相容的，则：

$$f_n\left(\sum_{i=1}^{m} A_i\right) = \sum_{i=1}^{m} f_n(A_i)$$

实践证明：在大量重复试验中，随机事件的频率具有稳定性。也就是说，在不同的试验序列中，当试验次数 n 充分大时，随机事件 A 的频率 $f_n(A)$ 常在某个确定的数字附近摆动。

例如，一些著名的统计学家进行过抛硬币的试验，得到如表 6-1 所示结果。

表 6-1 抛硬币试验数据表

试验者	抛硬币次数 n	正面朝上次数 m	频率 $f_n(A)$
Buffon	4 040	2 048	0.506 9
Feller	10 000	4 979	0.497 9
Pearson	12 000	6 019	0.501 6
Pearson	24 000	12 012	0.500 5

从上表中不难发现：在抛硬币的试验中，"正面朝上"这一随机事件 A 在 n 次试验中发生的频率 $f_n(A)$ 具有随机波动性，且当 n 较小时，它随机波动的幅度较大；当 n 较大时，它随机波动的幅度较小，最后，随着 n 的逐渐增大，$f_n(A)$ 逐渐稳定于固定值 0.5。

再如，某人做过的某类种子的发芽试验。从一大批种子中抽取7批种子做发芽，其结果见表6-2。

表6-2 种子发芽率试验数据表

种子粒数	10	70	310	700	1 500	2 000	3 000
发芽粒数	9	60	282	639	1 339	1 806	2 715
发芽率	0.9	0.857	0.910	0.913	0.893	0.903	0.905

在本例中，我们可将观察一粒种子是否发芽作为一次试验。若种子发芽，则记事件 A 发生。从表6-2中也不难发现：事件 A 在 n 次试验中发生的频率 $f_n(A)$ 也具有随机波动性，且当 n 较小时，它随机波动的幅度较大；当 n 较大时，它随机波动的幅度较小，最后，随着 n 的逐渐增大，$f_n(A)$ 逐渐稳定于固定值0.9。

从上述两个例子中不难看出频率具有下列特性：

(1) 随机波动性。当 n 较小时，频率 $f_n(A)$ 在0～1之间随机波动，其幅度较大。即使对同样的 n 所得的 $f_n(A)$ 也不尽相同。因此，当 n 较小时用频率来表达事件发生的可能性大小显然是不合适的。

(2) 统计规律性。当 n 逐渐增大时，频率 $f_n(A)$ 呈现出稳定性，逐渐稳定于某个常数。因此，用频率的这个稳定值来表示事件发生可能性大小是合适的。由于频率的这种稳定性是通过大量统计显示出来的，所以称为统计规律性。

理论上大量实验所得到的频率可以表征事件发生的可能性。但是，在实际问题中，我们不可能也没有必要对每个事件都做大量的试验，从中得到频率的稳定值。现在，我们从频率的稳定性和频率的性质出发，给出度量实践发生的可能性大小的量即概率。

(二) 概率的统计定义

在相同的条件下进行大量试验时，根据频率的稳定性，事件 A 的频率必然稳定在某一个确定数 p 的附近，则定义事件 A 的概率为 $P(A)=p$。

由概率的统计定义可以得到概率 $P(A)$ 具有以下基本性质：

1. 非负性
$$0 \leqslant P(A) \leqslant 1$$

2. 规范性
$$P(\Phi)=0; P(\Omega)=1$$

(三) 概率的运算法则

1. 加法法则

法则1：如果事件 A,B 互不相容，则有 $P(A+B)=P(A)+P(B)$ \hfill (6-1)

推论1：如果事件 $A_1,A_2,\cdots,A_n$ 之间两两互斥，则有：
$$P(\sum_{i=1}^{n} A_i) = \sum_{i=1}^{n} P(A_i) \tag{6-2}$$

推论2： $\qquad P(A)+P(\overline{A})=1$ \hfill (6-3)

法则2：对于任意两个随机事件 A,B 有：
$$P(A \cup B)=P(A)+P(B)-P(AB) \tag{6-4}$$

利用数学归纳法我们还能把上述加法公式推广到任意 n 个事件 $A_1, A_2, \cdots, A_n$ 的情形,这时可证得:

$$P(\sum_{i=1}^{n} A_i) = \sum_{i=1}^{n} P(A_i) - \sum_{1 \leqslant i < j \leqslant n} P(A_i A_j) + \sum_{1 \leqslant i < j < k \leqslant n} P(A_i A_j A_k) - \cdots + (-1)^{n-1} P(A_1 A_2 \cdots A_n)$$

(6-5)

2. 条件概率、乘法法则

(1) 条件概率

如果 A、B 是两个随机事件,且 $P(B) > 0$,则称在事件 B 发生的条件下,事件 A 发生的概率为条件概率,记作 $P(A/B)$,且:

$$P(A/B) = \frac{P(AB)}{P(B)}$$

(2) 乘法法则

如果 A、B 是两个随机事件,由条件概率的公式可知,当 $P(B) > 0$ 时,有:

$$P(AB) = P(B) \cdot P(A/B) \tag{6-6}$$

同理,当 $P(A) > 0$ 时,有:

$$P(AB) = P(A) \cdot P(B/A) \tag{6-7}$$

以上两式即为概率的乘法公式。

若事件满足:

$$P(AB) = P(A)P(B)$$

则称 A、B 相互独立。

推论:如果事件 $A_1, A_2, \cdots, A_n$ 相互独立,则:

$$P(A_1 A_2 \cdots A_n) = P(A_1) P(A_2) \cdots P(A_n) \tag{6-8}$$

3. 全概率公式

若事件 $B_1, B_2, \cdots, B_n$ 是 n 个互不相容事件,且 $\sum_{i=1}^{n} B_i = \Omega, P(B_i) > 0 (i = 1, 2, \cdots, n)$,则称 $B_1, B_2, \cdots, B_n$ 是一个完备事件组。

在此基础上,我们可以得到全概率公式。

设 $B_1, B_2, \cdots, B_n$ 是一个完备事件组,则对于任一随机事件 A,有:

$$P(A) = \sum_{i=1}^{n} P(B_i) P(A/B_i) \tag{6-9}$$

4. 贝叶斯公式

设 Ω 是样本空间,A 为一个事件,$B_1, B_2, \cdots, B_n$ 为 Ω 的一个划分,且 $P(A) > 0, P(B_i) > 0, i = 1, 2, \cdots, n$,则:

$$P(B_i/A) = \frac{P(A/B_i) P(B_i)}{\sum_{j=1}^{n} P(A/B_j) P(B_j)}, \quad i = 1, 2, \cdots, n. \tag{6-10}$$

称为贝叶斯(Bayes)公式。

第二节 随机变量及其概率分布

一、随机变量

为了方便地研究随机试验的各种结果及各种结果发生的概率,我们常把随机试验的结果与实数对应起来,即把随机试验的结果进行数量化,引入随机变量的概念:随机试验 E 的每一个可能结果 ω 都唯一对应一个实数值 $X(\omega)$,则称实数变量 $X(\omega)$ 为随机变量,简称 X。随机变量的可能取值结果记为 x。

按照随机变量可能取值性质的不同,随机变量有连续型和离散型之分。离散型随机变量是指只能取有限个或可列(无限)个数值的随机变量。连续型随机变量是指可以在某一区间或多个区间内取任意值的随机变量。定量的随机变量的具体表现为数值;定性的随机变量的具体表现虽然为某种属性特征,但在统计上,也可以用数字来代表,如用"1"表示合格品、"0"表示不合格品等。

随机变量具有如下两个特点:
(1) 取值的随机性,即事先不能确定 X 取哪个值;
(2) 统计规律性,即完全可以确定 X 取某个值或 X 在某一区间内取值的概率。

二、离散型随机变量的分布列

(一)离散型随机变量分布列的概念

将离散型随机变量 X 的所有可能取值 $x_1, x_2, \cdots, x_k, \cdots$ 及其相应的概率 $P(x_1), P(x_2), \cdots, P(x_k), \cdots$ 用函数式、表格或图形表示出来,就称为离散型随机变量的概率分布或分布列。

离散型随机变量概率分布的函数表达式为:
$$P(X=x_i)=P(x_i)(i=1,2,\cdots,k,\cdots)$$

离散型随机变量概率分布的表格形式见表 6-3。

表 6-3 离散型随机变量概率分布表

x_i	x_1	x_2	$\cdots$	x_k	$\cdots$
$P(x_i)$	$P(x_1)$	$P(x_2)$	$\cdots$	$P(x_k)$	$\cdots$

(二)离散型随机变量概率分布的性质

离散型随机变量的概率分布具有下列性质:
(1) $\qquad P(x_i) \geqslant 0 \quad (i=1,2,\cdots,k,\cdots)$ (6-11)
(2) $\qquad \sum P(x_i) = 1$ (6-12)

例如,一批零件中有 9 个正品、3 个次品,安装机器时从这批零件中任取 1 个。如果每次取出的次品不再放回去,求在取得正品以前已取出次品的概率。

设随机变量 X 表示在取得正品之前已取出的次品数,则 $X=\{0,1,2,3\}$,计算得:

$$P(X=0)=\frac{C_9^1}{C_{12}^1}=0.75 \quad P(X=1)=\frac{C_3^1 C_9^1}{P_{12}^2}=0.204$$

$$P(X=2)=\frac{P_3^2 C_9^1}{P_{12}^3}=0.041 \quad P(X=3)=\frac{P_3^3 C_9^1}{P_{12}^4}=0.005$$

X 的概率分布表如下：

X	0	1	2	3
$P(X=x_i)$	0.75	0.204	0.041	0.005

三、连续型随机变量的概率密度函数

（一）连续型随机变量概率密度函数的概念

对于连续型随机变量来说其取值可以是一个区间上的任意实数值，因此，连续型随机变量应为事件$(a<X<b)$的概率。

对于随机变量 X，如果存在非负函数 $f(x) \geqslant 0(-\infty<x<+\infty)$，使对任意实数 a、$b(a<b)$，都有 $P(a<X<b)=\int_a^b f(x)\mathrm{d}x$，则称 X 为连续型随机变量，$f(x)$ 为 X 的概率密度函数或密度函数。

（二）连续型随机变量概率密度的性质

概率密度 $f(x)$ 具有下列性质：

(1) 由定义知，概率密度是非负函数，即 $f(x) \geqslant 0$ (6-13)

(2) 因为随机变量 X 取得任意实数值（记作 $-\infty<X<+\infty$）是必然事件，所以必然有：

$$\int_{-\infty}^{+\infty} f(x)\mathrm{d}x = 1 \tag{6-14}$$

四、分布函数

离散型随机变量和连续型随机变量的统计规律除了可分别用分布列和密度函数来描述外，还可用以下定义的分布函数来全面描述。

设 X 是一个随机变量，对于任何实数 x，令：

$$F(x)=P(X \leqslant x), -\infty<x<\infty$$

则称 $F(x)$ 为随机变量 X 的概率分布，简称分布函数。

分布函数 $F(x)$ 是事件 $\{X \leqslant x\}$ 发生的概率，它是定义在整个实数轴上的函数，并具有以下性质：

(1) $\quad 0 \leqslant F(x) \leqslant 1, -\infty<x<\infty$ (6-15)

(2) $F(x)$ 是 x 的非降函数，即若且 $x_1<x_2$，则有 $F(x_1) \leqslant F(x_2)$ (6-16)

(3) $\quad F(-\infty)=\lim\limits_{x \to -\infty}F(x)=0, F(\infty)=\lim\limits_{x \to \infty}F(x)=1$ (6-17)

若 X 是离散型随机变量，则：

$$F(x) = P(X \leqslant x) = \sum_{x_k \leqslant x} P(X=x_k) \tag{6-18}$$

若 X 是连续型随机变量，则：

$$F(x) = P(X \leqslant x) = \int_{-\infty}^x f(t)\mathrm{d}t \tag{6-19}$$

五、随机变量的数字特征

随机变量的分布函数(或分布列、密度函数)虽然全面地描述了随机变量的统计规律性,但在实际问题中,人们往往需要用随机变量的一些重要数字特征来概括分布的特点(当分布未知时更是如此)。随机变量的两个最常用的数字特征是数学期望和方差。

(一) 数学期望

1. 定义

设离散型随机变量 X 的分布列为:

$$P(X=x_k)=p_k, k=1,2,\cdots$$

则称级数 $\sum_{k=1}^{\infty} x_k p_k$ 为 X 的数学期望或均值,记作 $E(X)$ 或 μ,即:

$$E(X) = \mu = \sum_{k=1}^{\infty} x_k p_k$$

在上式中用积分运算符代替求和运算符,可进一步引出连续型随机变量的数学期望定义。设连续型随机变量 X 的密度函数为 $f(x)$,则 X 的数学期望定义为:

$$E(X) = \mu = \int_{-\infty}^{\infty} x f(x) \mathrm{d}x$$

2. 性质

(1) 设 c 为常数,则有 $E(c)=c$ (6-20)

(2) 设 X 为一个随机变量,a,b 为常数,则:

$$E(aX+b)=aE(X)+b \quad (6-21)$$

(3) 设 $X_1, X_2, \cdots, X_n$ 为 n 个随机变量,则:

$$E(X_1+X_2+\cdots+X_n)=E(X_1)+E(X_2)+\cdots+E(X_n) \quad (6-22)$$

(二) 方差

1. 定义

数学期望度量了随机变量的平均取值水平,反映了其分布的中心位置。但在许多实际问题中,仅仅知道均值是不够的,还应了解随机变量的变异程度。

随机变量的取值是以数学期望为中心而分布的,因此,可以用这些取值对数学期望的偏离程度来衡量随机变量取值的变异性。

设 X 是一个随机变量,称 $E[X-E(X)]^2$ 为随机变量 X 的方差,记作 $D(X)$ 或 σ^2,即:

$$D(X)=\sigma^2=E[X-E(X)]^2$$

由于 $[X-E(X)]^2$ 只取非负值,故方差作为它的平均值必然是一个非负值。方差的平方根 $\sqrt{D(X)}$ 称为标准差,常记为 $\sigma(x)$,即:

$$\sigma(x)=\sqrt{D(X)}$$

方差是通过数学期望来定义的,它是随机变量 X 的函数 $[X-E(X)]^2$ 的数学期望。

若 X 是离散型随机变量,其分布列为:

$$P(X=x_k)=p_k, k=1,2,\cdots$$

则:

$$D(X) = \sigma^2 = E[X-E(X)]^2 = \sum_{k=1}^{\infty}[x_k-E(X)]^2 p_k$$

若 X 是连续型随机变量,其密度函数为 $f(x)$,则:

$$D(X) = \sigma^2 = E[X-E(X)]^2 = \int_{-\infty}^{\infty}[x-E(X)]^2 f(x)\mathrm{d}x$$

2. 性质

随机变量的方差具有以下一些性质:

(1) 设 c 为常数,则有:

$$D(X)=0 \qquad (6-23)$$

(2) 设 X 为一个随机变量,a、b 为常数,则:

$$D(aX+b)=a^2 D(X) \qquad (6-24)$$

(3) 设 $X_1, X_2, \cdots, X_n$ 为 n 个相互独立的随机变量,则有:

$$D(X_1+X_2+\cdots+X_n)=D(X_1)+D(X_2)+\cdots+D(X_n) \qquad (6-25)$$

第三节 几种常见的概率分布

一、几种常见的离散型分布

(一) 二项分布

1. 贝努利试验

将随机试验 E 重复进行 n 次,若各次试验的结果互不影响,即每次试验结果出现的概率都不依赖于其他各次试验的结果,这样的试验称为 n 重独立试验。特别是,若在 n 重独立试验中,每次试验的结果只有"成功(A)"或"失败($\overline{A}$)"两种可能结果。例如,任意抽取一件产品(合格、不合格)、新生婴儿的性别(男性、女性)等。将其中一种结果视为"成功(A)",另一种结果即为"失败($\overline{A}$)",且 $P(A)=p, P(\overline{A})=q(0<p<1, p+q=1)$,则这样的试验称为贝努利(Bernoulli)试验,其试验的数学模型称为贝努利(Bernoulli)概型。

2. 二项分布

在贝努利概型中,设事件 A 在各次试验中发生的概率 $P(A)=p(0<p<1)$,则在 n 次独立试验中恰好发生 k 次的概率:

$$P(k)=C_n^k p^k q^{n-k},$$

其中 $p+q=1, k=0,1,2,\cdots,n$。

如果把事件 A 发生的次数记为随机变量 X,其概率分布为:

$$P(X=k)=C_n^k p^k q^{n-k} \quad (k=0,1,2,\cdots,n)$$

此概率分布是二项式 $(p+q)^n$ 展开式的第 $(k+1)$ 项,故称 X 服从二项分布(其中:n, p 为参数),记为 $X \sim B(n,p)$。

3. 二项分布的分布特征

(1) 二项分布为离散型分布；

(2) n 和 p 是二项分布的两个参数，当 n 和 p 确定之后，二项分布就唯一地被确定了；

(3) 二项分布的图形当 $p=0.5$ 时是对称的，当 $p\neq 0.5$ 时是非对称的，而当 n 愈大时非对称性愈不明显；

(4) 二项分布的数学期望 $E(X)$ 等于 np，方差 $D(X)$ 等于 npq。

(二) 0—1 分布

在一次贝努力试验中，成功的次数 X 是只可能取 0 和 1 两个值的离散型随机变量，它的分布列为下表：

X	0	1
P	p	q

这种概率分布称为两点分布或 0—1 分布。0—1 分布实际上是二项分布的一个特例，即 $B(1,p)$，它只含一个参数 p。该分布的数学期望和方差分别为 $E(X)=p, D(X)=pq$。

(三) 泊松分布

1. 概率分布

对于二项分布，我们给出了它的计算公式。但是，如果 n 值很大，且 p 又很小，利用二项进行计算将十分麻烦。因此有必要研究当 n 很大时，二项分布的极限分布是什么。

当 n 很大，且 p 又极小，$np=\lambda, p=\dfrac{\lambda}{n}$，（$\lambda$ 为大于 0 的常数），这时有：

$$\lim_{n\to\infty} C_n^k p^x(1-p)^{n-x} = \lim_{n\to\infty}\frac{n(n-1)\cdots(n-k+1)}{k!}\times\left(\frac{\lambda}{n}\right)^k\left(1-\frac{\lambda}{n}\right)^{n-k}$$

$$=\frac{\lambda^k}{x!}e^{-\lambda}$$

可见，当 n 很大时，可用 $\dfrac{\lambda^k}{k!}e^{-\lambda}$ 作为随机变量 $X=k$ 的概率值，即以 $\dfrac{\lambda^k}{k!}e^{-\lambda}$ 为概率值的分布，它的分布如表 6-4 所示：

表 6-4 泊松分布列

X	0	1	2	…	k	…
$P(X=k_i)$	$e^{-\lambda}$	$\lambda e^{-\lambda}$	$\dfrac{\lambda^2}{2!}e^{-\lambda}$	…	$\dfrac{\lambda^k}{k!}e^{-\lambda}$	…

简写作：

$$P(X=k)=\frac{\lambda^k}{k!}e^{-\lambda}\quad k=0,1,2,\cdots$$

称为泊松分布，记作 $X\sim P(\lambda)$，其中 λ 是分布的参数。泊松分布是二项分布的极限分布。

2. 分布特征

(1) 泊松分布为离散型随机变量的分布；

(2) 泊松分布的数学期望 $E(X)$ 等于 λ，方差 $D(X)$ 等于 λ。

二、几种常见的连续型分布

(一) 正态分布

在连续型随机变量的概率分布中,最重要、最常用的是正态分布,它在实际问题中有着广泛的应用。正态分布又称常态分布或高斯分布。

1. 正态分布的概率密度函数与曲线

如果随机变量 X 的概率密度为:

$$f(x)=\frac{1}{\sqrt{2\pi}\sigma}e^{-\frac{1}{2\sigma^2}(x-\mu)^2}$$

μ,σ 均为常数,且 $\sigma>0,-\infty<x<+\infty$,则称 X 服从正态分布,记作 $X\sim N(\mu,\sigma^2)$。参数 μ 和 σ^2 分别为该分布的数学期望和方差。

正态分布密度曲线的图形如图 6-1 所示。

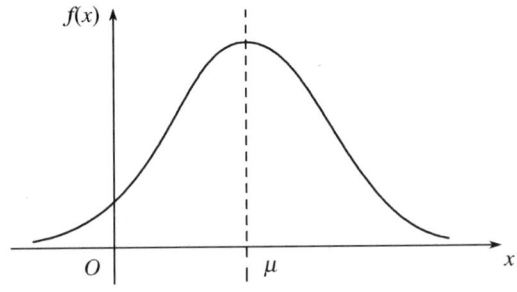

图 6-1 正态分布密度曲线

正态分布密度曲线特征:

(1) 正态分布密度曲线呈钟形,以 $X=\mu$ 为对称轴,中心位置由 μ 决定。

(2) 曲线在 $X=\mu$ 处达到极大值 $f(\mu)=1/\sqrt{2\pi}\sigma$,当 x 趋于无穷大时,曲线以 x 轴为渐近线。

(3) 曲线在 $x=\mu\pm\sigma$ 处有拐点。

(4) 曲线的陡缓程度取决于 σ,对同样的 μ,σ 愈大,曲线愈平缓;σ 愈小,曲线愈陡峭。

由此可见,只要给出 μ 及 σ 两个参数,就能确定正态分布的位置和形态。

正态分布的随机变量 X 介于两个确定值 x_1、x_2 之间的概率可以表示为:

$$P(x_1<X<x_2)=\int_{x_1}^{x_2}f(x)dx$$

表现在正态分布图上,相当于曲线之下横轴之上介于 $X=x_1$、$X=x_2$ 之间的面积。

2. 正态分布的性质

正态分布具有如下性质:

(1) 若 X 服从正态分布,则对于任意的常数 $a(a\neq 0)$、b,$Z=aX+b$ 也服从正态分布;

(2) 若 X、Y 皆服从正态分布,且相互独立,则对于任意的常数 a、$b(a,b$ 不全为 0$)$,$Z=aX+bY$ 也服从正态分布;

(3) 若 $X_1,X_2,\cdots,X_n$ 皆服从正态分布,且相互独立,则对任意 n 个常数 $a_1,a_2,\cdots,a_n$(不

全为 0），$Z = a_1 X_1 + a_2 X_2 + \cdots + a_n X_n$ 也服从正态分布。

（二）标准正态分布

正态分布中的两个参数 μ 和 σ 取不同值时，分布也就不同。在所有不同的正态分布中，最简单、最具有特殊地位的是 $\mu = 0$、$\sigma = 1$ 的正态分布，即 $X \sim N(0, 1)$，称为标准正态分布。

一般的正态分布可以通过简化转换成标准正态分布，过程如下：

$$F(X) = \begin{cases} 0 & X < a \\ \dfrac{X-a}{b-a} & a < x \leqslant b \\ 1 & X > b \end{cases}$$

首先在 $f(x) = \dfrac{1}{\sqrt{2\pi}\sigma} e^{-\frac{1}{2\sigma^2}(x-\mu)^2}$ 中，

设 $z = \dfrac{x-\mu}{\sigma}$ 则 $\mathrm{d}z = \dfrac{\mathrm{d}x}{\sigma}$ 即 $\mathrm{d}x = \sigma \mathrm{d}z$，

然后将 z 代入 $f(x)$ 中，并对 $f(x)$ 在区间 (x_1, x_2) 上积分，得：

$$\int_{x_1}^{x_2} f(x)\mathrm{d}x = \int_{x_1}^{x_2} \frac{1}{\sqrt{2\pi}\sigma} e^{-\frac{(x-\mu)^2}{2\sigma^2}} \sigma \mathrm{d}z$$

$$= \int_{z_1}^{z_2} \frac{1}{\sqrt{2\pi}\sigma} e^{-\frac{z^2}{2}} \sigma \mathrm{d}z = \int_{z_1}^{z_2} \frac{1}{\sqrt{2\pi}} e^{-\frac{z^2}{2}} \mathrm{d}z$$

其中

$$\varphi(z) = \frac{1}{\sqrt{2\pi}} e^{-\frac{z^2}{2}}$$

称为标准正态分布的密度函数。

标准正态分布的分布函数用 $\Phi(x)$ 来表示，即：

$$\Phi(x) = P(X \leqslant x) = \int_{-\infty}^{x} \varphi(z) \mathrm{d}z \quad (-\infty < z < \infty)$$

最后，Z 落在 $(-z_0, +z_0)$ 上的概率为：

$$P(-z_0 < Z < +z_0) = \int_{-z_0}^{+z_0} \varphi(z) \mathrm{d}z = 2\int_{-\infty}^{+z_0} \varphi(z) \mathrm{d}z - 1 = 2\Phi(z_0) - 1$$

利用标准正态分布可以将其概率积分的具体数值编成标准正态分布表，这样，对于任何正态分布，可通过将其转换成标准化变量 $Z = \dfrac{x-\mu}{\sigma}$。在已知 Z 值的前提下，利用标准正态分布表就可以方便地求出概率值。

（三）均匀分布

均匀分布是最简单的连续型分布。若连续型随机变量 X 在有限区间 $[a, b]$ 内取值，且其概率密度为：

$$f(x) \begin{cases} \dfrac{1}{b-a} & a \leqslant X \leqslant b \\ 0 & \end{cases}$$

则称 X 在 $[a, b]$ 上服从均匀分布，记作 $X \sim U[a, b]$，其图形见图 6-2。

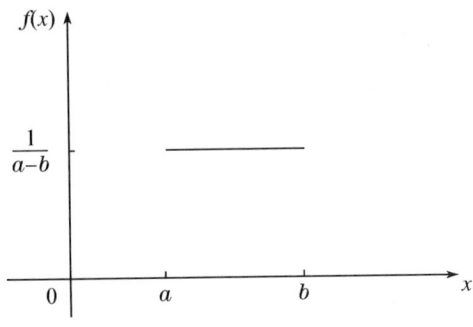

图 6-2 均匀分布 $U[a,b]$ 的密度曲线

X 落入区间 $[c,d]$ 的概率(其中 $a<c<d<b$):

$$P(c<x<d)=F(d)-F(c)=\frac{d-a}{b-a}-\frac{c-a}{b-a}=\frac{d-c}{b-a}$$

上式表明,X 取值于 $[a,b]$ 中任一区间的概率与该小区间的长度成正比,而与该小区间的具体位置无关。

(四) χ^2 分布

如果随机变量 X 的概率密度为:

$$f(x)=\frac{1}{2^{\frac{n}{2}}\Gamma\left(\frac{n}{2}\right)}x^{\frac{n}{2}-1}e^{-\frac{x}{2}} \qquad x>0$$

$$=0 \qquad x<0$$

则称 X 服从自由度为 n 的 χ^2 分布,记作 $X\sim\chi^2(n)$。

χ^2 分布的数学期望、方差分别为:

$$E(X)=n \quad D(X)=2n$$

χ^2 分布适合用于对总体方差的统计推断、拟合优度检验、独立性检验等。它是一个以自由度 n 为参数的分布族,自由度 n 决定了分布的形状,对于不同的 n,χ^2 分布的密度曲线亦不同,它是一个不对称分布,随着自由度 n 的增大,χ^2 分布逐渐趋于正态分布。

χ^2 分布有如下重要结论:

(1) 若 X、Y 相互独立,且分布服从自由度为 n_1、n_2 的 χ^2 分布,则 $X+Y$ 服从自由度为 n_1+n_2 的 χ^2 分布,即 $X+Y\sim\chi^2(n_1+n_2)$。

(2) 若随机变量 $X_1,X_2,\cdots,X_n$ 相互独立,且都服从 $N(0,1)$,它们的平方和 $\sum X_i^2$ 服从自由度为 n 的 χ^2 分布,记作 $\sum X_i^2\sim\chi^2(n)$。

(3) 若随机变量 $X_1,X_2,\cdots,X_n$ 相互独立,且都服从 $N(0,1)$,则:

$$\frac{\sum_{i=1}^{n}(X_i-\overline{X})^2}{\sigma^2}=\frac{(n-1)s^2}{\sigma^2}\sim\chi^2(n-1)$$

其中:$\overline{X}=\frac{1}{n}\sum X_i$ 与 $s^2=\frac{1}{n-1}\sum(X_i-\overline{X})^2$ 相互独立。

(五) t 分布

如果随机变量 X 的概率密度为：

$$f(x) = \frac{\Gamma\left(\frac{n+1}{2}\right)}{\Gamma\left(\frac{n}{2}\right)\sqrt{n\pi}} \left(1+\frac{x^2}{n}\right)^{\frac{n+1}{2}} \qquad -\infty < x < +\infty$$

则称 X 服从自由度为 n 的 t 分布，记作 $X \sim t(n)$。

t 分布密度曲线的形状取决于自由度 n，t 分布与标准正态分布的密度曲线相类似，都为对称分布，且取值范围都是从 $-\infty$ 到 $+\infty$。但 t 分布曲线的顶部低于标准正态分布，且两尾部又高于标准正态分布，自由度越小这种区别就越明显，随着自由度的增大，t 分布趋于标准正态分布 $N(0,1)$。

t 分布的均值、方差分别为：

$$E(X) = 0; \quad D(X) = n/(n-2) \quad (n-2)$$

t 分布有如下重要结论：

(1) 若随机变量 $X \sim N(0,1)$，$Y \sim \chi^2(n)$，且 X 和 Y 相互独立，则：

$$t = \frac{X}{\sqrt{Y/n}} \sim t(n)。$$

(2) 若随机变量 $X_1, X_2, \cdots, X_n$ 相互独立，且都服从 $X \sim N(\mu, \sigma^2)$，则：

$$t = \frac{\overline{X} - \mu}{\sigma/\sqrt{n}} \sim t(n-1)。$$

(3) 若随机变量 $X_1, X_2, \cdots, X_{n_1}$ 相互独立，且都服从 $X \sim N(\mu_1, \sigma_1^2)$；$Y_1, Y_2, \cdots, Y_{n_2}$ 相互独立，且都服从 $X \sim N(\mu_2, \sigma_2^2)$，则：

$$t = \frac{(\overline{X} - \overline{Y}) - (\mu_1 - \mu_2)}{S_w \sqrt{\frac{1}{n_1} + \frac{1}{n_2}}} \sim t(n_1 + n_2 - 2)$$

其中：

$$S_w = \sqrt{\frac{(n_1-1)s_1^2 + (n_2-1)s_2^2}{n_1 + n_2 - 2}}$$

(六) F 分布

如果随机变量 X 的概率密度为：

$$f(x) = \begin{cases} \dfrac{\Gamma\left(\frac{m+n}{2}\right)}{\Gamma\left(\frac{m}{2}\right)\Gamma\left(\frac{n}{2}\right)} \left(\frac{m}{n}\right)^{\frac{m}{2}} x^{\frac{m}{2}-1} \left(1+\frac{m}{n}x\right)^{-\frac{m+n}{2}}, & x > 0 \\ 0, & x \leqslant 0 \end{cases}$$

则称 X 服从第一自由度为 m，第二自由度为 n 的 F 分布，记作 $X \sim F(m,n)$。

F 分布有如下重要结论：

(1) 设随机变量 $X \sim \chi^2(m)$，$Y \sim \chi^2(n)$ 且 X 与 Y 相互独立，则随机变量 $F = \dfrac{X/m}{Y/n}$ 的分布称为自由度为 (m,n) 的 F 分布，并记为 $F \sim F(m,n)$。

(2) 对于给定的 m, n 及 α 有：

$$F_\alpha(m,n) = \frac{1}{F_{1-\alpha}(n,m)}$$

第四节 Excel 在概率基础中的应用

一、常用的离散型概率分布

1. 二项分布

按公式计算二项分布的概率并不是十分复杂,但是当 n 较大时,由于涉及高次阶乘,使得计算量很大。其实不一定要查表,Excel 可以快捷地计算二项分布的概率。具体方法就是调用 BINOMDIST 函数。函数表达式是:

$$BINOMDIST(Number\_s, Trials, Probability\_s, Cumulative)$$

BINOMDIST 函数调用方法为,在菜单中选"插入",在下拉菜单中点击"函数"。在函数分类对话框中选中统计函数集,再从右侧对话框"函数名"中找到 BINOMDIST 函数,点"确定",屏幕上就会出现 BINOMDIST 函数对话框(如图 6-3)。其中,Number_s 指成功的次数,对应正文公式中的 x。Trials 指实验的次数,对应正文公式中的 n。Probability_s 指每次成功的概率,对应正文公式中的 p。Cumulative 指函数是否累积,如果选 false,计算出来就是对应某一成功次数二项分布概率密度;如果选 true,计算出来就是递增累积概率。除了用函数向导,也可以在单元格中直接输入完整的函数,可以达到一样的效果,读者可以自行尝试。

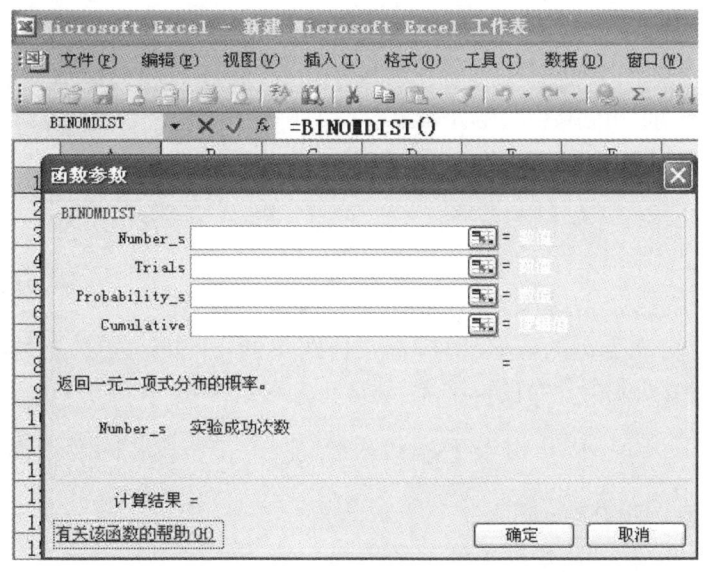

图 6-3 BINOMDIST 函数

2. 泊松分布

可以调用 POISSON 函数来计算泊松分布的概率,函数表达式为:

$$POISSON(x, Mean, Cumulative)$$

其中,x 指单位时间或空间某事件出现的次数,对应正文公式中的 k。Mean 指单位时间或空间内事件出现的期望值,对应正文公式中的 λ。Cumulative 指函数是否累积,如果选

false,计算出来就是对应某一出现次数的泊松分布概率密度;如果选 true,计算出来就是累积概率。

二、有关正态分布计算的四个函数

需要注意的是,Excel 内存的正态分布曲线下面积的积分方式与本书附表不同。这里是从无穷小,曲线左尾极远处开始计算面积,直到所给定的标准正态变量值。这一规定适用于以下 4 个函数。

1. 标准正态分布概率

用 Excel 计算标准正态分布概率比较简单,使用 NORMSDIST 函数,函数表达式为:
$$\text{NORMSDIST}(z)$$

其中,z 指标标准正态变量。

例如:

z	$P(Z<z)$
-2	0.022 8
-1	0.158 7
0	0.500 0
1	0.841 3
2	0.977 2

用 Excel 求解正态分布概率与二项分布概率相同,只有累积概率值或概率密度才可直接求出,其他概率值都可以由下式求出:

设 $a \leqslant b$,有 $P(a \leqslant X \leqslant b) = P(X \leqslant b) - P(X \leqslant a)$
$$P(X > a) = 1 - P(X \leqslant a)$$

2. 正态分布概率

使用 NORMDIST(x, mean, standard-dev, cumulative)。

其中,x 指正态分布变量的取值,对应正文公式中的 x;mean 指分布的期望值,对应正文公式中的 μ;standard-dev 指分布的标准差,对应正文公式中的 σ;对于 cumulative 此处一律选用 true。实际上,NORMDIST 相当于先代入公式 $z = \dfrac{\overline{x} - \mu}{\sigma/\sqrt{n}}$ 求标准正态变量值。再调用 NORMSDIST 函数,两步并作一步。

3. 标准正态分布逆运算:由概率值求 Z 值

用 Excel 计算正态分布逆运算使用 NORMSINV 函数,函数表达式为:
$$\text{NORMSINV}(\text{probability})$$

例如,欲求截取左尾 α 面积的 Z 值,函数表达式为:
$$\text{NORMSINV}(\alpha);$$

欲求截取右尾 α 面积的 Z 值,函数表达式为:
$$\text{NORMSINV}(1-\alpha)$$

结果是欲求对称覆盖正态曲线下居中 $(1-\alpha)$ 面积的两个 Z 值,函数分别表达式为:

$$\text{NORMSINV}[0.5-(1-\alpha)/2] \text{ 和}$$
$$\text{NORMSINV}[0.5+(1-\alpha)/2]$$

4. 正态分布逆运算:由概率值求正态分布变量 X 值

用 Excel 计算正态分布逆运算使用 NORMSINV 函数,函数表达式为:
$$\text{NORMINV(probability, mean, standard-dev)}$$
其中,probability 指正态分布的累积概率值;mean 指分布的期望值;standard-dev 指分布的标准差。

小 结

1. 随机试验是对可重复的随机现象的观察,其观察结果就是随机事件。事件往往既可以用文字来描述,也可以表示成样本点的集合。样本空间是所有样本点的集合,它的选取不一定是唯一的,常常可根据需要选取一个合适的样本空间。

2. 事件间的关系与集合间的关系是一致的,这种关系一般可以用直观的几何图形来表示。在有关的各个概念中,要注意区别对立时间和互不相容事件。

3. 在实际应用中,常用来确定概率的方法有三种:古典方法、频率方法和主观方法。这些方法各有其适用场合,无论用什么方法确定的概率都满足概率的基本性质。

4. 条件概率是根据一些已知信息(事件 B 已发生)而计算出来的概率,全概率公式和贝叶斯公式可用来计算一些较复杂的概率。在实际应用中,事件间的相互独立常常可凭这些事件的发生是否相互影响来判断。相互独立和互不相容是两个完全不同的概念。

5. 随机变量是试验结果的数量表现,常用的有离散型随机变量和连续型随机变量两种。离散型分布常用分布列描述,连续型分布常用密度函数描述。任何类型的分布都可统一用分布函数来描述。

6. 数学期望和方差是随机变量最基本、最重要的两个数字特征。数学期望反映随机变量可能取值的平均水平,是随机变量分布的中心位置;而方差则反映随机变量取值的变异程度。

7. 正态分布是所有统计分布中最重要的一个,而二项分布是所有离散型分布中最重要的一个分布。当 $np \geq 5$、$nq \geq 5$ 时,二项分布可用正态分布来近似,但应做连续性校正。当 n 很大、p 或 q 很小时,泊松分布比正态分布更适宜用来近似二项分布。

8. 常见分布及其数学期望和方差如下表所示:

分布名称	分布列或密度函数	数学期望	方差	参数范围
两点分布	$P(X=1)=p$ $P(X=0)=q$	p	pq	$0<p<1$ $q=1-p$
二项分布 $X \sim B(n,p)$	$P(X=k)=\binom{n}{k}p^k q^{n-k}$ $k=0,1,2,\cdots,n$	np	npq	$0<p<1$ $q=1-p$ n 为自然数

(续表)

分布名称	分布列或密度函数	数学期望	方差	参数范围
泊松分布 $X \sim P(\lambda)$	$P(X=k)=\dfrac{\lambda^k}{k!}e^{-\lambda}$ $k=0,1,2,\cdots$	λ	λ	$\lambda>0$
均匀分布 $X \sim U[a,b]$	$f(x)=\begin{cases}\dfrac{1}{b-a},& a\leqslant x\leqslant b\\ 0,& 其他\end{cases}$	$\dfrac{a+b}{2}$	$\dfrac{(b-a)^2}{12}$	$a<b$
正态分布 $X \sim N(\mu,\sigma^2)$	$f(x)=\dfrac{1}{\sqrt{2\pi}\sigma}e^{-\frac{(x-\mu)^2}{2\sigma^2}}$ $-\infty<x<\infty$	μ	σ^2	$-\infty<\mu<\infty$ $\sigma>0$

习 题

一、简答题

1. 频率与概率有什么关系?
2. 事件互不相容与相互独立这两个概念有何不同?
3. 试描述正态分布,说明它的主要特点。
4. 判断下列各 $P(X=x)$ 是否能成为一个概率分布:

(1) $P(X=x)=\dfrac{1}{2},x=1,2$;

(2) $P(X=x)=\dfrac{1}{3},x=0,1,2,3$;

(3) $P(X=x)=\dfrac{x}{5},x=0,2,3$;

(4) $P(X=x)=\dfrac{x-5}{10},x=0,5,10,15$;

(5) $P(X=x)=\dfrac{x^2}{10},x=-1,0,3$。

二、计算题

1. 设某地有甲、乙两种杂志,该地成年人中有 20% 读甲杂志,16% 读乙杂志,8% 兼读甲和乙两种杂志。试求至少读一种杂志的成年人的比例。

2. 为防止意外,在矿内同时设有两种报警系统 A 与 B,每种系统单独使用时,系统 A 和系统 B 有效的概率分别为 0.90 和 0.95。在 A 失灵的条件下,B 有效的概率为 0.88。

试求:(1) 发生意外时,这两个报警系统至少有一个有效的概率;

(2) B 失灵的条件下,A 有效的概率。

3. 用 3 台机床加工同一种零件,零件由各机床加工的概率分别为 0.3、0.5、0.2,各机床加工的零件为合格品的概率分别为 0.87、0.95、0.9,试求全部产品的合格率。

4. 甲、乙、丙三机床生产一批螺钉,各占总量的 25%、35%、40%,各机床产品的废品率分别为 5%、4%、2%。从这批螺钉中随机取出一只经检查是废品,试问这件废品是由甲、乙、丙机床生产的概率分别等于多少?

5. 某射手每发子弹命中目标的概率为 0.8,现相互独立地射击 5 发子弹。

试求:(1) 命中目标弹数的分布列;

(2) 命中目标的概率;

(3) 命中目标弹数的数学期望。

6. 某城市一交叉路口常发生交通事故,假定每月事故服从参数 $\lambda=5$ 的泊松分布,试问在指定的一月内出现以下事故数的概率分别是多少:

(1) 8 次或 8 次以上;

(2) 不多于 2 次;

(3) 在 3 次与 11 次之间(包括 3 次和 11 次)。

7. 某商店运来 8 台 29 英寸的彩色电视机,其中 3 台外壳有缺陷。一学校随机买了 3 台,其中外壳有缺陷的电视机数为 X。

试求:(1) X 的分布列;(2) 学校购买的这些电视机中至少有一台外壳有缺陷的概率;(3) $E(X)$。

8. 已知随机变量 $X \sim U[2,4]$,试求以下概率:

(1) $P(-1 \leqslant X < 3)$;(2) $P(X-3)^2 < 0.25$;(3) $P(3X+2 < 11.6)$。

9. 某厂职工在一次操作测验中所得分数服从 $\mu=600$、$\sigma=100$ 的正态分布。

试问:(1) 参加测验的职工中得分低于 400 者占多大比例?

(2) 任选一名职工参加这项测验,他的得分不低于 850 的概率是多大?

(3) 得分在 450~700 之间的职工占多大比例?

10. 某种配件的长度 X(单位:厘米)服从正态分布 $N(10.05, 0.04^2)$,规定其长度在范围 10.05 ± 0.10 以内为合格品,试求该种配件的合格率。

11. 某电视机厂每月生产 10 000 台电视机,但它的显像管车间的正品率为 0.8,为了以 0.997 的概率保证出厂的电视机都装上正品显像管,试问该车间每月应生产多少只显像管?

第七章 抽样推断

学习重点和要点
(1) 了解抽样推断的概念、意义,各种抽样方法的特点及适用范围。
(2) 理解抽样误差的概念,抽样推断的理论依据。
(3) 掌握参数估计的方法、统计量的意义及点估计要遵循的三个要求。
(4) 掌握假设检验的方法及第一类错误、第二类错误的概念。

第一节 抽样推断的意义

一、抽样推断的概念

抽样推断又称抽样调查,是按照随机原则从调查的总体中抽取一部分单位(样本单位)进行观察,并以样本指标对总体相应指标做出具有一定可靠性的估计和推断,从而达到对调查总体认识的一种统计调查方法。

所谓随机原则,是指在抽取样本单位时,完全排除了人们的主观意识,总体中的所有单位都有同等被抽中的机会,不能有意识地抽取哪些单位或不抽取哪些单位,哪个单位被抽中纯粹是偶然的事情。例如,对产品质量检查时,从全部产品中随机地抽出一小部分产品进行检测,计算出合格品率或不合格品率,以此来推断全部产品的合格率或不合格率。

可见,抽样推断包括抽样调查和抽样推断两个方面的内容。

抽样推断的主要特点是:

1. 抽样调查是一次性的非全面调查

抽样调查只抽取总体中的一部分单位进行调查,是专门组织的一次性的非全面调查。

2. 抽选样本单位有均等被抽中的机会

抽样调查抽选样本单位时遵循随机原则,即样本单位有均等被抽中的机会。这个特点是它与其他非全面调查如重点调查、典型调查的主要区别之一。重点调查和典型调查是要根据统计调查任务的要求,有意识地选取若干个样本单位进行调查。而抽样调查不同,从总体中抽取部分单位时,必须客观地、毫无偏见地严格按照随机原则抽取样本单位。只有遵循随机原则才能使被调查总体中的每一个单位有同等机会被抽中或抽不中,当抽取足够多的单位时,样本就能够反映出总体的数量特征,从而增强被抽中单位对总体的代表性;另外,遵循随机原则才能计算抽样误差,并控制在一定范围之内,从而达到推断总体的目的。

3. 抽样推断是由部分推断总体的调查方法

这个特点是抽样调查与其他非全面调查的又一区别。重点调查是通过对一部分重点单位进行调查,从而了解总体的基本情况。重点调查不能用被调查单位得到的数据去推断整个总体的数据,它们不具备推断的条件。典型调查主要任务是通过对典型单位的调查研究,达到对总体本质的认识。抽样调查和全面调查相比,虽然目的一致,都是为了达到对总体数量的认识,但是达到目的的手段和途径完全不同。抽样调查是通过科学的推断达到目的,全面调查是通过综合汇总达到目的。

4. 抽样误差可计算并能控制在一定范围

抽样调查产生的抽样误差,可以计算并可采取措施控制在一定范围之内,从而使抽样推断具有一定的可靠性。在非全面调查方式中,典型调查固然也有可能用它所取得的部分单位的数量特征去推断全体的数量特征,但这种推算误差范围和保证程度是无法事先计算并加以控制的。而抽样推断所产生的抽样误差,其范围可以事先加以计算,并控制这个误差范围,以保证抽样推断的结果达到一定的可靠程度。

二、抽样推断的作用

抽样推断的特点决定了它在统计调查中具有十分重要的作用。

(1) 对有些不可能或不必要进行全面调查,但又需要了解其全面数量情况的社会经济现象,则可以运用抽样推断,实现调查的目的。例如,在工业生产中检验某些产品质量时,常常具有破坏性。如灯泡的寿命检验、棉纱的拉力检验等,不可能对全部产品进行检验,而必须采用抽样,以样本资料推断总体的质量状况。又例如有些现象总体过大,单位过于分散,进行全面调查实际上是不可能的。如检验水库的鱼苗数、森林的木材蓄量等,也必须采用抽样推断。又有些社会经济现象,从理论上说,可以进行全面调查,但调查范围太广、单位太大,因而不必要进行全面调查,采用抽样推断便可节省人力、费用、时间,并可提高资料的准确性。

(2) 抽样调查与全面调查同时进行,可以发挥互相补充和检查调查质量的作用。全面调查由于范围广、工作量大、参加人员多,往往容易发生登记性误差和计算误差。如果在全面调查后,随即抽取一部分单位重新调查一次,将这些单位两次调查的资料进行对照,加以比较,计算其差错率,并据以对全面资料加以修正,可以进一步提高全面调查资料的准确性。

(3) 抽样推断可以用于工业生产过程的质量控制。抽样推断法可以有效地应用于对成批或大量连续生产的工业产品在生产过程中进行质量控制,检查生产过程是否正常,及时提供有关信息,便于采取措施,防止废品的发生。

(4) 利用抽样推断法还可以对某种总体的假设进行检验,判断真伪,以做出正确的决策。例如,新工艺新技术的改革,是否能收到明显的效果,需要对未知或完全不知道的总体做出一些假设,然后利用抽样推断法,根据实验的材料对所作假设进行检验,做出判断。

第二节 抽样推断基本概念及理论依据

一、抽样推断基本概念

(一) 全及总体和样本总体

在抽样推断中面临着两个总体,即全及总体和样本总体。全及总体是我们所要研究的对象,样本总体是所要观察的对象。这两种总体既有联系又有区别。

1. 全及总体

全及总体又称母体,是由许多具有某种共同性质的多数个体组成的整体,简称总体。例如,要研究某城市居民的生活水平,则该城市的全部居民构成全及总体;要研究某乡粮食亩产水平,则该乡的全部粮食播种面积是全及总体。总体具有同质性、大量性和差异性等特点。它们决定了总体具有一定的分布类型和具体的分布形式。

全及总体按其各单位标志性质不同,可以分为变量总体和属性总体两类。变量总体的各个单位可以用一定的数量标志加以计量。例如,研究居民的收入水平,每户居民的收入就是它的数量标志,反映各户的数量特征。但并非所有标志都是可以计量的,有的标志只能用一定的文字加以描述。例如,要研究某种产品的质量,可以用"合格"和"不合格"等文字作为品质标志来描述产品的质量特征,用这种文字描述特征的总体称为属性总体。区分变量总体和属性总体是很重要的,由于总体不同,认识这一总体的方法也不同。

对于变量总体可分为无限总体和有限总体两类。无限总体所包含的单位为无限多,因而各单位的变量也就有无限多的取值。这种无限总体又有两种情况:一种是可列的无限变量,即变量值的大小可以按照顺序一一列举直至无穷;另一种情况则是不可列的无限变量,它是一种连续变量,在任何一个区间内都有无限多的变量,不可能按顺序一一列举。我们所说的无限总体主要是指后一种情况。有限总体所包含的单位数则是有限的,因而,它的变量值也是有限的,当然,可以按顺序加以一一列举。

通常全及总体的单位数用大写的英文字母 N 来表示。作为全及总体,单位数 N 即是有限,但总是很大,大到几千、几万、几十万、几百万。例如,人口总体、粮食产量总体、棉花纤维总体,等等。对无限总体的认识只能采用抽样的方法,而对于有限总体的认识,理论上虽可以应用全面调查来收集资料,但实际上往往由于不可能或不经济而借助抽样的方法以求得对有限总体的认识。

2. 样本总体

样本总体简称样本,是指在全及总体中按照随机原则抽取出来的那部分单位所组成的集合体,通常用小写的英文字母 n 来表示。对于全及总体单位数 N 来说,n 是个很小的数,它可以是 N 的几十分之一、几百分之一、几千分之一,甚至更小。一般说来,样本单位数达到或超过 30 个称为大样本,而在 30 个以下的称为小样本。社会经济现象的抽样调查多取大样本。而自然实验观察则多抽取小样本。以很小的样本来推断很大的总体,是抽样推断的一个特点。

如果说全及总体是唯一确定的,那么,样本总体则完全不是这样,一个全及总体可能抽取很多个样本总体,全部样本的可能数目与每一样本的容量有关,它也与随机抽样的方法有关。

不同的样本容量和抽样方法,样本的可能数目也有很大的差别。抽样本身是一种手段,目的在于对总体做出判断,因此,样本容量要多大,要怎样抽样,样本的数目可能有多少,它们的分布又怎样,这些都关系到对总体判断的准确程度,都需要加以认真的研究。

(二) 总体指标和抽样指标

1. 全及指标

根据全及总体各个单位的标志值或标志特征计算的、反映总体某种属性的综合指标,称为全及指标或总体参数。由于全及总体是唯一确定的,根据全及总体计算的全及指标也是唯一确定的。常用的全及指标有:全及平均数($\bar{X}$)、全及成数(P)、全及标准差(σ)和方差(σ^2)。常用英文大写字母表示。

(1) 全及平均数,又称总体平均数,它是根据变量总体各个标志值计算出来的平均数,用 $\bar{X}$ 表示,它的计算公式为:

在总体未分组情况下:
$$\bar{X} = \frac{\sum X}{N} \tag{7-1}$$

在总体分组情况下:
$$\bar{X} = \frac{\sum XF}{\sum F} \tag{7-2}$$

其中 F 为总体各组单位数,即权数。

(2) 全及成数,又称总体成数。对于属性总体,由于各单位的标志不可能用数量表示,只能用一定的文字加以描述,所以,就应该计算结构相对指标即总体成数。总体成数用大写英文字母 P 表示,说明总体中具有某种标志的单位数在总体中所占的比重。变量总体也可以计算成数,即总体单位数在所规定的某变量值以上或以下的比重,视同具有或不具有某种属性的单位数比重。

设总体 N 个单位中,有 N_1 个单位具有某种属性,N_0 个单位不具有某种属性,$N_1 + N_0 = N$,P 为总体中具有某种属性的单位数所占的比重,Q 为不具有某种属性的单位数所占的比重,则总体成数为:

$$P = \frac{N_1}{N} \tag{7-3}$$

$$Q = \frac{N_0}{N} = \frac{N - N_1}{N} = 1 - P \tag{7-4}$$

(3) 总体数量标志标准差。它是根据全及总体中各单位标志值计算的标准差,用 σ 表示。计算公式为:

在总体未分组情况下:
$$\sigma_{\bar{x}} = \sqrt{\frac{\sum (X - \bar{X})^2}{N}} \tag{7-5}$$

在总体分组情况下:
$$\sigma_{\bar{x}} = \sqrt{\frac{\sum (X - \bar{X})^2 F}{\sum F}} \tag{7-6}$$

总体标准差的平方叫总体方差,用 σ^2 表示。

(4) 总体成数标准差。它是根据总体成数计算的标准差,用 σ_p 表示。计算公式为:

$$\sigma_p = \sqrt{P(1-P)} \tag{7-7}$$

总体成数方差为:
$$\sigma_p^2 = P(1-P) \tag{7-8}$$

2. 抽样指标

抽样指标是根据样本总体各单位标志值计算的综合指标,也称为统计量。由于样本指标数值随样本总体的不同而变化,因而它本身也是随机变量。和全及总体一样,样本总体也有四个对应指标:样本平均数($\bar{x}$)、样本成数(p)、样本标准差(s)及方差(s^2)。

(1) 样本平均数,又称抽样平均数。它是抽样总体各单位标志值的平均数。

在样本未分组情况下:

$$\bar{x} = \frac{\sum x}{n}$$

在样本分组情况下:

$$\bar{x} = \frac{\sum xf}{\sum f}$$

(2) 抽样成数,又称样本成数。它是抽样中具有某一相同标志表现的单位数占样本容量的比重,记作 p。样本中某一相同标志表现的单位数,记作 n_1,显然 $p = \frac{n_1}{n}$。

(3) 样本数量标准差。它是指样本中根据各单位标志值计算的标准差,记作 s。

在样本未分组情况下:

$$s_x = \sqrt{\frac{\sum (x-\bar{x})^2}{n}}$$

在样本分组情况下:

$$s_x = \sqrt{\frac{\sum (x-\bar{x})^2 f}{\sum f}}$$

样本标准差的平方叫样本方差,记作 s^2。

(4) 样本成数标准差。它是根据样本成数计算的标准差。很显然,样本成数标准差为:

$$s_p = \sqrt{p(1-p)}$$

样本成数方差为:

$$s_p^2 = p(1-p)$$

(三) 样本容量和样本个数

1. 样本容量

样本容量又称"样本数",指一个样本的必要抽样单位数目。在组织抽样调查时,抽样误差的大小直接影响样本指标代表性的大小,而必要的样本单位数目是保证抽样误差不超过某一给定范围的重要因素之一。因此,在抽样设计时,必须决定样本单位数目,因为适当的样本单位数目是保证样本指标具有充分代表性的基本前提。

样本容量的大小涉及调研中所要包括的单元数。确定样本容量的大小是比较复杂的问题,既要有定性的考虑,也要有定量的考虑。从定性的方面考虑样本量的大小,其考虑因素有:决策的重要性,调研的性质,变量个数,数据分析的性质,同类研究中所用的样本量,发生率,完成率,资源限制等。具体地说,重要的决策,需要更多的信息和更准确的信息,这就需要较大的样本;探索性研究,样本量一般较小,而结论性研究如描述性的调查,就需要较大的样本;收集有关许多变量的数据,样本量就要大一些,以减少抽样误差的累积效应;如果需要采用多元统计方法对数据进行复杂的高级分析,样本量就应当较大;如果需要特别详细的分析,如做许多分类等,也需要大样本。针对子样本分析比只限于对总样本分析,所需样本量要大得多。

具体确定样本量还有相应的统计学公式,不同的抽样方法对应不同的公式。样本容量的大小主要取决于:(1) 研究对象的变化程度;(2) 所要求或允许的误差大小(即精度要求);(3) 要求推断的置信程度。在确定抽样方法和样本量的时候,既要考虑调查的目的、调查性质和精度要求(抽样误差)等,又要考虑实际操作的可实施性,非抽样误差的控制、经费预算等。

2. 样本个数

样本个数又称样本可能数目,指从一个总体中可能抽取的样本个数。一个总体有多少样本,则样本统计量就有多少取值,从而形成该统计量的分布,此分布是抽样推断的基础。

(四) 重复抽样和不重复抽样

1. 重复抽样

重复抽样是从全及总体中抽取样本时,随机抽取一个单位,记录该单位有关标志表现以后,把它放回全及总体中,再从全及总体中随机抽取第二个样本单位,记录它的有关标志表现以后,再把它放回全及总体中,以此类推,直到抽选 n 个样本单位。

可见,重复抽样时全及总体单位数在抽选过程中始终未减少,总体各单位被抽中的可能性前后相同,而且各单位有被重复抽中的可能。

2. 不重复抽样

不重复抽样是从全及总体中抽取第一个样本单位,记录该单位有关标志表现后,这个样本单位不再放回全及总体参加下一次抽选。然后,从总体 $N-1$ 个单位中随机抽选第二个样本单位,记录了该单位有关标志表现以后,该单位也不放回全及总体中,从总体 $N-2$ 个单位中抽选第三个样本单位,以此类推,直到抽选出 n 个样本单位。

可见,不重复抽样时,总体单位数在抽选过程中是逐渐在减少,各单位被抽中的可能性前后不断变化,而且各单位没有重复被抽中的可能。

二、抽样推断的理论依据

抽样推断就是以样本的实际数据为依据,计算出一定的样本指标,并用以对总体的有关指标做出数量上的估计和判断。如何通过样本对总体做出正确的推断,这就有必要对抽样推断的理论依据有一定的了解。

(一) 大数定律

就数量关系来说,抽样推断是建立在概率论的大数定律基础上的。大数定律的一系列定理为抽样推断提供了理论依据。

1. 独立同分布大数定律

独立的随机变量 $x_1, x_2, \cdots$,具有相同分布,且存在有限的数学期望 $E(x_i) = X$ 和方差 $D(x_i) = \sigma^2$,则对任意小的正数 ε,有:

$$\lim_{n \to \infty} p\left\{ \left| \frac{1}{n} \sum_{i=1}^{n} x_i - X \right| < \varepsilon \right\} = 1 \tag{7-9}$$

该定律表明,当 n 足够大时,独立同分布的一系列随机变量的算术平均数接近(依概率收敛于)数学期望,即平均数具有稳定性。该定律提供了用样本平均数估计总体平均数的理论依据。

2. 贝努力大数定律

设 m 是 n 次独立随机实验中事件 A 发生("成功")的次数,p 是事件 A 在每次实验中发生的概率,则对于任意小的正数 ε,有:

$$\lim_{n\to\infty} p\left\{\left|\frac{m}{n}-p\right|<\varepsilon\right\}=1 \qquad (7-10)$$

该定律表明,当 n 足够大时,事件 A 发生的概率接近(依概率收敛于)事件 A 发生的频率,即频率具有稳定性。该定律提供了用频率代替概率的理论依据。

具体地说,大数定律的意义可以归纳为如下四个方面。

(1) 现象的某种总体规律性,只有当具有这种现象的足够量的单位综合汇总在一起的时候,才能显示出来。因此,只有从大量现象的总体中,才能研究这些现象的规律性。

(2) 现象的总体性规律,通常是以平均数的形式表现出来。

(3) 当所研究的现象总体抽样的单位越多,平均数也就越能够正确地反映出这些现象的规律性。

(4) 各单位的共同倾向(这些表现为主要的、基本的因素)决定着平均数的水平,而各单位对平均数的离差(这些表现为次要的、偶然的因素)则会由于足够多数单位的综合汇总的结果而相互抵消,趋于消失。

大数定律论证了抽样平均数(成数)趋近于总体平均数(成数)的趋势,这为抽样推断提供了重要的依据。但是,抽样平均数(成数)和总体平均数(成数)的离差究竟多大?离差不超过一定范围的概率究竟有多少?这个离差的分布怎样?大数定律并没有给出什么信息。这个问题要利用另一重要定理,即中心极值定律来研究。

(二) 中心极值定律

1. 独立同分布中心极限定理

随机变量 $x_1, x_2, \cdots,$ 独立且服从同一分布,若存在有限的数学期望 $E(x_i)=X$ 和方差 $D(x_i)=\sigma^2$,当 $n\to\infty$ 时,随机变量的总和 $\sum x_i$ 趋于均值为 nX、方差为 $n\sigma^2$ 的正态分布(或算术平均数 $\frac{1}{n}\sum x_i = \bar{x}$ 趋于均值为 X、方差为 $\frac{\sigma^2}{n}$ 的正态分布)。即 $n\to\infty$ 时:

$$\sum x_i \sim N(nX, n\sigma^2) \text{ 或 } \bar{x} \sim N\left(X, \frac{\sigma^2}{n}\right) \qquad (7-11)$$

由上述定理可以得到如下结论:不论总体服从何种分布,只要它的数学期望和方差存在,从中抽取容量为 n 的样本,则这个样本的总和或平均数($\sum x_i$ 或 $\bar{x}$)是个随机变量,当 n 充分大时,$\sum x_i$ 或 $\bar{x}$ 趋于正态分布。

2. 德莫佛-拉普拉斯中心极限定理

如果用 X 表示 n 次独立实验中事件 A 发生("成功")的次数,p 是事件 A 在每次实验中发生的概率,则 X 服从二项分布 $B(n,p)$,当 $n\to\infty$ 时,X 趋于均值为 np、方差为 npq 的正态分布,即:

$$X \sim N(np, npq) \qquad (7-12)$$

这个结论对于抽样推断是十分重要的,因为在经济现象中变量和的分布是普遍存在的。例如,城市用电量是千家万户用电量的总和,所以城市用电量分布可以视为各户用电量总和的分布。又如,产品标准规格的偏差是由许多独立因素综合形成的,所以产品规格离差的分布可以视为许多独立因素之和的分布,等等。根据中心极限定理,我们有理由相信这些分布都趋于正态。也可以这样说,在现实生活中,一个随机变量服从于正态分布未必很多,但多个随机变量和的分布趋近于正态分布则是普遍存在的。抽样平均数也是一种随机变量和的分布,因此,在抽样单位数 n 充分大的条件下,抽样平均数也趋近于正态分布,这为抽样误差的概率估计提供理论基础。

第三节　抽样平均误差

一、抽样误差的概念

抽样误差是指由于随机抽样的偶然因素使样本各单位的结构对总体各单位结构的代表性差别,而引起的抽样指标和全及指标之间的绝对离差。具体指样本平均数 $\bar{x}$ 与总体平均数 $\bar{X}$ 的差数,样本成数 p 与总体成数 P 的差数。抽样推断是用样本指标推断总体指标的一种统计方法,而推断的根据就是抽样误差。因此,怎样计算、使用和控制抽样误差是抽样推断的重要问题。

为了准确地理解抽样误差这个概念,可以从以下两个方面去把握:

1. 抽样误差只是代表性误差中的随机误差

这就是说,抽样误差是随机性而产生的那部分代表性误差,它既不包括登记性误差,也不包括代表性误差中的系统性误差(系统偏差)。

抽样调查中产生的误差,有登记性误差和代表性误差两种。登记性误差是指在调查、整理过程中,由于观察、测量、登记、计算等方法的差错或被调查者提供虚假材料而造成的误差。登记性误差不是抽样调查特有的,而是任何一种统计调查都可能产生的。一般说来,调查范围越大,调查单位越多,产生登记性误差的可能性也越大。

代表性误差是指用样本指标推断总体指标时,由于样本结构与总体结构不一致,样本不能完全代表总体而产生的误差。代表性误差又有系统性误差和随机误差两种。系统性误差,是指由于破坏了抽样的随机原则而引起的样本代表性不足而产生的误差,表现为样本统计量的值系统性偏高或偏低,故也称为系统偏差。随机误差又称偶然性误差,是指遵守了随机原则抽样,由于随机因素(偶然性因素)引起的代表性误差。抽样调查中所谓的抽样误差,就是指这种随机误差,即由于抽样的随机性而产生的样本指标与总体指标之间的代表性误差,也叫控制误差。

在抽样调查中,登记性误差和系统偏差都可以尽量避免,而随机(抽样)误差则是不可避免的,但可以计算并加以控制。在计算抽样误差时常常假设不存在登记性误差和系统偏差。

2. 随机误差有两种:实际误差和抽样平均误差

实际误差也称绝对误差,是指某一个样本指标与总体指标之间的差别:$|\bar{x}-\bar{X}|$ 或 $|p-P|$,这是个不确定的值。

抽样平均误差是反映所有可能出现的样本指标与全及总体指标抽样误差一般水平的统计指标,即所有可能出现的样本指标和总体指标的平均离差,也可以说是所有可能出现的样本指标(样本平均数或样本成数)的标准差。正因为如此,才说抽样平均误差是可以计算的。基于上述两点，我们所说的抽样误差是指抽样平均误差。

二、影响抽样平均误差的因素

抽样误差是抽样调查所固有的、不可避免的，但可以想办法把误差减小，并控制在允许的范围内。为了计算和控制抽样平均误差，需要分析影响抽样平均误差的因素。抽样平均误差大小主要受以下三个因素的影响。

1. 全及总体标志的变动程度

全及总体标志值变动程度愈大，抽样平均误差就愈大；反之，全及总体标志值变动程度愈小，则抽样平均误差就愈小。两者成正比例关系的变化。例如，总体各单位标志值都相等，即标准差为零时，那么抽样指标就等于全及指标，抽样平均误差也就不存在了。这时每个单位都可以作代表，平均指标也无须推算了。

2. 抽样单位的数量

在其他条件不变的情况下，抽取的样本单位数越多，抽样平均误差越小；抽取的样本单位数越少，抽样平均误差越大。抽样平均误差的大小与样本单位数成相反关系的变化，这是因为抽样单位数越多，样本单位数在全及总体中的比例越高，抽样总体会越接近全及总体的基本特征，总体特征越能在抽样总体中得到真实的反映。假如抽样单位数扩大到与总体单位数相等，抽样调查就变成了全面调查，抽样指标等于全及指标，实际上就不存在抽样误差。

3. 抽样组织的方式和方法

抽样组织方式不同，抽样平均误差也不同。采用等距抽样和分层抽样，抽样平均误差小；采用简单随机抽样和整群抽样，抽样平均误差较大。

另外，抽样方法不同，抽样平均误差也不相同。采用重复抽样方法，抽样平均误差较大；采用不重复抽样方法，抽样平均误差较小。

三、抽样平均误差的计算

在对某一全及总体进行抽样调查时，在总体中可以抽取一个抽样总体进行综合观察，也可以连续抽取几个以至一系列的抽样总体进行综合观察，每个抽样总体都可以计算出相应的抽样指标。由于每一抽样总体所包含的具体单位不同，它们的综合指标也是各不相同的，因而它们与全及综合指标之间的差数也是各不相同的。所以，这些抽样误差也是一个随机变量。前已论述，抽样误差是反映抽样指标对全及指标代表性程度的，而就抽样调查整体来说，可以有许多个抽样总体和许多个抽样误差，我们可否任取某一次抽样所得的抽样误差，来作为衡量抽样指标对于全及指标的代表性程度呢？这显然是不恰当的。某一次抽样结果的抽样误差只是一系列抽样结果可能出现的误差数值之一，它不能概括一系列抽样可能结果所产生的所有抽样误差。这如同衡量总体单位的平均指标代表性程度一样，不能用总体单位的平均指标与总体的某一单位标志值离差大小来说明平均指标对总体所有单位标志值的代表性程度。平均指标的代表性程度是用各个单位的标志值对平均指标离差平方的平均数方根——标准差来衡量的。它概括了所有单位标志值与平均指标离差的所有结果在内。那么，测定抽样指标的代表性程度的抽样误差，也可以用同样的原理求得。把各个可能的抽样指标与全及指标之间都存在的抽样误差的所有结果都考虑进去，用平方平均数的方法便可求得标准差，即抽样平均差。

抽样平均误差，是一系列抽样指标与全及指标产生误差，即抽样指标可能比全及指标大一些,也可能小一些,但用抽样平均误差来表示的抽样误差,它概括地反映了这些所有可能的结果,也就是平均说来会有这么大的误差。因此,抽样平均误差,既是实际可以运用于衡量抽样指标对于全及指标代表性程度的一个尺度,也是计算抽样指标与全及指标之间变异范围的一个依据;同时,在组织抽样调查中,也是确定抽样单位数多少的计算依据之一。总之,抽样平均误差对于整个抽样推断分析具有重要意义。

根据数理统计的理论与方法,可以导出计算抽样平均误差的公式。下面我们以简单随机抽样为例,分别讨论样本平均数的抽样平均误差和样本成数的抽样平均误差的计算问题。

(一) 抽样平均数的抽样平均误差

重复抽样的抽样平均误差的计算公式:

$$\mu_{\bar{x}} = \sqrt{\frac{\sigma^2}{n}} = \frac{\sigma}{\sqrt{n}} \qquad (7-13)$$

式中:σ^2——总体方差;
σ——总体标准差;
n——样本单位数;
$\mu_{\bar{x}}$——平均数的抽样平均误差,即所有可能的样本平均数的标准差。

不重复抽样方法的计算公式:

$$\mu_{\bar{x}} = \sqrt{\frac{\sigma^2}{n}\left(\frac{N-n}{N-1}\right)} \qquad (7-14)$$

式中:N——总体单位数;
$\frac{N-n}{N-1}$——修正系数。

在实际工作中,当 N 很大时,可采用 N 代替 $N-1$,此时不重复抽样方法计算公式简化为:

$$\mu_{\bar{x}} = \sqrt{\frac{\sigma^2}{n}\left(1-\frac{n}{N}\right)} \qquad (7-15)$$

式中:$\mu_{\bar{x}}$——样本平均数的抽样平均误差。

(二) 抽样成数的抽样平均误差

抽样成数的抽样平均误差计算的基本原则与平均数抽样误差相同。只是注意成数的平均数就是成数本身 P,成数的标准差等于 $\sqrt{P(1-P)}$,成数的方差等于 $P(1-P)$。若以 μ_p 代表成数抽样误差,两种抽样方法计算成数抽样误差公式如下所列。

重复抽样的计算公式:

$$\mu_p = \sqrt{\frac{P(1-P)}{n}} \qquad (7-16)$$

不重复抽样的计算公式:

$$\mu_p = \sqrt{\frac{P(1-P)}{n}\left(1-\frac{n}{N}\right)} \qquad (7-17)$$

式中:μ_p——抽样成数的抽样平均误差。

需要说明的是,计算抽样平均误差时,要使用全及总体方差 σ^2 和 $P(1-P)$,但这个资料在抽样调查时是不掌握的。通常有以下几种解决办法:(1) 用样本方差 S^2 和 $p(1-p)$ 代替;

(2)用过去调查资料代替;(3)用估计资料代替;(4)用小规模试验性调查资料代替。

例如,某企业生产一批灯泡共 10 000 只,随机抽取 500 只做耐用时间试验。测算结果显示,平均寿命为 5 000 小时,样本标准差为 300 小时,500 只中不合格品有 10 只,求平均数和成数的抽样平均误差。

由于不掌握总体标准差,所以用样本资料代替。样本平均数和成数的抽样平均误差可以用重复和不重复抽样两种方法来计算。

1. 样本平均数的抽样平均误差

假设采用重复抽样方法,则抽样平均误差为:

$$\mu_x = \frac{S}{\sqrt{n}} = \frac{300}{\sqrt{500}} = 13.42(小时)$$

假设采用不重复抽样方法,则抽样平均误差为:

$$\mu_x = \sqrt{\frac{S^2}{n}\left(1-\frac{n}{N}\right)} = \sqrt{\frac{300^2}{500}\times\left(1-\frac{500}{10\ 000}\right)} = 13.08(小时)$$

2. 样本成数的抽样平均误差

计算样本成数的抽样平均误差:

$$p = \frac{500-10}{500} = 0.98$$

假设采用重复抽样方法,抽样平均误差为:

$$\mu_p = \sqrt{\frac{p(1-p)}{n}} = \sqrt{\frac{0.98(1-0.98)}{500}} = 0.006\ 3(或\ 0.63\%)$$

假设采用不重复抽样方法,则抽样平均误差为:

$$\mu_p = \sqrt{\frac{p(1-p)}{n}\left(1-\frac{n}{N}\right)} = \sqrt{\frac{0.98(1-0.98)}{500}\left(1-\frac{500}{10\ 000}\right)}$$
$$= 0.006\ 1(或\ 0.61\%)$$

从以上计算抽样平均误差的公式和例子中都可以看出,抽样平均误差公式中不重复抽样和重复抽样相比,多了一个修正系数 $1-\frac{n}{N}$。所以,在其他条件相同的情况下,不重复抽样的抽样误差要小于重复抽样的抽样误差。这点可以作如下解释:前文曾指出,样本容量影响抽样误差大小,样本容量越大,抽样误差越小。不重复抽样和重复抽样相比,一个显著的不同是,全及总体单位在抽样过程中是逐渐减少的,从相对意义上说,等于扩大了样本容量,因此,在其他条件相同的情况下,不重复抽样的抽样平均误差要小于重复抽样的抽样误差。

还应该指出,当 N 很大时,不论是用重复抽样还是用不重复抽样公式计算抽样误差,其结果相差无几。因为,当 N 很大时,$\frac{n}{N}$ 就很小,$1-\frac{n}{N}$ 近似等于 1。因此,实际进行抽样调查时,尽管采用不重复抽样方法,但仍可采用重复抽样公式计算抽样误差。

第四节　全及指标的推断

一、抽样极限误差

前面所讨论的抽样平均误差并不是全及指标与抽样指标之间的真实误差,而是这种误差的平均数。由于未知的全及指标是一个确定的量,而抽样指标会随各个可能样本的不同而变动,它是围绕着全及指标上下随机出现的变量。它与全及指标可能产生正离差,也可能产生负离差,因此,抽样指标与全及指标之间就有个误差范围的问题。抽样误差范围就是指变动的抽样指标与确定的全及指标之间离差的可能范围。它根据概率理论,以一定的可靠程度保证抽样误差不超过某一给定的范围。统计上把这个给定的抽样误差范围叫作抽样极限误差,也称置信区间。

设 $\Delta_{\bar{x}}$ 与 Δ_p 分别表示抽样平均数与抽样成数的抽样极限误差,则有:
$$\Delta_{\bar{x}}=|\bar{x}-\bar{X}|;\Delta_p=|p-P|$$

将上面等式经过变换,可以得到下列不等式:
$$\bar{x}-\Delta_{\bar{x}}\leqslant\bar{X}\leqslant\bar{x}+\Delta_{\bar{x}};p-\Delta_p\leqslant P\leqslant p+\Delta_p$$

以上不等式表示,抽样平均数 $\bar{x}$ 是以全及平均数 $\bar{X}$ 为中心,在 $\bar{X}\pm\Delta_{\bar{x}}$ 之间变动;抽样成数 p 是以全及成数 P 为中心,在 $P\pm\Delta_p$ 之间变动。抽样误差范围是以 $\bar{X}$ 或 P 为中心的两个 Δ 的距离,这是抽样误差的原意。但是由于全及指标是个未知数值,而抽样指标通过实测可以求得,因此,抽样误差范围的实际意义是要求被估计的全及指标 $\bar{X}$ 或 P 落在抽样指标一定范围内,即落在 $\bar{x}\pm\Delta_{\bar{x}}$ 或 $p\pm\Delta_p$ 的范围内。

所以,将前面的不等式进行移项:

左边移项　　　$\bar{X}\leqslant\bar{x}+\Delta_{\bar{x}}$　　　右边移项　　　$\bar{x}-\Delta_{\bar{x}}\leqslant\bar{X}$

得　　　　　　$\bar{x}-\Delta_{\bar{x}}\leqslant\bar{X}\leqslant\bar{x}+\Delta_{\bar{x}}$

同理,将不等式 $P-\Delta_p\leqslant p\leqslant P+\Delta_p$ 变换后可得 $p-\Delta_p\leqslant P\leqslant p+\Delta_p$

所以,全及指标 $\bar{X}$、P 的范围估计(或称区间估计)可以按下列公式计算:

$$\bar{X}=\bar{x}\pm\Delta_{\bar{x}} \tag{7-18}$$

$$P=p\pm\Delta_p \tag{7-19}$$

二、可信程度

抽样平均误差 μ 是表明抽样估计的准确度。抽样误差范围即抽样极限误差 Δ 是表明抽样估计准确程度的范围。在给定的准确程度范围内的抽样估计,还要研究估计的可靠程度,即可信程度。

例如,大学生的平均体重为 58 千克,抽样误差为 1 千克时,大学生的平均体重在 57 千克到 59 千克之间($\bar{x}\pm1\mu_{\bar{x}}$),判断的可靠程度为 0.682 7。如果将抽样误差扩大 1 倍,即 2 千克,也就是说,推断全体大学生平均体重在 56 千克到 60 千克的范围之内($\bar{x}\pm2\mu_{\bar{x}}$),判断的可靠程度为 0.954 5。如果抽样范围扩大到 1 千克的 3 倍,那么大学生的平均体重在 55 千克到 61 千克的范围之内($\bar{x}\pm3\mu_{\bar{x}}$),可靠程度为 0.997 3,可信程度接近 100%。

上例说明,抽样误差范围 Δ 与抽样平均误差 μ 的关系,即:Δ 是用一定倍数的 μ 表示的抽样指标与全及指标之间的绝对离差。这里的倍数通常用 t 来表示。t 称为概率度,它是指以抽样平均误差 μ 为尺度来衡量的相对误差范围,在数理统计中常称为置信度。公式表示为:

$$\Delta_{\bar{x}} = |\bar{x} - \bar{X}| = t\mu_x \tag{7-20}$$

$$\Delta_p = |p - P| = t\mu_p \tag{7-21}$$

$$t = \frac{\Delta_x}{\mu_x} = \frac{|\bar{x} + \bar{X}|}{\frac{\sigma}{\sqrt{n}}} \tag{7-22}$$

$$t = \frac{\Delta_p}{\mu_p} = \frac{|p - P|}{\sqrt{\frac{P(1-P)}{n}}} \tag{7-23}$$

这些公式的意义在于,在一定 μ 的条件下,当概率度 t 越大,则抽样范围越大,可能样本落在误差范围内的概率越大,从而抽样估计的可信程度也就越高;反之,当 t 越小,则 Δ 越小,可能样本落在误差范围内的概率越小,从而抽样估计的可信程度也就越低。

怎样求得样本指标落在一定误差范围内的概率和确定抽样估计的可靠程度呢?数理统计证明,概率度和概率之间保持一定的函数关系,即概率是概率度的函数。用 P 表示概率以说明抽样估计的可靠程度,其函数关系可表示为:

$$P = F(t)$$

在正态分布的情况下,从总体中随机抽取一个样本加以观察,则该样本抽样指标落在某一范围($\bar{x} - t\mu_{\bar{x}} \leftrightarrow \bar{x} + t\mu_{\bar{x}}$)内的概率,是用占正态曲线面积的大小表示的,即:

$$\begin{aligned} F(t) &= P\{\bar{x} - t\mu_{\bar{x}} \leqslant \bar{X} \leqslant \bar{x} + t\mu_{\bar{x}}\} \\ &= \frac{1}{\sqrt{2\pi}} \int_{-t}^{t} e^{-\frac{t^2}{2}} dt \end{aligned} \tag{7-24}$$

正态分布曲线与横轴围成的面积等于 1。用正态分布曲线说明抽样指标出现的概率,按上述积分公式计算,就是当以全及平均数 $\bar{X}$ 为中心加减一个平均误差 $\mu_{\bar{x}}$ 为范围时所包括的面积为 68.27%,表明落在此范围内的各个抽样指标占总体所有可能样本抽样指标的 68.27%,或者说,从总体中随机抽取一个样本的抽样指标落在这个范围内的概率为 68.27%。而当以 $\bar{x} \pm 2\mu_{\bar{x}}$ 为范围时所包括的曲线面积为 95.45%,表明落在此范围内的各个抽样指标占总体所有可能样本抽样指标的 95.45%,或者说,从总体中任取一个样本的抽样指标落在这个范围内的概率为 95.45%,等等。由此可见,随着概率度 t 的不断增大,概率 P 的数值也随着增大以至逐渐接近于 1,使抽样推断达到完全可靠的程度。正态分布及其曲线下的面积见图 7-1 所示。

应用正态分布曲线,把概率度 t 和抽样误差范围 Δ 联系起来,便得到抽样推断全及指标在一定范围内的概率保证程度。在统计抽样推断中常用的有(如表 7-1 所示)应用正态分布曲线,把概率度 t 和抽样误差范围 Δ 联系起来,便得到抽样推断全及指标在一定范围内的概率保证程度。

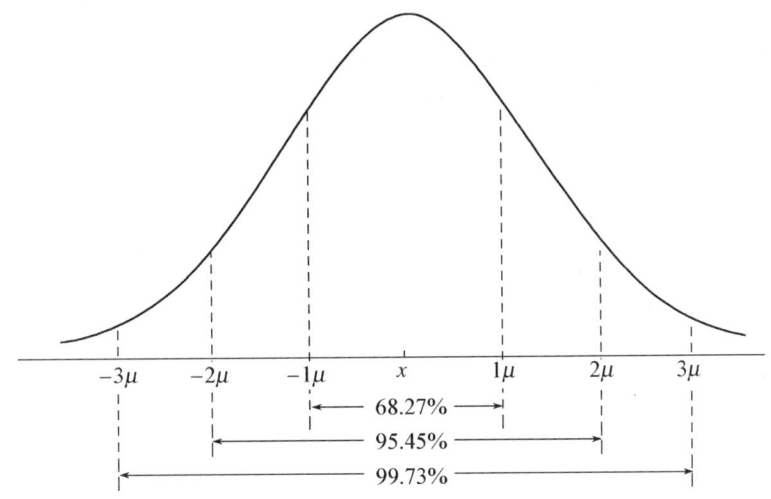

图 7-1　正态分布及其曲线下的面积图

表 7-1　概率度与概率对照表

概率度 t	误差范围(Δ)	概率 $F(t)$	概率度 t	误差范围(Δ)	概率 $F(t)$
0.5	0.5μ	0.382 9	1.96	1.96μ	0.950 0
1.00	1.00μ	0.682 7	2.00	2.00μ	0.954 5
1.50	1.50μ	0.866 4	3.00	3.00μ	0.997 3

在实际工作中,为计算方便起见,已按不同 t 值和相应的概率编制专门的正态分布概率表,以供查用(见本书附录)。

三、全及指标的推断

抽样推断的目的是用样本指标去推断总体指标,即按已经抽定的样本指标(样本平均数或样本成数)来估计总体指标(总体平均数或总体成数),或其所在的范围。在实际工作中运用抽样指标估计总体指标的方法主要有点估计和区间估计两种。

(一) 点估计

点估计也叫定值估计(或直接估计),就是把样本平均数或样本成数直接作为总体平均数或总体成数的估计值。例如,对一批电灯泡进行抽样检验得样本合格率为95%,使用寿命为1 000小时,则据此估计该批电灯泡的合格率为95%,使用寿命为1 000 小时。

作为总体的估计值,我们分别用 $\bar{\hat{X}}$、$\hat{P}$ 表示,以区别总体的真值 $\bar{X}$ 和 P。则:

$$\bar{X}=\bar{\hat{X}} \quad P=\hat{P}$$

点估计简单明了,但不考虑抽样误差,也未给出估计的精确程度及估计的可靠程度,因此,实际工作中一般不用这一估计方法,但它是进行区间估计的基础。之所以能以样本指标作为总体指标的点估计量,是因为它是总体指标的最优估计量。作为最优估计量,应符合以下几个标准。

1. 无偏性

尽管由于随机性原因,一个具体的估计值可能偏大或偏小,但作为一个好的估计量应该是:所有可能的估计值的平均数等于所要估计的总体指标。即:

$$E(\bar{x})=\bar{X}$$

2. 一致性

当样本容量 n 越来越接近于总体容量时,估计值就会越来越靠近要估计的总体指标,即随着样本单位数无限增大,抽样指标和总体指标之间的绝对离差为任意小的正数的概率为 1。根据大数定律,设有任意小的正数 ε,则有:

$$\lim_{n\to\infty}P(|\bar{x}-\bar{X}|<\varepsilon)=1$$

这就是说,样本单位数无限增大时,抽样平均数和总体平均数的绝对离差小于任意的正数 ε 的概率趋近于 1。

3. 有效性

用抽样平均数和用总体的其他变量来估计总体平均数,虽然两者都是无偏估计量,并且在每次估计中两种估计量和总体平均数可能有离差,但样本平均数更靠近总体平均数,其离差最小。所以对比来说,抽样平均数是更为优良的估计量。

不仅抽样平均数是总体平均数的优良估计量,抽样成数和抽样方差也是总体成数和总体方差的优良估计量。

(二) 区间估计

区间估计是在一定概率度保证下,用以点估计值为中心的一个区间范围估计总体指标数值的估计方法。事实上,样本平均数的分布在总体平均数的上下波动,恰好相等的可能性很小。为了使推算结果可信,可以设计一个区间,使推断的结果包括在这个范围内。这一区间称置信区间。在区间估计中,有三个基本要素:点估计值、概率度、误差范围。根据前面介绍的极限误差的内容可知:

$$\bar{x}-\Delta_{\bar{x}} \leqslant \bar{X} \leqslant \bar{x}+\Delta_{\bar{x}}$$
$$p-\Delta_p \leqslant P \leqslant p+\Delta_p$$

进行区间估计的具体步骤:

(1) 抽取样本,计算样本指标,即计算抽样平均数或抽样成数,作为总体指标的估计值;并计算样本方差以推算抽样平均误差。

(2) 根据概率度和抽样平均误差推算抽样极限误差的可能范围,并根据抽样极限误差求出被估计指标的上限和下限。

例如,从某电子元件生产企业 10 000 名工人中随机不重复抽样抽取 100 名工人进行调查,得出有关资料如表 7-2 所列。要求以 95% 的可靠程度推算该企业工人月总产量的可能范围。又知月产 1 100 件以上的工人为技术标兵,试推算该企业技术标兵的可能范围。

表 7-2 抽样工人月产量资料表

月产量(件)	工人数 f	组中值 x	xf	$x-\overline{x}$	$(x-\overline{x})^2 f$
900 以下	1	875	875	−180.5	32 580.25
900~950	2	925	1 850	−130.5	3 406.05
950~1 000	6	975	5850	−80.5	38 881.5
1 000~1 050	35	1 025	35 875	−30.5	32 558.75
1 050~1 100	43	1 075	46 225	19.5	16 350.75
1 100~1 150	9	1 125	10 125	69.5	43 472.25
1 150~1 200	3	1 175	3 525	119.5	42 840.75
1 200 以上	1	1 225	1 225	169.5	28 730.25
合　计	100	—	105 550	—	269 475

(1) 样本平均数为：

$$\overline{x} = \frac{\sum xf}{f} = \frac{105\,550}{100} = 1\,055.5(件)$$

样本标准差为：

$$\sigma = \sqrt{\frac{\sum (x-\overline{x})^2 f}{\sum f}} = \sqrt{\frac{269\,475}{100}} = 51.91(件)$$

抽样平均误差为：

$$\mu_{\overline{x}} = \sqrt{\frac{\sigma^2}{n}\left(1-\frac{n}{N}\right)} = \sqrt{\frac{2\,694.75}{100}\left(1-\frac{100}{10\,000}\right)} = 5.165(件)$$

由于 $F(t)=95\%$，查表得 $t=1.96$

$$\Delta_{\overline{x}} = t \cdot \mu_{\overline{x}} = 1.96 \times 5.165 = 10.123\,4(件)$$

该企业平均工人月产量的可能范围为：

$$1\,055.5 - 10.123\,4 \leqslant \overline{X} \leqslant 1\,055.5 + 10.123\,4$$

即　　　　　　　　$1\,045.376\,6 \leqslant \overline{X} \leqslant 1\,065.623\,4$

由于该企业总产量 $=N\overline{X}$，故有：

$$1\,045.376\,6 \times 10\,000 \leqslant N\overline{X} \leqslant 1\,065.623\,4 \times 10\,000$$

$$10\,453\,766 \leqslant N\overline{X} \leqslant 10\,656\,234$$

即有 95% 的把握估计该企业工人月总产量在 10 453 766 件~10 656 234 件之间。

(2) 推断该企业技术标兵人数。由已知数据可得

样本成数：$\quad p = \frac{n_1}{n} = \frac{13}{100} = 13\%, 1-p = 87\%$

样本的方差：$\quad \sigma^2 = p(1-p) = 13\% \times 87\% = 11.31\%$

成数抽样平均误差为：

$$\mu_p = \sqrt{\frac{p(1-p)}{n}\left(1-\frac{n}{N}\right)} = \sqrt{\frac{11.31\%}{100}\left(1-\frac{100}{10\,000}\right)} = 3.346\,04\%$$

成数极限误差为：

$$\Delta_p = t\mu_p = 1.96 \times 3.345\ 604 = 6.558\ 24\%$$

则技术标兵比重的可能范围是：
$$13\% - 6.558\ 24\% \leqslant P \leqslant 13\% + 6.558\ 24\%$$
$$6.441\ 76\% \leqslant P \leqslant 19.558\ 24\%$$

则企业技术标兵总数的可能范围为：
$$6.441\ 76\% \times 10\ 000 \leqslant PN \leqslant 19.558\ 24\% \times 10\ 000$$
$$645 \leqslant PN \leqslant 1\ 956$$

即有 95% 的把握估计该企业技术标兵总数在 645 人～1 956 人之间。

第五节 抽样方案设计

一、抽样方案设计的原则

如何科学地组织抽样调查是抽样推断中的一个重要问题，在抽样调查之前首先要有一个抽样方案的设计。抽样方案的设计和施工的蓝图一样是抽样调查的一个总体规划，应包括如何从总体中抽取样本、说明调查要取得哪些项目的资料、用什么方法取得这些资料、要求资料的精确程度、确定必要的样本单位数目，等等。完整的抽样方案还应该包括一些必要的附件，如调查人员的培训计划、调查的问卷或调查表的设计、调查项目的编码以及汇总表的格式等。搞好抽样设计必须掌握以下两个基本原则。

1. 保证实现抽样随机的原则

因为随机原则是概率抽样的基础，只有排除了人们有意识地抽选样本，保证每个样本都有一个已知的概率被抽中，才能应用概率论的原理对总体做出正确的判断。若不遵守随机原则或者虽然按随机原则抽选，但抽样后未按规定进行调查，破坏了随机性的原则，就容易产生偏误。

2. 保证实现最大的抽样效果原则

抽样调查和其他工作一样，也有一个经济效益的问题，就是如何以较小的费用支出取得一定准确程度的数据。因为任何一项抽样调查都是在一定费用的限制条件下进行的，抽样的方案设计应该力求调查费用最省。在通常情况下，提高精度的要求和节省费用的要求往往有矛盾，因为要求抽样误差愈小，就要增加抽样单位数目，相应地要增加调查费用。但实际工作中并非抽样误差最小的方案就是最好的方案，因为不同的调查项目对于精度的要求往往是不同的，而且调查费用和精度之间往往并不是线性关系，达到一定程度时调查精度越高，费用增加幅度越大。假设用 100% 的费用可以达到 100% 的精度。但如果用 75% 的费用就可以达到 98% 的精度，若 98% 的精度可满足需要时，就没有必要再花 25% 的费用来获取余下的 2% 的精度。何况抽样调查的内容也是千差万别的，有些要求精度较高，而有些调查并不一定要求很高的精度，因此，在抽样设计时要视具体情况而定。调查费用取决于很多因素，其中一个很重要的因素是抽样单位的数目，因此要确定适当的抽样单位数目，而抽样单位数目又取决于精度和可靠性的要求。精度是指希望估计区间的长度越短越好；而可靠性是希望估计区间包含参数的概率越大越好。在样本容量确定的条件下两者是矛盾的。可靠性增加，区间长度必然增加,精度就降低;反之提高精度,可靠性则降低。因此,抽样设计的原则应是在一定的误差和可靠性的要求下选择费用最少的样本设计。但如何达到这一要求又与抽样调查的组织方式有关。下面介绍一些主要的抽样调查组织形式。

二、简单随机抽样

(一) 简单随机抽样的概念和特点

简单随机抽样又称纯随机抽样,它是在对全及总体的所有单位不进行任何整理的条件下,完全按随机原则从总体中抽选样本进行观察,保证总体中每个单位都有同等的中选机会。从理论上说,简单随机抽样是最符合抽样调查的随机原则,是抽样调查的最基本形式。

简单随机抽样的特点是,总体中每一个单位被抽中的机会均等,并且抽取样本单位的方法简便,易于掌握,但也有其局限性:当总体单位的标志变异程度不大,或者呈均匀分布时,比较适宜采用这种方法;如果总体单位数目很大,标志变异程度也很大,相对抽取单位数较少时则不宜采用此法。

(二) 抽样方法

简单随机抽样样本单位的抽取方法有直接抽选法、抽签法和随机数码表法三种方法。

1. 直接抽选法

从调查对象中直接抽选样本。如从仓库中存放的所有同类产品中随机指定若干箱产品进行质量检验,从粮食仓库中的地点取出若干粮食样本进行含杂量、含水量检验,等等。

2. 抽签法

先给每个单位编上序号,将号码写在纸片上,掺和均匀后从中抽选,抽到哪一个单位就调查哪个单位,直到抽够预先规定的数量为止。这种方法看起来简单易行,总体单位数目不多时也可以使用。

3. 随机数码表法

随机数码表是包含许多随机数字的表格,它是从 $0\sim9$ 的十个数码随机组合的数字表格。在这个表格里 $0\sim9$ 的每个数码出现的概率是相同的,为了方便使用,可以编 2 个数码一组、4 个数码一组,甚至 10 个数码一组。

表 7-3 是 2 个数码一组的一种随机数码表(一部分)。

表 7-3 随机数码表

03	47	43	73	86	36	96	47	36	61
97	74	24	67	62	42	81	14	57	20
16	76	62	27	66	56	50	26	71	07
12	56	85	99	26	96	96	68	27	31
55	59	56	35	64	38	54	82	46	22
16	22	77	94	39	49	54	43	54	82
84	42	17	53	31	57	24	55	06	88
63	01	63	78	59	16	95	55	67	19
33	21	12	34	29	78	64	56	07	82

(续表)

57	60	86	32	44	09	47	27	96	54
18	18	07	92	45	44	17	16	58	09
26	62	38	97	75	84	16	07	44	99
23	42	40	64	74	82	97	77	77	81
52	36	28	19	95	50	92	26	11	97
37	85	94	35	12	83	39	50	08	30

表 7-3 中数字的出现和排列是随机产生的，在使用时也要遵循随机原则。抽取样本之前，先将总体所有单位编号，根据编号的位数，确定使用表中若干位数码。然后，从表中任一列、任一行、任一方向开始数，遇到属于编号范围内的数字就作为样本单位。不在编号范围内的数字就跳过去，直到抽够样本容量为止。留下的数字中若有重复，在不重复抽样的条件下，第二次出现的数字不能保留，若重复抽样，则可保留。例如，要从 30 个总体单位中抽取 5 个单位，首先要将总体单位按 01～30 编号。编号是两位数，可以将随机数码表编为 2 个数码一组。假设从第一行第三列 43 为起点数开始，顺次序向下数，第二个数字 24 在编号范围内，保留，下面的 62、85、56、77 超出了范围，全不用。17 是在编号范围内的，因此 17 号作为样本单位，依次还可取出 12、07、28 作为样本单位。

虽然简单随机抽样从理论上说最符合随机原则，是其他抽样方式的基础，但是，它在统计实践中受到很大限制：首先，当总体很大时，编号工作就很困难，对于连续生产的企业产品编号也了不了解；另外，当总体各单位标志值之间差异很大时，采用这种抽样方式并不能保证样本的代表性。因此，简单随机抽样主要应用于以下情况：① 对调查对象的情况了解很少；② 总体单位的排列没有秩序；③ 抽到的单位比较分散时也不影响调查工作。

(三) 简单随机抽样的抽样误差的计算

前面所讨论的抽样误差的计算方法，就是从简单随机抽样组织方式出发的，因此，简单随机抽样的抽样误差公式为：

在重复抽样条件下：

$$\mu_{\bar{x}} = \sqrt{\frac{\sigma^2}{n}} \tag{7-25}$$

$$\mu_p = \sqrt{\frac{P(1-P)}{n}} \tag{7-26}$$

在不重复抽样条件下：

$$\mu_{\bar{x}} = \sqrt{\frac{\sigma^2}{n}\left(1-\frac{n}{N}\right)} \tag{7-27}$$

$$\mu_p = \sqrt{\frac{P(1-P)}{n}\left(1-\frac{n}{N}\right)} \tag{7-28}$$

三、类型抽样

(一) 类型抽样的概念和特点

类型抽样又称分类抽样或分层抽样，它是先对总体按一定标志加以分类(层)，使各组组内标志值比较接近,然后再从各类(层)中按随机原则抽取样本,各类(层)内的样本组成一个总的样本。

类型抽样将分组法与抽样原理结合运用。通过分组,将全及总体标志值比较接近的单位归为一组,这样可以避免标志值比较接近的单位同时被抽中,使样本单位的分布更接近总体分布,可以提高样本的代表性。类型抽样对每个组都要抽取样本单位,因此对于所有组来说,实际上都是全面调查,所以,各组之间的方差已不再影响抽样平均误差。影响抽样平均误差的只是各组之内的方差。又由于分组的结果可以降低组内方差,所以类型抽样可以减少抽样平均误差。

此外,类型抽样的抽样组织工作比较方便。因为分类(层)也可以按行政隶属和系统来划分或按地理的区域来划分,这种分类(层)虽然并不一定能提高抽样效率,但常常给工作带来很大的方便。如果各个行政系统之间差别较大,行政系统内部的差别比较小,那么这种分类(层)可以收到既方便又能提高抽样效率的双重效果。

(二) 类型抽样的方法

类型抽样具体分为两种方法:一是根据抽样误差的大小与标志差异程度、抽样单位数等的关系来确定,凡是标志差异大的组可以多抽一些,标志差异小的组可以少抽一些。这样确定各组应抽取的样本单位数,可以缩小抽样误差。这种方法称为类型适宜抽样。二是不考虑各组标志差异程度,而是根据统一的比例来确定各组要抽取的单位数。也就是通常用各类型组的单位数占全及总体单位数的比例,来确定各组抽取的样本单位数。这种方法称为类型比例抽样。

(三) 类型抽样的单位数的确定

1. 类型比例抽样方法单位数的确定

$$\frac{n_1}{N_1}=\frac{n_2}{N_2}=\frac{n_3}{N_3}=\cdots=\frac{n_i}{N_i}=\frac{n}{N}$$

式中:n_i——各组抽取的样本单位数($i=1,2,3,\cdots$);

n——抽样单位总数(即 $n=n_1+n_2+n_3+\cdots$);

N_i——各组总体单位数;

N——全及总体单位数。

计算各类型组应抽取的样本单位数的公式有:

$$n_i=\frac{N_i}{N}\times n \tag{7-29}$$

例如,全及总体单位数 $N=8\,000$,共要抽取样本单位数 $n=120$,总体分成如下三个类型组:$N_1=4\,000,N_2=2\,400,N_3=1\,600$。现按类型比例抽样计算各组需要抽取的样本单位数:

$$n_1=4\,000\times\frac{120}{8\,000}=4\,000\times 1.5\%=60$$

$$n_2=2\,400\times\frac{120}{8\,000}=36$$

$$n_3=1\,600\times\frac{120}{8\,000}=24$$

2. 类型适宜抽样方法单位数的确定

在类型适宜抽样条件下,对于标志变动程度大的组,抽取样本单位数的比例相应要大些;

反之,对于标志变动程度小的组,抽取样本单位数的比例相应地可以小些。因此,确定各组抽样单位数的公式可以作如下设计:

$$n_i = \frac{N_i \sigma_i}{\sum N_i \sigma_i} \times n \qquad (7-30)$$

这个公式表明,各组抽取样本单位数的多少,取决于各组总体单位数 N_i 与标准差 σ_i 的乘积占各组总体单位数与标准差乘积总和 $\sum N_i \sigma_i$ 的比例。这样,各类型组单位数的多少和各组标志变动程度差异两个因素都考虑到了。

如仍以上例:总体单位数 $N=8\,000$,共需抽取样本单位数 $n=120$。总体分成三个类型组:$N_1=4\,000, N_2=2\,400, N_3=1\,600$。假定各组标准差分别为:$\sigma_1=10, \sigma_2=15, \sigma_3=30$。计算各组抽取样本单位数的方法为:

$$n_1 = \frac{4\,000 \times 10}{4\,000 \times 10 + 2\,400 \times 15 + 1\,600 \times 30} \times 120 = 38.7 \to 39$$

$$n_2 = \frac{2\,400 \times 15}{4\,000 \times 10 + 2\,400 \times 15 + 1\,600 \times 30} \times 120 = 34.8 \to 35$$

$$n_3 = \frac{1\,600 \times 30}{4\,000 \times 10 + 2\,400 \times 15 + 1\,600 \times 30} \times 120 = 46.5 \to 47$$

在实际工作中,事先往往不知道各组的标准差 σ_i,但容易估计出各组的全距 R_i,上式中的 σ_i 可以用 R_i 代替,则计算各组需要抽取单位数的公式为:

$$n_i = \frac{N_i R_i}{\sum N_i R_i} \times n \qquad (7-31)$$

从当前统计工作实践来看,大多采用前面一种比较简便的类型比例抽样,但从提高抽样效果来说,在有条件的情况下还是可采用类型适宜抽样的。

(四) 类型抽样抽样误差的计算

类型比例抽样的误差,取决于各组样本单位数的总和与各组组内的方差(即各组组内标准差的平方)的平均数。因此,当测定平均数指标时,计算抽样误差不是用方差 σ^2,而是用各组组内方差的加权算术平均数 $\overline{\sigma_i^2}$(即各组组内方差的平均数)。根据同样的道理,在测定成数指标时,计算抽样误差不是用全及总体 P 和 $(1-P)$ 的乘积,而是各组 p_i 和 $(1-p_i)$ 乘积的平均数,即 $\overline{p(1-p)}$。

类型抽样的抽样误差计算公式如下:

在重复抽样条件下:

$$\mu_{\bar{x}} = \sqrt{\frac{\overline{\sigma_i^2}}{n}} \qquad (7-32)$$

$$\overline{\sigma_i^2} = \frac{\sum \sigma_i^2 N_i}{N} \text{ 或} \frac{\sum \sigma_i^2 n_i}{n} \qquad (7-33)$$

$$\mu_p = \sqrt{\frac{\overline{P(1-P)}}{n}}$$

$$\overline{P(1-P)} = \frac{\sum P_i(1-P_i)N_i}{N} \text{ 或} \frac{\sum P_i(1-P_i)n_i}{n} \qquad (7-34)$$

在不重复抽样条件下：

$$\mu_{\bar{x}} = \sqrt{\overline{\frac{\sigma_i^2}{n}}\left(1-\frac{n}{N}\right)} \tag{7-35}$$

$$\mu_p = \sqrt{\frac{P(1-P)}{n}\left(1-\frac{n}{N}\right)} \tag{7-36}$$

在实际工作中，因为不知道全及总体各类型组内方差，所以各类型组标准差平方 σ_i^2 用各类的样本标准平方代替。各类型的成数 P_i 用各类型样本成数代替。

四、机械抽样

（一）机械抽样的概念和作用

机械抽样又称等距抽样或系统抽样，它是对研究的总体按一定的顺序排列，每隔一定的间隔抽取一个或若干个单位，并把这些抽取的单位组成样本进行观察的一种抽样方法。

设总体有 N 个单位，现需抽取一个容量为 n 的样本，其抽选方法是先将 N 个总体单位按一定顺序进行排列，令 $k=N/n$，k 称为抽样间隔或抽样距离，这样实际上把总体单位分成 n 段，每段中有 k 个单位，然后在 $1-k$ 中随机地抽取一个随机数，设为 i，则第 n 个单位为抽中单位，以后每隔 k 个单位为一抽中单位，即第 $i+k, i+2k, \cdots, i+(n-1)k$，直到抽满 n 个单位为止。

机械抽样的特点是：

1. 简便易行

就简单的随机抽样来说，在抽样之前须对每个单位加以编号，然后才利用 ongoing 随机数码表等方法抽选样本，当总体单位很多时，编号与抽选也比较麻烦。而等距抽样只要确定了抽样的间隔和起点，整个样本的所有单位也随之自然确定。它可以利用现成的各种排列，如某市的工业企业可以按照有关系统和部门的习惯顺序排列，抽样时就可以直接利用这些顺序进行等距抽样。这种抽样方法也便于推广，为不熟悉抽样调查的人员所掌握，也适合某些基层现场的抽样调查。例如，在森林调查中，常常很难在林地中划分抽样单位，然后随机抽选，而机械抽样就比较方便。

2. 误差大小与总体单位顺序有关

因此，当对总体的结构有一定了解时，可用已有的信息对总体进行排列后采用机械抽样，就能提高抽样效率。一般情况下，等距抽样使本单位在总体中散布比较均匀，其抽样平均误差要小于简单随机抽样。因此，这是大规模抽样调查中一种比较常用的抽样方法。

（二）机械抽样的分类

1. 按排队依据的标志不同分类

（1）无关标志排队法，是指排队的标志与调查的内容无关。例如，调查职工生活水平时，职工按姓氏笔画排队；对产品进行质量检查，按产品入库顺序排队等都是按无关标志排队。

（2）有关标志排队法，是指排队的标志与调查的内容有关。例如，对耕地的农产量进行调查，把地块按往年平均亩产的高低进行排队；对职工家庭生活水平进行调查，把职工按工资水平的高低进行排队等都是按有关标志排队。

2. 按样本单位抽选的方法不同分类

（1）随机起点等距抽样。当抽取间隔 k 确定以后，在第一组随机抽选一个样本单位，设该样本单位的顺序号为 a，则第二个样本单位的顺序号为 $k+a$，第三个样本单位的顺序号就为

$2k+a$,其余类推,第 n 个样本单位的顺序号为 $(n-1)k+a$。

当总体按无关标志排队时,随机起点等距抽样是可以应用的。当总体按有关标志排队时,随机起点等距抽样会产生系统性误差。

(2) 半距起点等距抽样。要求各样本单位都选在各组的中点。各样本单位的顺序号是:第一个样本单位是 $k/2$,第二个样本单位是 $k+k/2$,第三个样本单位是 $2k+k/2$,…,第 n 个样本单位是 $(n-1)k+k/2$。

无论按有关标志排队和按无关标志排队都可以采用这种方法。这种方法的优点是简单易懂、易于实践。当总体按有关标志排队时,采用这种方法保证样本有充分的代表性,长期以来在大规模社会经济调查中被广泛运用,实际检验效果也是令人满意的。

但半距起点等距抽样也存在一定的局限性。首先,随机性不明显,当总体排队确定,样本容量确定,则样本单位也随之确定了。其次,只能抽取一个样本,不能进行样本轮换,抽样的利用率太低。

(3) 对称等距抽样。要求在第一组随机抽取第一个样本单位,假设该单位的顺序号为 a,在第二组与第一个样本单位对称的位置抽取第二个样本单位,它的顺序号为 $2k-a$。在第三组与第二组样本单位对称的位置抽取第三个样本单位,它的顺序号为 $2k+a$。以后抽出的样本单位序号依次为 $(4k-a),(4k+a),(6k-a),(6k+a),\cdots$。

对称等距抽样保留了半距起点等距抽样的优点,又避免了它的局限性,使其优点更加明显。

(三) 机械抽样抽样误差的计算公式

无关标志排队法等距抽样近似于简单随机抽样。因此,一般认为可以按简单随机抽样方法计算抽样误差。即:

在重复抽样条件下:

$$\mu_{\bar{x}}=\sqrt{\frac{\sigma^2}{n}} \tag{7-37}$$

$$\mu_p=\sqrt{\frac{P(1-P)}{n}} \tag{7-38}$$

在不重复抽样条件下:

$$\mu_{\bar{x}}=\sqrt{\frac{\sigma^2}{n}\left(1-\frac{n}{N}\right)} \tag{7-39}$$

$$\mu_p=\sqrt{\frac{P(1-P)}{n}\left(1-\frac{n}{N}\right)} \tag{7-40}$$

有关标志排队法等距抽样实质上可以看作一种特殊的分类抽样,不同的是分类更细致、组数更多,而在每个组之内则只抽选一个样本单位。因此,一般认为可以用类型抽样的抽样误差公式来计算抽样误差。

在重复抽样条件下:

$$\mu_{\bar{x}}=\sqrt{\frac{\overline{\sigma_i^2}}{n}} \tag{7-41}$$

$$\mu_p=\sqrt{\frac{P(1-P)}{n}} \tag{7-42}$$

在不重复抽样条件下：

$$\mu_{\overline{x}}=\sqrt{\frac{\sigma_i^2}{n}\left(\frac{N_i-n_i}{N_i-1}\right)} \tag{7-43}$$

在等距抽样时，每个组内只抽取一个单位，因此，$n_i=1$，从而：

$$\frac{N_i-n_i}{N_i-1}=\frac{N_i-1}{N_i-1}=1$$

所以：

$$\mu_{\overline{x}}=\sqrt{\frac{\sigma_i^2}{n}} \tag{7-44}$$

也就是说，等距抽样虽然是不重复的抽样，实质上是使用重复抽样公式。

五、整群抽样

（一）整群抽样的概念和特点

整群抽样是将总体先分为若干群，然后按随机原则抽取若干群，对抽中的群内所有单位都进行调查的一种抽样组织形式。

前面讲述的简单随机抽样、分层抽样和机械抽样，都是从全及总体中抽取样本单位，整群抽样则是抽取由若干样本单位组成的群。在缺乏总体抽样框的情况下，宜采用整群抽样方式。整群抽样的组织工作比较简单，节约费用，一般都采用不重复抽样，但抽样误差往往比较大。

（二）整群抽样的方法

整群抽样首先要对全及总体根据需要划分成若干群，分群的基本原则是，在可能情况下，使群内方差尽可能大，群间方差尽可能小。其次将各群按时间顺序或空间顺序排列，再根据随机原则抽取样本群。

（三）整群抽样的抽样误差的计算

1. 整群抽样抽样误差的影响因素

（1）抽出群数多少。设所有的群数为 R，抽出的群的数目为 r。显然抽出的 r 的数目越多，则抽样误差越少。

（2）群间方差。群间方差也称组间方差，它说明群和群之间的差异程度。在整群抽样时，群内方差（组内方差）无论多大都不影响抽样误差。因为对每一个群来讲，进行的是全面调查，不发生抽样误差问题。群间方差的计算方法如下：

① 平均数的群间方差

$$\delta_{\overline{x}}^2=\frac{\sum(\overline{X_i}-\overline{X})^2}{R}\left[\text{或者}:\delta_{\overline{x}}^2=\frac{\sum(\overline{x_i}-\overline{x})^2}{r}\right] \tag{7-45}$$

式中：$\overline{X_i}$——全及各群的平均数；

$\overline{X}$——全及平均数；

$\overline{x_i}$——抽样各群的平均数；

$\overline{x}$——抽样各群的总平均数；

δ^2——群间方差。

② 成数的群间方差

$$\delta_p^2 = \frac{\sum(P_i-P)^2}{R} \left[或者:\delta_p^2 = \frac{\sum(p_i-p)^2}{r}\right] \tag{7-46}$$

式中：P_i——全及各群的成数；

P——全及成数；

p_i——抽样各群的成数；

p——抽样各群的总成数。

(3) 抽样方法。整群抽样都采用不重复抽样方法。因此，在计算抽样误差时要使用修正系数 $\frac{R-r}{R-1}$。

2. 整群抽样抽样误差的计算

经过上述对抽样误差影响分析，归纳出抽样误差的计算公式为：

$$\mu_{\bar{x}} = \sqrt{\frac{\delta_{\bar{x}}^2}{r}\left(\frac{R-r}{R-1}\right)} \tag{7-47}$$

$$\mu_p = \sqrt{\frac{\delta_p^2}{r}\left(\frac{R-r}{R-1}\right)} \tag{7-48}$$

当式中 R 的数目较大时，两个公式中的 $\frac{R-r}{R-1}$ 可以用 $\left(1-\frac{r}{R}\right)$ 来代替。

六、多阶段抽样

前面介绍的四种抽样方式都属于单阶段抽样。所谓单阶段抽样是指经过一次抽选就可以直接确定样本单位的抽选方法。在调查范围小，调查单位比较集中时通常采用这种方法。

在社会经济调查中，一般调查对象中调查单位很多，分布很广，直接抽选样本单位是很困难的，这种状况宜采用多阶段抽样。

多阶段抽样就是把抽取样本单位的过程分为两个或更多个阶段进行。先从总体中抽选若干大的样本单位，即第一阶段单位，然后从被抽中若干大的单位中抽选较小的样本单位，即第二阶段单位。依此类推，直到最后抽出最终样本单位。如果第二阶段单位是最终样本单位，则这种抽样就是两阶段抽样；如果第三阶段是最终单位，则这种抽样就是三阶段抽样。

下面我们以两阶段抽样为例说明多阶段抽样的误差计算。两阶段抽样有两种情况，这里只介绍比较简单的一种。

假设全及总体有 R 个小组，组别：$1,2,3,\cdots,R$；各组单位数：$M_1,M_2,M_3,\cdots,M_R$；各组单位数可能相等也可能不相等，这里假设是相等的，即 $M_1=M_2=M_3=\cdots=M_R=M_0$，显然，$RM_0=N$。

第一阶段抽样，是从总体 R 个组中随机抽取 r 个组即 r 个第一阶段单位，各组单位数如下：被抽中各组编号：$1,2,3,\cdots,r$；各组单位数：$M_1,M_2,M_3,\cdots,M_r$。

第二阶段抽样，从被抽中的各组即第一阶段单位中随机抽选第二阶段单位，各组单位数分别是 $m_1,m_2,m_3,\cdots,m_r$，共计 n 个。各第一阶段单位中第二阶段单位数可能相等也可能不相等，这里假设是相等的，即 $m_1=m_2=m_3=\cdots=m_r=m_0$，显然 $rm_0=n$。

各第一阶段单位的第二阶段单位的平均数是 $\bar{x}_1,\bar{x}_2,\bar{x}_3,\cdots,\bar{x}_r$ 或 $P_1,P_2,P_3,\cdots,P_r$。

影响两个阶段抽样平均误差的方差是由两部分组成的。

第一部分为：由总体 R 组中抽取 r 组产生的组（群）间方差 $\delta_{\bar{x}}^2(\delta_p^2)$。

第二部分为：由抽中的 r 组中，从每组的 M 个单位中抽取 m 个单位产生的组内方差为 δ_i^2 或 $P_i(1-P_i)$，以及平均组内方差为 $\overline{\delta_i^2}$ 或 $\overline{P_i(1-P_i)}$。

(1) 重复抽样的抽样平均误差

① 抽样平均数平均误差。计算公式为：

$$\mu_{\bar{x}}=\sqrt{\frac{\overline{\delta_i^2}}{rm}+\frac{\delta_{\bar{x}}^2}{r}} \tag{7-49}$$

式中：r——第一阶段单位数；

m——第二阶段单位数；

$\delta_{\bar{x}}^2$——表示总体或样本平均数群间方差；

$\overline{\delta_i^2}$——总体或样本各组数量标志平均组内方差。

其中：
$$\delta_{\bar{x}}^2=\frac{\sum(x_i-\overline{x_i})^2}{m} \quad \overline{\delta_i^2}=\frac{\sum \delta_i^2}{r}$$

② 抽样成数平均误差。计算公式为：

$$\mu_p=\sqrt{\frac{\overline{P_i(1-P_i)}}{rm}+\frac{\delta_p^2}{r}} \tag{7-50}$$

式中：δ_p^2——总体或样本成数群间方差；

$\overline{P_i(1-P_i)}$——总体或样本是非标志平均组内方差。

其中：
$$\delta_p^2=\frac{\sum(P_i-P)^2}{m} \quad \overline{P_i(1-P_i)}=\frac{\sum P_i(1-P_i)}{r} \quad P=\frac{\sum P_i}{r}$$

(2) 不重复抽样的抽样平均误差

① 抽样平均数的平均误差。计算公式为：

$$\mu_{\bar{x}}=\sqrt{\frac{\overline{\delta_i^2}}{rm}\left(\frac{M-m}{M-1}\right)+\frac{\delta_{\bar{x}}^2}{r}\left(\frac{R-r}{R-1}\right)} \tag{7-51}$$

② 抽样成数的平均误差。计算公式为：

$$\mu_p=\sqrt{\frac{\overline{P_i(1-P_i)}}{rm}\left(\frac{M-m}{M-1}\right)+\frac{\delta_p^2}{r}\left(\frac{R-r}{R-1}\right)} \tag{7-52}$$

第六节　必要抽样单位数的确定

一、确定抽样单位数的原则和依据

在选定适合对象特点的抽样组织方式之后，就需决定从总体中抽取多少个样本单位才是必要的。因为当进行一项抽样调查时，抽取的样本单位数越多，所得的抽样调查资料的代表性就越高，抽样推断的效果就越好；反之，如果抽样单位数越少，所得的抽样调查资料的代表性就越低。可见,抽样单位数不能过少,过少了抽样推断就不能达到预期的效果。但是,抽样单位数也不能过多,过多了就会增加人力、物力和费用,也影响抽样调查资料的及时提供。因此,在抽样调查时,认真研究和确定一个必要的抽样单位数,对于省时、省力又能保证较好的抽样调查效果,无疑是具有重要意义的。确定必要抽样单位数的原则是:在保证抽样推断能达到预期的可靠程度和精确程度的要求下,确定一个恰当的抽取样本单位的数目。

根据以上原则确定抽样单位数,确定抽样单位数的依据主要是:

（1）对抽样推断可靠程度和精确程度的要求。如果要求抽样的可靠程度和精确程度比较高,那么抽样单位数就要多些;反之,就可以少些。

（2）总体标志的变异程度。总体标志变异程度越大,需抽取的样本单位数就越多;反之,需抽取的样本单位数越少。

（3）抽样的组织方法。一般来说,类型抽样和机械抽样可比简单随机抽样需要的抽样单位数少,单个抽样比整群抽样需要的抽样单位数少,不重复抽样比重复抽样需要的抽样单位数少。

（4）调查力量许可。按上述依据确定的抽样单位数,还要结合调查的人力、物力和财力的许可情况加以适当调整,然后做出最后的确定。

由此可见,上述几个方面都是确定抽样单位数的依据,在应用时应加以综合考虑,不能孤立地仅仅依据其中一两项因素来确定。

二、确定抽样单位数的计算公式

根据上面确定抽样单位数的前三个依据,可以由抽样极限误差公式来反映它们之间的联系。因此,将抽样极限误差公式加以推演,就可导出各种不同抽样方法计算必要抽样单位数的公式。

计算简单随机重复抽样平均指标的必要抽样单位数公式:

由于
$$\Delta_{\bar{x}} = t\mu_{\bar{x}} = t \cdot \sqrt{\frac{\sigma^2}{n}}$$

等式两端平方
$$\Delta_{\bar{x}}^2 = \frac{t^2 \sigma^2}{n}$$

$$n = \frac{t^2 \sigma^2}{\Delta_{\bar{x}}^2} \tag{7-53}$$

同样,可以得到计算简单随机重复抽样成数的必要抽样单位数公式:

$$n = \frac{t^2 p(1-p)}{\Delta_p^2} \tag{7-54}$$

计算简单随机抽样不重复抽样平均指标的必要抽样单位数公式:

由于
$$\Delta_{\bar{x}} = t\mu_{\bar{x}} = t \cdot \sqrt{\frac{\sigma^2}{n}\left(1 - \frac{n}{N}\right)}$$

等式两端平方
$$\Delta_{\bar{x}}^2 = t^2 \frac{\sigma^2}{n}\left(1 - \frac{n}{N}\right) = \frac{Nt^2\sigma^2 - t^2\sigma^2 n}{nN}$$

$$n = \frac{Nt^2\sigma^2}{\Delta_{\bar{x}}^2 N + t^2\sigma^2} \tag{7-55}$$

同样,可以得到计算简单随机不重复抽样成数的必要单位数公式:

$$n=\frac{Nt^2 p(1-p)}{\Delta_{\bar{x}}^2 N+t^2 p(1-p)} \qquad (7-56)$$

根据同样原理,可以推导出计算类型抽样的必要抽样单位数的公式:

在重复抽样条件下:

$$n=\frac{t^2 \overline{\sigma^2}}{\Delta_{\bar{x}}^2} \qquad (7-57)$$

$$n=\frac{t^2 \overline{p(1-p)}}{\Delta_p^2} \qquad (7-58)$$

在不重复抽样条件下:

$$n=\frac{t^2 \overline{\sigma^2} N}{\Delta_{\bar{x}}^2 N+t^2 \overline{\sigma^2}} \qquad (7-59)$$

$$n=\frac{t^2 \overline{p(1-p)} N}{\Delta_p^2 N+t^2 \overline{p(1-p)}} \qquad (7-60)$$

整群抽样要计算必要抽样的群数 r。由于整群抽样一般为不重复抽样,所以按不重复抽样计算必要抽样群数公式为:

$$r=\frac{t^2 \delta_{\bar{x}}^2 R}{\Delta_{\bar{x}}^2 R+t^2 \delta_{\bar{x}}^2} \qquad (7-61)$$

$$r=\frac{t^2 \delta_p^2 R}{\Delta_p^2 R+t^2 \delta_p^2} \qquad (7-62)$$

按照上面的公式来计算抽样单位数时,需事先取得全及总体的标准差 σ 或 $\sqrt{P(1-P)}$。在实际工作中,一般可以根据以往统计资料来确定;如果以往没有这方面资料可供利用,那么可在组织正式抽样调查之前先进行实验性抽样调查,用抽样指标的标准差 σ 或 $\sqrt{p(1-p)}$ 来代替。在缺少成数 p 的资料时,也可以直接假定 $p=0.5$,这样 $p(1-p)=0.5\times 0.5=0.25$,为最大值。用标准差的最大值确定抽样单位数,就会使抽样推断既不会超出所确定的抽样极限误差范围,又能保证达到事先要求的可靠程度。

此外,组织抽样调查,有时对一个全及总体,应用抽样资料既要推断全及平均数,又要推断全及成数,但依据计算必要抽样单位数的公式分别确定的抽样单位数往往是不相等的,这就出现了应该用哪个抽样单位数的问题。在实际工作中,为了都能满足对全及平均数、全及成数推断的要求,通常采用其中较大 n 作为统一的抽样单位数。

第七节 假设检验

一、假设检验的概念

(一) 假设检验的概念

假设检验是利用样本提供的数据资料来检验事先对总体某些数量特征所作的假设是否可信的一种统计方法。当对总体参数的真实性感到怀疑,需要通过样本来考察其正确与否时,往往借助于假设检验作判断,从而决定接受或拒绝这一假设。

例如,某外贸公司出口一种茗茶,每包重量服从正态分布,并且包装规格标准差5克,现抽样检验该茶叶的每包重量,结果如表7-4所示。按规定,这种茶叶平均每包规格重量不得低于150克方可出口,则这批茶叶是否达到出口要求?

表7-4 茶叶每包重量抽检结果

每包重量(克)	包　数	每包重量(克)	包　数
148~149	10	150~151	50
149~150	20	151~152	20
		合　计	100

为判断这批茶叶是否符合出口要求,我们首先假设它成立,即能够出口,然后根据已知条件计算出样本平均每包重量,并以样本的平均每包重量来检验我们所作假设是否正确,从而做出该批茶叶能否出口的决定,这便是一个假设检验问题。

(二)假设检验的步骤

假设检验的一般步骤如下:

第一步:设立假设。根据研究问题的需要提出原假设 H_0 和备选假设 H_1。

在假设检验中,称所要检验的假设 H_0 为原假设(Null hypothesis),称 H_1 为备选假设(Alternative hypothesis),若原假设被拒绝,备选假设就被接受。拒绝原假设的区域称为拒绝域(Rejection region),拒绝域之外的区域即为接受域(Acception region)。原假设的提出一般有三种方式,以总体均值的检验为例:

(1) $H_0:\mu=\mu_0$, $H_1:\mu\neq\mu_0$

(2) $H_0:\mu\leqslant\mu_0$, $H_1:\mu>\mu_0$

(3) $H_0:\mu\geqslant\mu_0$, $H_1:\mu<\mu_0$

具体采用哪种方式需根据具体情况而定,若采用第一种方式,则拒绝域在分布曲线的两侧,称为双侧或双边检验,如图7-2所示;若采用后两种方式,则拒绝域位于分布曲线的右侧或左侧,称为单侧或单边检验,如图7-3和图7-4所示。

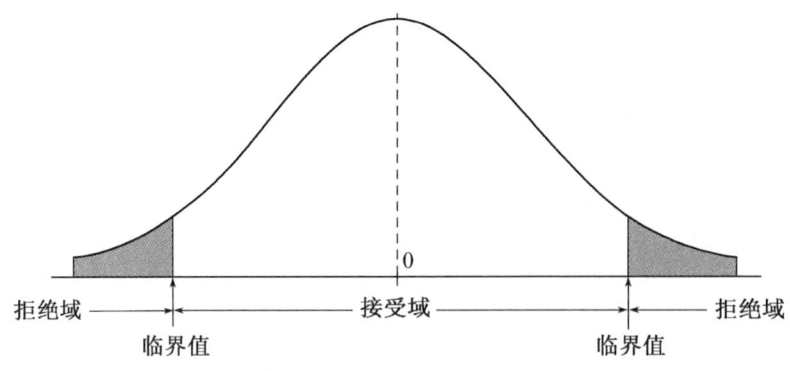

图7-2 $H_0:\mu=\mu_0$

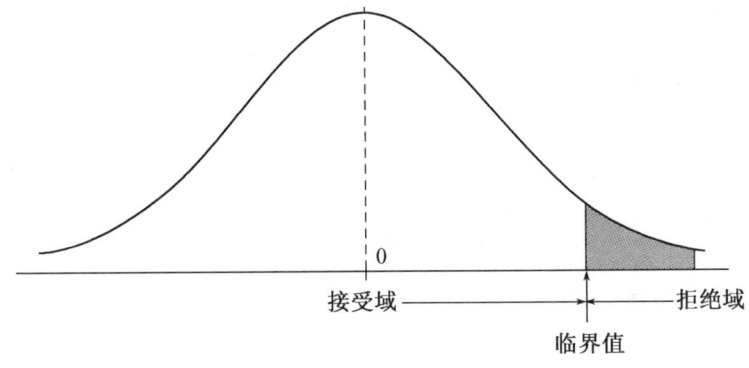

图 7-3　$H_0: \mu \leqslant \mu_0$

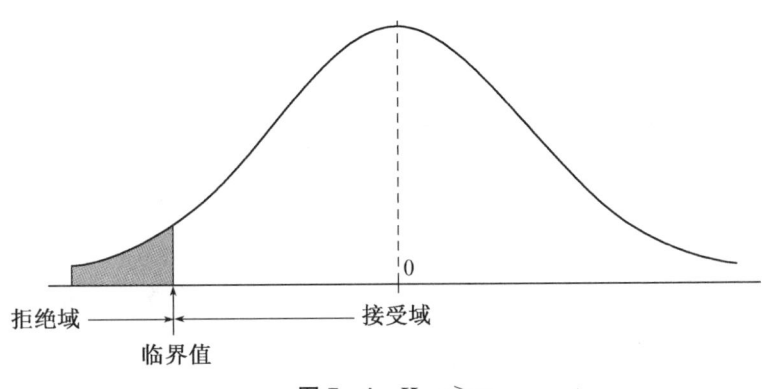

图 7-4　$H_0: \mu \geqslant \mu_0$

第二步:确定检验统计量。假设检验与参数估计一样,需要通过样本统计量进行推断,用于假设检验的统计量称为检验统计量。在具体问题中,选择的统计量需要考虑总体方差已知或未知,样本属于大样本还是小样本,等等。

第三步:规定显著性水平 α。由于假设检验是根据样本信息对总体情况进行判断,因此,存在误判的可能,若原假设正确却被当成错误而拒绝,统计上把这种错误的概率 α 称为假设检验中的显著性水平(Significant level)。α 的取值认为确定,通常取 $\alpha=0.05$ 或 $\alpha=0.01$。

第四步:确定临界值。按照规定的显著性水平和样本统计量的分布性质,确定接受域和拒绝域的临界值(Critical Value)。

第五步:计算检验统计量的值。根据样本数据计算出检验统计量的值。

第六步:将检验统计量的值与临界值进行比较,做出判断。

(三) 假设检验的特点

1. 反证法思想

假设检验反证法思想就是,先假定"H_0 为真",如果检验中出现不合理现象,则表明"H_0 为真"的假设是错误的,应该拒绝 H_0。如果检验中未出现不合理现象,则认为"H_0 为真"的假设是正确的,应该接受 H_0。

2. 小概率原理

假设检验中的"小概率原理"认为:小概率事件在一次试验中几乎不可能发生。大数法则告诉我们,就大量观察而言,事件发生仍是具有规律性的。这种规律性的数量表示称为概率。

在大量观察中频频出现的事件具有较大概率,出现次数较少的事件,有较小概率。根据概率大小,人们对它的态度和处理方式是很不一样的。在日常生活中,人们习惯把概率很小的事件当作再一次观察中不可能出现的事件。如飞机失事、火车出轨等都是小概率事件,但人们不会因为有过这类事故就不乘飞机或火车。假设检验中所依据的小概率原理只是把小概率的标准定得更为具体和数量化而已。通常做法是根据实际问题的要求规定一个显著性水平 $\alpha(0<\alpha<1)$,当一个事件的概率不大于 α 时,即认为它是小概率事件。α 通常可取 0.1,0.5,0.025,0.01,…。

(四) 假设检验的两类错误

原假设和备选假设是关于总体的两个对立的解释。要么原假设 H_0 为真,要么备选假设 H_1 为真,但是两者不可能同时为真。理想的假设检验过程应当 H_0 为真的时候接受 H_0,当 H_1 为真的时候拒绝 H_0。但是不可能做出的结论总是正确的。由于假设检验是基于样本信息得到的,所以我们必须考虑发生误差的概率。表 7-5 列示了假设检验中可能发生的两类错误。

表 7-5 假设检验决策结果

结论:		总体情况	
		H_0 是真	H_1 是真
	接受 H_0	结论正确	犯第二类错误(采伪)(概率为 β)
	拒绝 H_0	犯第一类错误(拒真)(概率为 α)	结论正确

当 H_0 为真实时,接受原假设当然是正确的。但是,当 H_0 本来是真实的时候,却也有可能错误地被拒绝了,这种拒绝真实原假设的错误称为第一类错误,它的概率就是显著性水平 α。

另一种可能犯的错误是当原假设 H_0 非真实时作出接受 H_0 的选择,这种错误称为第二类错误,用 β 表示犯第二类错误的概率。α 越大,就越有可能犯第一类错误,即越有可能拒绝真实的原假设。β 越大,就越有可能犯第二类错误,即越有可能接受非真实的原假设。

在样本量一定的情况下,如果减少犯第一类错误的概率,就必然增大犯第二类错误的概率;反之亦然。若要同时减少两类错误,只有增大样本量,但样本量不能无限制,否则就有悖于抽样调查的意义。通常情况下,事先规定允许犯第一类错误的概率 α,然后尽量减少犯第二类错误的概率 β;有了 α,再根据检验统计量的分布求出在原假设 H_0 为真实时检验统计量所有取值。我们把 H_0 为真实时其统计量大于某一数值,我们不能接受的区域称为否定域(即拒绝域),否定域的端点就叫作临界值,其余的取值范围称为接受域。因为原假设 H_0 为真实时,检验统计量落在否定域的概率很小,几乎是不可能的。如果由样本算得的检验统计量的值落在否定域里(包括临界值),说明在一次观察中小概率事件发生了,而这几乎是不可能的,因而判断原假设 H_0 是非真实的,作出否定原假设 H_0 的决策。

二、假设检验的一般方法

(一) 总体均值的假设检验

正态总体有两个重要参数,均值 $\overline{X}$ 和方差 σ^2,一旦这两个参数确定之后,正态总体就完全确定了。因此,对服从正态分布总体的检验问题,就是检验这两个参数的问题。

总体均值的假设检验,其条件为:

(1) 正态分布,方差 σ^2 已知

当正态总体的方差 σ^2 已知,要检验总体的均值,其原假设 $H_0:\mu=\mu_0$。而与之相应的替代假设可能有三种,分别是:$\mu\neq\mu_0$、$\mu>\mu_0$、$\mu<\mu_0$。在检验中替代假设选择哪一种,应根据具体问题而定。

① $H_0:\mu=\mu_0$; $H_1:\mu\neq\mu_0$

为了检验此假设,首先从总体中抽出一个容量为 n 的样本,可得样本均值 $\overline{x}$,若原假设是真的,则统计量 $Z=\dfrac{\overline{x}-\mu_0}{\sigma/\sqrt{n}}$ 服从标准正态分布,查标准正态分布表,可得临界值 $Z_{\frac{\alpha}{2}}$,使 "$|Z|\geqslant Z_{\frac{\alpha}{2}}$" 是概率为 α 的小概率事件。这时检验的拒绝区间置于分布的两侧,如图 7-5 所示。

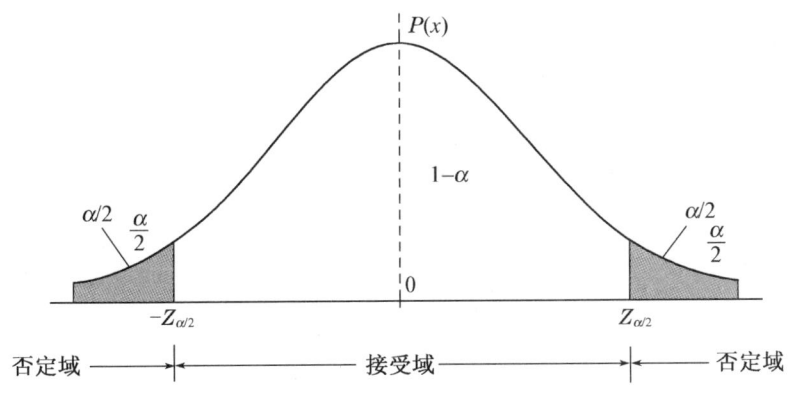

图 7-5 双边检验的否定域和接受域

这是因为原假设为真时,样本平均数是总体平均数 $\overline{X}_0$ 的估计量,两者近似,则统计量 $Z=\dfrac{\overline{x}-\mu_0}{\sigma/\sqrt{n}}$ 很可能在 0 的附近取值。若某一次抽样的样本统计量 Z 落在区间 $(-Z_{\frac{\alpha}{2}},Z_{\frac{\alpha}{2}})$ 中,显然其概率为 $1-\alpha$,即小概率事件没有发生,故接受原假设。区间 $(-Z_{\frac{\alpha}{2}},Z_{\frac{\alpha}{2}})$ 为接受区间。反之,如样本平均数与 μ_0 相差很大,统计量 $Z=\dfrac{\overline{x}-\mu_0}{\sigma/\sqrt{n}}$ 的值会落在图 7-5 所示的两侧阴影区间的某一边,而统计量 Z 落在 $(-\infty,-Z_{\frac{\alpha}{2}}]$ 和 $[Z_{\frac{\alpha}{2}},+\infty)$ 的概率为 α,小概率事件发生了,则拒绝原假设,$(-\infty,-Z_{\frac{\alpha}{2}}]$ 和 $[Z_{\frac{\alpha}{2}},+\infty)$ 为检验的拒绝区间。

例如,设我国出口的某牌子的水果罐头,标准规格是每罐净重 250 克。根据以往经验,标准差为 3 克。现在罐头食品厂生产一批供出口用的这种罐头,从中抽取 100 罐检验,其平均重量为 251 克。按规定显著性水平 $\alpha=0.05$,问该批罐头是否合乎出口标准(即净重量为 250 克)?

在解答这个问题之前,我们首先要了解该问题的经济意义。食品罐头规定一个净重是为

了保障买卖双方的合理经济利益。如规定净重为 250 克,当净重远远超过 250 克时,生产成本增加,卖方吃亏;而净重远远低于 250 克时,买方如果接收了这批货物就会吃亏,若拒收这批货物,仍是卖方吃亏。所以需要罐头不过于偏重或偏轻。

根据题意拟定原假设为:　　　　　　$H_0:\mu=250$

其备选假设为:　　　　　　　　　　$H_1:\mu\neq250$

已知规定显著水平 $\alpha=0.05$,则 $\alpha/2=0.025$。由于样本量 $n=100$ 是大样本,根据中心极限定理,样本平均数的分布可以看成正态分布。在正态分布概率表(见本书附录)中可以查出 $1-\alpha=1-0.05=0.95$ 的面积,由表中向外反查 0.95,相应的 Z 值是 1.96,所以把 $Z=-0.96$ 和 $Z=0.96$ 作为临界值。等于或在临界值以内是接受原假设的区域,超出临界值以外是拒绝原假设的区域。计算检验统计量的实际值与临界值进行比较,做出拒绝或接受原假设的决策。

$$Z=\frac{\overline{x}-\mu_0}{\frac{\sigma}{\sqrt{n}}}=\frac{251-250}{\frac{3}{\sqrt{100}}}=3.33$$

由于 $Z=3.33>Z_{\frac{\alpha}{2}}=1.96$ 落入拒绝域,故拒绝原假设 H_0,接受 H_1,即在 5% 的显著性水平下,检验该样本均值为 251 克与正态总体均值 250 克有显著差异,该批产品不符合出口要求。

双侧检验规则为:当 $|Z|=\dfrac{|\overline{x}-\mu_0|}{\dfrac{\sigma}{\sqrt{n}}}\geqslant Z_{\alpha/2}$ 时,拒绝 H_0　　　　(7-63)

当 $|Z|=\dfrac{|\overline{x}-\mu_0|}{\dfrac{\sigma}{\sqrt{n}}}<Z_{\alpha/2}$ 时,接受 H_0　　　　(7-64)

② $H_0:\mu=\mu_0$;$H_1:\mu>\mu_0$

(或 $H_0:\mu\leqslant\mu_0$;$H_1:\mu>\mu_0$)

在另一些假设检验中,我们仅关心总体的平均数是否有显著的提高。如用新的工艺生产某种产品,产品的使用寿命是否有所提高;当增加了良种比例,某种农作物的平均产量是否有所提高等。这种检验的假设为 $H_0:\mu=\mu_0$;$H_1:\mu>\mu_0$。

当原假设 H_0 为真时,统计量 $Z=\dfrac{\overline{x}-\mu_0}{\sigma/\sqrt{n}}$ 服从标准正态分布,查标准正态分布表可得临界值 Z_α,使 $P\{Z\geqslant Z_\alpha\}=\alpha$。这种检验的拒绝区间置于分布的右边。如图 7-6 所示。实际上,当原假设为真的条件下,样本平均数 $\overline{x}$ 很可能小于总体平均数 μ_0,从而统计量 $Z=\dfrac{\overline{x}-\mu_0}{\sigma/\sqrt{n}}$ 的值较小,落入区间 $(-\infty,Z_\alpha)$,Z 值落入该区间的概率为 $1-\alpha$,故小概率事件没有发生,没有理由拒绝原假设,$(-\infty,Z_\alpha)$ 为接受区间;反之,若样本均值 $\overline{x}$ 大于 μ_0 很多,使统计量 $Z=\dfrac{\overline{x}-\mu_0}{\sigma/\sqrt{n}}$ 的相对较大,大到了 $Z\geqslant Z_\alpha$,即 Z 落入区间 $[Z_\alpha,\infty)$,而 Z 落入区间 $[Z_\alpha,\infty)$ 的概率为 α,小概率事件发生了,故拒绝原假设,$[Z_\alpha,\infty)$ 为拒绝区间。右侧检验的 P 值 $=P\{Z\geqslant z\}$。

例如,某厂生产一种产品,原月产量平均为 75 台,已知月产量服从正态分布,方差为 14。设备更新后,为了考察产量是否提高,抽查了 6 个月产量,求得平均产量为 78,假设方差不变,问在显著性水平 $\alpha=0.05$ 下,设备更新后的月产量是否有显著提高?

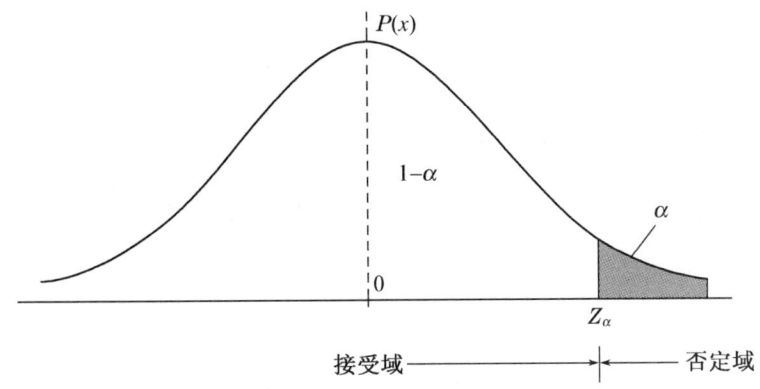

图 7-6 单边检验的否定域和接受域

由于总体服从正态分布,且方差已知,可用 Z 为检验统计量。样本平均值为 78,可能是总体平均产量提高了,也可能是从平均产量不超过 75 的总体中抽出的样本平均数偏高所致,现用假设检验的方法来判断。

如把产量减少作为原假设的话,只要否定原假设,就可说明产量在提高。根据题意拟定原假设为:$H_0:\mu\leqslant 75$ 其备选假设为:$H_1:\mu>75$

原假设总体均值不大于 75,要是由样本数据算出的假设统计量 $Z\geqslant Z_\alpha$,就可以否定原假设 H_0,否则,就不否定,因此,否定域将位于统计量分布曲线的右尾,在显著性水平 α 下,尾部的面积为 α,临界量的值为 Z_α。当 $\alpha=0.05$ 时,对应的临界值 $Z_{0.05}=1.645$,统计量的值为:

$$Z=\frac{78-75}{\sqrt{14}/\sqrt{6}}=1.964$$

因为 $Z>1.645=Z_\alpha$,故否定原假设 H_0,这说明设备更新后,月产量有明显提高。

右单边拟定假设:

$$H_0:\mu\leqslant\mu_0;H_1:\mu>\mu_0$$

检验规则为:当 $Z=\dfrac{\overline{x}-\mu_0}{\sigma/\sqrt{n}}\geqslant Z_\alpha$ 时,拒绝 H_0 (7-65)

当 $Z=\dfrac{\overline{x}-\mu_0}{\sigma/\sqrt{n}}<Z_\alpha$ 时,接受 H_0 (7-66)

③ $H_0:\mu\geqslant\mu_0;H_1:\mu<\mu_0$

除上述的右侧检验,检验总体的平均数是否有显著的降低也是常常会遇到的事。例如,改革生产工艺后,某种化工产品中有害物质的含量是否有显著性降低,这就需要检验假设 $H_0:\mu\geqslant\mu_0;H_1:\mu<\mu_0$。其检验的统计量与前面的两种检验的统计量相同,即 $Z=\dfrac{\overline{x}-\mu_0}{\sigma/\sqrt{n}}$,所不同的是这种检验的拒绝区间位于分布的左边,如图 7-7 所示。查标准正态分布表可得临界值 $-Z_\alpha$,$(-Z_\alpha,\infty)$ 为接受区间,$(-\infty,-Z_\alpha)$ 为拒绝区间。左边检验 P 值 $=P(Z\leqslant z)$。

例如,基于产品转换的时间与成本,某生产主管在说服公司经理采用另一种新生产方法时,必须说明新方法能降低成本才行。目前的生产方法其平均成本为 500 元,标准差为 20 元,新方法试行了一段时间,发现 25 个产品的平均成本为 480 元,且方差不变。假定产品的成本服从正态分布,试以 $\alpha=0.05$ 的显著性水平决定该公司是否转换新的生产方法。

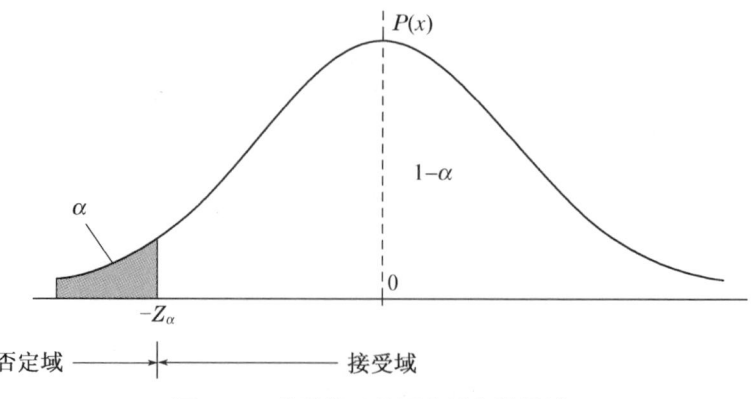

图 7-7 单边检验的否定域和接受域

为了决定新方法是否确能降低成本，我们考虑下面的统计假设：

$$H_0:\mu \geqslant 500;H_1:\mu < 500$$

由于总体服从方差已知的正态分布，所以在原假设下，用检验统计量：

$$Z=\frac{\overline{x}-\mu_0}{\sigma/\sqrt{n}} \sim N(\mu,\sigma^2)$$

当 $\alpha=0.05$ 时，对应的临界值为 $-Z_{0.05}=-1.645$（见附表），统计量值为：

$$Z=\frac{480-500}{20/\sqrt{25}}=-5$$

因为 $Z=-5<1.645=-Z_\alpha$，故拒绝原假设 H_0，即说明新方法确能降低生产成本，公司经理应采用新方法。

左单边拟定假设：

$$H_0:\mu \geqslant \mu_0;H_1:\mu < \mu_0$$

检验规则为：当 $Z=\frac{\overline{x}-\mu_0}{\sigma/\sqrt{n}} \leqslant -Z_\alpha$ 时，拒绝 H_0 (7-67)

当 $Z=\frac{\overline{x}-\mu_0}{\sigma/\sqrt{n}} > -Z_\alpha$ 时，接受 H_0 (7-68)

当总体为非正态分布，且样本为大样本，即样本容量为 $n>30$ 时，根据中心极限定理，我们也能用 Z 近似地作为检验统计量。

(2) 正态分布，方差 σ^2 未知

如果样本来自方差未知的正态总体，大样本时依然可采用 Z 统计量进行假设检验，未知的总体方差以样本方差 S^2 代替；此时可用 t 作为检验统计量，并服从自由度为 $n-1$ 的 t 分布，即：

$$t=\frac{\overline{x}-\mu_0}{S/\sqrt{n}} \sim t(n-1) \quad (7-69)$$

给定显著性水平 α，对于三种不同备选假设拒绝域分别是：

① 若 $H_1:\mu \neq \mu_0$，查 t 分布表可得临界值 $t_{\alpha/2}$，其拒绝区域为 $(-\infty,-t_{\alpha/2}]$ 和 $[t_{\alpha/2},\infty)$；

② 若 $H_1:\mu > \mu_0$，查 t 分布表可得临界值 t_α，其拒绝区域为 (t_α,∞)；

③ 若 $H_1:\mu < \mu_0$，查 t 分布表可得临界值 $-t_\alpha$，其拒绝区域为 $(-\infty,-t_\alpha)$。

例如,某汽车轮胎厂宣称,该厂一等品轮胎的平均寿命在一定重量和正常行驶条件下大于 25 000 公里。对一个由 15 个轮胎组成的随机样本进行试验,得到的平均值和标准差分别为 27 000 公里和 5 000 公里。假定轮胎寿命近似服从正态分布,试问是否可以相信产品同厂家所说的标准相符?($\alpha=0.05$)

要对汽车轮胎厂所说的标准取得强有力的支持,必须把不符合标准作为原假设,而把符合标准作备选假设。于是建立假设:

$$H_0: \mu \leqslant 25\,000 ; H_1: \mu > 25\,000$$

由于总体近似服从正态分布,总体方差未知,所以其观测值为:

$$t = \frac{\bar{x} - \mu_0}{S/\sqrt{n}} = \frac{27\,000 - 25\,000}{5\,000/\sqrt{15}} = 1.55$$

查 t 分布表得,$t_{0.05}(14) = 1.76$(见本书附录)。由于 $t < t_{0.05}(14)$,所以接受 H_0,即没有充分的理由相信汽车轮胎厂所说的标准与事实相符。

(二) 总体成数的假设检验

对总体成数的假设检验实际上是对两点分布总体均值的检验,所以必须在大样本条件下进行检验,其检验步骤与 Z 检验法相同,只是统计量不相同。

当我们要检验总体的成数是否等于某一常数时,其假设为:

(1) $H_0: P = P_0$;$H_1: P \neq P_0$;

(2) $H_0: P \leqslant P_0$;$H_1: P > P_0$;

(3) $H_0: P \geqslant P_0$;$H_1: P < P_0$。

检验的统计量为 $Z = \dfrac{P - P_0}{\sqrt{P_0(1-P)/n}}$(其中 P 为样本成数),在原假设为真时,Z 近似服从标准正态分布,用显著水平 α,查标准正态分布表得临界值。

若 $H_1: P \neq P_0$,当 $|Z| \geqslant Z_{\alpha/2}$,拒绝原假设,否则接受原假设;

若 $H_1: P > P_0$,当 $Z \geqslant Z_\alpha$,拒绝原假设,否则接受原假设;

若 $H_1: P < P_0$,当 $Z \geqslant -Z_\alpha$,拒绝原假设,否则接受原假设。

例如,据最近一次人口普查资料获悉,某地区人口中,具有大学文化程度的人口占 1.2%。现从该地区人口中随机抽取 5 000 人的样本,其中具有大学文化程度的为 80 人。试问在显著水平 $\alpha = 0.05$ 下,目前调查结果的比例与普查时的比例是否有显著不同?

该问题是现在大学生比例数与普查的 1.2% 相比是否有显著不同。假如有显著不同,低于或高于这个数值都是有可能的。因此,这属于总体成数的双边检验。

假设 $H_0: P = 1.2\%$;$H_1: P \neq 1.2\%$

给定的显著水平 $\alpha = 0.05$。由于是双边检验,查正态分布分位数表得临界值 $Z_{\alpha/2} = 1.96$,检验统计量的样本观测值为:

$$Z = \frac{P - P_0}{\sqrt{\dfrac{P_0(1-P)}{n}}} = \frac{\dfrac{80}{5\,000} - 0.012}{\sqrt{\dfrac{0.012 \times (1-0.012)}{5\,000}}} = 2.64$$

由于 $Z > Z_{0.025} = 1.96$,所以拒绝 H_0,表明目前该地区人口中,大学文化程度的人数所占比例与普查时相互有显著差异。

第八节 Excel 在抽样推断中的应用

一、CONFIDENCE(置信区间)函数

CONFIDENCE(alpha, standard-dev, size)

返回总体平均值的置信区间。Alpha(即 α)是用于计算置信度的显著水平参数。置信度等于$(1-\alpha)$,亦即,如果 α 为 0.05,则置信度为 0.95。Standard-dev 数据区域的总体标准差,假设为已知(实际中,总体标准差未知时通常用样本标准差代替)。Size 样本容量(即 n)。

如果假设 α 等于 0.05,则需要计算标准正态分布曲线$(1-\alpha=0.95)$之下的临界值,查表知其临界值为±1.96。因此置信区间为 $\bar{x}\pm1.96\left(\dfrac{\sigma}{\sqrt{n}}\right)$。

以某厂对一批产品的质量进行抽样检验为例,抽样数据和要求如下:采用重复抽样抽取样品 200 只,样本优质品率为 85%,试计算当把握程度为 90% 时优质品率的允许误差。我们可以在 Excel 中分别:(1) 在 B1 单元格中输入样本容量 200;(2) 在 B2 单元格中输入样本比率 85%;(3) 在 B3 单元格中输入计算样本比率的标准差公式"=SQRT[B2*(1－B)]";(4) 在 B4 单元格中输入 α 为 10%;(5) 在 B5 单元格中输入表达式"CONFIDENCE(B4,B3,B1)",即得到 $Z_{\alpha/2}\sqrt{\dfrac{p(1-p)}{n}}=4.15\%$。

CONFIDENCE 函数的应用如图 7-8 和图 7-9 所示。

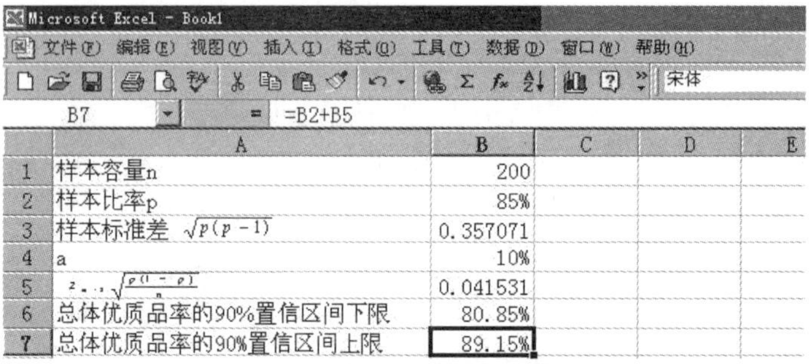

图 7-8 总体优质品率的区间估计

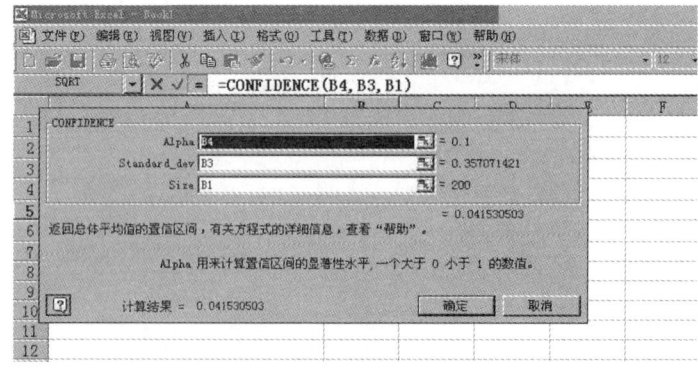

图 7-9 CONFIDENCE 函数

二、方差未知时一个总体均值的 t 检验

例如,从长期的资料可知,某厂生产的某种电子元件服从均值为 200 小时,标准差未知的正态分布。通过改变部分生产工艺后,抽得 10 件做样本的数据(小时):

$$202,209,213,198,206,210,195,208,200,207$$

解:根据题意,检验目的是考察电子元件的平均值数据是否有所提高。因此,可建立如下假设:$H_0:\mu=200;H_1:\mu>200$。

按照上例程序,(1) 将 10 个样本资料分别输入 B1:B10 单元格中;(2) 在单元格 B11 中键入公式"=AVERAGE(B1:B10)"并回车得到均值;(3) 在单元格 B12 中键入公式"=STDEV(B1:B10)"并回车得到标准差;(4) 在单元格 B13 中键入公式"=COUNT(B1:B10)"并回车得到样本数;(5) 在单元格 B14 中键入公式"=(B11−200)/[B12/SQRT(B13)]"并回车得到 t 值,其中"200"是题目中给出的总体均值;(6) 在单元格 B15 中键入公式"=TINV(0.05,B13−1)"得到 $\alpha=0.05$,自由度 $=9$ 的临界值。

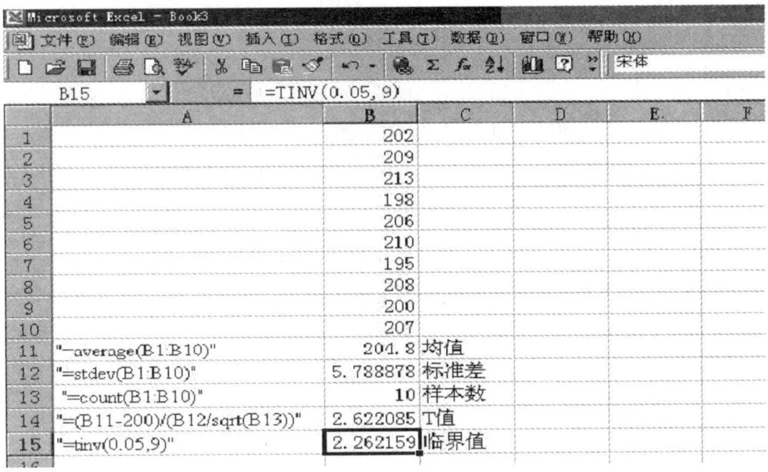

图 7-10 t 检验

从图 7-10 的结果来看,在自由度为 9 时,$t(=2.62)>t_{0.05}(=2.26)$,因此,应该拒绝 H_0 假设,接受"在新工艺下,这种电子元件的平均值有所提高"的假设。

小 结

1. 总体可分为有限总体和无限总体两种。从有限总体中抽样有放回和不放回之分,当总体容量很大而样本容量相对较小时,不放回抽样与放回抽样几乎给出相同的结果。从无限总体中抽样没有放回和不放回之分。从有限总体中放回抽样和无限总体中抽样得到的简单随机样本都具有"同一性"和"独立性"这两个重要性质。

2. 统计量是根据样本数据计算的样本指标。每抽一个样本,就可以得到一个统计量的数值,如果能从总体中抽得所有可能的样本,则得到的统计量的所有数值将形成一个概率分布,这种概率分布就称为抽样分布。统计量和抽样分布是统计推断的基础。

3. 参数估计可分为点估计和区间估计两种。点估计是由样本算出的一个数值,它不能表

明估计的可靠程度;而区间估计则能以一定的置信度推断被估计的未知参数在某一区间内。因而区间估计更为重要,但要得到区间估计一般需要一定的条件。评价估计量优劣的准则最常用的是无偏性、有效性和一致性。评价置信区间优劣的准则是置信度和精确度。这两个准则往往彼此矛盾,需要进行协调,一般是首先确保置信度。

4. 在抽样之前,常需根据估计量精度的要求来确定样本容量。但在求样本容量的公式中一般含有总体的一些未知参数,需要考虑使用其他方法作出估计。

5. 分层抽样、整群抽样和系统抽样通常只用于有限总体,其参数估计方法各不相同,但它们都是以简单随机抽样的参数估计方法为基础的。

6. 假设检验是利用样本提供的数据资料来检验事先对总体某些数量特征所作的假设是否可信的一种统计方法。当对总体参数的真实性感到怀疑,需要通过样本来考察其正确与否时,往往借助于假设检验作判断,从而决定接受或拒绝这一假设。假设检验一般有三种检验方式:(1) 比较检验统计量与临界值的大小;(2) 计算概率值;(3) 构造置信区间。

习 题

一、单项选择题

1. 抽样极限误差是指抽样指标和总体指标之间(　　)。
   A. 抽样误差的平均数　　　　　B. 抽样误差的标准差
   C. 抽样误差的可靠程度　　　　D. 抽样误差的最大可能范围

2. 抽样误差的定义是(　　)。
   A. 抽样指标和总体指标之间抽样误差的可能范围
   B. 抽样指标和总体指标之间抽样误差的可能程度
   C. 样本指标与所要估计的总体指标之间数量上的差别
   D. 抽样平均数的标准差

3. 纯随机抽样(重复)的平均误差取决于(　　)。
   A. 样本单位数
   B. 总体方差
   C. 样本单位数和样本单位数占总体的比重
   D. 样本单位数和总体方差

4. 在其他条件不变的情况下,提高估计和概率保证程度,其估计的精确程度(　　)。
   A. 随之扩大　　B. 随之缩小　　C. 保持不变　　D. 无法确定

5. 抽样调查的主要目的是(　　)。
   A. 计算和控制抽样误差
   B. 为了应用概率论
   C. 根据样本指标的数值来推断总体指标的数值
   D. 为了深入开展调查研究

6. 从纯理论出发,在直观上最符合随机原则的抽样方式是(　　)。
   A. 简单随机抽样　　B. 类型抽样　　C. 等距抽样　　D. 整群抽样

7. 根据城市电话网 100 次通话情况调查,得知每次通话平均持续时间为 4 分钟,标准差为 2 分钟,在概率保证为 95.45% 的要求下,估计该市每次通话时间为( )。

    A. 3.9~4.1 分钟之间   B. 3.8~4.2 分钟之间

    C. 3.7~4.3 分钟之间   D. 3.6~4.4 分钟之间

8. 用简单随机重复抽样方法抽取样本单位,如果要使抽样平均误差降低 50%,则样本容量需要扩大到原来的( )。

    A. 2 倍   B. 3 倍   C. 4 倍   D. 5 倍

9. 若各组的规模大小差异很大时,以用( )为宜。

    A. 比率估计法   B. 等距抽样法

    C. 类型抽样法   D. 等概率抽样与比率估计相结合的方法

10. 抽样平均误差公式中 $\frac{N-n}{N-1}$ 这个因子总是( )。

    A. 大于 1   B. 小于 1   C. 等于 1   D. 唯一确定值

11. 抽样调查中计算样本的方差的方法为 $\frac{\sum(x-\bar{x})^2}{n}$,这是( )。

    A. 为了估计总体的方差之用   B. 只限于小样本应用

    C. 当数值大于 5% 时应用的   D. 为了计算精确一些

12. 假设检验是检验( )的假设值是否成立。

    A. 样本指标   B. 总体指标   C. 样本方差   D. 样本平均数

13. 在假设检验中的临界区域是( )。

    A. 接受域   B. 拒绝域   C. 置信区间   D. 检验域

14. 双边检验的原假设通常是( )。

    A. $H_0: X = X_0$ B. $H_0: X \geq X_0$ C. $H_0: X \neq X_0$ D. $H_0: X \leq X_0$

15. 若总体服从正态分布,且总体方差已知,则通常选用统计量( )对总体平均数进行检验。

    A. $Z = \frac{\bar{x} - X_0}{S/\sqrt{n}}$ B. $Z = \frac{\bar{x} - X_0}{\sigma/\sqrt{n}}$ C. $t = \frac{\bar{x} - X_0}{S/\sqrt{n}}$ D. $t = \frac{\bar{x} - X_0}{\sigma/\sqrt{n}}$

二、判断题

1. 所有可能的样本平均数,等于总体平均数。( )

2. 抽样误差是不可避免的,但人们可以调整总体方差的大小来控制抽样误差的大小。( )

3. 抽样极限误差是反映抽样指标与总体指标之间的抽样误差的可能范围的指标。( )

4. 重复抽样的抽样误差一定大于不重复抽样的抽样误差。( )

5. 一般而言,分类抽样的误差比纯随机抽样的误差小。( )

6. 样本单位数的多少可以影响抽样误差的大小,而总体标志变异程度的大小和抽样误差无关。( )

7. 正态分布总数有两个参数,一个是均值(期望值)X,一个是均方差 σ,这两个参数确定以后,一个正态分布也就确定了。( )

8. 原假设的接受与否,与选择的检验统计量有关,与 α(显著水平)无关。( )

9. 单边检验中,由于所提出的原假设不同,可分为左侧检验和右侧检验。 （ ）
10. 假设检验和区间估计之间没有必然的联系。 （ ）

三、计算题

1. 某灯泡厂某月生产 5 000 000 个灯泡,在进行质量检查中,随机抽取 500 个进行检验,这 500 个灯泡的耐用时间见下表:

耐用时间(小时)	灯泡数	耐用时间(小时)	灯泡数
800～850	35	950～1 000	103
850～900	127	1 000～1 050	42
900～950	185	1 050～1 100	8

试求:(1) 该厂全部灯泡平均耐用时间的取值范围(概率保证程度 0.997 3)。(2) 检查 500 个灯泡中不合格产品占 0.4%,试在 0.682 7 概率保证下,估计全部产品中不合格率的取值范围。

2. 某服装厂对当月生产的 20 000 件衬衫进行质量检查,结果在抽查的 200 件衬衫中有 10 件是不合格品,要求:(1) 以 95.45% 概率推算该产品合格率范围;(2) 该月生产的产品是否超过规定的 8% 的不合格率(概率不变)。

3. 某企业对某批零件的质量进行抽样检查,随机抽验 250 个零件,发现有 15 个零件不合格。要求:
(1) 按 68.27% 的概率推算该批零件的不合格率范围;(2) 按 95.45% 的概率推算该批零件的不合格率范围,并说明置信区间和把握程度间的关系。

4. 某砖瓦厂对所生产的砖的质量进行抽样检查,要求概率保证程度为 0.682 7,抽样误差范围不超过 0.015。并知过去进行几次同样调查,产品的不合格率分别为 1.25%,1.83%,2%。要求:(1) 计算必要的抽样单位数目。(2) 假定其他条件不变,现在要求抽样误差范围不超过 0.03,即比原来的范围扩大 1 倍,则必要的抽样单位数应该是多少?

5. 假定根据类型抽样求得下表数字,试用 0.954 5 概率估计总体平均数范围。

区 域	抽样单位	标志平均数	标准差
甲	600	32	20
乙	300	36	30

6. 某手表厂在某段时间内生产 100 万个零件,用简单随机抽样方法不重复抽取 1 000 个零件进行检验,测得废品率 2%,如果以 99.73% 的概率保证,试确定该厂这种零件废品率的变化范围。

7. 某学校随机抽查 10 个男学生,平均身高 170 厘米,标准差 12 厘米,问有多大把握程度估计全校男生身高介于 160.5～179.5 厘米之间?

8. 某市有职工 100 000 人,其中职员 40 000 人,工人 60 000 人。现在拟进行职工收入抽样调查,并划分职员与工人两类进行选样。事先按不同类型抽查 40 名职员和 60 名工人,其结果如下:

职员		工人	
平均每人收入(元)	人数	平均每人收入(元)	人数
600	10	500	20
800	20	700	30
1 000	10	850	10

要求:(1) 这次调查的允许误差不超过15元,概率保证程度95.45%,试按类型抽样调查组织形式计算必要的抽样人数。(2) 如果按简单随机抽样,试问:同样的允许误差和概率保证程度不变,需抽取多少人?

9. 某市对某地段的居民住房面积进行抽样调查,将总体1 000个住户共分为10群,每群包含100个住户。现在采用两阶段抽样方式,先从10个群中抽取5群,然后以住户为第二阶段的抽取单位,从抽中的各群中抽取3%的住户组成样本,所得的样本单位如下:

群 别	Ⅰ			Ⅱ			Ⅲ			Ⅳ			Ⅴ		
	①	②	③	①	②	③	①	②	③	①	②	③	①	②	③
住户住房面积(m^2)	10	21	23	18	24	27	25	35	39	32	38	50	33	44	58

试问如果在95.45%概率保证下,该地区每户住房面积的范围。

10. 对某厂日产1万个灯泡的使用寿命进行抽样检查,抽取100个灯泡,测得其平均寿命为1 800小时,标准差为6小时。要求:(1) 按68.27%概率计算抽样平均数的极限误差。(2) 按以上条件,若极限误差不超过0.4小时,应抽取多少只灯泡进行测试?(3) 按以上条件,若概率提高到95.45%,应抽取多少灯泡进行测试?(4) 若极限误差为0.6小时,概率为95.45%,应抽取多少灯泡进行测试?(5) 通过以上计算,说明允许误差、抽样单位数和概率之间的关系。

11. 设某总体服从正态分布,其标准差 σ 为12,现抽了一个样本容量为400的子样,计算得平均值为 $\bar{x}=21$,试以显著性水平 $\alpha=0.05$ 确定总体的平均值是否不超过20?

12. 某食品厂用自动装袋机包装食品,每袋标准重量为50克,每隔一定时间抽取包装袋进行检验。现抽取10袋,测得其重量为(单位:克):

49.8,51,50.5,49.5,49.2,50.2,51.2,50.3,49.7,50.6

若每袋重量服从正态分布,每袋重量是否合乎要求?($\alpha=0.10$)

13. 某食品厂生产果酱,标准规格是每罐净重250克。根据以往经验,标准差是3克。现在该厂生产一批这种罐头,从中抽取100罐检验,其平均净重是251克,按规定,显著性水平 $\alpha=0.05$,问该批罐头是否合乎标准?

14. 某产品的废品率是17%,经对该产品的生产设备进行技术改造后,从中抽取200件产品检验,发现有次品28件,能否认为技术改造后提高了产品的质量?($\alpha=0.05$)

15. 某市全部家庭中,订阅某种报纸占20%。最近,从订阅情况来看似乎出现减少的迹象。为了检验订阅率是否存在变化,任选100户家庭进行调查,获得其样本订阅率 p 为0.16。问该种报纸的订阅率是否显著地降低了?(取 $\alpha=0.05$)

16. 已知某市青年的初婚年龄服从正态分布。现抽取1 000对新婚青年,发现样本平均年龄为 24.5 岁,样本标准差为 3 岁,问是否可以据此认为该地区平均初婚年龄没有达到晚婚年龄(25 岁)的标准。($\alpha=0.05$)

17. 某种型号汽车的制造商保证他的汽车使用每加仑纯净汽油平均行驶里程为 50 千米。选取 9 辆汽车的随机样本,每辆汽车用 1 加仑纯净汽油行驶。由样本获得的信息是平均值为 47.4 千米,标准差为 4.8 千米。使用 0.05 的显著性水平,你对汽车制造商的保证作何评价?

第八章 相关与回归分析

学习重点和要点

（1）理解相关系数的概念、特点及种类；熟练掌握直线相关系数的计算方法；了解分组相关系数的含义与计算方法。

（2）理解回归分析的原理，能根据变量间的关系建立一元线性回归方程，掌握回归直线的拟合程度的判断方法，会对其进行显著性检验。

（3）了解多元回归分析与非线性回归分析的原理。

第一节 相关分析的概念和内容

辩证唯物主义认为物质世界是一个普遍联系的统一整体。这说明，世界上的事物或多或少存在着某种联系。研究这种联系无论是在经营决策还是在科学研究中都必不可少。比如：投资方只有考虑了投资和利润的关系后，才能大致预测出一定水平的投资能带来多少利润；又如，在工程技术中，对于混凝土的抗压强度和抗拉强度的研究，有助于应对不同的施工要求。要研究这些变量之间的关系，可以通过统计方法进行，而这种统计方法主要是相关分析和回归分析两种。

一、相关关系的概念

任何一种现象的发生和发展都不是孤立的，总是要受到其他现象的影响。现象之间相互联系或制约的关系，称为依存关系。例如，人们的消费水平既随经济收入的增长而增长，也随物价的上涨而下降，等等。现象之间的依存关系可以分为两种类型。

一种是严格的确定性关系，即一个变量能被另一个或几个其他变量按某一规律唯一地确定。通常称之为函数关系。它反映现象之间存在着严格的依存关系。

其特点：变量之间的数值以确定的关系相对应。这种关系中，对于某一变量的每一个数值，都有另一个变量的确定的值与之相对应。变量间的关系可以用一个确定的公式来反映。例如，圆面积 S 和半径 r 有函数关系 $s=\pi r^2$；销售收入 y 与所销售的产品数量 x 之间有函数关系 $y=px$（p—单位产品的价格）；电流强度与电压和电阻之间有函数关系 $I=\dfrac{u}{r}$。

另一种是非确定性的关系,即给定自变量一定数值,因变量有许多数值与之相对应。例如,正常人的血压与年龄有一定的关系,一般来讲年龄大的人血压相对地高一些,但是年龄大小与血压高低之间的关系不能用一个确定的函数关系表达出来。又如,施肥量与作物亩产量之间的关系,在一定范围内,随施肥量的增加,亩产量会有一定的提高,但对于相同的施肥量,其亩产量并不完全相等。其主要原因是,一个现象的数量表现受多种因素影响,关系错综复杂,造成现象之间变量关系的不确定性。也就是说这些变量之间既存在着密切的关系,但又不能由一个或几个变量的数值来精确地求出另一个变量的数值。这种变量之间非确定性的依存关系称为相关关系。

这种关系的特点:变量之间确实存在数量上的依存关系。数量依存关系的具体关系值是不固定的,在这种关系中,对于某个变量的某个数值,另一个变量可以有若干个数值与之对应,这些数值表现出一定的波动性。

相关关系与函数关系也是有联系的。由于客观上常会出现观察或测量上的误差等原因,函数关系在实际工作中往往通过相关关系表现出来。当人们对某些现象内部规律有较深刻的认识时,相关关系可能变为函数关系。为此,在研究相关关系时,又常常使用函数关系作为工具,用一定的函数关系表现相关关系的数量联系。

统计在研究变量的相关关系时,应当首先根据有关的科学理论,通过观察和实验,才能建立这种联系,并且还要通过理论与实践的检验。只有这样,才能得出科学的有意义的结论。

二、相关关系的种类

变量之间的相关关系是很复杂的,它们各以不同的方式和程度相互作用,表现出不同的类型和形态。

(一) 按相关关系的因素数量分类

1. 单相关

两个因素之间的相关关系叫单相关,即研究时只涉及一个自变量和一个因变量。例如,只研究工业总产值的变动对税收总额的影响,就是单相关;只研究生产设备能力这一个因素对劳动生产率的影响,也是单相关。

2. 复相关

三个或三个以上因素的相关关系叫复相关,即研究时涉及两个或两个以上的自变量和因变量。例如,同时研究产品产值、产品成本、劳动生产率等诸因素对税收总额的影响,就是复相关;同时研究生产设备能力、工人技术水平两个因素对劳动生产率的影响,也是复相关。

单相关是复相关的基础。在存在多个自变量因素时,可抓住最主要的因素研究其相关关系,把多变量的复相关化成单相关来研究和测定。

(二) 按相关关系的表现形态分类

1. 线性相关(或直线相关)

当相关关系的自变量 x 发生变动,因变量 y 值随之发生大致均等的变动,从图像上近似地表现为直线形式,这种相关统称为线性(或直线)相关。例如,销售量与销售额之间就呈线性相关关系。

2. 非线性相关(或曲线相关)

在两个因素的相关现象中,自变量 x 值发生变动,因变量 y 也随之发生变动,这种变动不是均等的,在图像上的分布是各种不同的曲线形式,这种相关关系称为非线性(或曲线)相关。非线性相关在相关图上的分布,表现为抛物线、双曲线、指数曲线等非直线形式。例如,从人的生命全过程看,年龄与医疗费支出呈非线性相关。

(三)按相关关系的变化方向分类

1. 正相关

指两个变量之间的变化方向一致,都是呈增长或下降的趋势,即自变量 x 的值增加(或减少),因变量 y 的值也相应地增加(或减少),这样的关系就是正相关。例如商品价格上升,供给也上升。

2. 负相关

指两个因素或变量之间变化方向相反,即自变量的数值增大(或减小),因变量随之减小(或增大)。如商品价格上升,商品的需求下降。

(四)按相关关系的相关程度分类

1. 不相关

如果变量间彼此的数量变化互相独立,则其关系为不相关。自变量 x 变动时,因变量 y 的数值不随之相应变动。例如,产品税额的多少与工人的出勤率、家庭收入多少与孩子的多少之间都不存在相关关系。

2. 完全相关

如果一个变量的变化是由其他变量的数量变化所唯一确定,此时变量间的关系称为完全相关。即因变量 y 的数值完全随自变量 x 的变动而变动,它在相关图上表现为所有的观察点都落在同一条直线上,这种情况下,相关关系实际上是函数关系。所以,函数关系是相关关系的一种特殊情况。

3. 不完全相关

如果变量间的关系介于不相关和完全相关之间,则称为不完全相关。大多数相关关系属于不完全相关,是统计研究的主要对象。

以上相关关系的种类,如图 8-1 所示。

需要注意的是,现实的相关关系一般是以组合形态出现,如图 8-1(a)为完全线性正相关,图 8-1(b)为不完全线性正相关。而相应的完全线性负相关和不完全线性负相关如图 8-2(a)和图 8-2(b)所示。

三、相关分析的主要内容

相关分析的目的在于分析现象间相关关系的形式和密切程度以及依存变动的规律性,在实际工作中,有非常广泛的应用。主要内容如下。

1. 确定现象之间有无关系以及相关关系的表现形式

这是相关分析的出发点,有相关关系才能用相应的方法去分析,否则,只会得出错误的结论。相关关系表现为何种形式就用什么样的方法分析,若把本属于直线相关的变量用曲线的方法来分析,就会产生认识上的偏差。

2. 确定相关关系的密切程度

对于这个问题,直线相关用相关系数表示,曲线相关用相关指数表示,相关系数的用途很广泛。

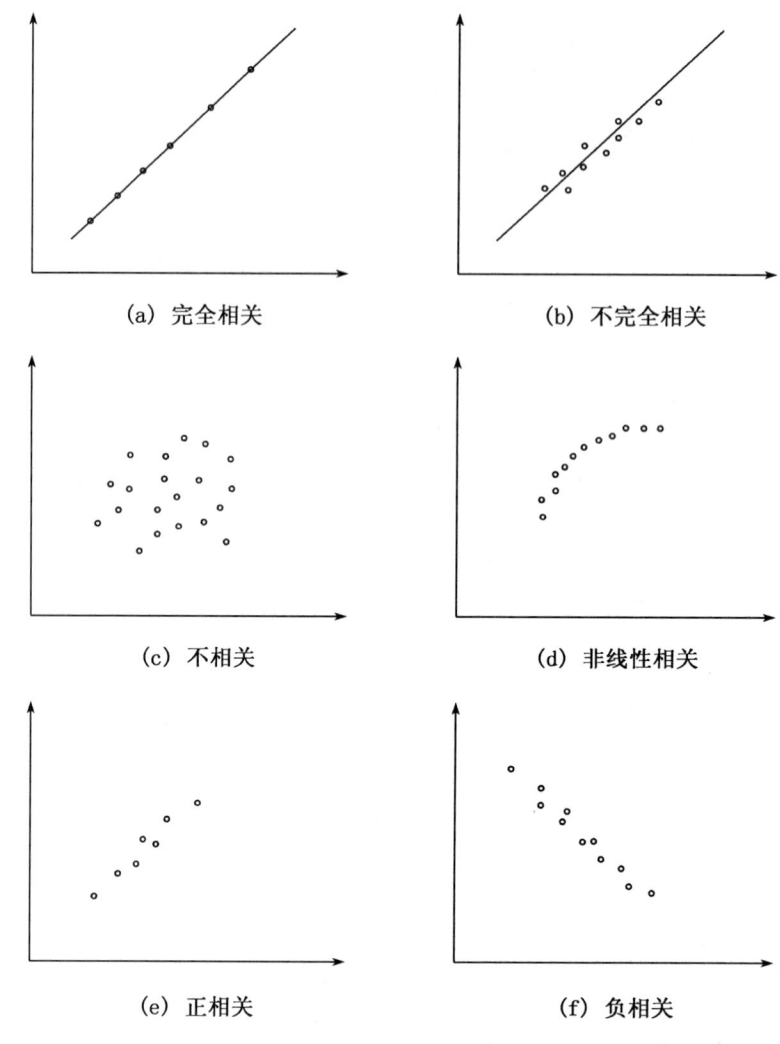

图 8-1 相关关系类型

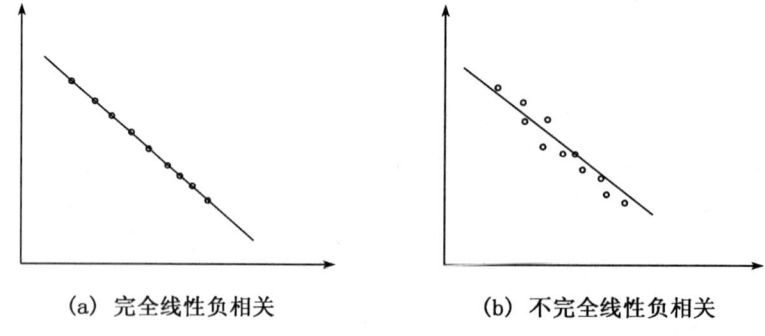

图 8-2 相关关系的组合类型

3. 选择合适的数学模型

确定了变量之间确实有相关关系及其密切程度,就要选择合适的数学方程式来对变量之间的关系近似描述,并用自变量的数值去推测因变量的数值,称之为回归分析。如果变量之间为直线相关,则采用直线方程,称之为线性回归;如果变量之间为曲线相关,则采用曲线方程,称之为非线性回归。

4. 测定变量估计值的可靠程度

在相关分析中,第三步建立了数学方程式,并用方程式对因变量进行估值。因变量的估计值和实际值之间进行对比,因变量估计值的准确程度可以用估计标准误差来衡量。

5. 对计算出的相关系数,进行显著检验

对前几步变量之间建立的回归方程,要进行显著性检验。检验变量之间是否真的具备这样的关系,这种关系是不是因为数据的选取而偶然形成的。

第二节 简单线性相关分析

进行相关分析,即分析测定现象间相互依存关系的密切程度的统计方法,和许多其他的统计研究一样,基本都是采用定性和定量相结合的方法,即先作定性分析,再作定量分析。所谓定性分析,是要根据有关专业知识和实际经验,来判断变量之间是否存在一定的相关性。如果确实存在关系,再通过编制散点图和相关表,对变量之间的相关关系的类型做出大致判断。上述工作完成后,再进行定量分析,即可以计算相关系数,以精确反映相关关系的方向和程度。

一、相关表和相关图

(一) 相关表

在定性判断的基础上,把具有相关关系的两个量的具体数值按照一定顺序平行排列在一张表上,以观察它们之间的相互关系,这种表就称为相关表。它是一种反映变量之间相关关系的统计表。

某地区某企业近 8 年产品产量与生产费用的相关情况如表 8-1 所示。

表 8-1 产品产量与生产费用相关表

年份	产品产量 x(千吨)	生产费用 y(万元)
2012	1.2	62
2013	2.0	86
2014	3.1	80
2015	3.8	110
2016	5.0	115
2017	6.1	132
2018	7.2	135
2019	8.0	160

从表8-1可以看出,产品产量与生产费用之间存在一定的正相关关系。

(二) 相关图

相关图又称散点图,它是将相关表中的观测值在平面直角坐标系中用坐标点描绘出来,以表明相关点的分布状况。通过相关图,可以大致看出两个变量之间有无相关关系以及相关的形态、方向和密切程度。

以表8-1为例,用Excel绘制相关图,如图8-3所示。

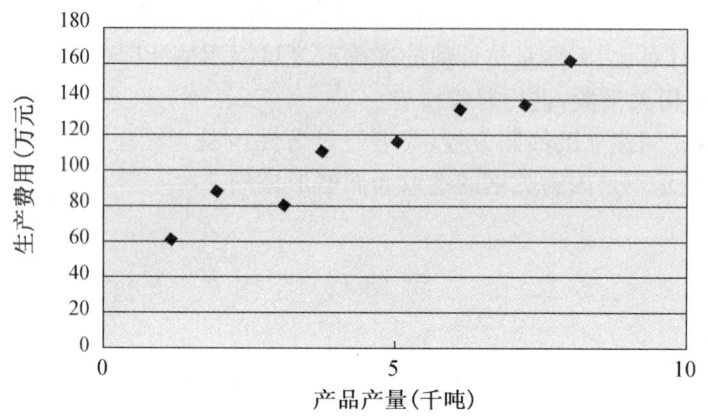

图8-3 产品产量和生产费用相关图

(三) 分组相关表

在实际的统计工作中,原始数据是非常多的,如果直接编制相关表会很长,而由于数据点过多,散点图也不好绘制,这时常常编制分组相关表。

根据分组情况不同,分组表有两种:单变量分组表和双变量分组表,而在实际操作中,单变量分组表应用最为广泛。

1. 单变量分组表

在有相关关系的两个变量中,只根据一个变量进行分组,另一个不进行分组,只是计算其频数和平均值。如表8-2所示。

表8-2 380名女大学生的体重和身高相关表

按体重分组(kg)	人数(人)	每组平均身高(m)
60以上	4	1.7
60~62	6	1.65
55~60	72	1.63
50~55	64	1.6
47~50	110	1.58
45~47	121	1.56
45以下	3	1.53
合计	380	11.25

从表 8-2 和图 8-4 可以看出,这 380 名女大学生的身高和体重之间存在着明显的正相关关系。

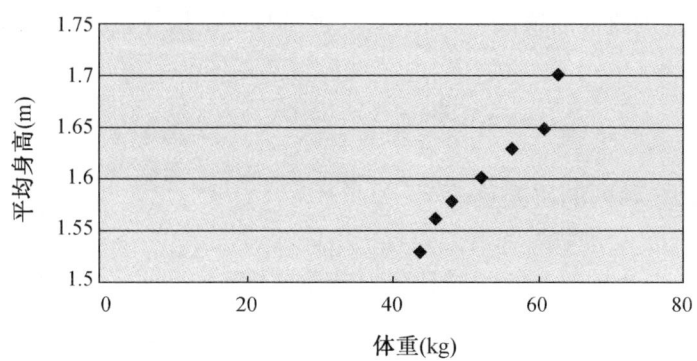

图 8-4 380 名女大学生的体重和身高散点图

2. 双变量分组表

如果对表 8-2 中的两个变量都进行分组,可以得到双变量分组表,但由于这种分组后的相关表,加权的方法比较复杂,而且并不实用,所以在实际中已很少采用,本书从略。

二、相关系数的测定与应用

通过前述相关表和散点图,可以基本判断变量间相关关系的方向和程度,但这只是相关分析的开始。如果通过散点图发现变量间基本是线性相关,那么如何判定其线性关系的密切程度呢?这可以用相关系数来衡量。

1. 相关系数的含义

相关系数反映两个变量之间线性相关密切程度和相关方向的统计测定,简单相关系数则是其他相关系数形成的基础。

2. 简单相关系数的计算

我们先说明根据简单相关表计算相关系数的方法和步骤。主要计算三个指标。

(1) 自变量数列的标准差

$$\sigma_x = \sqrt{\frac{\sum (x-\bar{x})^2}{n}} = \sqrt{\frac{1}{n} \sum (x-\bar{x})^2} \tag{8-1}$$

式中:σ_x——自变量数列的标准差;

x——自变量及其变量值 $x_1, x_2, \cdots, x_n$;

$\bar{x}$——自变量数列的平均值,$\bar{x} = \dfrac{\sum x}{n}$;

n——自变量数列的项数。

(2) 因变量数列的标准差

$$\sigma_y = \sqrt{\frac{\sum (y-\bar{y})^2}{n}} = \sqrt{\frac{1}{n} \sum (y-\bar{y})^2} \tag{8-2}$$

式中:σ_y——因变量数列的标准差;

y——因变量及其变量值 $y_1, y_2, \cdots, y_n$;

$\bar{y}$——因变量数列的平均值,$\bar{y} = \dfrac{\sum y}{n}$;

n——因变量数列的项数,它和自变量数列的项数相等。

(3) 两个数列的协方差

$$\sigma_{xy}^2 = \frac{\sum (x-\bar{x})(y-\bar{y})}{n} = \frac{1}{n}\sum (x-\bar{x})(y-\bar{y}) \tag{8-3}$$

式中:σ_{xy}——两个数列的协方差;

$x-\bar{x}$——自变量数列各变量值与平均值的离差;

$y-\bar{y}$——因变量数列各变量值与平均值的离差。

根据上述三个指标就可以计算相关系数,通常用 r 代表相关系数。

$$r = \frac{\sigma_{xy}^2}{\sigma_x \sigma_y} = \frac{\dfrac{1}{n}\sum (x-\bar{x})(y-\bar{y})}{\sqrt{\dfrac{1}{n}\sum (x-\bar{x})^2}\sqrt{\dfrac{1}{n}\sum (y-\bar{y})^2}} \tag{8-4}$$

该公式的分子和分母都有 $\dfrac{1}{n}$,所以上述公式可以简化为:

$$r = \frac{\sum (x-\bar{x})(y-\bar{y})}{\sqrt{\sum (x-\bar{x})^2}\sqrt{\sum (y-\bar{y})^2}} \tag{8-5}$$

用具体的实例来说明相关系数的计算过程。

将表 8-3 的计算结果代入式(8-5),得:

$$r = \frac{\sum (x-\bar{x})(y-\bar{y})}{\sqrt{\sum (x-\bar{x})^2}\sqrt{\sum (y-\bar{y})^2}} = \frac{181}{\sqrt{38}\sqrt{898}} = 0.979\,8$$

这表明:该企业工人的工龄长短与其日产量大小之间存在着高度正相关关系。

表 8-3 相关系数计算表

工人序号	工龄(年)	产量(件/日)	$(x-\bar{x})$ $\bar{x}=7$	$(y-\bar{y})$ $\bar{y}=68$	$(x-\bar{x})\cdot(y-\bar{y})$	$(x-\bar{x})^2$	$(y-\bar{y})^2$
1	4	55	−3	−13	39	9	169
2	5	58	−2	−10	20	4	100
3	5	60	−2	−8	16	4	64
4	6	60	−1	−8	8	1	64
5	6	62	−1	−6	6	1	36
6	7	66	0	−2	0	0	4
7	7	69	0	1	0	0	1
8	8	74	1	6	6	1	36
9	8	74	1	6	6	1	36
10	9	78	2	10	20	4	100
11	9	80	2	12	24	4	144
12	10	80	3	12	36	9	144
合计	84	816	—	—	181	38	898

此外,由式(8-5)还可以推导出计算相关系数的简化式为:

$$r = \frac{n\sum xy - \sum x \sum y}{\sqrt{n\sum x^2 - (\sum x)^2}\sqrt{n\sum y^2 - (\sum y)^2}} = \frac{\overline{xy} - \overline{x} \cdot \overline{y}}{\sigma_x \sigma_y} \quad (8-6)$$

将表 8-4 中数字代入,得:

$$r = \frac{n\sum xy - \sum x \sum y}{\sqrt{n\sum x^2 - (\sum x)^2}\sqrt{n\sum y^2 - (\sum y)^2}}$$

$$= \frac{12 \times 5893 - 84 \times 816}{\sqrt{12 \times 626 - 84^2}\sqrt{12 \times 56386 - 816^2}}$$

$$= 0.9798$$

计算结果完全相同。

表 8-4 相关系数简化计算表

工人序号	工龄 x	产量 y	x^2	y^2	xy
1	4	55	16	3 025	220
2	5	58	25	3 364	290
3	5	60	25	3 600	300
4	6	60	36	3 600	360
5	6	62	36	3 844	372
6	7	66	49	4 356	462
7	7	69	49	4 761	483
8	8	74	64	5 476	592
9	8	74	64	5 476	592
10	9	78	81	6 084	702
11	9	80	81	6 400	720
12	10	80	100	6 400	800
合计	84	816	626	56 386	5 893

3. 相关系数的性质

(1) 相关系数的取值范围在 $-1 \sim +1$ 之间,即:$-1 \leqslant r \leqslant 1$。

(2) 若 r 为正,则表明两变量为正相关;若 r 为负,则表明两变量为负相关。

(3) 相关系数 r 的绝对值越接近于 1(-1 或 $+1$),表示线性相关性越强;越接近于 0,表示线性相关性越弱。如果 $r=1$ 或 -1,则表示两个现象完全线性相关。如果 $r=0$,则表示两个现象完全不相关(不是直线相关)。

(4) 判断两变量线性相关密切程度的具体标准为:

$0 \leqslant |r| < 0.3$,称为微弱相关;$0.3 \leqslant |r| < 0.5$,称为低度相关;$0.5 \leqslant |r| < 0.8$,称为显著相关;$0.8 \leqslant |r| < 1$,称为高度相关。

三、根据分组表计算的相关系数

(一) 单变量分组表计算相关系数

从单变量组也可以计算相关系数,和简单相关不同的是要进行加权,公式为:

$$r = \frac{\sum(x-\bar{x})(y-\bar{y})f}{\sqrt{\sum(x-\bar{x})^2 f}\sqrt{\sum(y-\bar{y})^2 f}} \qquad (8-7)$$

简捷公式为:

$$r = \frac{\sum f \sum xyf - (\sum xf)(\sum yf)}{\sqrt{\sum f \sum x^2 f - (\sum xf)^2}\sqrt{\sum f \sum y^2 f - (\sum yf)^2}} \qquad (8-8)$$

(二) 双变量分组表计算相关系数

当原始数据较多,自变量和因变量都进行了分组,计算相关系数公式为:

$$r = \frac{\sum(x-\bar{x})(y-\bar{y})f_{xy}}{\sqrt{\sum(x-\bar{x})^2 f_x}\sqrt{\sum(y-\bar{y})^2 f_y}} \qquad (8-9)$$

式中:f_x——x 组的频数;

f_y——y 组的频数;

f_{xy}——x 与 y 交错组的频数。

第三节 回归分析

一、回归分析的概念

通过相关分析可以说明变量之间相关关系的方向和程度,但是却不能说明变量之间具体的数量因果关系。当自变量给出一个数值时,因变量可能取值是多少,这是相关分析不能解决的。需要通过新的方法,即回归分析。

所谓回归分析,就是依据相关关系的具体形态,选择一个合适的数学模型,来近似地表达变量间的平均变化关系。通过回归分析,可以将相关变量之间不确定、不规则的数量关系一般化、规范化,从而可以根据自变量的某一个给定值推断出因变量的可能值(或估计值)。

回归分析包括多种类型,根据所涉及变量的多少不同,可分为简单回归和多元回归。简单回归又称一元回归,是指两个变量之间的回归。其中一个变量是自变量,另一个变量是因变量。根据变量变化的表现形式不同,回归分析也可分为直线回归和曲线回归。对具有直线相关关系的现象配之以直线方程进行回归分析,即直线回归;对具有曲线相关关系的现象配之以曲线方程进行回归分析,则称为曲线回归。

二、直线回归

(一) 简单直线回归分析

1. 简单直线回归分析的特点

(1) 两个变量之间,进行回归分析时,必须根据研究目的,确定具体哪个是自变量、哪个是因变量。

(2) 在两个现象互为根据的情况下,可以有两个回归方程:y 倚 x 回归方程和 x 倚 y 回归方程。这和用以说明两个变量之间关系密切程度的相关关系只能计算一个是不相同的。

(3) 回归方程的主要作用在于给出自变量的数值来估计因变量的可能值。一个回归方程只能作一种推算。推算的结果表明变量之间具体的变动关系。

2. 简单直线回归方程的确定

简单直线回归方程即一元线性回归方程,它是基于一元线性回归模型建立起来的。

(1) 一元线性回归模型

$$y = a + bx + \varepsilon$$

模型中,y 是 x 的线性函数(部分)加上误差项。线性部分反映了由于 x 的变化而引起的 y 的变化;误差项 ε 是随机变量,反映了除 x 和 y 之间的线性关系之外的随机因素对 y 的影响,是不能由 x 和 y 之间的线性关系所解释的变异性;a 和 b 称为模型的参数。

(2) 一元线性回归模型的基本假定。

① 误差项 ε 是一个期望值为 0 的随机变量,即 $E(\varepsilon)=0$。对于一个给定的 x 值,y 的期望值为 $E(y)=a+bx$。

② 对于所有的 x 值,ε 的方差 σ^2 都相同。

③ 误差项 ε 是一个服从正态分布的随机变量,且相互独立,即 $\varepsilon \sim N(0, \sigma^2)$。

(3) 一元线性回归方程

$$E(y) = a + bx$$

描述 y 的平均值或期望值如何依赖于 x 的方程称为回归方程。方程的图示是一条直线,因此也称为直线回归方程。a 是回归直线在 y 轴上的截距,是当 $x=0$ 时 y 的期望值;b 是直线的斜率,称为回归系数,表示当 x 每变动一个单位时,y 的平均变动值。

(4) 估计的回归方程

$$\hat{y} = \hat{a} + \hat{b}x$$

总体回归参数 a 和 b 是未知的,必须利用样本数据去估计。用样本统计量 $\hat{a}$ 和 $\hat{b}$ 代替回归方程中的未知参数 a 和 b,就得到了估计的回归方程。

(5) 参数估计——最小二乘法。使因变量的观察值与估计值之间的离差平方和达到最小求得 a 和 b 的方法。即:

$$Q(\hat{a}, \hat{b}) = \sum_{i=1}^{n}(y_i - \hat{y})^2 = \sum_{i=1}^{n} e_i^2 = \text{最小}。可解得:$$

$$\begin{cases} \hat{b} = \dfrac{n\sum\limits_{i=1}^{n} x_i y_i - (\sum\limits_{i=1}^{n} x_i)(\sum\limits_{i=1}^{n} y_i)}{n\sum\limits_{i=1}^{n} x_i^2 - (\sum\limits_{i=1}^{n} x_i)^2} \\ \hat{a} = \bar{y} - \hat{b}\bar{x} \end{cases} \quad (8-10)$$

(6) 回归方程的检验

① 拟合优度检验

$$r^2 = \frac{SSR}{SST} = \frac{\sum_{i=1}^{n}(\hat{y}_i - \bar{y})^2}{\sum_{i=1}^{n}(y_i - \bar{y})^2} = 1 - \frac{\sum_{i=1}^{n}(y_i - \hat{y})^2}{\sum_{i=1}^{n}(y_i - \bar{y})^2} \qquad (8-11)$$

反映回归直线的拟合程度,取值范围在[0,1]之间。$r^2 \to 1$,说明回归方程拟合得越好;$r^2 \to 0$,说明回归方程拟合得越差。

② 回归方程的显著性检验

检验自变量和因变量之间的线性关系是否显著。具体方法是将回归离差平方和(SSR)同剩余离差平方和(SSE)加以比较,应用 F 检验分析二者之间的差别是否显著,如果是显著的,两个变量之间存在线性关系;如果不显著,两个变量之间不存在线性关系。具体步骤如下:

第一步:提出假设,H_0:线性关系不显著。

第二步:计算检验统计量 F。

$$F = \frac{SSR1}{SSEn-2} = \frac{\sum_{i=1}^{n}(\hat{y}_i - \bar{y})^2/1}{\sum_{i=1}^{n}(y_i - \hat{y})^2/n-2} \sim F(1, n-2)$$

第三步:确定显著性水平 α,并根据分子自由度 1 和分母自由度 $(n-2)$ 找出临界值 F_α 作出决策:若 $F \geqslant F_\alpha$,拒绝 H_0;若 $F < F_\alpha$,接受 H_0。

③ 回归系数的显著性检验

第一步:提出假设,$H_0: b=0$(没有线性关系);$H_1: b \neq 0$(有线性关系)。

第二步:计算检验的统计量

$$t = \frac{\hat{b}}{S_{\hat{b}}} \sim t(n-2)$$

第三步:确定显著性水平 α,并进行决策:$|t| > t_{\alpha/2}$,拒绝 H_0;$|t| < t_{\alpha/2}$,接受 H_0。

对于一元线性回归,回归方程的显著性检验与回归系数的显著性检验是等价的。

3. 简单直线回归方程的计算

用表 8-5 的资料计算出如下数据:

$$\bar{x} = \frac{\sum x}{n} = \frac{36.4}{8} = 4.55(千吨) \quad \bar{y} = \frac{\sum y}{n} = \frac{880}{8} = 110(万元)$$

$$b = \frac{n\sum xy - \sum x \sum y}{n\sum x^2 - (\sum x)^2} = \frac{8 \times 4544.6 - 36.4 \times 880}{8 \times 207.54 - 36.4^2} = 12.9$$

$$a = \bar{y} - b\bar{x} = 110 - 12.9 \times 4.55 = 51.31$$

则得简单直线回归方程:$\hat{y} = 51.31 + 12.9x$。

表 8-5　产品产量和生产费用计算表

序号	产品产量 x(千吨)	生产费用 y(万元)	x^2	xy	$\hat{y}$	$(y-\hat{y})^2$
1	1.2	62	1.44	74.4	66.79	22.944 1
2	2.0	86	4.00	172	77.11	79.032 1
3	3.1	80	9.61	248	91.3	127.69
4	3.8	110	14.44	418	100.33	93.508 9
5	5.0	115	25.00	575	115.81	0.656 1
6	6.1	132	37.21	805.2	130	4
7	7.2	135	51.84	972	144.19	84.456 1
8	8.0	160	64.00	1280	154.51	30.140 1
合计	36.4	880	207.54	4 544.6	880.04	442.427 4

(二) 多元线性回归分析

简单线性回归反映的是一个自变量和一个因变量之间的关系,但客观事物非常复杂,许多现象的变动牵扯到多个影响因素。例如:一个企业的利润,受产值、成本、价格等多个因素的影响;再如,粮食产量受施肥量,也受温度、播种量、土壤的酸碱性、降雨量的影响。所以在现实中,经常要进行一个变量和多个自变量的多元线性回归分析。

其一般形式为: $\hat{y}=a+b_1x_1+b_2x_2+b_3x_3+\cdots+b_nx_n$。

为了叙述方便,本书以二元线性回归为例。即一个因变量 y 和两个自变量 x_1,x_2 得到二元线性回归方程为: $\hat{y}=a+b_1x_1+b_2x_2$。

利用最小二乘原理,可以得出如下的方程组:

$$\begin{cases} \sum y = na + b_1\sum x_1 + b_2\sum x_2 \\ \sum x_1 y = a\sum x_1 + b_1\sum x_1^2 + b_2\sum x_1 x_2 \\ \sum x_2 y = a\sum x_2 + b_1\sum x_1 x_2 + b_2\sum x_2^2 \end{cases} \quad (8-12)$$

解该方程组,可得 a,b_1,b_2。

某服装企业有十家销售公司分布在不同的城市,决策者通过反复调查分析后认为影响该企业总销售额的因素为:当地的人均月收入和广告投入。经过一年的统计,有关数据如表 8-6 所示。

表 8-6　企业销售额与广告投入和人均收入

单位:千元

城市	销售额 y	广告投入 x_1	人均月收入 x_2
1	5 540	192	2.63
2	5 439	210	2.42
3	4 290	146	1.71
4	5 502	200	3.12
5	4 871	130	2.63
6	4 708	110	2.70
7	4 627	103	2.30
8	4 110	90	2.39
9	4 122	98	1.78

(续表)

城市	销售额 y	广告投入 x_1	人均月收入 x_2
10	4 230	132	1.96
合计	47 439	1 411	23.65

将相关数据代入式(8-12)计算,得出方程结果为:
$$\hat{y}=2\,116.52+8.58x_1+599.45x_2$$

如果广告投入 $x_1=300$(千元),人均月收入 $x_2=2.03$(千元),则销售额的估计值为 $\hat{y}=5\,907.4$(千元)。

上面的方法可以推广到 n 个自变量的情况,对回归方程
$$\hat{y}=a+b_1x_1+b_2x_2+b_3x_3+\cdots+b_nx_n$$

同样可用最小二乘法,建立一个 $(n+1)\times n$ 阶方程组,解该方程组可求出有关参数。

$$\begin{cases}\sum y=na+b_1\sum x_1+b_2\sum x_2+\cdots+b_n\sum x_n\\ \sum x_1y=a\sum x_1+b_1\sum x_1^2+b_2\sum x_1x_2+\cdots+b_n\sum x_1x_n\\ \sum x_2y=a\sum x_2+b_1\sum x_1x_2+b_2\sum x_2^2+\cdots+b_n\sum x_2x_n\\ \vdots\\ \sum x_ny=a\sum x_n+b_1\sum x_1x_n+b_2\sum x_2x_n+\cdots+b_n\sum x_n^2\end{cases} \quad (8-13)$$

三、曲线回归

若回归模型表现为曲线形式,则是曲线回归分析。曲线模型种类多样,不过在统计研究中常用的曲线模型主要有:

二次抛物线: $\hat{y}=a+b_1x+b_2x^2$

指数曲线: $\hat{y}=ab^x$

双曲线: $\dfrac{1}{\hat{y}}=a+b\dfrac{1}{x}$

在建立曲线回归方程时,最重要的问题是合适的曲线类型。解决这个问题,主要是通过作图,然后凭借经验从图形显示的曲线形状来判断应当拟合的曲线。

图 8-5 至图 8-7 给出了以上三种曲线的图形。在多数情况下,曲线回归问题,可以通过变量的变换,将其化成线性回归问题,再用前面介绍的线性回归的方法来解决。

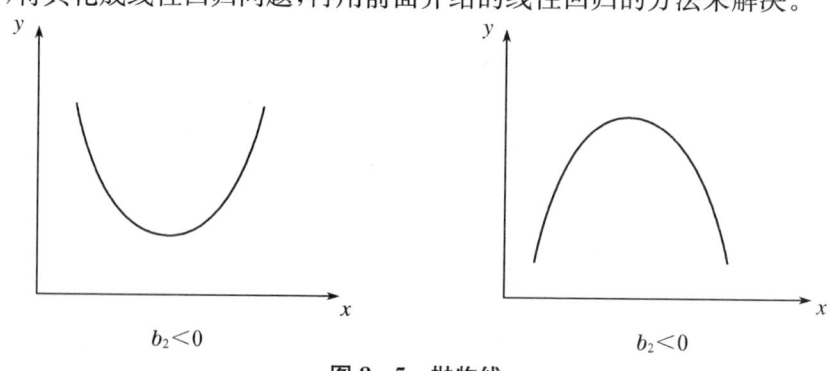

图 8-5 抛物线

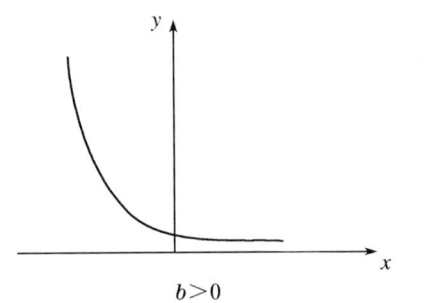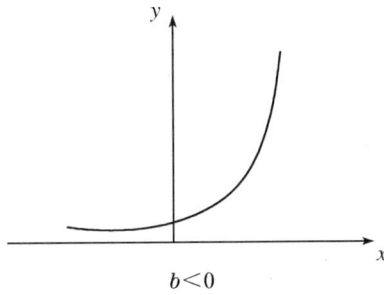

图 8-6　指数曲线

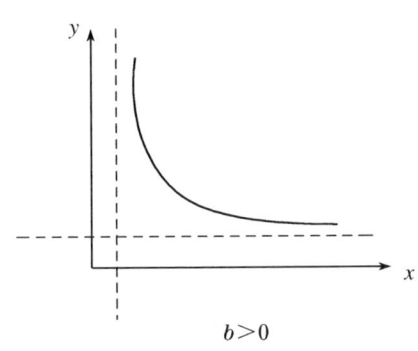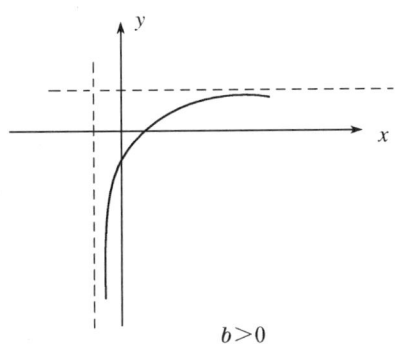

图 8-7　双曲线

(一) 双曲线回归

令 $\hat{y}' = \dfrac{1}{x}$，$x' = \dfrac{1}{x}$，则有 $\hat{y}' = a + bx'$

两个变量的数据如表 8-7 所示，建立这两个变量的回归方程。

表 8-7　x 和 y 原始数据表

x	9.3	10.4	12.6	15.4	17.5	19.6	21.7	23.4	25.3	27.5
y	17.1	24.2	31.3	37.9	43.3	46.2	47.5	50.1	51.1	51.3

做出散点图如图 8-8 所示。

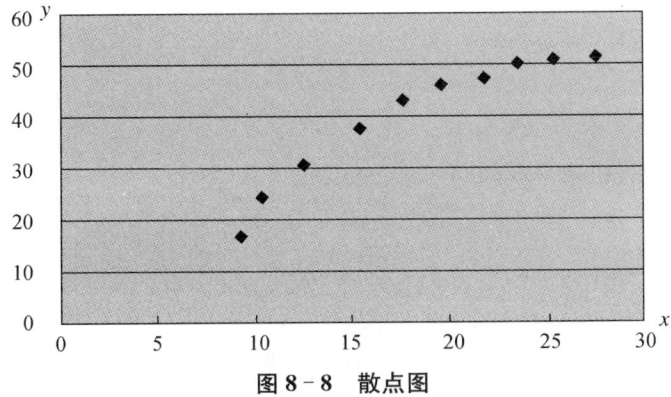

图 8-8　散点图

从图 8-8 中可以看出这两个变量之间的变动关系基本上是一个递增的双曲线,则用双曲线模型去分析两个变量的关系,计算如表 8-8 所示。

表 8-8　x 和 y 双曲线回归方程计算表

序号	x	y	$x'=1/x$	$y'=1/y$	$(x')^2$	$x'y'$
1	9.3	17.1	0.108	0.058	0.012	0.006 288
2	10.4	24.2	0.096	0.041	0.009	0.003 973
3	12.6	31.3	0.079	0.032	0.006	0.002 536
4	15.4	37.9	0.065	0.026	0.004	0.001 713
5	17.5	43.3	0.057	0.023	0.003	0.001 32
6	19.6	46.2	0.051	0.022	0.003	0.001 104
7	21.7	47.5	0.046	0.021	0.002	0.000 97
8	23.4	50.1	0.043	0.02	0.002	0.000 853
9	25.3	51.1	0.04	0.02	0.002	0.000 773
10	27.5	51.3	0.036	0.019	0.001	0.000 709
合计	182.7	400	0.621	0.283	0.044	0.020 24

将表 8-8 中数据代入以下公式:

$$\begin{cases} b = \dfrac{n\sum x'y' - \sum x' \cdot \sum y'}{n\sum (x')^2 - (\sum x')^2} \\ a = \bar{y}' - b\bar{x}' \end{cases}$$

得:

$$\begin{cases} b = \dfrac{10 \times 0.020\ 24 - 0.621 \times 0.283}{10 \times 0.044 - 0.621^2} = 0.026\ 7 \\ a = 0.028\ 3 - 0.026\ 7 \times 0.062\ 1 = 0.026\ 6 \end{cases}$$

于是有:

$$\hat{y}' = 0.026\ 6 + 0.026\ 7 x'$$

将 $\hat{y}' = \dfrac{1}{\hat{y}}$,$x' = \dfrac{1}{x}$,代入后,得:

$$\dfrac{1}{\hat{y}} = 0.026\ 6 + 0.026\ 7 \dfrac{1}{x}$$

(二) 指数曲线回归和抛物线回归

1. 指数曲线

$$\hat{y} = ab^x$$

两边取对数: $\ln \hat{y} = \ln a + x \ln b$

令 $\hat{y}' = \ln \hat{y}$,$A = \ln a$,$B = \ln b$,得到一元线性回归模型为:

$$\hat{y}' = A + Bx$$

2. 二次抛物线

$$\hat{y}=a+b_1x+b_2x^2$$

令 $x_1=x, x_2=x^2$，原方程转化为二元线性回归模型为：

$$\hat{y}=a+b_1x_1+b_2x_2$$

第四节 估计标准误差

通过以上的学习，可以得出回归方程，但变量之间的回归方程必定是根据随机抽取的样本来计算的一个"经验公式"，根据回归模型计算的 $\hat{y}$ 值毕竟是一个"估计值"，和实际的 y 值之间存在差异。因而这时又出现了两个问题：① 如何去评价回归模型的准确性；② 如何去检验回归模型的可靠性。

对以上两个问题的说明，就是本节的主要内容。线性回归分析是各类回归分析的基础，所以本节以线性回归分析为例来进行说明。

一、估计标准误差的概念

估计标准误差就是用来说明回归方程推算结果准确程度的统计分析指标，或者说是反映回归直线回归误差大小的统计分析指标。

回归方程的准确性又称为拟合优度，判定系数是测定回归方程拟合优度的一个重要指标，为此要先引入下面几个概念。

总变差：$\sum(y-\bar{y})^2$，记作 SST。

回归离差平方和：$\sum(\hat{y}-\bar{y})^2$，记作 SSR。

剩余离差平方和：$\sum(y-\hat{y})^2$，记作 SSE。

可以证明：

$$\text{SST}=\text{SSR}+\text{SSE} \tag{8-14}$$

判定系数 R^2 定义为：

$$R^2=\frac{\text{SSR}}{\text{SST}}=\frac{\sum(\hat{y}-\bar{y})^2}{\sum(y-\bar{y})^2} \tag{8-15}$$

结合式 8-15，可以看出 R^2 越大，则 SSR 在 SST 中占的比重越大，因而 SSE 越小，即 y 与 $\hat{y}$ 的差距越小，$\hat{y}$ 对 y 的拟合程度高，也就是说该回归模型的准确度越强。

可以证明：$0\leqslant R^2\leqslant 1$，$R^2$ 越接近于 1，回归模型的"拟合优度"越好。

二、简单直线回归估计标准误差的确定

估计标准误差有两种计算方法。

1. 根据因变量实际值和估计值的离差计算

估计标准误差为：

$$S_{xy}=\sqrt{\frac{\sum(y-\hat{y})^2}{n-2}} \tag{8-16}$$

式中：y——因变量数列的实际值；
　　　$\hat{y}$——根据回归方程推算出来的估计值；
　　　n——因变量的项数。

由于 $\sum(y-\hat{y})^2 = \sum(y-a-bx)^2$ 中，其中参数 a 和 b 是由实际资料计算的，从而丧失了两个自由度。

估计标准误差 S_{xy} 越小，说明 y 与 $\hat{y}$ 越接近。

从式 8-16 可以看出，计算的结果实际上也是个平均误差。但不是简单平均的，而是经过乘方、平均、再开方的过程，这和标准差的计算过程一样。它的作用是说明估计的准确程度，所以叫作估计标准误差，也有叫作估计标准差或回归标准差。

根据表 8-5 的资料可得：

$$S_{yx} = \sqrt{\frac{\sum(y-\hat{y})^2}{n-2}} = \sqrt{\frac{442.4274}{8-2}} = 8.59(万元)$$

计算结果，估计标准误差为 8.59 万元。这个数值越大，就表明估计值的代表性小，也就是相关点的离散程度大；这个数值越小，则说明估计值的代表性大，也就是相关点的离散程度小。

2. 根据 a,b 两个参数值计算估计标准误差

上述计算估计标准误差方法是用平均误差来表现的，但是计算比较麻烦，需计算出所有的估计值。如果已知直线回归方程的参数值，有一个比较简便的计算方法。

将 $\hat{y}=a+bx$ 代入公式，可得如下计算公式：

$$S_{xy} = \sqrt{\frac{\sum y^2 - a\sum y - b\sum xy}{n-2}} \tag{8-17}$$

根据表 8-5 的资料可得：

$$S_{yx} = \sqrt{\frac{\sum y^2 - a\sum y - b\sum xy}{n-2}} = \sqrt{\frac{104\,214 - 51.31 \times 880 - 12.9 \times 4\,544.6}{8-2}} = 8.59(万元)$$

三、相关系数和估计标准误差的关系

这两个指标在数量上具有如下关系：

$$r = \sqrt{\frac{\sigma_y^2 - S_{yx}^2}{\sigma_y^2}} = \sqrt{1 - \frac{S_{yx}^2}{\sigma_y^2}} \tag{8-18}$$

用表 8-5 的资料验证：

$$\sigma_y^2 = \frac{\sum(y-\bar{y})^2}{n} = \frac{7\,414}{8} = 926.75$$

$$S_{yx}^2 = 8.59^2 = 73.7881$$

$$r = \sqrt{1 - \frac{73.7881}{926.75}} \approx 0.96$$

计算结果，相关系数为 0.96，与以前的结果基本相同，所差的 0.01 是由于计算过程中小数点取位所致。这也是相关系数的一种计算方法，但是这种计算方法一般并不使用，因为它要求先配合回归直线，解出直线回归方程，计算出估计标准误差，然后才能进行这种推算。而从认识的一般程序来讲，首先要知道现象间关系是否密切，如果关系不密切，回归直线价值不大，

就不去进行下一步计算了。只有证明了相关关系比较密切,回归直线有实用价值,才去配合回归直线,用它来进行估计或预测。而且这样计算出来的 r 不能判明是正相关或负相关。

所以,实际工作中常常采用另一种推算方法,即根据相关系数 r 去推算估计标准误差 S_{yx},推算公式可以从上述关系公式推演出来。

由于 $r=\sqrt{1-\dfrac{S_{yx}^2}{\sigma_y^2}}$;$r^2=1-\dfrac{S_{yx}^2}{\sigma_y^2}$;$S_{yx}^2=\sigma_y^2(1-r^2)$;$S_{yx}=\sigma_y\sqrt{(1-r^2)}$。

已知 $\sigma_y=\sqrt{\dfrac{\sum(y-\bar{y})^2}{n}}=\sqrt{\dfrac{7\,414}{8}}=30.44,r=0.96$,得:

$$S_{yx}=30.44\times\sqrt{(1-0.96^2)}=8.59(万元)$$

相关系数和估计标准误差在数值的大小上表现为相反的关系。

(1) r 值越大,S_{yx} 值越小。r 值越大,说明相关程度越密切,这时 S_{yx} 值越小,也就是相关点距离回归直线比较近。当 $r=\pm1$ 完全相关时,则 $S_{yx}=\sigma_y\sqrt{1-r^2}=\sigma_y\times0=0$,即估计标准误差等于 0。从相关图上看,所有的相关点全在回归直线上,也就是完全相关。

(2) r 值越小,S_{yx} 值越大。r 值越小,说明相关程度不密切,这时 S_{yx} 值越大,也就是相关点距离回归直线比较远。当 $r=0$ 不相关时,则 $S_{yx}=\sigma_y\sqrt{1-r^2}=\sigma_y\times1=\sigma_y$,即估计标准误差等于 y 数列的标准差。这说明相关点与回归直线的距离和相关点与 y 数列的平均线的距离一样,也就是说,回归直线和 y 数列的平均线是同一条直线。在这种情况下,相关点的 x 值不管怎样变化,$\hat{y}$ 的值始终不变,永远等于 y 数列的平均值,这当然就是不相关了。

相关系数和估计标准误差可以从不同角度说明相关关系密切与否。由于相关系数表明关系程度相对明确,而且能直接辨别出是正相关或是负相关,所以一般情况下相关系数用得多。

四、多元线性回归估计标准误差的测定

与简单直线回归估计标准误差的测定方程相似,多元线性回归估计标准误差的测定公式为(以二元回归为例):

$$S_{yx}=\sqrt{\dfrac{\sum(y-\hat{y})^2}{n-3}} \tag{8-19}$$

式中:y——因变量数列的实际值;

$\hat{y}$——根据回归方程推算出来的估计值;

n——因变量的项数。

二元回归有两个自变量,估计标准误差就有 $n-3$ 个自由度。式 8-19 计算过程较复杂,可应用下列简捷公式:

$$S_{yx}=\sqrt{\dfrac{\sum y^2-a\sum y-b_1\sum x_1 y-b_2\sum x_2 y}{n-3}} \tag{8-20}$$

第五节　Excel在相关与回归分析中的应用

一、相关图的绘制

根据图 8－9 制作相关图。

	A	B
1	广告投入	销售额
2	12.5	21.2
3	15.3	23.9
4	23.2	32.9
5	26.4	34.1
6	33.5	42.5
7	34.4	43.2
8	39.4	49
9	45.2	52.8
10	55.4	59.4
11	60.9	63.5

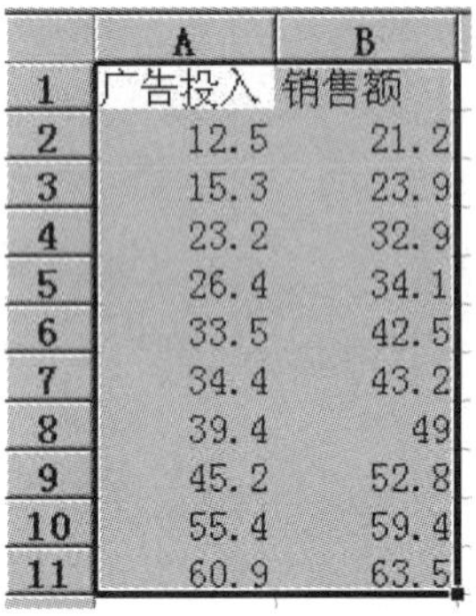

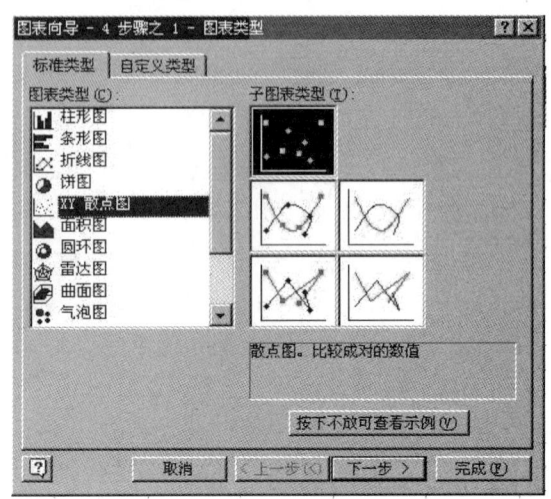

图 8－9　广告投入与销售额数据表

图 8－10　图表类型

制作相关图的步骤如下。

选择区域 A1:B11，如图 8－9 所示。① 点击 Excel 图表向导；② 在“图表类型”中选择“XY 散点图”，如图 8－10；③ 在“子图表类型”中选择第一种散点图，并点击“下一步”，即可得到图 8－11 和 8－12；④ 点击“完成”，并对图形进行修饰编辑，最后得到如图 8－13 所示广告投入与月平均销售额之间的散点图。

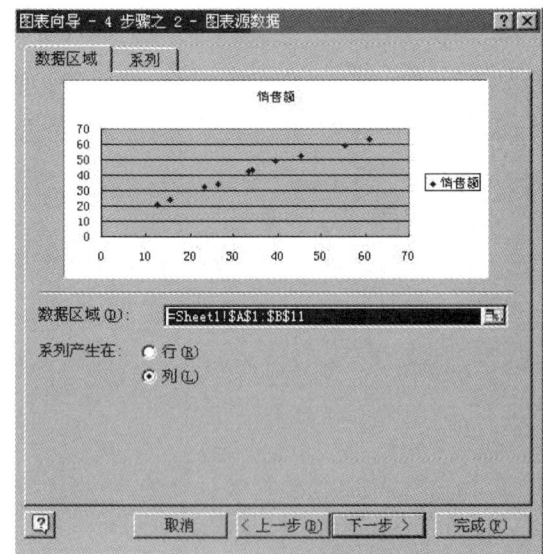

图 8－11　选择数据

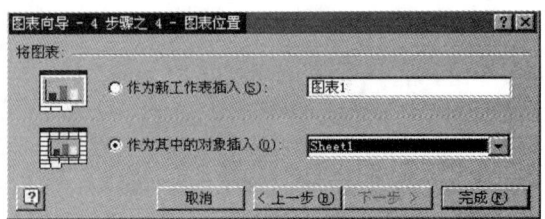

图 8－12　图表位置

第八章 相关与回归分析

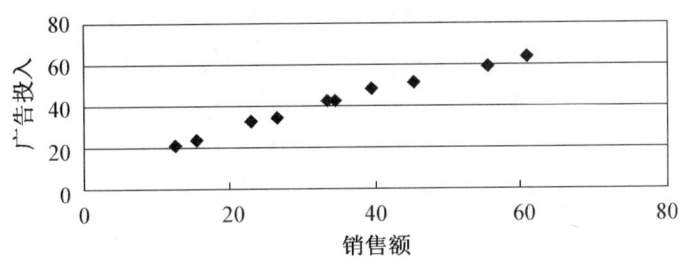

图 8‑13　广告投入与月平均销售额的散点图

二、相关系数

在 Excel 中，相关系数函数和相关系数宏提供了两种计算相关系数的方法。

（一）相关系数函数

在 Excel 中，CORREL 函数和 PERSON 函数提供了计算两个变量之间的相关系数的方法，这两个函数是等价的。与相关系数有关的函数还有 RSQ（相关系数的平方，即判定系数 r^2）和 COVAR（协方差函数）。

以 CORREL 函数和图 8‑9 中资料为例，介绍利用函数计算相关系数的方法。

（1）点击 Excel 函数图钮"f_x"，选择"统计"函数；

（2）在统计函数点击"CORREL"，进入函数向导；在"array1"中输入第一个变量"广告投入"的数据区域 A2:A11；在"array2"中输入第二个变量"月均销售额"的数据区域 B2:B11，即可在当前光标所在单元格显示函数的计算结果。如图 8‑14 所示。

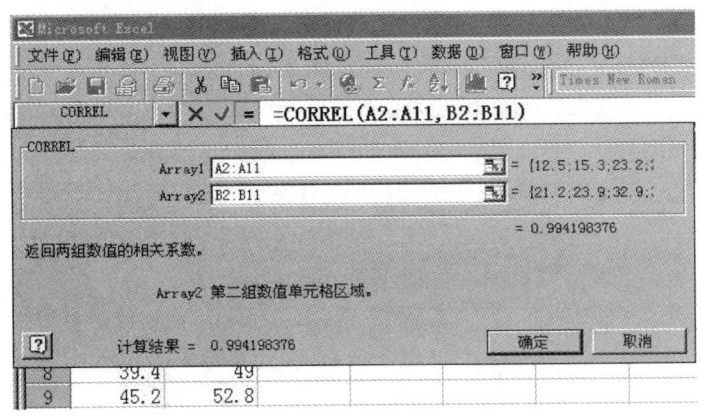

图 8‑14　CORREL 函数计算相关系数

（二）相关系数宏

在 Excel 数据分析宏中，Excel 专门提供了计算相关系数宏过程。利用此宏过程，可以计算多个变量之间的相关矩阵。

仍然以图 8‑9 中资料为例，利用相关系数宏计算相关系数矩阵的过程如下：① 点击 Excel"工具"菜单，选择"数据分析"过程；② 在"数据分析"宏过程中，选择"相关系数"过程。如图 8‑15 所示；③ 在"输入区域"中输入两个变量所在区域 A2:B11，数据以列排列，输出区域选择在同一工作表中的以 D1:E5 区域里。计算结果如图 8‑16 所示。

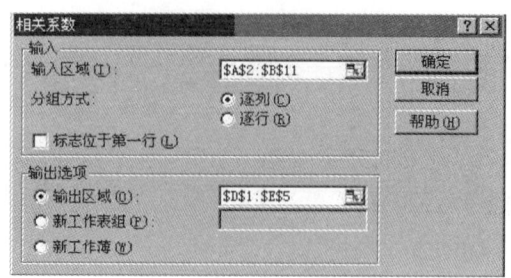

图 8-15 相关系数宏

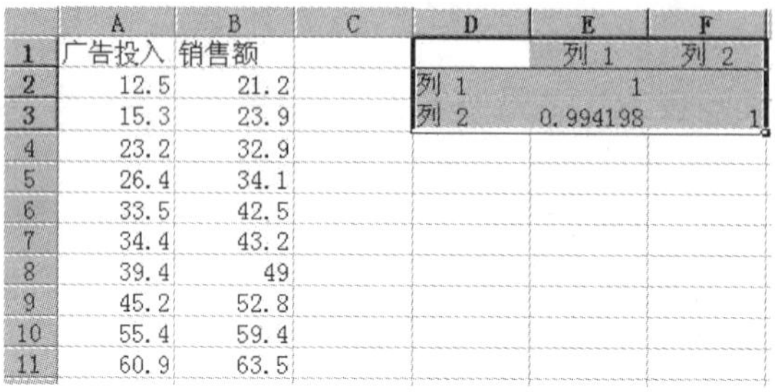

	A	B	C	D	E	F
1	广告投入	销售额			列 1	列 2
2	12.5	21.2		列 1	1	
3	15.3	23.9		列 2	0.994198	1
4	23.2	32.9				
5	26.4	34.1				
6	33.5	42.5				
7	34.4	43.2				
8	39.4	49				
9	45.2	52.8				
10	55.4	59.4				
11	60.9	63.5				

图 8-16 利用相关系数宏计算的相关系数矩阵

三、回归分析宏

除了回归分析宏外，Excel 虽然提供了 9 个函数（列于表 8-9 中）用于建立回归模型和回归预测，但 Excel 提供的回归分析宏仍然具有更方便的特点。仍以广告投入与销售额的关系资料为例，利用一元线性回归方程确定两个变量之间的定量关系。

表 8-9 用于回归分析的工作表函数

函数名	定 义
INTERCEPT	一元线性回归模型截距的估计值
SLOPE	一元线性回归模型斜率的估计值
RSQ	一元线性回归模型的判定系数（r^2）
FORECAST	依照一元线性回归模型的预测值
STEYX	依照一元线性回归模型的预测值的标准误差
TREND	依照多元线性回归模型的预测值
GROWTH	依照多元指数回归模型的预测值
LINEST	估计多元线性回归模型的未知参数
LOGEST	估计多元指数回归模型的未知参数

回归宏确定两个变量之间定量关系的过程如下：① 在"工具栏"菜单"数据分析"过程中选择"回归"宏过程；② 在"Y 值输入区域"内输入 B2:B11，在"X 值输入区域"输入 A2:A11，如果是多元线性回归，则 X 值的输入区就是除 Y 变量以外的全部解释变量；③ 选择"标志"，置信度水平为 95%，输出结果选择在一张新的工作表中；④ 选择"残差分析"，并绘制回归拟合图，

点击“确定”即得到图 8－18 所示的回归分析结果和图 8－19 的残差表。

图 8－17　回归分析宏过程

	A	B	C	D	E	F	G	H	I
1	SUMMARY OUTPUT								
2									
3	回归统计								
4	Multiple	0.994198							
5	R Square	0.98843							
6	Adjusted	0.986984							
7	标准误差	1.630011							
8	观测值	10							
9									
10	方差分析								
11		df	SS	MS	F	gnificance F			
12	回归分析	1	1815.93	1815.93	683.468	4.92E-09			
13	残差	8	21.25547	2.656934					
14	总计	9	1837.185						
15									
16		Coefficien	标准误差	t Stat	P-value	Lower 95%	Upper 95%	下限 95.0%	上限 95.0%
17	Intercept	11.61492	1.280176	9.072908	1.75E-05	8.662824	14.56701	8.662824	14.56701
18	X Variabl	0.884896	0.033848	26.14322	4.92E-09	0.806842	0.962949	0.806842	0.962949

图 8－18　回归分析结果

RESIDUAL OUTPUT

观测值	预测 Y	残差	标准残差
1	22.67611	-1.47611	-0.96052
2	25.15382	-1.25382	-0.81587
3	32.14449	0.755507	0.491614
4	34.97616	-0.87616	-0.57012
5	41.25892	1.241083	0.807582
6	42.05532	1.144677	0.74485
7	46.4798	2.520199	1.639913
8	51.61219	1.187805	0.772914
9	60.63813	-1.23813	-0.80566
10	65.50505	-2.00505	-1.3047

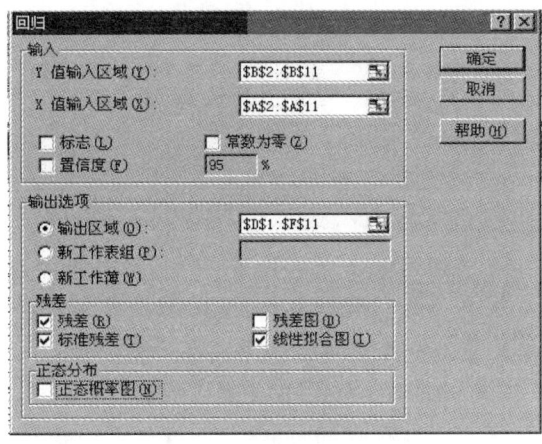

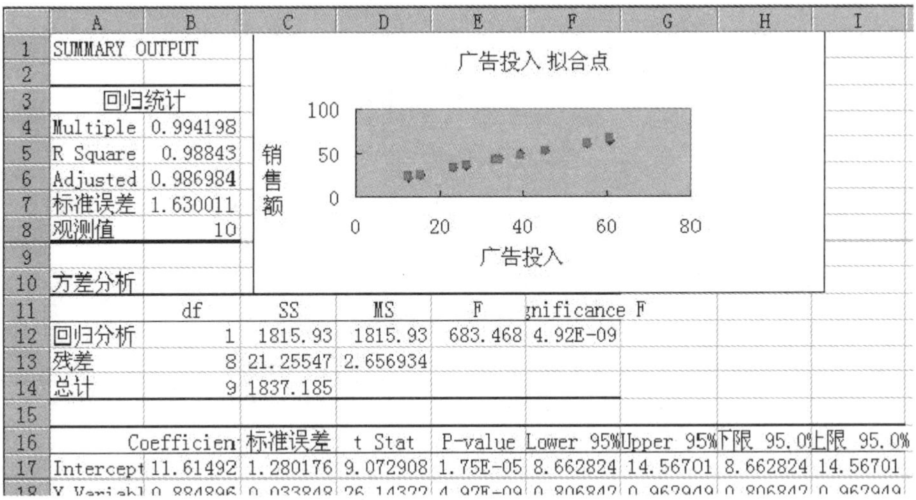

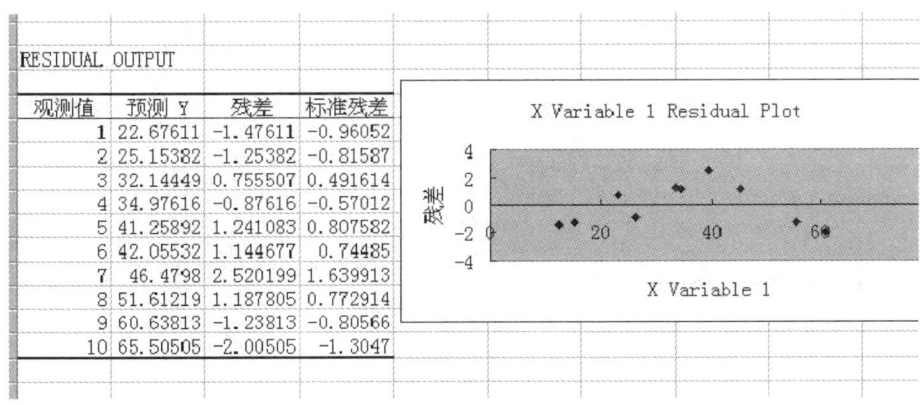

图 8－19　残差分析表

小 结

1. 各种变量相互之间的依存关系有两种不同的类型：一种是确定性的函数关系，另一种是不确定性的统计关系，也称为相关关系。变量之间的相关关系可用坐标图又称散点图去描述。相关分析的目的是分析变量间是否存在相关关系，并计量相关关系的程度。

2. 变量之间的相关关系从变量的数量看可分为单相关关系和复相关关系；从表现形式可分为线性相关和非线性相关；从相关关系变化的方向分为正相关和负相关；从相关的程度分为完全相关、不完全相关和不相关。

3. 现代意义的回归是关于一个变量对另一个或多个变量依存关系的研究，用适当的数学模型去近似地表达或估计变量之间的平均变化关系。线性回归模型在各项基本假定满足的条件下，用普通最小二乘回归法去估计参数，利用估计的线性回归模型对因变量进行预测。

4. 常用的可以转换为线性回归的非线性函数形式有：幂函数、对数函数、指数函数、双曲函数和多项式函数等。

5. 相关分析、回归分析的实际计算和图形的描绘可以应用 Excel 去实现。

习 题

一、单项选择题

1. 确定回归方程时，对相关的两个变量要求（　　）。
   A. 都是随机变量　　　　　　　　B. 都不是随机变量
   C. 只需因变量是随机变量　　　　D. 只需自变量是随机变量

2. 年劳动生产率 x（千元）和职工工资 y（元）之间的回归方程为 $y=10+70x$，这意味着年劳动生产率每提高 1 千元时，职工工资平均为（　　）。
   A. 增加 70 元　　B. 减少 70 元　　C. 增加 80 元　　D. 减少 80 元

3. 用最小平方方法配合的趋势线，必须满足的一个基本条件是（　　）。
   A. $\sum(y-y_c)^2 = $ 最小值　　　　B. $\sum(y-y_c) = $ 最小值
   C. $\sum(y-y_c)^2 = $ 最大值　　　　D. $\sum(y-y_c) = $ 最大值

4. 在正态分布条件下，以 $2S_{yx}$（提示：S_{yx} 为估计标准误差）为距离作平行于回归直线的两条直线，在这两条平行直线中，包括的观察值的数目大约为全部观察值的（　　）。
   A. 68.27%　　B. 90.11%　　C. 95.45%　　D. 99.73%

5. 合理施肥量与农作物亩产量之间的关系是（　　）。
   A. 函数关系　　B. 单向因果关系　　C. 互为因果关系　　D. 严格的依存关系

6. 相关关系是指变量之间（　　）。
   A. 严格的关系
   B. 不严格的关系
   C. 任意两个变量之间关系
   D. 有内在关系的但不严格的数量依存关系

7. 已知变量 x 与 y 之间的关系,如右图所示,其相关系数计算出来放在四个备选答案之中,它是( )。
    A. 0.29   B. -0.88
    C. 1.03   D. 0.99

8. 在用一个回归方程进行估计推算时,( )。
    A. 只能用因变量推算自变量
    B. 只能用自变量推算因变量
    C. 既可用因变量推算自变量,也可用自变量推算因变量
    D. 不需考虑因变量和自变量问题

9. 如果变量 x 和变量 y 之间的相关系数为 -1,这说明两个变量之间是( )。
    A. 低度相关关系   B. 完全相关关系
    C. 高度相关关系   D. 完全不相关

10. 已知某工厂甲产品产量和生产成本有直接关系,在这条直线上,当产量为 1 000 时,其生产成本为 30 000 元,其中不随产量变化的成本为 6 000 元,则成本总额对产量的回归直线方程是( )。
    A. $y_t = 6\,000 + 24x$ B. $y_t = 6 + 0.24x$
    C. $y_t = 24 + 6\,000x$ D. $y_t = 24\,000 + 6x$

11. 若已知 $\sum(x-\bar{x})^2$ 是 $\sum(y-\bar{y})^2$ 的 2 倍,$\sum(x-\bar{x})(y-\bar{y})$ 是 $\sum(y-\bar{y})^2$ 的 1.2 倍,则相关系数 $r=$ ( )。
    A. $\frac{\sqrt{2}}{1.2}$ B. $\frac{1.2}{\sqrt{2}}$ C. 0.92   D. 0.65

12. 每吨铸件的成本(元)和每一工人劳动生产率(吨/人)之间的线性回归方程为 $y = 300 - 2.5x$,这说明劳动生产率提高 1 吨,成本( )。
    A. 降低 297.5   B. 提高 297.5   C. 提高 2.5   D. 降低 2.5

13. 下列直线回归方程中,( )是错误的。
    A. $y = 35 + 0.3x, r = 0.8$ B. $y = -124 + 1.4x, r = 0.89$
    C. $y = 18 - 2.2x, r = 0.74$ D. $y = -87 - 0.9x, r = -0.9$

14. 多元线性回归方程 $\hat{y} = a + b_1 x_1 + b_2 x_2 + b_3 x_3$ 中,b_2 说明( )。
    A. $\hat{y}$ 与 x_2 之间的相关程度
    B. x_2 每变化一个单位,$\hat{y}$ 平均变化多少单位
    C. 当 x_1, x_3 不变时,x_2 每变化一个单位,$\hat{y}$ 平均变化多少单位
    D. 在影响 $\hat{y}$ 的所有因素不变时,x_2 每变化一个单位,$\hat{y}$ 平均变化多少单位

15. 当两个相关变量之间只有配合一条回归直线的可能,那么这两个变量之间的关系是( )。
    A. 明显因果关系
    B. 自身相关关系
    C. 完全相关关系
    D. 不存在明显因果关系而存在相互联系

二、判断题

1. 相关系数是测定两个变量之间关系密切程度的唯一方法。（   ）
2. 甲产品产量与单位成本的相关系数是-0.9,乙产品的产量与单位成本的相关系数是0.8,因此乙比甲的相关程度高。（   ）
3. 零相关就是不相关。（   ）
4. 两个变量中不论假定哪个变量为自变量 x、哪个为因变量 y,都只能计算一个相关系数。（   ）
5. 相关系数 r 等于0,说明两变量之间不存在相关关系。（   ）
6. 如两组资料的协方差相同,则说明这两组资料的相关程度也相同。（   ）
7. 积差法相关系数 r 实质上就是两变量离差系数乘积的平均数。（   ）
8. 由直线回归方程 $\hat{y}=-450+2.5x$,可知变量 x 与 y 之间存在正相关关系。（   ）
9. 回归系数 b 大于0或小于0时,则相关系数 r 也是大于或小于0。（   ）
10. 当变量 x 与 y 之间存在严格的函数关系时,x 倚 y 的回归直线和 y 倚 x 的回归直线才能重合。（   ）

三、计算题

1. 生产同种产品的6个企业的产量和单位产品成本的资料如下表所示。

企业序号	产量 x(千件)	单位成本 y(元)	企业序号	产量 x(千件)	单位成本 y(元)
1	2	52	4	4	48
2	3	54	5	5	48
3	4	52	6	6	46

要求计算产量与单位产品成本之间的相关系数。

2. 根据50个学生的中文成绩和英文成绩进行计算,中文成绩的标准差为9.75分,英文成绩的标准差为7.9分,两种成绩的协方差为72分,由上述资料计算相关系数,并对中文成绩和英文成绩的相关方向、相关程度作出说明。

3. 为了了解某公司员工的工龄与其工作效率之间的相关性,该公司人力资源管理处进行了一项研究,其目的是想依据研究成果预估员工的工作效率,随机抽取样本如下表所示。

员工	工龄	效率分数	员工	工龄	效率分数
小叶	1	6	小孙	2	2
老王	20	5	小徐	1	2
小蒋	6	3	老唐	15	4
小李	8	5	小朱	8	3

要求：① 将原始数据描述散点图,并判断工龄和效率分数之间是否有相关性？② 计算相关系数,说明相关程度。

4. 某汽车厂要分析汽车货运量与汽车拥有量之间的关系,选择部分地区进行调查,资料如下表所示。

年份	汽车货运量 x(亿吨/千米)	汽车拥有量 y(万辆)
2010	4.1	0.27
2011	4.5	0.31
2012	5.6	0.35
2013	6.0	0.40
2014	6.4	0.52
2015	6.8	0.55
2016	7.5	0.58
2017	8.5	0.60
2018	9.8	0.65
2019	11.0	0.73

要求：① 根据资料作散点图；② 求相关系数；③ 配合简单线性回归方程。

5. 某市电子工业公司有 15 个所属企业，其中 14 个企业 2019 年的设备能力和劳动生产率统计数据如下表所示。

企业编号	设备能力(千瓦/小时)x	劳动生产率(千元/人)y
1	2.8	6.7
2	2.8	6.9
3	3.0	7.2
4	2.9	7.3
5	3.4	8.4
6	3.9	8.8
7	4.0	9.1
8	4.8	9.8
9	4.9	10.6
10	5.2	10.7
11	5.4	11.1
12	5.5	11.8
13	6.2	12.1
14	7.0	12.4

要求:① 绘出散布图,并且建立直线回归方程。② 当某一企业的年设备能力达到8.0千瓦/小时,试预测其劳动生产率。③ 计算估计标准误差。

6. 某地区2007—2019年粮食产量、牲畜头数和有机肥量有关资料如下表所示。

年份	粮食产量(亿千克)	有机肥 x_1(万吨)	牲畜头数 x_2(万头)
2007	25	44	15
2008	23	42	15
2009	24	45	14
2010	23	45	16
2011	24	46	15
2012	25	44	17
2013	26	46	16
2014	26	46	15
2015	25	44	15
2016	27	46	16
2017	28	45	18
2018	30	48	20
2019	31	50	19

根据表8-14资料:① 建立多元线性回归方程;② 如果已知2021年有机肥施有量为52万吨、牲畜头数为21万头,预测该年粮食产量为多少?

7. 有8个企业的可比产品成本降低率和销售利润资料如下表所示。

企业编号	可比产品成本降低率	销售利润(万元)
1	2.1	4.1
2	2	4.5
3	3	8.1
4	3.2	10.5
5	4.5	25.4
6	4.3	25
7	5	35
8	3.9	23.4

要求计算:① 相关系数 r;② 直线回归方程;③ 说明回归系数 b 的经济涵义;④ 估计标准误差。

8. 某10户家庭样本具有如下表所示收入和食品支出(元/天)数据:

收入 x	200	300	330	400	150	130	260	380	350	430
支出 y	70	90	80	110	50	40	80	100	90	100

要求：① 计算直线回归方程；② 求在 95.45% 的概率保证程度下，当 $x=450$ 时，y 值的预测区间。

9. 某工业企业某种产品产量与单位成本资料如下表所示。

年份	2012	2013	2014	2015	2016	2017	2018	2019
产品产量(万件)	2	3	4	3	4	5	6	7
单位成本(元/件)	73	72	71	73	69	68	66	65

要求：① 根据上述资料，绘制相关图，判别该数列相关与回归的种类；② 配合适当的回归方程；③ 根据回归方程，指出每当产品产量增加 1 万件时，单位成本的变化情况；④ 计算相关系数和估计标准误差；⑤ 当产量为 8 万件时，在 95.45% 的概率保证程度下，对单位成本作区间估计。

第九章　SPSS 统计基础分析

学习重点和要点

(1) 将统计方法基本思想的理解与 SPSS 的实际操作有机结合,在理解常用统计分析方法原理的同时,将统计软件灵活运用到实际的统计分析工作中去。

(2) 理解 SPSS 统计基础分析,主要包括数据文件的建立、基本统计分析、统计推断、相关分析、回归分析和因子分析。

第一节　SPSS 基本操作入门

一、SPSS 简介

SPSS(Statistical Package for the Social Science)社会学统计软件包是世界上著名的统计分析软件之一。它和 SAS(Statistical Analysis System,统计分析系统)、BMDP(Biomedical Programs,生物医学程序)并称为国际上最有影响的三大统计软件。SPSS 名为社会学统计软件包,这是为了强调其社会科学应用的一面(因为社会科学研究中的许多现象都是随机的,要使用统计学和概率论的定理来进行研究),而实际上它在社会科学、自然科学的各个领域都能发挥巨大作用,并已经应用于经济学、生物学、教育学、心理学、医学以及体育、工业、农业、林业、商业和金融等各个领域。SAS 是功能最为强大的统计软件,有完善的数据管理和统计分析功能,是熟悉统计学并擅长编程的专业人士的首选。与 SAS 相比较,SPSS 是非统计学专业人士的首选。

SPSS 有如下特点:

(1) 操作简单:除了数据录入及部分命令程序等少数输入工作需要键盘键入外,大多数操作可通过"菜单"、"按钮"和"对话框"来完成。

(2) 无须编程:具有第四代语言的特点,告诉系统要做什么,无须告诉怎样做。只要了解统计分析的原理,无须通晓统计方法的各种算法,即可得到需要的统计分析结果。对于常见的统计方法,SPSS 的命令语句、子命令及选择项的选择绝大部分由"对话框"的操作完成。因此,用户无须花大量时间记忆大量的命令、过程、选择项。

(3) 功能强大：具有完整的数据输入、编辑、统计分析、报表、图形制作等功能。自带 11 种类型 136 个函数。SPSS 提供了从简单的统计描述到复杂的多因素统计分析方法，比如数据的探索性分析、统计描述、列联表分析、二维相关、秩相关、偏相关、方差分析、非参数检验、多元回归、生存分析、协方差分析、判别分析、因子分析、聚类分析、非线性回归、Logistic 回归等。

(4) 方便的数据接口：能够读取及输出多种格式的文件。比如由 dBASE、FoxBASE、FoxPRO 产生的＊.dbf 文件，文本编辑器软件生成的 ASCⅡ数据文件，Excel 的＊.xls 文件等均可转换成可供分析的 SPSS 数据文件。能够把 SPSS 的图形转换为 7 种图形文件。结果可保存为＊.txt 及 html 格式的文件。

(5) 灵活的功能模块组合：SPSS for Windows 软件分为若干功能模块。用户可以根据自己的分析需要和计算机的实际配置情况灵活选择。

2009 年 IBM 收购 SPSS 后，发布了 IBM SPSS Statistics 19，该版本加入了一些新特性和功能，跟 IBM 协作和部署服务系统进行整合，并且推出 SPSS19 的多国语言版本（包括简体中文），在功能和操作界面上做了较大幅度的升级改动。本书以 IBM SPSS Statistics 19.0 简体中文版为蓝本进行编写。

二、利用 SPSS 进行数据分析的步骤

应用 SPSS 软件的过程并不是单纯应用一种计算机软件的过程。由于 SPSS 是一种专业性较强的统计软件，因此学习和应用时，必须了解、掌握必要的统计学专业知识和数据分析的一般步骤及原则，这样才能避免滥用和误用。

1. 数据分析的一般步骤

数据分析一般包括收集数据、加工和整理数据、分析数据 3 个主要阶段，具体分为以下步骤。

(1) 确定数据分析目标

确定数据分析目标是数据分析的出发点。明确数据分析目标就是要明确本次数据分析要研究的主要问题和预期的分析目标等。例如：分析城市和农村储户的储蓄行为是否存在显著差异以及成因；分析某企业的客户群特征，包括其人口特征和消费行为等方面；分析全国高等院校人文社会科学的科研能力；分析中西医结合治疗非典型性肺炎的疗效与单纯西医治疗的疗效是否存在显著差异，等等。只有明确了数据分析的目标，才能正确地制定数据收集方案，即收集哪些数据、采用怎样的方式收集等，进而为数据分析做好准备。

(2) 正确收集数据

正确收集数据是指从分析目标出发，排除干扰因素，正确收集服务于既定分析目标的数据。正确的数据对于实现数据分析目的将起到关键性的作用。排除数据中那些与目标不关联的干扰因素是数据收集中的重要环节。数据分析并不仅仅是对数据进行数学建模，收集的数据是否真正符合数据分析的目标，其中是否包含了其他因素的影响，影响程序怎样，应如何剔除这些影响等问题都是数据分析过程中必须注意的重要问题。

(3) 数据的加工整理

在明确数据分析目标基础上收集到的数据，还需要进行必要的加工整理后才能真正用于分析建模。数据的加工整理通常包括数据缺失值处理、数据的分组、基本描述统计量的计算、基本统计图形的绘制、数据取值的转换、数据的正态化处理等，它能够帮助人们掌握数据的分

布特征,是进一步深入分析和建模的基础。

(4) 明确统计方法的含义和适用范围

数据加工整理完成后一般就可以进行进一步的数据分析了。分析时应切忌滥用和误用统计分析方法。滥用和误用统计分析方法主要是对方法能解决哪类问题、方法适用的前提、方法对数据的要求不清等原因造成的。另外,统计软件的不断普及和应用中的不求甚解也会加重这种现象。因此,在数据分析中应避免盲目的"拿来主义",否则,得到的分析结论可能偏差较大甚至发生错误。另外,选择几种统计分析方法对数据进行探索性的反复分析也是极为重要的。每一种统计分析方法都有自己的特点和局限,因此,一般需要选择几种方法反复印证分析,仅依据一种分析方法的结果就下结论是不科学的。

(5) 读懂分析结果,正确解释分析结果

数据分析的直接结果是统计量和统计参数。正确理解它们的统计含义是一切分析结论的基础,它不仅能帮助人们有效避免毫无根据地随意引用统计数字的错误,也是证实分析结论正确性和可信性的依据,而这一切都取决于人们能否正确地把握统计分析方法的核心思想。另外,将统计量和统计参数与实际问题相结合也是非常重要的。客观地说,统计方法仅仅是一种有用的数据分析工具,它绝不是万能的。统计方法是否能够正确地解决各学科的具体问题不仅取决于应用统计方法或工具的人能否正确地选择统计方法,还取决于他们是否具有深厚的应用背景。只有将各学科的专业知识与统计量和统计参数相结合,才能得出令人满意的分析结论。

2. 利用 SPSS 进行数据分析的一般步骤

利用 SPSS 进行数据分析的关键在于遵循数据分析的一般步骤,但涉及的方面会相对较少。主要集中在以下几个阶段。

(1) SPSS 数据的准备阶段

在该阶段应按照 SPSS 的要求,利用 SPSS 提供的功能准备 SPSS 数据文件。其中包括在数据编辑窗口中定义 SPSS 数据的结构、录入和修改 SPSS 数据等。

(2) SPSS 数据的加工整理阶段

该阶段主要对数据编辑窗口中的数据进行必要的预处理。

(3) SPSS 数据的分析阶段

选择正确的统计分析方法对数据编辑窗口中的数据进行分析建模是该阶段的核心任务。由于 SPSS 能够自动完成建模过程中的数学计算并能自动给出计算结果,因而有效屏蔽了许多对一般应用者来说非常晦涩的数学公式,分析人员无须记忆数学公式,这无疑给统计分析方法和 SPSS 的广泛应用铺平了道路。

(4) SPSS 分析结果的阅读和解释

该阶段的主要任务是读懂 SPSS 输出编辑窗口中的分析结果,明确其统计含义,并结合应用背景知识做出切合实际的合理解释。

三、SPSS 的启动与退出

SPSS 主要有三种运行模式:批处理模式、完全窗口菜单运行模式和程序运行模式。本教材为初学者提供入门试验教程,采用"完全窗口菜单运行模式",即通过选择窗口菜单和对话框完成各种操作。无须学会编程,简单易用。

SPSS 启动步骤:在 Windows【开始】→【程序】→【IBM SPSS Statistics】,即可启动 SPSS 软件。

SPSS 退出步骤,SPSS 软件的退出方法与其他 Windows 应用程序相同,有两种常用的退出方法。

(1) 按文件退出的顺序使用菜单命令退出程序。

(2) 直接单击 SPSS 窗口右上角的"关闭"按钮,回答系统提出的是否存盘的问题之后即可安全退出程序。

四、SPSS 视窗介绍

SPSS 软件运行过程中会出现多个界面,各个界面用处不同。其中,最主要的界面有三个:数据编辑窗口、结果输出窗口和语句窗口,本教材介绍常用的数据编辑窗口和结果输出窗口。

1. 数据编辑窗口

启动 SPSS 后看到的第一个窗口是数据编辑窗口,如图 9-1 所示。在数据编辑窗口中可以进行数据的录入、编辑以及变量属性的定义和编辑,是 SPSS 的基本界面。主要由以下几部分构成:标题栏、菜单栏、工具栏、编辑栏、变量名栏、观测序号、窗口切换标签、状态栏。

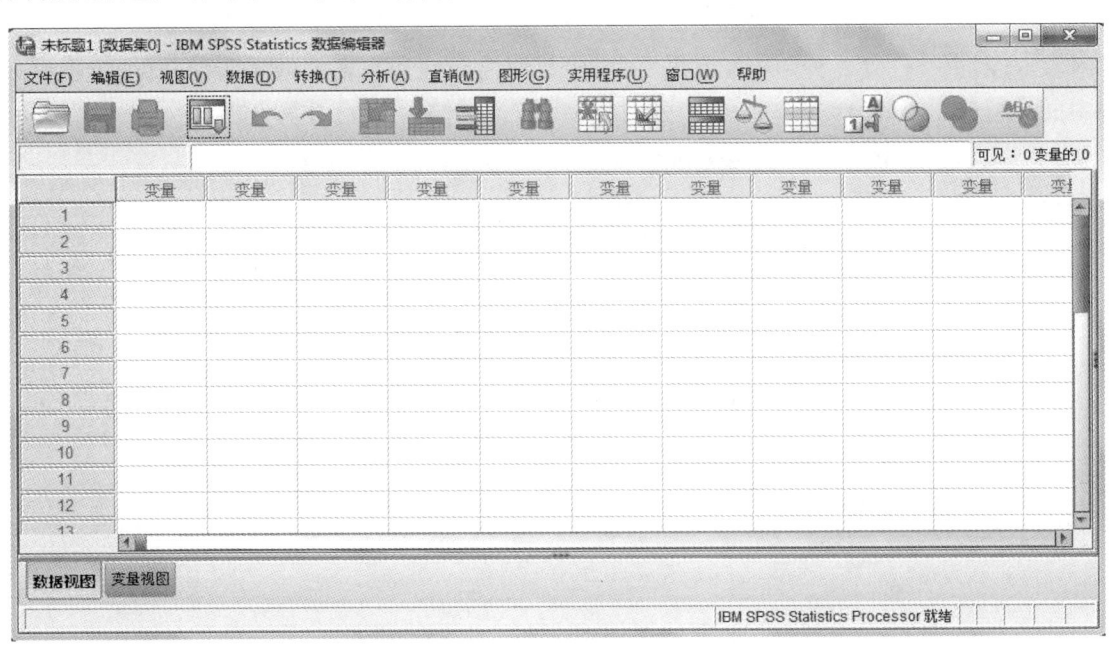

图 9-1 数据浏览界面

(1) 标题栏:显示数据编辑的数据文件名及最小化按钮、最大化按钮和关闭按钮。

(2) 菜单栏:通过对这些菜单的选择,用户可以进行几乎所有的 SPSS 操作。为了方便用户操作,SPSS 软件把菜单项中常用的命令放到了工具栏里。当鼠标停留在某个工具栏按钮上时,会自动跳出一个文本框,提示当前按钮的功能。另外,如果用户对系统预设的工具栏设置不满意,也可以用【视图】→【工具栏】→【设定】命令对工具栏按钮进行定义。

(3) 编辑栏:可以输入数据,以使它显示在内容区指定的方格里。

（4）变量名栏：列出了数据文件中所包含变量的变量名。

（5）观测序号：列出了数据文件中的所有观测值。观测的个数通常与样本容量的大小一致。

（6）窗口切换标签：用于"数据视图"和"变量视图"的切换。即数据浏览窗口与变量浏览窗口。变量视图用于管理变量的属性，用于变量属性定义的输入和修改，包括变量名称、类型、标签、缺失值、度量标准等属性。数据视图用于样本数据的查看、录入和修改，一行表示一条记录在不同变量下的值，一列表示相同的变量在不同记录中的值。

（7）状态栏：用于说明显示SPSS当前的运行状态。

2. 结果输出窗口

在SPSS中大多数统计分析结果都将以表和图的形式在结果观察窗口中显示。窗口右边部分显示统计分析结果，左边是导航窗口，用来显示输出结果的目录，可以通过单击目录来展开右边窗口中的统计分析结果。当用户对数据进行某项统计分析，结果输出窗口将被自动调出。当然，用户也可以通过双击后缀名为.spo的SPSS输出结果文件来打开该窗口。

第二节　SPSS统计数据的创建与编辑

SPSS数据文件是一种结构性数据文件，由数据的结构和数据的内容两部分构成，也可以说由变量和观测两部分构成。一个典型的SPSS数据文件如图9-2所示。

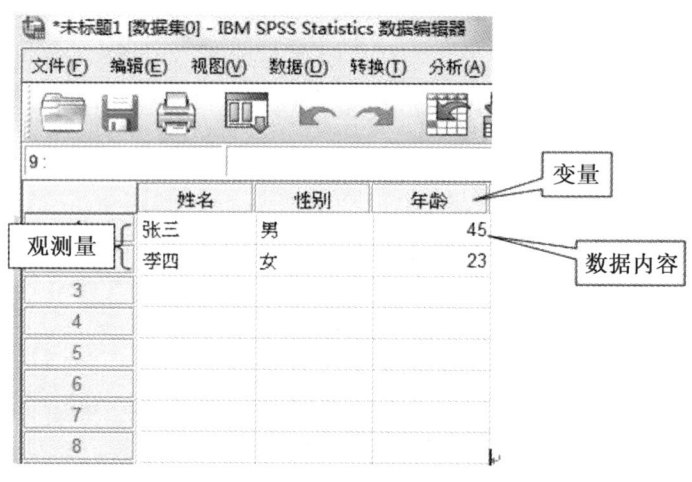

图9-2　SPSS数据文件结构

一、SPSS统计数据的属性

SPSS中的变量共有11个属性，分别是变量名（Name）、变量类型（Type）、长度（Width）、小数点位置（Decimals）、变量名标签（Label）、变量名值标签（Value）、缺失值（Missing）、数据列的显示宽度（Columns）、对齐方式（Align）、度量尺度（Measure）和角色（Role）。定义一个变量至少要定义它的两个属性，即变量名和变量类型，其他属性可以暂时采用系统默认值，待以后分析过程中如果有需要再对其进行设置。在SPSS数据编辑窗口中单击"变量视窗"标签，进入变量视窗界面(如图 9-3 所示)即可对变量的各个属性进行设置。

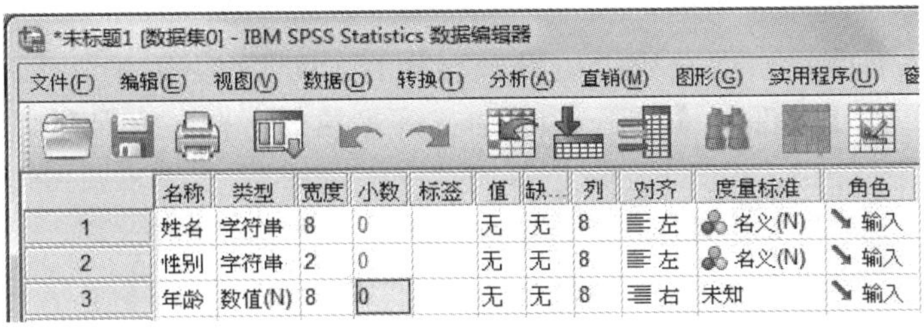

图 9-3 变量视窗

变量类型:IBM SPSS Statistics 主要包括 3 种类型,分别是数值型、字符型和日期型。根据不同的显示方式,数值型又被细分为 6 种,为了便于统计计算,通常尽可能将变量类型定义为数值型的。

度量标准:在 IBM SPSS Statistics 中,按照对事物描述的精确程度,可以将变量分为 3 种度量标准:度量(Scale)、名义(Nominal)、序号(Ordinal),因为不同的变量度量标准适用不同的统计模型,因此正确定义一个变量的度量标准很重要。

度量(Scale)变量:通常也称为连续变量,表示变量的值通常是连续的、无界限的,如员工收入、企业销售额等。

名义(Nominal)变量:通常也称为无序分类变量,表示变量的值是离散的、相对有限个数的,通常变量值的个数不超过 10 个,但值之间是没有顺序关系的,如性别。

序号(Ordinal)变量:通常也称为有序分类变量,表示变量的值是离散的、相对有限个数的,但值之间是有顺序关系的,如教育水平取值有 1~8 年、2~10 年、3~15 年,这些值之间存在顺序大小关系。

二、创建数据文件

数据文件的创建分成三个步骤:
(1) 选择菜单【文件】→【新建】→【数据】新建一个数据文件,进入数据编辑窗口。
(2) 单击左下角【变量视窗】标签进入变量视图界面,根据试验的设计定义每个变量类型。
(3) 变量定义完成以后,单击【数据视窗】标签进入数据视窗界面,将每个具体的变量值录入数据库单元格内。

三、读取外部数据

当前版本的 SPSS 可以很容易地读取 Excel 数据,步骤如下:
(1) 按【文件】→【打开】→【数据】的顺序使用菜单命令调出打开数据对话框,在文件类型下拉列表中选择数据文件。
(2) 选择要打开的 Excel 文件,单击"打开"按钮,调出打开 Excel 数据源对话框,打开。

四、数据编辑

在 SPSS 中,对数据进行基本编辑操作的功能集中在编辑(Edit)和数据(Data)菜单中。

五、SPSS 数据的保存

SPSS 数据录入并编辑整理完成以后应及时保存,以防数据丢失。保存数据文件可以通过【文件】→【保存】或者【文件】→【另存为】菜单方式来执行。在数据保存对话框中根据不同要求进行 SPSS 数据保存。

六、计算新变量

在对数据文件中的数据进行统计分析的过程中,为了更有效地处理数据和反映事物的本质,有时需要对数据文件中的变量加工产生新的变量。比如经常需要把几个变量加总或取加权平均数,SPSS 中通过【计算】菜单命令来产生这样的新变量,其步骤如下:

选择菜单【转换】→【计算变量】,打开对话框,如图 9-4 所示。

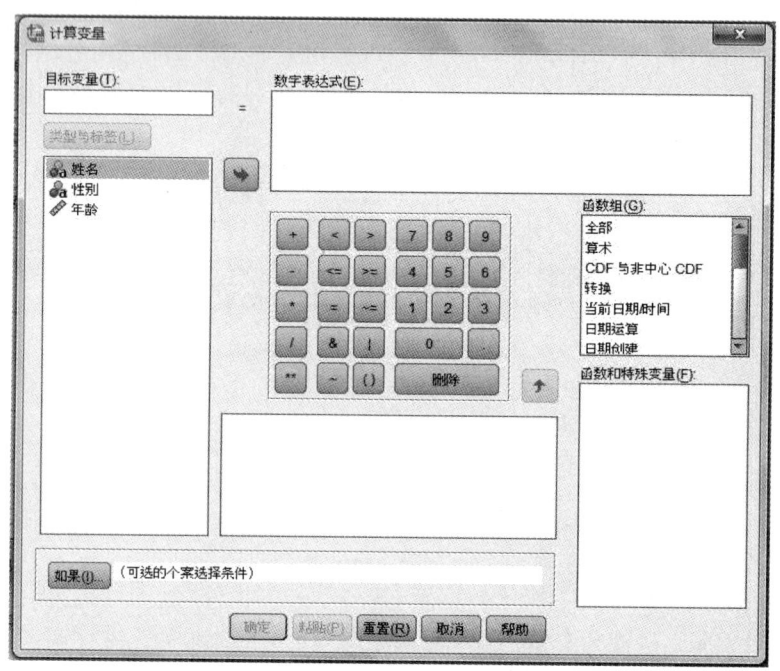

图 9-4 Compute Variable 对话框

在目标变量输入框中输入生成的新变量的变量名。单击输入框下面类型与标签按钮,在跳出的对话框中可以对新变量的类型和标签进行设置。

在数字表达式输入框中输入新变量的计算表达式。例如"年龄>20"。

单击【如果】按钮,弹出子对话框,如图 9-5 所示。包含所有个体:对所有的观测进行计算;如果个案满足条件则包括:仅对满足条件的观测进行计算。

单击确定按钮,执行命令,则可以在数据文件中看到一个新生成的变量。

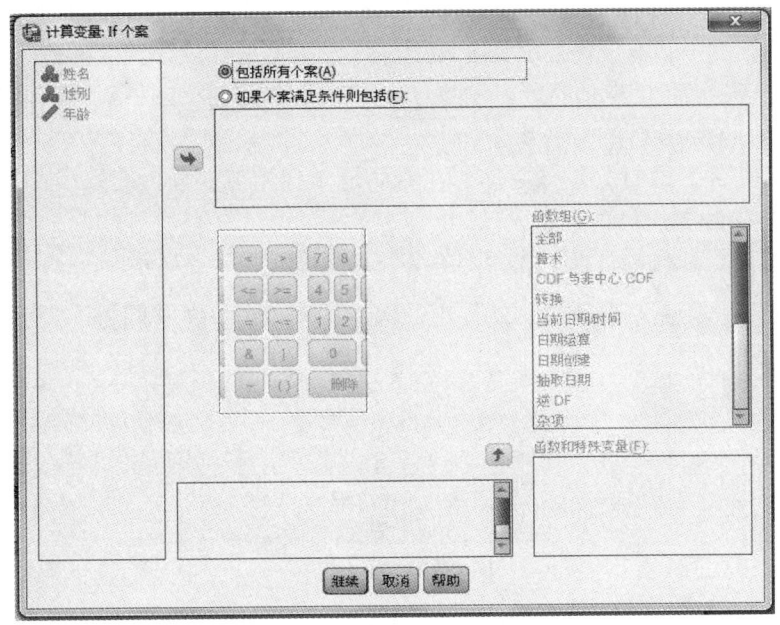

图 9-5 如果……子对话框

第三节 SPSS 在描述性统计分析中的应用

统计分析的目的在于研究总体特征。但是,由于各种各样的原因,我们能够得到的往往只能是从总体中随机抽取一部分观察对象构成样本,只有通过对样本的研究,我们才能对总体的实际情况作出可能的推断。因此描述性统计分析是统计分析的第一步,做好这一步是进行正确统计推断的先决条件。通过描述性统计分析可以大致了解数据的分布类型和特点、数据分布的集中趋势和离散程度,或对数据进行初步的探索性分析(包括检查数据是否有错误,对数据分布特征和规律进行初步观察)。描述统计通常用一些描述统计量来进行分析。表现集中趋势的特征值是算术平均数、调和平均数、几何平均数、众数、中位数等。表现离散趋势的特征值是全距、内距、平均差、方差、标准差、标准误差、离散系数等。

一、频数分析(Frequencies)

基本统计分析往往从频数分析开始。通过频数分析能够了解变量取值的状况,频数分析多适用于离散变量,其功能是描述离散变量的分布特征。频数分析的第一个基本任务是编制频数分布表。SPSS 中的频数分布表包括的内容有:

(1) 频数(Frequency),即变量值落在某个区间中的次数。

(2) 百分比(Percent),即各频数占总样本数的百分比。

(3) 有效百分比(Valid Percent),即各频数占有效样本数的百分比。这里有效样本数=总样本-缺失样本数。

(4) 累计百分比(Cumulative Percent),即各百分比逐级累加起来的结果。最终取值为百分之百。

频数分析的第二个基本任务是绘制统计图。统计图是一种最为直接的数据刻画方式,能够非常清晰直观地展示变量的取值状况。频数分析中常用的统计图包括条形图、饼图、直方图等。

在 SPSS 中的频数分析的实现步骤如下:

选择菜单"【文件】→【打开】→【数据】"在对话框中找到需要分析的数据,本教材中以"居民储蓄(存款)调查数据"为例,然后选择"打开"。

选择菜单"【分析】→【描述统计】→【频率】"。窗口如图 9-6 所示。

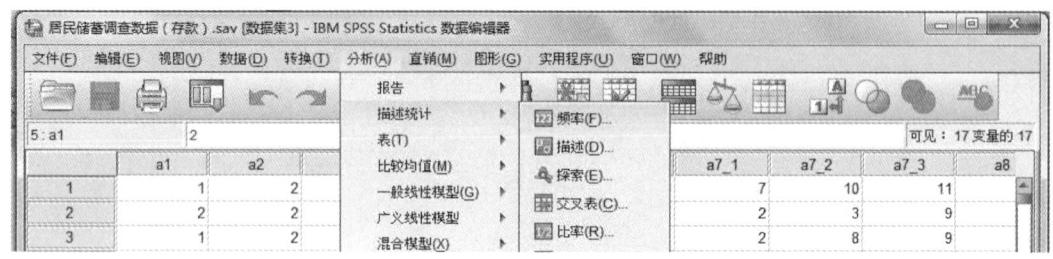

图 9-6 频数菜单

确定所要分析的变量,例如"户口",如图 9-7 所示。

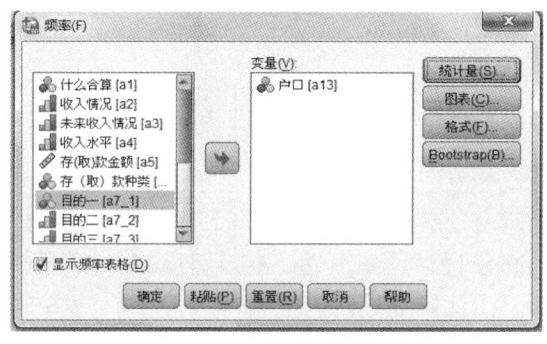

图 9-7 频数对话框

在变量选择确定之后,在同一窗口上,点击"统计量(Statistics)"按钮,打开统计量子对话框,如图 9-8 所示,选择统计输出选项。

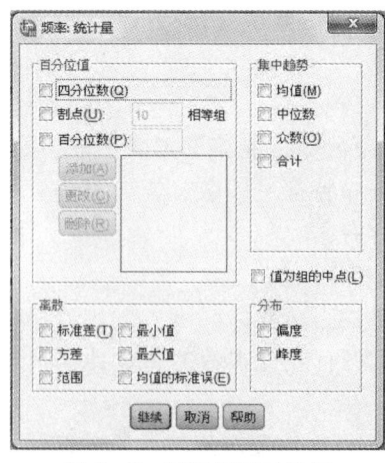

图 9-8 统计量子对话框

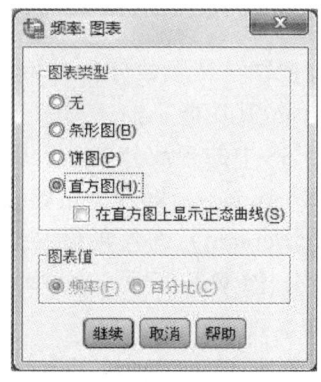

图 9-9 图表子对话框

同时,在图9-7频数对话框中点击"图表(Charts)"按钮,打开图表子对话框,选择想要输出的图的类型,本例以"直方图"为例,如图9-9所示。

然后点击"继续"按钮,回到频数对话框,勾选显示频率表格(默认),点击"确定"按钮,即得到下面的结果。

表9-1 描述性统计量

N	有效	313
	缺失	0

表9-1中给出了总样本量(N),其中变量"户口"的有效个数(Valid)为313个、缺失值(missing)为0个。

表9-2 "户口"频数分布表

		频数	百分比	有效百分比	累计百分比
有效	城镇户口	223	71.2	71.2	71.2
	农村户口	90	28.8	28.8	100.0
	合计	313	100.0	100.0	

表9-2中频数按照不同户口分类的户口数,百分比是按总样本量为分母计算的百分比,有效百分比是以有效样本量为分母计算的百分比,累计百分比是向上累计结果。

图9-10是根据频数分布表绘制的直方图。

二、描述统计(Descriptives)

SPSS的【描述】命令专门用于计算各种描述统计性统计量。本教材中以"居民储蓄(存款)调查数据"为例介绍描述统计量在SPSS中的计算方法。具体操作步骤如下:

选择菜单【分析】→【描述统计】→【描述】,如图9-11所示。

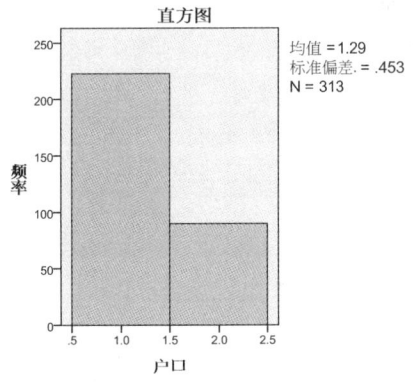

图9-10 变量户口的直方图

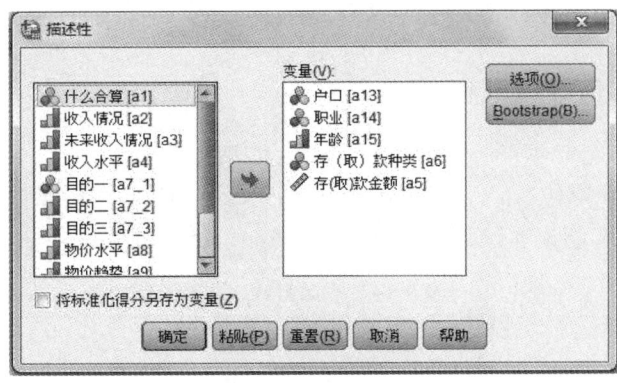

图9-11 描述对话框

将待分析的变量移入变量(Variables)列表框,例如将户口、职业、年龄、存取款种类和存取款金额等变量进行描述性统计。"将标准化得分另存为变量(Save standardized values as variables)"对所选择的每个变量进行标准化处理,产生相应的 Z 分值,作为新变量保存在数据窗口中。其变量名为相应变量名前加前缀 z。单击"选项"按钮,如图 9-12 所示,选择需要计算的描述统计量。各描述统计量同频数命令中的统计子对话框中大部分相同。

在主对话框中单击"确定"执行操作。得到结果如表 9-3 所示。

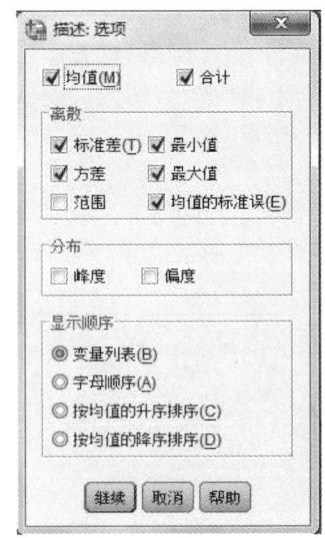

图 9-12 选项子对话框

表 9-3 描述统计量表

	N	极小值	极大值	和	均值		标准差	方差
	统计量	统计量	统计量	统计量	统计量	标准误差	统计量	统计量
户口	313	1	2	403	1.29	.026	.453	.206
职业	313	1	13	1 840	5.88	.214	3.784	14.319
年龄	313	1	4	805	2.57	.043	.752	.566
存(取)款种类	313	1	8	884	2.82	.083	1.462	2.139
存(取)款金额	313	1	80 502	774 293	2 473.78	382.147	6 760.867	45 709 328
有效 N(列表状态)	313							

第四节 SPSS 在统计推断中的应用

一、单个总体均值的区间估计

例题:某零件加工企业生产一种螺丝钉,对某天加工的零件每隔一定时间抽出一个,共抽取 12 个,测得其长度(单位:mm)数据如表 9-4 所示。假定零件长度服从正态分布,试以 95%的置信水平估计该企业生产的螺丝钉平均长度的置信区间。

表 9-4 螺丝钉长度数据

10.94	11.91	10.91	10.94	11.03	10.97
11.09	11.00	11.16	10.94	11.03	10.97

SPSS 操作程序：

(1) 打开 SPSS,输入表 9-4 中数据建立文件。

(2) 选择区间估计选项,方法如下:选择菜单【分析】→【描述统计】→【探索】,打开图9-13 探索对话框。从源变量清单中将"螺丝钉长度"变量移入"因变量列表"框中。

单击图 9-13 右方的"统计量"按钮打开"统计量"子对话框如图 9-14 所示。设置均值的置信水平,如键入 95%,完成后单击"继续"按钮回到主窗口。

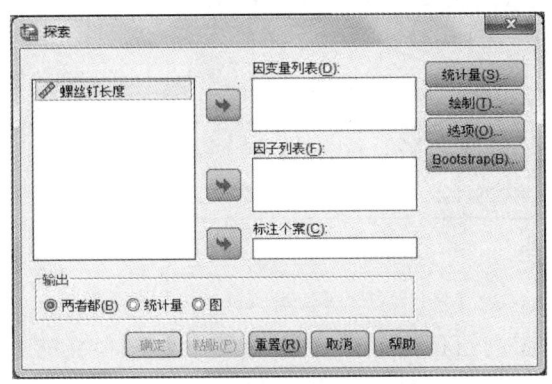

图 9-13 探索对话框

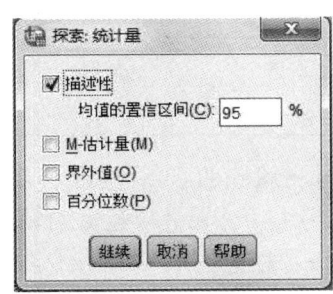

图 9-14 统计量设置窗口

返回主窗口点击"确定"按钮运行操作。计算结果如表 9-5 所示。

表 9-5 描述统计量

			统计量	标准误
螺丝钉长度	均值		11.074 2	.078 7 3
	均值的95%置信区间	下限	10.900 9	
		上限	11.247 5	
	5%修整均值		11.036 9	
	中值		10.985 0	
	方差		.074	
	标准差		.272 75	
	极小值		10.91	
	极大值		11.91	
	范围		1.00	
	四分位距		.13	
	偏度		3.065	.637
	峰度		9.922	1.232

如表 9-5 显示螺丝钉长度区间估计(置信度为 95%)为:(10.900 9,11.247 5)。点估计是:11.074 2。

二、SPSS 的单样本 t 检验

单样本 t 检验的目的是利用来自某总体的样本数据,推断该总体的均值是否与指定的检验值之间存在明显的差异。它是对总体均值的假设检验。其零假设为总体均值与指定检验值之间不存在显著差异。如果概率 P 值小于或等于显著性水平,则拒绝零假设;如果概率 P 值大于显著性水平,则接受零假设。

例题:某克山病区测得 11 例克山病患者与 13 名健康人的血磷值 mmol/L 如表 9 - 6,问该地急性克山病患者与健康人的血磷值(均值为 1.084 615)是否不同。

表 9 - 6 克山病区调查数据结果

患者	0.84	1.05	1.20	1.20	1.39	1.53	1.67	1.80	1.87	2.07	2.11	
健康人	0.54	0.64	0.64	0.75	0.76	0.81	1.16	1.20	1.34	1.35	1.48	1.56	1.87

单样本 t 检验的 SPSS 操作步骤:

Step01:打开单样本 t 检验对话框。

选择菜单栏【分析(Analyze)】→【比较均值(Compare Means)】→【单样本 t 检验(One-Sample t Test)】命令,弹出【单样本 t 检验(One-Sample t Test)】对话框。如图 9 - 15。

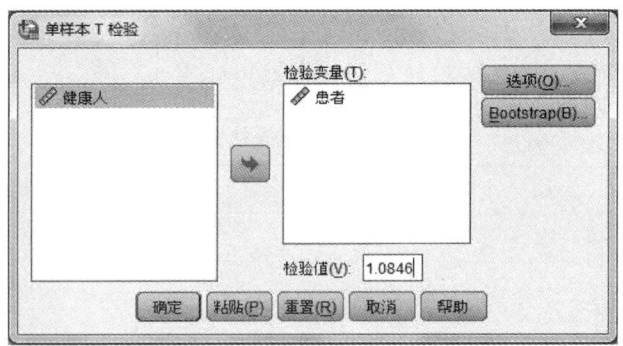

图 9 - 15 单样本 t 检验对话框

Step02:选择检验变量。

在该对话框左侧的候选变量列表框中选择一个或几个变量,将其移入【检验变量(Test Variable)】列表框中。其中,左侧候选变量列表框中显示的是可以进行 t 检验的变量。在"检验值(Test Value)"框里输入一个指定值(即假设检验值,本例中健康人的血磷值均值为 1.084 6),t 检验过程将对每个检验变量分别检验它们的平均值与这个指定数值相等的假设。点击"确定"按钮,输出结果表 9 - 7、表 9 - 8 所示。

表 9 - 7 单个样本统计量

	N	均值	标准差	均值的标准误
患者	11	1.520 9	.421 79	.127 18

(1)"One-Sample Statistics"(单个样本统计量)表分别给出样本的容量、均值、标准差和平均标准误。本例中,患者血磷值均值为 1.520 9。

表 9-8 单个样本检验

	检验值=1					
	t	df	Sig.(双侧)	均值差值	差分的95%置信区间	
					下限	上限
患者	4.096	10	.002	.520 91	.237 5	.804 3

(2)"One-Sample Test"(单个样本检验)表 9-8 中的 t 表示所计算的 t 检验统计量的数值,本例中为 4.096。表 9-8 中的"df"表示自由度,本例中为 10。表 9-8 中的"Sig"(双尾 t 检验)表示统计量的 P 值,并与双尾 t 检验的显著性的大小进行比较:Sig.=0.002<0.05,说明这批患者与普通人血磷值有显著差异。

第五节 SPSS 在相关与回归分析中的应用

一、两变量的相关分析(Bivariate 过程)

例题:某地区 10 名健康儿童头发和全血中的硒含量(1 000 ppm)如表 9-9 所示,试作发硒与血硒的相关分析。

表 9-9 发硒和血硒含量数据

单位:1 000 ppm

编号	发硒	血硒
1	74	13
2	66	10
3	88	13
4	69	11
5	91	16
6	73	9
7	66	7
8	96	14
9	58	5
10	73	10

SPSS 操作步骤如下:
(1)建立数据文件。
(2)选择菜单"分析 Analyze→相关 Correlate→双变量 Bivariate",弹出"双变量 Bivariate Correlation"对话框如图 9-16 所示。在对话框左侧的变量列表中选发硒与血硒,使之进入"变量 Variables"框;再在"相关系数 Correlation Coefficients"(有 3 种系数)框中选 Pearson

相关系数(r);在"显著性检验 Test of Significance"框中选相关系数的"Two-tailed"(双侧)检验。选中复选框"标记显著性相关 Flag significant correlations"设置是否突出显示显著相关。

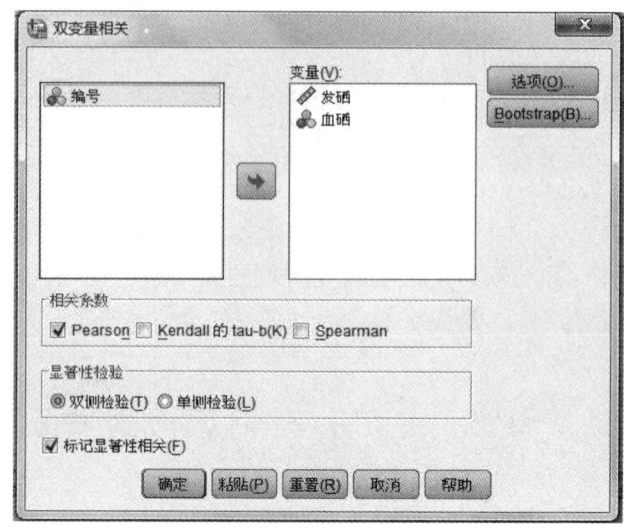

图 9-16 双变量相关对话框

(3)单击"确定"按钮,得到输出结果如表 9-10 所示。表 9-10 表明发硒与血硒在显著性水平 $\alpha=0.01$ 下是显著相关的,相关系数为 0.872。

表 9-10 相关性系数表

		发硒	血硒
发硒	Pearson 相关性	1	.872**
	显著性(双侧)		.001
	N	10	10
血硒	Pearson 相关性	.872**	1
	显著性(双侧)	.001	
	N	10	10

**.在.01水平(双侧)上显著相关。

二、线性回归分析(Linear 过程)

例题:某医师测得 10 名 3 岁儿童的身高(cm)、体重(kg)和体表面积(cm^2)资料如表 9-11 所示。试用多元回归方法确定以身高、体重为自变量,体表面积为因变量的回归方程。

表 9-11 儿童身高、体重和体表面积资料

儿童编号	体表面积 $y(cm^2)$	身高 $x_1(cm)$	体重 $x_2(kg)$
1	5.382	88.0	11.0
2	5.299	87.6	11.8

(续表)

儿童编号	体表面积 $y(\text{cm}^2)$	身高 $x_1(\text{cm})$	体重 $x_2(\text{kg})$
3	5.358	88.5	12.0
4	5.292	89.0	12.3
5	5.602	87.7	13.1
6	6.014	89.5	13.7
7	5.830	88.8	14.4
8	6.102	90.4	14.9
9	6.075	90.6	15.2
10	6.411	91.2	16.0

建立回归方程前需要对数据进行分析，本题中，体表面积受到身高和体重的影响，从经验来看，应该呈线性关系，这是一个因变量和两个自变量之间的问题，故考虑用二元一次线性回归进行分析。

SPSS 操作步骤如下：

（1）建立数据文件。定义变量名：体表面积为 y，保留 3 位小数；身高、体重分别为 x_1、x_2，保留 1 位小数。

（2）选择菜单"分析 Analyze→回归 Regression→线性 Linear"，弹出"线性 Linear Regression"对话框如图 9-17 所示。从对话框左侧的变量列表中选择变量体表面积 y，使之进入"因变量 Dependent"框，选择变量身高 x_1、体重 x_2，进入"自变量 Independent(s)"框；在"方法(Method)"处下拉菜单，选用进入(Enter)法。

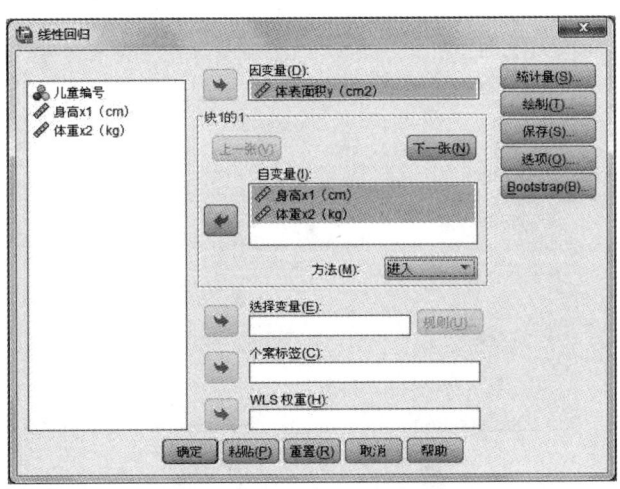

图 9-17　线性回归对话框

（3）单击"统计量 Statistics"按钮选择是否作变量的描述性统计、回归方程因变量的可信区间估计等分析，如图 9-18 所示。

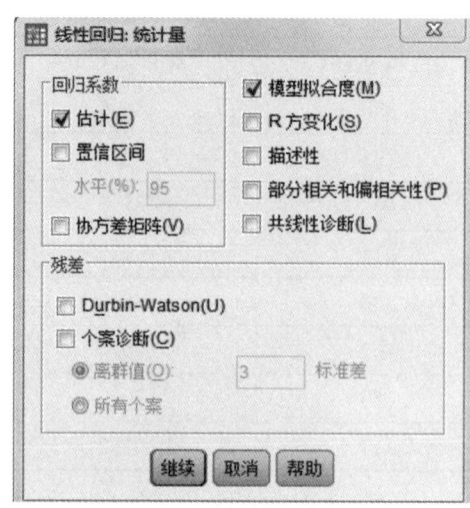

图 9-18　Statistics 子对话框

图 9-18 中的"估计"：输出有关回归系数的统计量，包括回归系数、回归系数的标准差、标准化的回归系数、t 统计量及其对应的 p 值等；"置信区间"：输出每个回归系数的 95% 的置信度估计区间；"协方差矩阵"：输出解释变量的相关系数矩阵和协差阵；"模型拟合度"：输出可决系数、调整的可决系数、回归方程的标准误差、回归方程 F 检验的方差分析。本例中应用默认的选中"估计"和"模型拟合度"。

单击"绘制 Plots"按钮得到图 9-19，在图 9-19Plots 子对话框中的标准化残差图选项栏中选中正态概率图复选框，以便对残差的正态性进行分析。点击"继续"回到图 9-17 线性回归对话框。

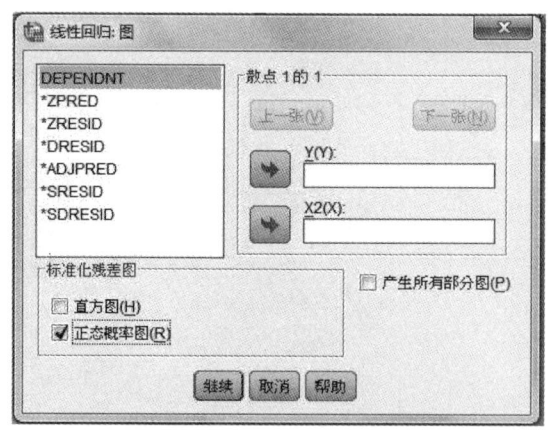

图 9-19　Plots 子对话框

单击"保存 Save"按钮得到图 9-20，在 Save 子对话框中残差选项栏中选中未标准化复选框，这样可以在数据文件中生成一个变量名尾 res_1 的残差变量，以便对残差进行进一步分析。点击"继续"回到图 9-17 线性回归对话框。

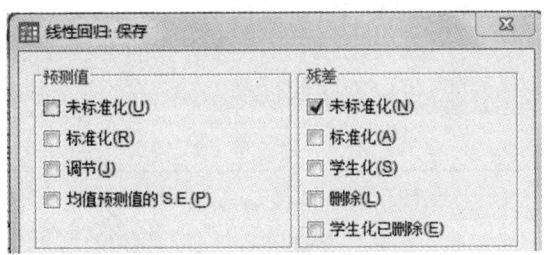

图 9-20 Save 子对话框

(4) 其余保持 SPSS 默认选项,单击"确定 OK"完成设置,得到输出结果如下。

表 9-12 输入/移去的变量[b]

模型	输入的变量	移去的变量	方法
1	体重 x_2(kg),身高 x_1(cm)	.	输入

a. 已输入所有请求的变量。
b. 因变量:体表面积 y(cm^2)

表 9-12 为变量输入和移去表,显示回归模型编号为 1,由于选择的回归方法是变量的删选方法是"输入",因此没有变量被剔除,输入模型的变量为所有变量。表 9-12 下方的注释含义:a. 所有的变量均输入回归模型;b. 因变量是体表面积 y(cm^2)。

表 9-13 模型汇总

模型	R	R 方	调整 R 方	标准估计的误差
1	.950[a]	.902	.874	.143 346

a. 预测变量:(常量),体重 x_2(kg),身高 x_1(cm)。

表 9-13 是模型汇总表,给出了回归方程的相关系数 R、决定系数(R^2)、调整的拟和优度(调整 R^2)、估计标准误差(Std. Error of the Estimate)等信息,这些信息反映了因变量和自变量之间的线性相关强度。从结果来看,回归方程的相关系数是 0.95,说明自变量和因变量之间的相关性很强。决定系数和调整的决定系数分别为 0.902 和 0.874,即体表面积的 90% 左右的变动可以被该模型所解释,拟和优度较高。

表 9-14 方差分析表

模型		平方和	df	均方	F	Sig.
1	回归	1.321	2	.661	32.145	.000[a]
	残差	.144	7	.021		
	总计	1.465	9			

a. 预测变量:(常量),体重 x_2(kg),身高 x_1(cm)。
b. 因变量:体表面积 y(cm^2)

表 9-14 给出了回归模型的方差分析表,显示因变量的方差来源、方差平方和、自由度、均方、F 检验统计量的观测值和显著性水平。方差来源有回归、残差。从表 9-14 可以看到 F 统

计量的观测值为32.145,对应的伴随概率(显著性概率)p值为0,即检验假设"H_0:回归系数$B=0$"成立的概率为0,所以,拒绝原假设,认为不是所有的自变量前的系数都为0,说明因变量和自变量的线性关系是显著的,可以建立线性模型。

表9-15 系 数[a]

模型		非标准化系数		标准系数	t	Sig.
		B	标准误差	试用版		
1	(常量)	−2.856	6.018		−.475	.649
	身高 x_1(cm)	.069	.075	.215	.919	.389
	体重 x_2(kg)	.184	.057	.758	3.234	.014

a. 因变量:体表面积 y(cm^2)

表9-15是回归系数表,给出了回归模型的常数项、非标准化的回归系数及其标准误差、标准化的回归系数值、统计量t值及其相对应的显著性水平(Sig.)。从表9-15中可以看到常数项和解释变量x_1,其t统计量对应的p值都大于显著性水平0.05,因此,在0.05的显著性水平下不能通过t检验,接受t检验的原假设,常数项和x_1变量前的回归系数很可能是0。只有变量x_2的回归系数为0.184,t值为3.234,对应的p值为0.014,小于显著性水平0.05,通过t检验,拒绝t检验的原假设,说明回归系数的显著性。但是由于常数项和其中的一个自变量没有通过t检验,整个多元回归方程不成立,需要重新进行分析,可以采取调整变量或者增加样本等方法。

三、曲线回归(Curve Estimation 过程)

曲线形式多样,常见的曲线类型均可通过SPSS拟合,本教材以对数曲线为例说明曲线回归。

例题:某地1963年调查得儿童年龄x(岁)与锡克试验阴性率y(%)的资料如表9-16所示,试拟合对数曲线。

表9-16 儿童年龄与锡克试验阴性率表

年龄 x(岁)	锡克试验阴性率 y(%)
1	57.1
2	76.0
3	90.9
4	93.0
5	96.7
6	95.6
7	96.2

SPSS操作步骤如下:

(1) 建立数据文件。定义变量名:锡克试验阴性率为y,年龄为x,输入原始数据。

(2) 选择菜单"分析 Analyze→回归 Regression→曲线估计 Curve Estimation",弹出"曲线

估计 Curve Estimation"对话框如图 9-21 所示。从对话框左侧的变量列表中选择变量 y,进入"因变量 Dependent"框,选择变量 x,进入"自变量 Independent(s)"框;在"模型 Model"框内选择所需的曲线模型,本例选择对数曲线模型,选中"根据模型绘图 Plot models"复选框,输出曲线拟合图。

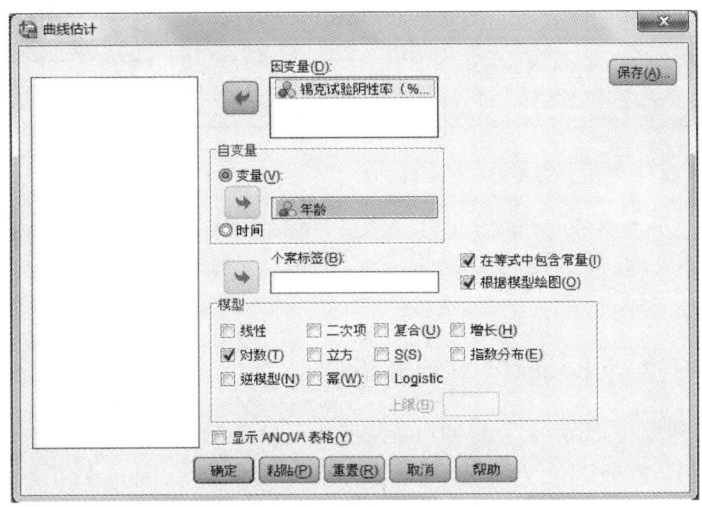

图 9-21　曲线估计对话框

(3)单击"保存 Save"按钮,弹出"曲线估计:保存 Curve Estimation:Save"子对话框如图 9-22 所示,选中"预测值 Predicted value"复选框,在原始数据文件中保存根据对数方程求出的 y 预测值。点击"继续"回到曲线估计对话框。

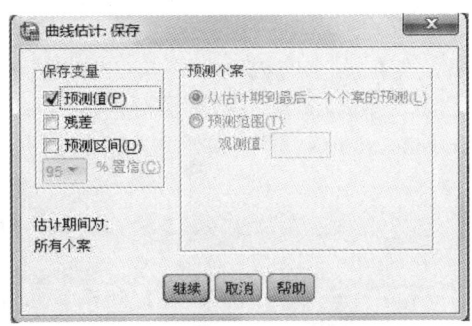

图 9-22　曲线估计:保存子对话框

(4)单击"确定 OK"按钮完成设置,得到输出结果。

表 9-17　模型描述

模型名称		MOD_1
因变量	1	锡克试验阴性率(%)
方程	1	对数
自变量		年龄
常数		包含
其值在图中标记为观测值的变量		未指定

表9-17给出了对数曲线模型的描述,说明自变量、因变量等情况。

表9-18 模型汇总和参数估计值

因变量:锡克试验阴性率(%)

方程	模型汇总					参数估计值	
	R方	F	df1	df2	Sig.	常数	b1
对数	.913	52.318	1	5	.001	61.326	20.670

自变量为年龄。

表9-18给出了模型的拟合优度是0.913,F检验值是52.318,相对应的伴随概率P值为0.001小于显著性水平0.05。说明方程通过F检验,方程成立。参数估计值是模型中的未知参数的估计值。

四、利用SPSS进行Logistic回归分析

现实中的很多现象可以划分为两种可能,或者归结为两种状态,这两种状态分别用0和1表示。如果我们采用多个因素对0-1表示的某种现象进行因果关系解释,就可能应用到Logistic回归。Logistic回归分为二元Logistic回归和多元Logistic回归两类,本书用实例[实例参考薛薇《SPSS统计分析方法及其应用(第2版)》]讲述二元Logistic回归,二元逻辑回归中,因变量是定性变量,且结果只有两个。

二元逻辑回归分析的具体操作步骤如下。

(1)建立数据文件。定义变量名:消费行为为因变量y,取值是0和1,表示不购买和购买;年龄、性别、收入为自变量x,输入原始数据。

(2)选择菜单"分析Analyze→回归Regression→二元Logistic",弹出"Logistic回归"对话框如图9-23所示。从对话框左侧的变量列表中选择y变量,进入"因变量Dependent"框,选择x变量,进入"自变量Independent(s)"框;"方法"选择"进入"即所有的变量都进入模型中。

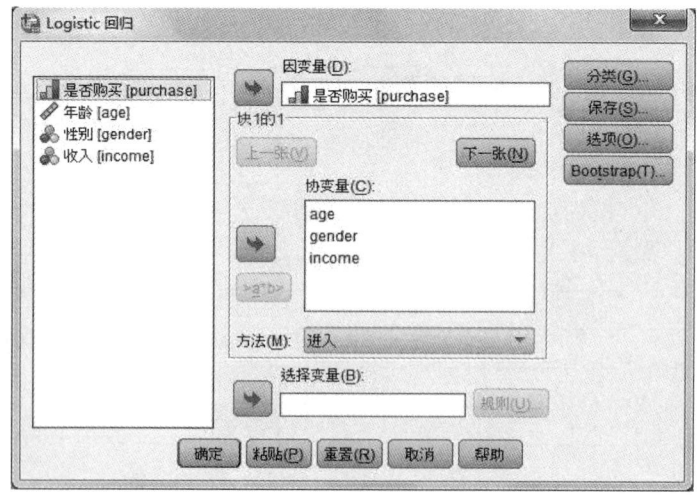

图9-23 Logistic回归对话框

(3) 单击"选项 Options"按钮,可指定输出内容和设置建模中的某些参数,窗口如图 9-24 所示。

图 9-24 Logistic 回归:选项子对话框

在"统计量和图"框中选中"分类图"、"Hosmer-Lemeshow 拟合度"和"CI for exp(B)",其中分类图选项表示绘制被解释变量实际值与预测分类值的关系图;Hosmer-Lemeshow 拟合度表示输出 Hosmer-Lemeshow 拟合优度指标;CI for exp(B)表示输出风险比默认 95%的置信区间。在"输出"框中选中"在每个步骤中"表示输出模型建立过程中的每一步结果。在"步进"框中指定解释变量进入方程或剔除方程的显著性水平。进入表示回归系数 Score 检验的概率 p 值小于 0.05(默认)时相应变量可进入回归方程;删除表示回归系数 Score 检验的概率 p 值大于 0.1(默认)时相应变量应剔除出回归方程。分类标准值设置概率分界值。预测概率值大于 0.5(默认)时认为被解释变量的分类预测值为 1,预测概率值小于 0.5(默认)时认为被解释变量的分类预测值为 0。可以根据实际问题中对预测精度的要求修改该参数。最大迭代次数是极大似然估计的最大迭代次数,大于 20(默认)时迭代结束。

(4) 单击"保存 Save"按钮,窗口如图 9-25 所示。选择"预测值"中的"概率",表示保存被解释变量取 1 的预测概率值和"组成员",表示保存分类预测值。

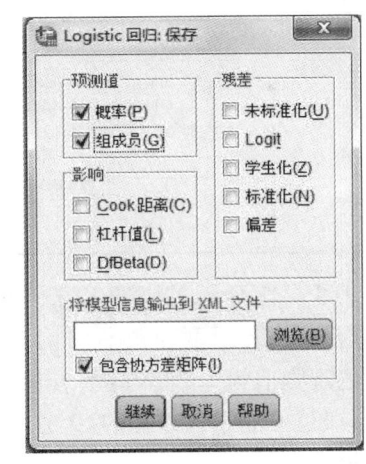

图 9-25 Logistic 回归:保存子对话框

(5) 单击"确定 OK"按钮完成设置,得到输出结果如下。

表 9-19 初始阶段分类表[a,b]

已观测		已预测		
		是否购买		百分比校正
		不购买	购买	
步骤 0	是否购买 不购买	269	0	100.0
	是否购买 购买	162	0	.0
	总计百分比			62.4

a. 模型中包括常量。
b. 切割值为.500。

表 9-19 是 Logistic 分析初始阶段（第零步）方程中只有常数项时的错判矩阵。可以看到，269 人实际没购买且模型预测正确，正确率为 100%；162 人实际购买了但模型均预测错误，正确率为 0%，模型总的预测正确率为 62.4%。

表 9-20 初始阶段方程中的变量

		B	S.E.	Wals	df	Sig.	Exp(B)
步骤 0	常量	-.507	.099	26.002	1	.000	.602

表 9-20 显示了方程中只有常数项时回归系数各方面的指标，各数据项的含义依次是回归系数、回归系数标准差、Wald 检验统计量的观测值、自由度、Wald 检验统计量的概率 p 值、发生比。由于此时模型中未包含任何解释变量，因此该表没有实际意义。

表 9-21 初始阶段不在方程中的变量

			得分	df	Sig.
步骤 0	变量	age	1.268	1	.260
		gender	4.667	1	.031
		income	8.136	1	.004
	总统计量		16.395	3	.001

表 9-21 显示了待进入方程的各个变量的情况，各数据项的含义依次为 Score 检验统计量的观测值、自由度和概率 p 值。可以看到，如果下一步变量 age 进入方程，则 Score 检验统计量的观测值为 1.268，概率 p 值为 0.26，如果显著性水平为 0.05，则概率 p 值大于显著性水平，所以是不能进入方程的，但在这里由于解释变量的删选策略为"进入"，所以这些变量也被强行进入方程。

表 9-22　步骤 1 模型系数的综合检验

		卡方	df	Sig.
步骤 1	步骤	16.648	3	.001
	块	16.648	3	.001
	模型	16.648	3	.001

表 9-22 显示了 Logistic 分析第一步时回归方程显著性检验的总体情况,各数据项的含义依次为似然比卡方的观测值、自由度和概率 p 值。可以看到,在本步所选变量均进入方程(Method=Enter)。与前一步相比,似然比卡方检验的观测值 16.648,概率 p 值为 0.001。如果显著性水平为 0.05,由于概率 p 值小于显著性水平,应拒绝零假设,认为所有回归系数不同时为 0,解释变量的全体与 Logit P 之间的线性关系显著,采用该模型是合理的。

在这里分别输出了三行似然比卡方值。其中,Step 行是本步与前一步相比的似然卡方比;Block 行是本块(Block)与前一块相比的似然卡方比;Model 行是本模型与前一模型相比的似然卡方比。在本例中,由于没有设置解释变量块,且解释变量是一次性强制进入模型,所以三行结果都相同。

表 9-23　步骤 1 模型汇总

步骤	−2 对数似然值	Cox & Snell R 方	Nagelkerke R 方
1	554.002[a]	.038	.052

a. 因为参数估计的更改范围小于.001,所以估计在迭代次数 4 处终止。

表 9-23 显示了当前模型拟合优度方面的指标,各数据项的含义依次为−2 倍的对数似然函数值,Cox & Snell R^2 和 Nagelkerke R^2。−2 倍的对数似然函数值越小则模型的拟合优度越高。这里该值较大,所以模型的拟合优度并不理想。从 Nagelkerke R^2 也可以看到其值接近零,因此拟合优度比较低。

表 9-24　步骤 1 分类表[a]

已观测			已预测		
			是否购买		
			不购买	购买	百分比校正
步骤 1	是否购买	不购买	244	25	90.7
		购买	135	27	16.7
	总计百分比				62.9

a. 切割值为.500。

表 9-24 显示了步骤 1 的错判矩阵。如果预测概率值大于 0.5,则认为被解释变量的分类预测值为 1,如果小于 0.5,则认为被解释变量的分类预测值为 0;在实际没购买的 269 人中,模型正确识别了 244 人,识别错误了 25 人,正确率为 90.7%;在实际购买的 162 人中,正确识别了 27 人,识别错误了 135 人,正确率为 16.7%。模型总的预测正确率为 62.9%。与前一步

相比,对未购买的预测准确度下降了,对购买的预测准确度上升了,但总体预测精度相差不大。因此模型预测效果并不十分理想。

表9-25 步骤1方程中的变量

		B	S.E.	Wals	df	Sig.	Exp(B)	EXP(B)的95%C.I.	
								下限	上限
步骤1[a]	age	.025	.018	1.877	1	.171	1.025	.990	1.061
	gender	.534	.208	6.577	1	.010	1.706	1.134	2.565
	income	.410	.127	10.365	1	.001	1.507	1.174	1.935
	常量	−3.157	.869	13.207	1	.000	.043		

a. 在步骤1中输入的变量:age, gender, income。

表9-25显示了方程中当前所得模型中回归系数各方面的指标,各数据项的含义同表9-19。如果显著性水平为0.05,由于变量Age的Wald检验概率p值大于显著性水平,不应拒绝零假设,认为该回归系数与0无显著差异,它与Logit P 的线性关系是不显著的,不应保留在方程中。由于方程中包含了不显著的解释变量,因此该模型是不可用的,应重新建模。

根据前面的分析,重新建模时解释变量的筛选采用基于极大似然估计的逐步筛选策略。分析的具体操作与前相同,只要在图9-23 Logistic回归对话框的方法选项中选择"向前:LR",如图9-26所示。

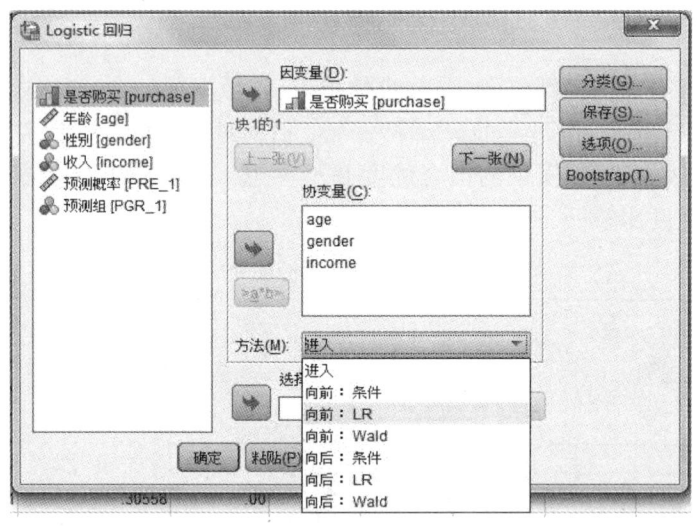

图9-26 Logistic回归对话框(向前:LR)

对模型做进一步分析,结果如下:

表9-26 模型系数的综合检验[方法＝向前步进(似然比)]

		卡方	df	Sig.
步骤1	步骤	8.200	1	.004
	块	8.200	1	.004
	模型	8.200	1	.004
步骤2	步骤	6.564	1	.010
	块	14.764	2	.001
	模型	14.764	2	.001

表9-27 模型汇总[方法＝向前步进(似然比)]

步骤	−2对数似然值	Cox & Snell R方	Nagelkerke R方
1	562.449[a]	.019	.026
2	555.885[b]	.034	.046

a. 因为参数估计的更改范围小于.001,所以估计在迭代次数3处终止。
b. 因为参数估计的更改范围小于.001,所以估计在迭代次数4处终止。

表9-26显示了变量逐步筛选过程中对数似然比卡方检验的结果,用于回归方程的显著性检验。这里略去了第零步分析的结果。结合表9-27共同分析,在步骤1中,模型中包含常数项和变量income;在步骤2中,模型中包含常数项,income,gender。可以看到,如果显著性水平为0.05,由于各步的概率p值均小于显著性水平,因此此时模型中的解释变量全体与Logit P 的线性关系是显著,模型合理。

表9-28 方程中的变量[方法＝向前步进(似然比)]

		B	S.E.	Wals	df	Sig.	Exp(B)	EXP(B)的95%C.I.	
								下限	上限
步骤1[a]	income	.353	.125	8.046	1	.005	1.424	1.115	1.818
	常量	−1.243	.282	19.473	1	.000	.288		
步骤2[b]	gender	.527	.208	6.449	1	.011	1.694	1.128	2.545
	income	.397	.127	9.830	1	.002	1.487	1.160	1.907
	常量	−2.162	.465	21.603	1	.000	.115		

a. 在步骤1中输入的变量:income。
b. 在步骤2中输入的变量:gender。

表9-28显示了解释变量筛选的过程和各解释变量的回归系数检验结果。可以看到,最终的模型(第二步)中包含了性别和收入变量,各自回归系数显著性检验的Wald观测值对应的概率p值都小于显著性水平,因此均拒绝零假设,意味着它们与Logit P 的线性关系是显著,应保留在方程中。表中的最后两列分别是发生比的95%的置信区间。最终年龄变量没有引入方程,因为如果引入则相应的Score检验的概率p值大于显著性水平,不应拒绝零假设,

它与 Logit P 的线性关系不显著,不应进入方程。

表 9-29　Hosmer 和 Lemeshow 检验[方法＝向前步进(似然比)]

步骤	卡方	df	Sig.
1	2.320	1	.128
2	10.565	4	.032

表 9-29 是 Hosmer-Lemeshow 检验的结果。最终模型中,Hosmer-Lemeshow 统计量的观测值为 10.565,概率 p 值为 0.032,小于显著性水平,说明模型的拟合优度较高。

表 9-30　分类表ª[方法＝向前步进(似然比)]

已观测			已预测		
			是否购买		百分比校正
			不购买	购买	
步骤 1	是否购买	不购买	269	0	100.0
		购买	162	0	.0
	总计百分比				62.4
步骤 2	是否购买	不购买	225	44	83.6
		购买	126	36	22.2
	总计百分比				60.6

a. 切割值为.500。

表 9-30 显示了最终的错判矩阵。第一个模型的总体正确率为 62.4%。第二个模型的总体正确率为 60.6%,跟第一个模型相比,对不购买人群的预测准确率下降了,但对购买人群的预测准确率提高了,虽然总体预测准确率下降了,但是第二个模型从应用角度来看,应用性更强一些。

通过以上分析,该模型的预测效果并不理想,也就是说,单纯依靠性别、收入来预测是否购买该商品是不全面的,还应该考虑其他因素。

第六节　SPSS 在因子分析中的应用

一、因子分析的基本原理

1. 方法概述

在对某一个问题进行论证分析时,采集大量多变量的数据能为我们的研究分析提供更为丰富的信息,增加分析的精确度。然而,这种方法不仅需要巨大的工作量,并且可能会因为变量之间存在相关性而增加了我们研究问题的复杂性。因子分析法就是从研究变量内部相关的依赖关系出发,把一些具有错综复杂关系的变量归结为少数几个综合因子的一种多变量统计分析方法。这样我们就可以对原始的数据进行分类归并,将相关比较密切的变量分别归类,归纳出多个综合指标,这些综合指标互不相关,即它们所综合的信息互相不重叠。这些综合指标就称为因子或公共因子。

因子分析法的基本思想是将观测变量进行分类,将相关性较高,即联系比较紧密的分在同一类中,而不同类变量之间的相关性则较低,那么每一类变量实际上就代表了一个基本结构,即公共因子。对于所研究的问题就是试图用最少个数的不可测的所谓公共因子的线性函数与特殊因子之和来描述原来观测的每一分量。这样,就能相对容易地以较少的几个因子反映原资料的大部分信息,从而达到浓缩数据,以小见大,抓住问题本质和核心的目的。

2. 基本原理

因子分析法的核心是对若干综合指标进行因子分析并提取公共因子,再以每个因子的方差贡献率作为权数与该因子的得分乘数之和构造得分函数。通常针对变量作因子分析,称为 R 型因子分析;另一种对样本作因子分析,称为 Q 型因子分析,这两种分析方法有许多相似之处。

R 型因子分析数学模型是:$X=AF+B$,即:

$$\begin{cases} x_1 = \alpha_{11}f_1 + \alpha_{12}f_2 + \alpha_{13}f_3 + \cdots \alpha_{1k}f_k + \beta_1 \\ x_2 = \alpha_{21}f_1 + \alpha_{22}f_2 + \alpha_{23}f_3 + \cdots \alpha_{2k}f_k + \beta_2 \\ x_3 = \alpha_{31}f_1 + \alpha_{32}f_2 + \alpha_{33}f_3 + \cdots \alpha_{3k}f_k + \beta_3 \\ \cdots \cdots \\ x_p = \alpha_{p1}f_1 + \alpha_{p2}f_2 + \alpha_{p3}f_3 + \cdots \alpha_{pk}f_k + \beta_p \end{cases} \quad (9-1)$$

式中,$x_1,\cdots,x_p$,为 p 个原有变量且每个变量(或经标准化处理后)的均值为 0,标准差为 1。$F(f_1,f_2,f_3,\cdots,f_k)$ 是 $X(x_1,\cdots,x_p)$ 的公共因子,k 小于 p,即各个原观测变量的表达式中共同出现的因子,是相互独立的不可观测的理论变量。公共因子的具体含义必须结合实际研究问题来界定。$A(\alpha_{ij})$ 是公共因子 $F(f_1,f_2,f_3,\cdots,f_k)$ 的系数,称为因子载荷矩阵。$\alpha_{ij}(i=1,2,\cdots,p,j=1,2,\cdots,k)$ 称为因子载荷,是第 i 个原有变量在第 j 个因子上的负荷。B 称为特殊因子,表示了原有变量不能被因子解释的部分,其均值为 0。

3. 基本步骤

由于实际中数据背景、特点均不相同,故采用因子分析步骤上可能略有差异,但是一个较完整的因子分析主要包括如下几个过程:

(1) 确认待分析的原变量是否适合作因子分析

因子分析的主要任务是将原有变量的信息重叠部分提取和综合成因子,进而最终实现减少变量个数的目的。故它要求原始变量之间应存在较强的相关关系。进行因子分析前,通常可以采取计算反映像相关矩阵、巴特利特球度检验(Bartlett test of sphericity Bartlett)和 KMO 检验(Kaiser-Meyer-Oklin Measure of Smapling Adequacy)等方法来检验候选数据是否适合采用因子分析。观察相关矩阵,如果相关矩阵中除主对角元素外,其他大多数元素的绝对值均小,对角线上元素的值越接近1,则说明这些变量的相关性较强,适合进行因子分析,一般较少采用此方法。巴特利特球度检验的目的是检验相关矩阵是否是单位矩阵,如果是单位矩阵,则认为因子模型不合适。Bartlett 球体检验的虚无假设为相关矩阵是单位阵,如果不能拒绝该假设的话,就表明数据不适合用因子分析。一般说来,显著水平值越小(<0.05)表明原始变量之间越可能存在有意义的关系,如果显著性水平很大(如 0.10 以上)可能表明数据不适宜

于因子分析。KMO是Kaiser-Meyer-Olkin的取样适当性量数。KMO测度的值越高(接近1.0时),表明变量间的共同因子越多,研究数据适合用因子分析。通常按以下标准解释该指标值的大小:KMO值达到0.9以上为非常好,0.8~0.9为好,0.7~0.8为一般,0.6~0.7为差,0.5~0.6为很差。如果KMO测度的值低于0.5,表明样本偏小,需要扩大样本。

(2) 构造因子变量

将原有变量综合成少数几个因子是因子分析的核心内容。它的关键是根据样本数据求解因子载荷阵。因子载荷阵的求解方法有基于主成分模型的主成分分析法、基于因子分析模型的主轴因子法、极大似然法等。

(3) 利用旋转方法使因子变量更具有可解释性

将原有变量综合为少数几个因子后,如果因子的实际含义不清,则不利于后续分析。为解决这个问题,可通过因子旋转的方式使一个变量只在尽可能少的因子上有比较高的载荷,这样使提取出的因子具有更好的解释性。

(4) 计算因子变量得分

实际中,当因子确定以后,便可计算各因子在每个样本上的具体数值,这些数值称为因子得分。于是在以后的分析中就可以利用因子得分对样本进行分类或评价等研究,进而实现降维和简化问题的目标。

二、因子分析的SPSS操作

Step01:打开对话框。

选择菜单栏中的【Analyze(分析)】→【Data Reduction(降维)】→【Factor(因子分析)】命令,弹出【Factor Analysis(因子分析)】对话框如图9-27所示,这是因子分析的主操作窗口。

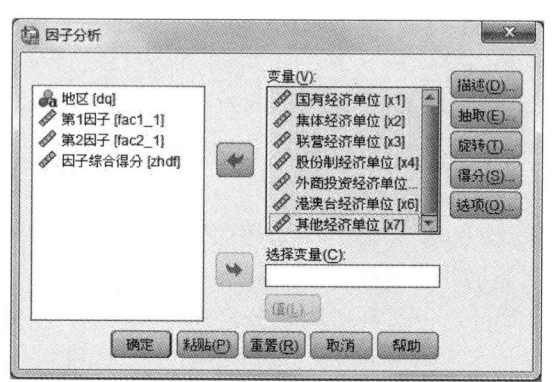

图9-27 因子分析对话框

Step02:选择因子分析变量。

在【Factor Analysis(因子分析)】对话框左侧的候选变量列表框中选择进行因子分析的变量,将其添加至【Variables(变量)】列表框中。如果要选择参与因子分析的样本,则需要将条件变量添加至【Selection Variable(选择变量)】列表框中,并单击【Value】按钮输入变量值,只有满足条件的样本数据才能进行后续的因子分析。

Step03:选择描述性统计量。

单击【Descriptives(描述)】按钮,在弹出的对话框中可以选择输出描述性统计量及相关矩阵等内容。

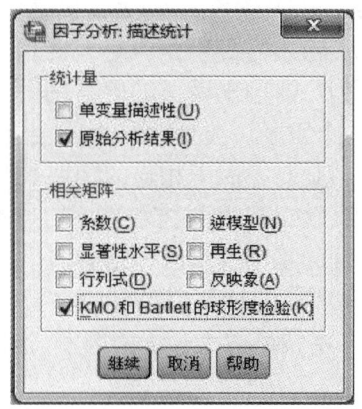

图 9-28　因子分析:描述统计子对话框

图 9-28 中单变量描述是输出参与分析的各原始变量的均值、标准差等。初始分析结果，系统默认项。输出各个分析变量的初始共同度、特征值以及解释方差的百分比等。相关矩阵选项组中系数指原始分析变量间的相关系数矩阵；显著性水平输出每个相关系数相对于相关系数为 0 的单尾假设检验的概率水平；相关系数矩阵的行列式、逆矩阵。再生相关矩阵输出因子分析后的相关矩阵以及残差阵。反映像相关矩阵包括偏相关系数的负数以及偏协方差的负数。在一个好的因子模型中，除对角线上的系数较大外，远离对角线的元素应该比较小。本例中选择反映像相关矩阵、巴特利特球度检验和 KMO 检验验证数据是否适合做因子分析。

Step04：选择因子提取方法。

返回因子分析对话框，单击【Extract(抽取)】按钮，在弹出的对话框中可以选择提取因子的方法及相关选项如图 9-29 所示。

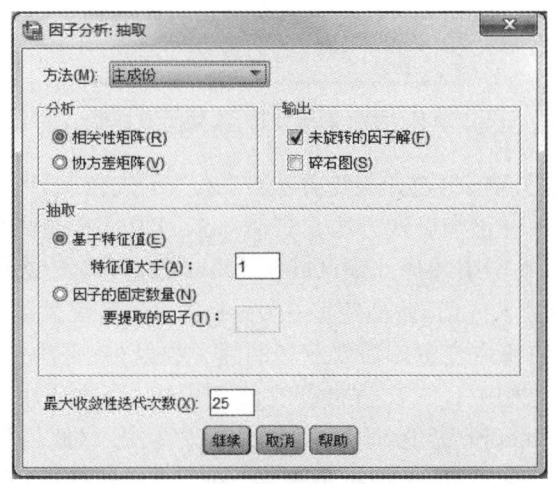

图 9-29　因子分析:抽取子对话框

（1）在【Method(方法)】框下拉列表框中可以选择因子提取方法。具体方法有主成分分析法。该方法假设变量是因子的纯线性组合。第一成分有最大的方差，后续的成分以可解释的方差逐个递减。本例中选择主成分分析法。除此之外，还有不加权最小二乘法、加权最小二乘法、极大似然法、主轴因子提取法、α因子提取法、映象因子提取法。

（2）【Analyze(分析)】选项组：相关系数矩阵，系统默认项；协方差矩阵。

（3）【Display(输出)】选项组：输出与因子提取有关的选项。包括输出未经旋转的因子提取结果。此项为系统默认的输出方式；输出因子的碎石图。它显示了按特征值大小排列的因子序号。它有助于确定保留多少个因子。典型的碎石图会有一个明显的拐点，在该点之前是与大因子连接的陡峭的折线，之后是与小因子相连的缓坡折线。

（4）【Extract(抽取)】选项组：输出与提取结果有关的选择项。由于理论上因子数目与原始变量数目相等，但因子分析的目的是用少量因子代替多个原始变量，选择提取多少个因子是由本栏来决定。包括指定提取的因子的特征值数目。在此项后面的矩形框中给出输入数值（系统默认值为1），即要求提取那些特征值大于1的因子；指定提取公因子的数目。用鼠标单击选择此项后，将指定其数目。

（5）在对应的文本框中指定因子分析收敛的最大迭代次数。系统默认的最大迭代次数为25。

Step05：选择因子旋转方法。

返回因子分析对话框，单击【Rotation(旋转)】按钮，在弹出的对话框可以选择因子旋转方法及相关选项，如图9-30所示。

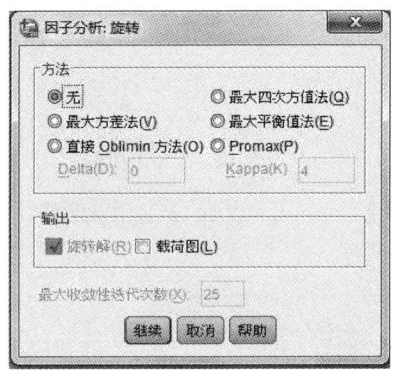

图9-30　因子分析：旋转子对话框

（1）【Method(方法)】选项组选择旋转方法。"无"：不进行旋转，此为系统默认的选择项；方差最大旋转法。这是一种正交旋转方法。它使每个因子具有最高载荷的变量数最小，因此可以简化对因子的解释，本例中选择此项；Direct Oblimin：直接斜交旋转法。指定此项可以在下面的"Delta"矩形框中键入δ值，该值应该在0~1之间。系统默认的δ值为；四次方最大正变旋转法。该旋转方法使每个变量中需要解释的因子数最少；平均正交旋转法；Promax：斜交旋转方法。允许因子彼此相关。它比直接斜交旋转更快，因此适用于大数据集的因子分析。指定此项可以在下面的"Kappa"矩形框中键入"κ"值，默认为4(此值最适合于分析)。

（2）【Display(输出)】选项组：选择有关输出显示。"旋转解"。在Method栏中指定旋转方法才能选择此项；"因子载荷散点图"，指定此项将给出以前两因子为坐标轴的各变量的载荷散点图。

（3）可以指定旋转收敛的最大迭代次数。系统默认值为25。可以在此项后面的文本框中输入指定值。

Step06:选择因子得分。

单击【Scores(得分)】按钮,在弹出的对话框中可以选择因子得分方法及相关选项,如图9-31所示。

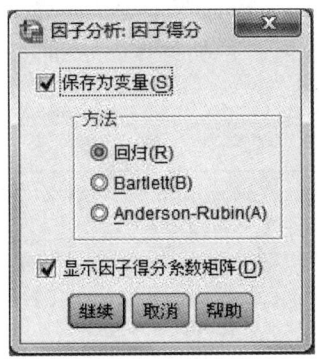

图 9-31 因子分析:因子得分子对话框

(1)【Save as variables(保存为变量)】选项组:将因子得分作为新变量保存在数据文件中,程序运行结束后,在数据窗中显示出新变量。

(2)【Method(方法)】选项组:指定计算因子得分的方法:"回归法"。选择此项,其因子得分的均值为 0。方差等于估计的因子得分与实际因子得分值之间的复相关系数的平方。"Bartlett":巴特利特法。选择此项,因子得分均值为 0。超出变量范围的各因子平方和被最小化。"Anderson-Rubin":安德森—鲁宾法。选择此项,是为了保证因子的正交性。本例选中"Regression(回归)"项。

(3)在输出窗中显示因子得分。

Step07:其他选项输出。

单击【Options(选项)】按钮,在弹出对话框中可以选择一些附加输出项,如图 9-32 所示。

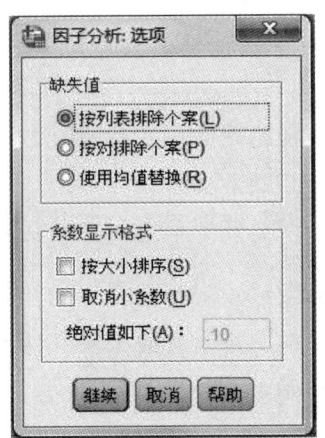

图 9-32 因子分析:选项子对话框

三、因子分析的结果分析

(1) 考察原有变量是否适合进行因子分析

首先考察收集到的原有变量之间是否存在一定的线性关系,是否适合采用因子分析提取因子。这里借助变量的相关系数矩阵、巴特利特球度检验和KMO检验方法进行分析,结果如表9-31、表9-32所示。

表9-31 相关矩阵

		国有经济单位	集体经济单位	联营经济单位	股份制经济单位	外商投资经济单位	港澳台经济单位	其他经济单位
相关	国有经济单位	1.000	.825	.595	.773	.742	.786	.574
	集体经济单位	.825	1.000	.716	.740	.824	.849	.654
	联营经济单位	.595	.716	1.000	.689	.598	.676	.482
	股份制经济单位	.773	.740	.689	1.000	.765	.849	.571
	外商投资经济单位	.742	.824	.598	.765	1.000	.898	.698
	港澳台经济单位	.786	.849	.676	.849	.898	1.000	.747
	其他经济单位	.574	.654	.482	.571	.698	.747	1.000

表9-31是原有变量的相关系数矩阵,可以看到大部分的相关系数都较高,各变量呈现较强的线性关系,能够从中提取公共因子,适合进行因子分析。

表9-32 KMO和Bartlett的检验

取样足够度的Kaiser-Meyer-Olkin度量。		.882
Bartlett的球形度检验	近似卡方	182.913
	df	21
	Sig.	.000

由表9-32可知,巴特利特球度检验统计量的观测值为182.913,相应的概率p接近0,如果显著性水平为0.05,由于概率p小于显著性水平,应拒绝零假设,认为相关系数矩阵与单位阵有显著差异。同时,KMO值为0.882,根据Kaiser给出了KMO度量标准可知原有变量适合进行因子分析。

(2) 提取因子

首先进行尝试性分析,采取主成分分析法提取因子并按照选取特征根值大于1的特征根的标准提取因子,输出因子分析的初始解,如表9-33所示。

表 9-33 公因子方差(一)

	初始	提取
国有经济单位	1.000	.760
集体经济单位	1.000	.851
联营经济单位	1.000	.599
股份制经济单位	1.000	.785
外商投资经济单位	1.000	.830
港澳台经济单位	1.000	.913
其他经济单位	1.000	.592

提取方法:主成分分析。

表 9-33 报告的是共同因子方差,即表明每个变量被解释的方差量。第二列是初始共同因子方差,是每个变量被所有成分或因子解释的方差估计量。对于主成分分析法来说,它总是等于 1,因为有多少个原始变量就有多少个成分,因此共同性会等于 1。事实上因子个数小于原有变量的个数才是因子分析的目标,所以不可提取全部的特征根。第三列是抽取共同因子方差,是指因子解中每个变量被因子或成分解释的方差估计量。这些共同因子方差是用来预测因子的变量的多重相关的平方,这里提取的条件是特征根大于 1。可以看到,港澳台经济单位、集体经济单位、外商投资经济单位等变量的绝大部分信息(大于 83%)可以被因子解释,这些变量的信息丢失较少。但联营经济单位、其他经济单位两个变量的信息丢失较为严重(近 40%)。因此,本次因子提取的总体效果并不理想。

重新指定提取特征根的标准,指定提取两个因子,因子分析的初始解如表 9-34 所示。由第三列可知,所有变量的共同度均较高,几乎均在 80% 以上,各个变量丢失的信息都较少,因此本次因子提取的总体效果较理想。

表 9-34 公因子方差(二)

	初始	提取
国有经济单位	1.000	.767
集体经济单位	1.000	.854
联营经济单位	1.000	.813
股份制经济单位	1.000	.816
外商投资经济单位	1.000	.855
港澳台经济单位	1.000	.922
其他经济单位	1.000	.871

提取方法:主成分分析。

表 9-35 解释的总方差

成分	初始特征值			提取平方和载入			旋转平方和载入		
	合计	方差的%	累积%	合计	方差的%	累积%	合计	方差的%	累积%
1	5.331	76.151	76.151	5.331	76.151	76.151	3.168	45.261	45.261
2	.568	8.108	84.259	.568	8.108	84.259	2.730	38.997	84.259
3	.410	5.859	90.117						
4	.278	3.976	94.094						
5	.233	3.327	97.421						
6	.107	1.531	98.951						
7	.073	1.049	100.000						

提取方法:主成分分析。

表 9-35 是总的解释方差表。左边第一栏为各成分的序号,共有 7 个变量,所以有 7 个成分。第二大栏为初始特征值,共由三栏构成:特征值、解释方差和累积解释方差。合计(Total)栏为各成分的特征值,栏中只有 1 个成分的特征值超过了 1;其余成分的特征值都没有达到或超过 1。方差的%(% of Variance)栏为各成分所解释的方差占总方差的百分比,即各因子特征值占总特征值总和的百分比。累积%(Cumulative %)栏为各因子方差占总方差的百分比的累计百分比。如在方差的%栏中,第一和第二成分的方差百分比分别为 76.151、8.108,而在累计百分比栏中,第一成分的累计百分比仍然为 76.151,第二成分的累计方差百分比为 84.259,即是两个成分的方差百分比的和(76.151+8.108)。第三大栏为因子提取的结果,未旋转解释的方差。第三大栏与第二大栏的前 2 行完全相同,一般为特征值大于 1 的成分或因子单独列出来,本例中指定提取 2 个因子,因此是 2 行。这 2 个特征值由大到小排列,所以第一个共同因子的解释方差最大。第四大栏描述了最终因子解的情况。可见,因子旋转后,累计方差比没有改变,也就是没有影响原有变量的共同度,但却重新分配了各个因子解释原有变量的方差,改变了各因子的方差贡献,使得因子更易于解释。

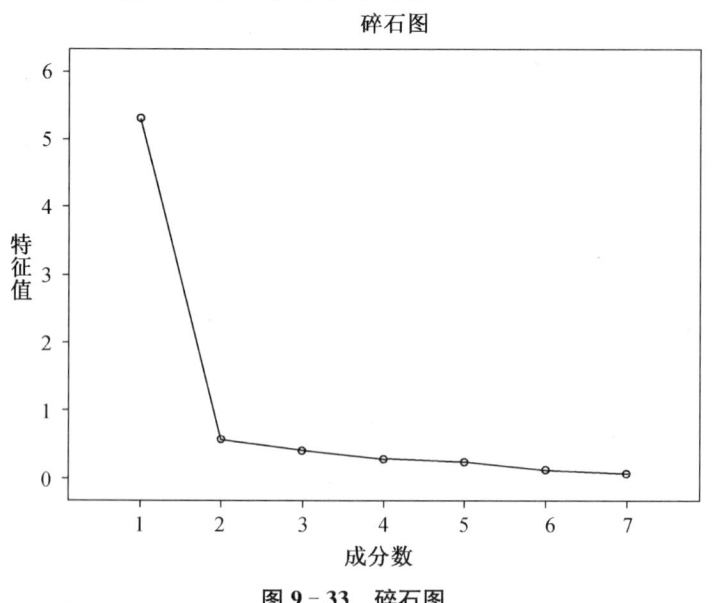

图 9-33 碎石图

图 9-33 的碎石图和表 9-35 解释的总方差的作用相同,都是为了确定因子的数目。从碎石图可以看出,横坐标为因子数目,纵坐标为特征根。第 1 个因子的特征根值很大,对解释原有变量的贡献最大,从第 3 个因子开始,以后的曲线变得比较平缓,最后接近一条直线,已经成为可被忽略的"高山脚下的碎石",对解释原有变量的贡献较小。据此,可以抽取 2 个因子。

表 9-36 因子载荷矩阵[a]

	成分	
	1	2
港澳台经济单位	.955	−.095
集体经济单位	.923	.057
外商投资经济单位	.911	−.159
股份制经济单位	.886	.176
国有经济单位	.872	.086
联营经济单位	.774	.462
其他经济单位	.770	−.527

提取方法:主成分。

a. 已提取了 2 个成分。

表 9-36 显示的是因子载荷矩阵(成分矩阵),是每个变量在未旋转的成分或因子上的因子负荷量。根据该表可以写出本例的因子分析模型,如:

港澳台经济单位 $=0.955f_1-0.095f_2$
集体经济单位 $=0.923f_1+0.057f_2$
外商投资经济单位 $=0.911f_1-0.159f_2$
股份制经济单位 $=0.886f_1+0.176f_2$
国有经济单位 $=0.872f_1+0.086f_2$
联营经济单位 $=0.774f_1+0.462f_2$
其他经济单位 $=0.770f_1-0.527f_2$

7 个变量在第 1 个因子上的载荷都很高,意味着它们与第 1 个因子的相关程度高,第 1 个因子很重要;第 2 个因子与原有变量的相关性均很小,它对原有变量的解释作用不显著,另外可以看到这 2 个因子的实际含义比较模糊。

(3) 因子的命名解释

这里采用方差最大法对因子载荷矩阵实施正交旋转以使因子具有命名解释性,指定按第一因子载荷降序的顺序输出旋转后的因子载荷以及旋转后的因子载荷图,如表 9-37 所示。

表 9-37 旋转成分矩阵[a]

	成分	
	1	2
联营经济单位	.883	.180
股份制经济单位	.773	.467
集体经济单位	.720	.579
国有经济单位	.702	.524
其他经济单位	.213	.908
外商投资经济单位	.566	.731
港澳台经济单位	.642	.714

提取方法:主成分。
旋转法:具有 Kaiser 标准化的正交旋转法。
a. 旋转在 3 次迭代后收敛。

表 9-37 显示联营经济单位、股份制经济单位、集体经济单位、国有经济单位在第 1 个因子上有较高的载荷,第 1 个因子主要解释了这几个变量,可解释为内部投资经济单位;其他经济单位、外商投资经济单位和港澳台经济单位在第 2 个因子上有较高的载荷,第 2 个因子主要解释了这几个变量,可解释为外来投资经济单位。与旋转前相比,因子含义较为清晰。

表 9-38 成分得分协方差矩阵

成分	1	2
1	1.000	.000
2	.000	1.000

提取方法:主成分。
旋转法:具有 Kaiser 标准化的正交旋转法。
构成得分。

表 9-38 显示了两因子的协方差矩阵,可以看出,两因子没有线性关系,实现了因子分析的设计目标。

四、计算因子得分

这里采用回归法估计因子得分系数,输出因子得分系数表,如表 9-39 所示。

表 9-39 成分得分系数矩阵

	成分	
	1	2
国有经济单位	.223	-.002
集体经济单位	.196	.042

(续表)

	成分	
	1	2
联营经济单位	.656	−.504
股份制经济单位	.331	−.117
外商投资经济单位	−.062	.322
港澳台经济单位	.020	.244
其他经济单位	−.519	.784

提取方法：主成分。
旋转法：具有 Kaiser 标准化的正交旋转法。
构成得分。

根据表 9-39 可写出以下因子得分函数：

F_1=0.223 国有经济单位＋0.196 集体经济单位＋0.656 联营经济单位＋0.331 股份制经济单位−0.062 外商投资经济单位＋0.020 港澳台经济单位−0.519 其他经济单位

F_2=−0.002 国有经济单位＋0.042 集体经济单位−0.504 联营经济单位−0.117 股份制经济单位＋0.322 外商投资经济单位＋0.244 港澳台经济单位＋0.784 其他经济单位

可见，计算两个因子得分变量的变量值时，联营经济单位和其他经济单位的权重较高，但方向恰好相反，这与因子的实际意义相吻合。

小　结

在当今信息化时代背景下，无论是个人，还是政府或企业，都需要从海量信息中获取有价值的信息，并据此做出科学的评估和决策。为此，对信息的采集、处理、分析并给出专业人士可接受的评估和预测报告等工作变得十分重要。SPSS 正是为此功能而设计的一套集数据处理、评估和预测的软件，该软件是公认的最优秀的统计分析软件包之一。IBM 收购 SPSS 后发布了 IBM SPSS Statistics 19，该版本加入了一些新特性和功能，并跟 IBM 协作和部署服务系统进行整合。本章 SPSS 基本操作部分介绍了 SPSS 19.0 概述和数据文件的建立与基本操作；SPSS 统计分析部分介绍了基本统计分析功能、统计推断、相关分析、回归分析和因子分析等统计分析过程。

第十章 国民经济核算

学习重点和要点

(1) 了解国民经济核算体系；国民经济核算体系的基本内容；了解国民经济增长率的测定方法。

(2) 掌握国民经济核算中的主要统计指标。

第一节 国民经济核算的基本原理

一、国民经济与国民经济核算

国民经济是一个国家或地区全部经济活动的总和，是一个纵横交错、极其复杂的网络般经济活动的有机整体。它有两种涵义：一是指物质生产部门和非物质生产部门的总和；二是指社会产品再生产——生产、分配、流通和使用的总过程。前者为横向联系，由工业、农业、建筑业、商业和运输业等物质生产部门和由文化教育、卫生医疗、生活旅游及城乡交通管理等非物质生产部门所组成；后者为纵向联系，表现为社会再生产各环节——生产、分配、流通和使用四个环节不断运行的总过程。

国民经济核算是以国民经济为整体的核算，又称国民核算（National Accounting）。它是以一定的经济理论为指导，综合运用各种统计方法，建立数据体系，用以全面、系统地描述一国国民经济全貌及各部门在国民经济总体中的地位、作用及相互联系。具体来讲，一要说明生产为何创造或转换为货物和服务，以及形成初次分配和再分配收入；二要说明收入为何用于消费和积累，以及经济中通过各种金融中介机构进行的融资活动；三要说明国内和国外发生的经常收支往来、资本收支往来，以及国民财产和财富的状况、变化。

国民经济要稳步、协调地发展，就要保持各部门的比例和再生产各环节的平衡，就需要用经济杠杆进行调节。比如，用税率高低来鼓励或限制某些产品生产，用利息率的升降抑制或扩大社会总需求，等等。用经济杠杆对国民经济进行宏观调控，要求国民经济核算提供反映国民经济运行状况的各种统计资料，包括国民经济的规模速度、投入产出、流量存量和各种平衡比例关系，即反映国民经济运行中数量表现和数量关系。因此，国民经济核算在对国民经济进行宏观调控时意义重大,离开了国民经济核算,国民经济管理就无法正常地进行,国民经济宏观调控就无法实现。

二、国民经济核算体系的形成和发展

(一)两大国民经济核算体系的回顾

国民经济核算体系是对国民经济运行或社会再生产过程进行全面、系统的计算、测定和描述的宏观经济信息系统。它是整个经济信息系统的核心。它包括两层涵义,一是指为进行国民经济核算而制定的一整套标准和规范,二是指全面、系统的国民经济核算资料。回顾历史,在不同的管理体系下形成了两大核算体系,即 MPS 和 SNA。

MPS 即物质产品平衡表体系(System of Material Product Balances),是前苏联始创的。从 20 世纪 20 年代中期开始,在社会化大生产要求下,前苏联为适应计划经济管理的需要,开始编制国民经济平衡表,30 年代初形成了体系,50 年代末已基本定型,并逐步推广到原经互会国家。可以说,MPS 是世界上第一个官方核算体系。联合国统计委员会于 1971 年出版了《国民经济平衡表体系的基本原理》专辑,1977 年出版了《国民经济账户体系与国民经济平衡表体系的比较》。1984 年,经互会统计常设委员会,又对 MPS 进行重大修订,作了较大修改和补充,形成所谓新 MPS——《编制国民经济统计平衡表的基本方法原则》。1990 年以后,随着苏联解体,东欧国家转型,同时也由于 MPS 自身的缺陷,1993 年联合国第 27 届统计委员会全体会议决定今后只存在一种核算制度即 SNA,而 MPS 作为一种核算制度已成为历史。这样,原使用国家着手核算制度的改革,向 SNA 过渡。

SNA 即国民账户体系(System of National Accounts),是"二战"前后发展起来的。1929—1933 年世界经济危机之后,凯恩斯提出新的经济理论,主张政府要干预经济生活,改变过去的自由放任状态。此时,了解整个国家的经济状况、组织国民经济核算就显得非常重要。在凯恩斯的指导下,以英国剑桥大学斯通教授为首的专家们开展了以国民经济为整体的国民经济核算的研究。1947 年,斯通在《国民收入的计量和社会核算账户的建立》中提出了以五大部门为核算主体的社会核算体系。此后,美国经济学家列昂节夫提出了投入产出核算。库兹涅茨提出了国民生产总值核算,并出版了相关著作,为国民经济账户体系的建立打下了良好的基础。1953 年联合国统计委员会出版了以斯通为首的国际统计专家小组的主要研究成果——《国民经济账户体系和辅助统计表》,供各国参考。这就是著名的旧 SNA。十多年后,随着人们对核算要求的提高,联合国又组织以斯通为主席的专家小组对旧 SNA 进行了补充和修订,于 1968 年公布了新国民经济核算方案——《国民账户体系》,这就是新 SNA。1968 年以后,世界经济形势发生了巨大变化,可持续发展经联合国大会通过,提到人们日益重视的日程上来,为此,联合国又组织了对新 SNA 的修订。1993 年联合国第 27 届统计委员会会议通过了修改方案,人们称之为 1993 年 SNA。1993 年 SNA 在总结各国 SNA 实践和应用基础上进一步改进、完善了国民经济核算体系,使之较 1968 年 SNA 更加简化、合理并与其他国际统计标准协调一致。它的颁布标志着国民经济核算体系进入了一个成熟期。当今,联合国颁布实施的国民账户体系以强大的生命力取代了曾经与它并存的物质产品平衡表体系,成为世界各国采用的国民经济核算的国际标准。

SNA 是一个规范国民经济总量指标核算的体系,其总体框架由"一套逻辑严密、协调一致而完整的宏观经济账户、资产负债表组成,它们的基础是一套符合国际惯例的概念、定义、分类

和核算规则"。SNA 与 MPS 比较,两者存在较大的区别。主要表现为以下三点:

1. 核算范围不同

MPS 运用了物质生产和非物质生产的概念,因此认为,只有物质生产才是生产,只有物质生产部门(如工业、农业、建筑业、货物运输业和商业)的生产成果才是社会产品,列入其核算范围。至于非物质生产部门(如文化教育、医疗卫生、金融保险、公共事业等)所提供的服务,不是社会产品,它们的劳动不是生产活动,不列入其核算范围。SNA 依据凯恩斯的宏观经济理论,运用了综合生产的概念,因此认为,无论是提供货物的物质生产部门,还是提供劳务的非物质生产部门的劳动,都是生产活动,生产成果既包括货物,也包括劳务,都应该纳入其核算范围。由此看来,SNA 对国民经济总量的核算更完整、全面。

2. 核算内容不同

MPS 主要描述社会再生产实物运动,实质上是一种实物核算体系,却对资金运动缺乏系统的反映;新 SNA 强调国内生产总值、国民总收入、可支配总收入、消费、储蓄、资本形成、金融资产负债等指标的内涵和外延,更全面地反映了国民经济的运行过程。

3. 核算方法不同

MPS 采用横向或纵向平衡法设置一系列平衡表,比较直观,但平衡表之间缺乏有机的联系,整个结构显得不够严密;SNA 采用复式记账法全面反映各种指标数据,其账户包括经常账户系列、积累账户系列和对外账户系列,通过复式记账的项目和每一个账户的平衡项,反映指标之间的横向联系和纵向联系、静态联系和动态联系、国内各部门之间的联系及其与国外(非常住单位)的联系,形成结构严密的账户体系。

(二) 我国国民经济核算体系的沿革

从建国到现在,随着我国经济体制由计划经济体制、有计划商品经济体制向社会主义市场经济体制的转变,国民经济核算体系经历了 MPS 体系的建立和发展——MPS 体系与 SNA 体系并存——全面实行新 SNA 体系的曲折过程。

(1) 1952—1984 年这一阶段,即从建国初期到改革开放初期,我国国民经济核算采用的是适用于计划经济体制的 MPS 体系。适应我国当时社会的经济基础和生产力发展水平的需要,对我国进行大规模社会主义经济建设起到了重要作用。但是,由于受当时各种条件的限制,并没有完整地实行 MPS,而只是根据当时实际需要有重点地采用了一些内容。因此,这一时期我国的国民经济核算体系是不系统、不全面的,比如,生产范围狭窄,不能反映包括大量服务在内的非物质生产部门发展的情况;核算方法单一,缺少联系性和严密性,等等。

(2) 1985—1992 年这一阶段,为 MPS 和 SNA 两种核算体系共存阶段。两种体系并存、两者并用的方式,正与当时我国国民经济管理实行的是有计划的商品经济相适应。国民经济核算既要考虑以计划指令为主导方面所需要的指标体系,又要兼顾以市场调节为辅所需要的数据资料,以适应我国经济体制的发展变化过程,及满足国民经济发展和党政决策部门的需要。另外,国际上还存在着东欧和前苏联等采用 MPS 的国家。在这一阶段,我国的统计工作者与理论研究者合作,研制出了具有中国特色的、能够把两种国民经济核算体系相互转换的《中国国民经济核算体系(试行方案)1992 年》,并付诸实践,较好地解决了从计划经济向社会主义市场经济转换时期的核算问题。但是,当时人们的思想认识上还不同程度地受一些传统习惯影响,且原有的统计制度尚未改革,国民经济基础比较薄弱,因此,新制订的国民经济核算体系仍存在不足之处,比如,随着形势的发展,保留 MPS 的内容已显得多余,使核算体系复杂化;体系中机构部门的划分不适应经济形势发展的需要,等等。

(3) 1993年至今这一阶段,为适应社会主义市场经济体制的要求,取消 MPS,建立与联合国新 SNA 接轨的我国国民经济核算体系新版本。党的十四大确定了建设社会主义市场经济体制的改革目标,实现了社会主义经济理论的重大突破,为国民经济核算方面扫清了理论障碍;从国际环境看,东欧一些国家及前苏联已陆续放弃了 MPS 而采用 SNA,MPS 的国际比较性已日渐消失。同时,由于我国经济体制的改革,MPS 在反映我国国民经济发展变化方面的缺陷越来越明显,而我国的统计、经济工作者也逐步适应了用 SNA 的有关指标分析和处理国民经济运行问题。为了满足我国宏观经济管理的需要,从 1993 年起,根据联合国 1968 年 SNA 的标准,并采纳了部分 1993 年 SNA 的标准,对 1992 年《中国国民经济核算体系(试行方案)》进行重大修改,形成了《中国国民经济核算体系(2002)》。新体系在结构上更加严谨,在内容上更加丰富,在方法上更加科学。

三、国民经济核算的基本概念

我国国民经济核算涉及的一些主要概念介绍如下。

1. 常住单位

在我国的经济领土上具有经济利益中心的经济单位称为我国的常住单位。这里所说的经济领土指由我国政府控制或拥有的地理领土,还包括我国驻外使领馆、科研站及援助机构等所拥有的地域,等等,但不包括我国地理边界内的"飞地",即位于我国地理领土范围内,通过正式协议为外国政府所拥有或租借、用于外交等目的、具有明确边界的地域,如外国驻华使馆、领馆用地及国际组织用地。一个经济单位在我国的经济领土范围内具有一定的场所,如住房、厂房或其他建筑物,从事一定规模的经济活动并超过一定时期(一般以一年为操作准则),则该经济单位在我国具有经济利益中心。但有的单位,即使在我国的经济领土内从事经济活动,也不一定在我国经济领土内具有经济利益中心,例如,在我国经济领土内从事活动的时间极短、没有独立的活动场所的单位,在我国经济领土内就不具有经济利益中心;同样,我国的某些单位根据业务需要到国外经济领土上从事临时性的经济活动,也不一定在我国经济领土上失去经济利益中心。

一个法人企业,如果它的全部经济活动发生在我国经济领土范围内,那么它就是我国的常住单位。一个企业,虽然它的经济活动并非全部发生在我国的经济领土范围内,但在我国经济领土内建立了一个子企业,从事生产经营活动一年以上,则该子企业也是我国的一个常住单位。一个住户,如果其在我国的经济领土范围内拥有住房,该住房为其主要住所,则认为是我国的常住单位。一个政府单位是它行使管辖权的经济领土范围内的常住单位。中央政府组成单位,包括位于国外的使馆、领馆等,均为我国的常住单位。

2. 生产范围

国民经济核算的生产范围包括以下三部分:第一,生产者提供或准备提供给其他单位的货物或服务的生产;第二,生产者用于自身最终消费或固定资本形成的所有货物的自给性生产;第三,自有住房提供的住房服务和付酬家庭雇员提供的家庭服务的自给性生产。因此,生产范围包括所有货物的生产,不论是对外提供的货物还是自产自用的货物;而服务的生产,则基本上限于对外提供的部分。自给性服务,除了自有住房服务和付酬家庭雇员提供的家庭或个人服务外,则被排除在生产范围之外。被排除在生产范围之外的自给性服务是指住户成员为本住户提供的家庭或个人服务,如清扫房屋、做饭、照顾老人、教育儿童,等等。

3. 消费范围

生产范围决定消费范围,用于最终消费的货物和服务只能是生产范围内所包括的货物和服务。我国国民经济核算的生产范围包括所有货物的生产和除住户成员为本住户提供的家庭或个人服务之外的所有服务的生产,从而它的消费范围也限于包括在上述生产范围内的货物和服务。

4. 资产范围

国民经济核算中的资产是根据所有权的原则界定的经济资产,也就是说,资产必须为某个或某些单位所拥有,其所有者因持有或使用它们而获得经济利益。根据这个定义,金融资产和由生产过程创造出来的固定资产、存货等,以及某些不是经过生产过程创造出来的自然产生的资产(如土地、矿藏、森林、水资源资产等),只要某个或某些单位对这些资产有效地行使所有权,并能够从中获得经济利益,都属于资产范畴。资产范围中不包括诸如大气或公海等无法有效地行使所有权的那些自然资源与环境,以及尚未发现或难以利用的矿藏,即一定时期内,鉴于它们本身的状况和现有的技术不能为其所有者带来任何经济利益的资源与环境。

5. 市场价格

市场价格是市场上买卖双方认定的成交价格,生产者价格和购买者价格都是市场价格。

生产者价格等于生产者生产单位货物和服务向购买者出售时获得的价值,包括开给购买者发票上的增值税或类似可抵扣税。该价格不包括货物离开生产单位后所发生的运输费用和商业费用。

购买者价格是购买者购买单位货物和服务所支付的价值,包括购买者按指定的时间、地点取得货物所发生的运输和商业费用。购买者价格等于生产者价格加上购买者支付的运输和商业费用,再加上购买者缴纳的不可扣除的增值税和其他税。

第二节 国民经济核算体系的基本内容

一、我国国民经济核算体系的基本框架

我国国民经济核算体系利用科学的核算原则和核算方法,全面、完整、系统地反映国民经济运行过程及其内在联系和规律性。

国民经济运行过程指社会再生产各环节——生产、分配、流通和使用的全过程。它是极其复杂的运动过程。按照经济活动的性质,一方面表现为围绕物质产品和服务进行运动,另一方面则表现为围绕收入支出进行的资金运动,两者是辩证统一的运行过程。这些经济活动都是连续不断进行的。国民经济核算体系对经济循环的描述表现为从经济存量开始,经过经济流量引起经济存量变动,最后达到新的存量,作为下一时期国民经济运行过程的基础,这样就形成周而复始的经济循环。在整个国民经济运行过程中,国民经济各部门互为条件、相互制约,形成错综复杂的经济联系,国民经济总流量与总存量都包含部门流量与存量,还有部门之间的流量,它们体现了各部门在国民经济运行中的地位、作用和相互之间的经济技术联系。我国新国民经济核算体系在整体结构上把国民经济运动过程中实物运动与资金运动、经济流量与经

济存量紧密联系起来。新国民经济核算体系的基本框架,如图 10-1 所示。

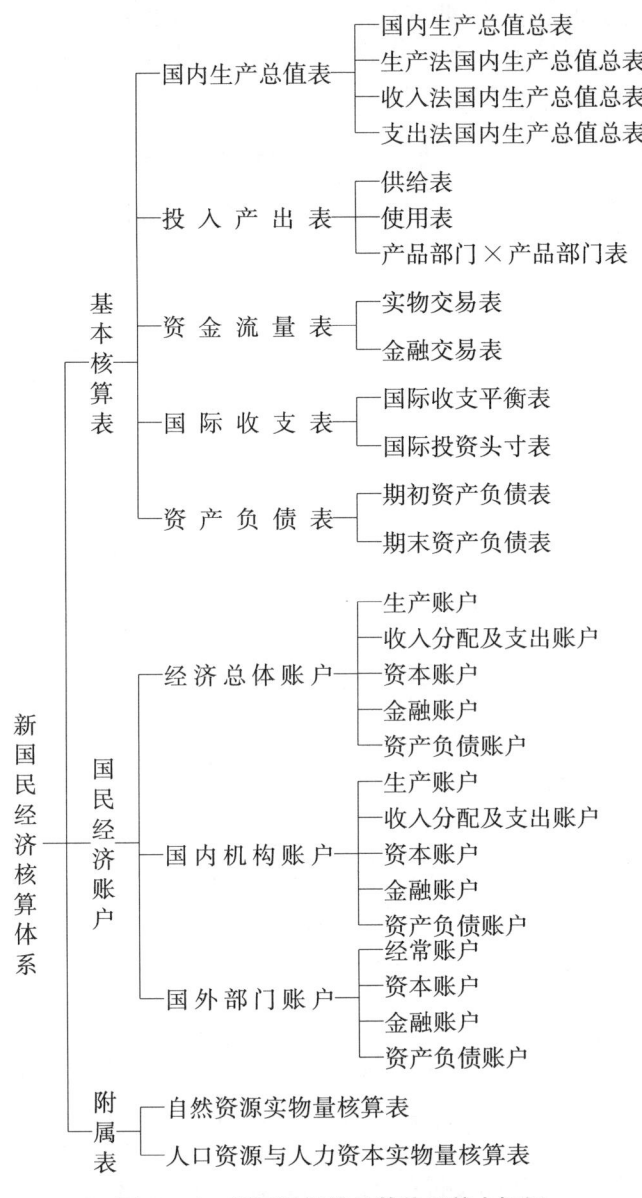

图 10-1　新国民经济核算体系基本框架

新国民经济核算体系由基本核算表、国民经济账户和附属表三部分构成。基本核算表包括国内生产总值表、投入产出表、资金流量表、国际收支表和资产负债表;国民经济账户包括经济总体账户、国内机构部门账户和国外部门账户;附属表包括自然资源实物量核算表和人口资源与人力资本实物量核算表。基本核算表和国民经济账户是本体系的中心内容,它通过不同的方式对国民经济运行过程进行全面的描述。附属表是对基本核算表和国民经济账户的补充,它对国民经济运行过程所涉及的自然资源和人口资源与人力资本进行描述。

在本体系中,基本核算表与国民经济账户都是对国民经济运行过程及结果的描述,两者之间既密切联系,又相对独立。每张基本核算表侧重于经济活动某一方面的核算,所有的基本核算表构成一个有机的整体,对国民经济活动进行全面的核算。国民经济账户则侧重于对经济循环过程的核算,各个账户按生产、收入分配、消费、投资和融资等环节设置,相互之间通过平衡项来衔接,既系统地反映了经济循环过程中每个环节的基本内容,又清楚地反映了各环节之间的有机联系。基本核算表之间及与附属表的关系详见图 10-2。

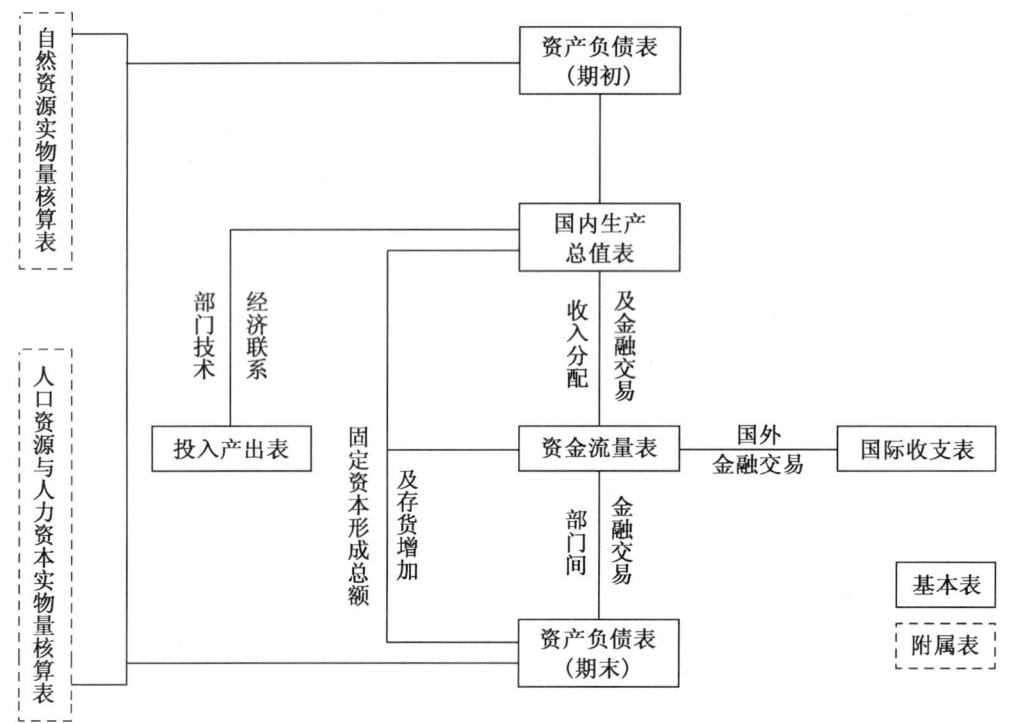

图 10-2 基本核算表之间及与附属表的关系

二、我国国民经济核算的基本分类

(一) 机构部门分类

机构部门分类是对机构单位进行的分类。机构单位是指有权拥有资产和承担负债,能够独立地从事经济活动并与其他实体进行交易的经济实体。机构单位具有以下基本特点:

(1) 有权独立拥有货物和资产,能够与其他机构单位交换货物或资产的所有权;
(2) 能够作出直接负有法律责任的经济决定和从事相应的经济活动;
(3) 能以自己的名义承担负债、其他义务或未来的承诺,并能签订契约;
(4) 能够编制出包括资产负债表在内的一套在经济和法律上有意义的完整账户。

在现实经济生活中,具备机构单位条件的单位主要有两类:一类是住户;一类是得到法律或社会承认的法律实体或社会实体,具体包括企事业单位、机构(行政)单位、社会团体单位、基层群众自治组织和其他单位。

同类机构单位构成机构部门。国民经济核算体系把所有常住机构单位划分为四个大的机构部门,即非金融企业部门、金融机构部门、政府部门和住户部门。由非常住单位组成的国外部门也视同为机构部门。

非金融企业与非金融企业部门:非金融企业指主要从事市场货物生产和提供非金融市场

服务的常住企业,主要包括从事上述活动的各类法人企业。所有非金融企业归并在一起,就形成非金融企业部门。

金融机构与金融机构部门:金融机构指主要从事金融媒介以及与金融媒介密切相关的辅助金融活动的常住单位,主要包括中央银行、商业银行和政策性银行、非银行信贷机构和保险公司。所有金融机构归并在一起,就形成金融机构部门。

政府单位与政府部门:政府单位指在我国境内通过政治程序建立的、在一特定区域内对其他机构单位拥有立法、司法和行政权的法律实体及其附属单位。政府单位的主要职能是利用征税和其他方式获得的资金向社会、公众提供公共服务;通过转移支付,对社会收入和财产进行再分配。它主要包括各种行政单位和非营利性事业单位。所有政府单位归并在一起,就形成政府部门。

住户与住户部门:住户指共享同一生活设施、部分或全部收入和财产集中使用、共同消费住房、食品和其他消费品与服务的常住个人或个人群体。所有住户归并在一起,就形成住户部门。

非常住单位与国外部门:所有不具有常住性的机构单位都是非常住单位。将所有与我国常住单位发生交易的非常住单位归并在一起,就形成国外部门。对于国外部门来说,并不需要核算它的所有经济活动,只需核算它与我国常住机构单位之间的交易活动。

(二) 产业部门分类

产业部门分类是按照主产品同质性的原则对产业活动单位进行的部门分类。所谓产业活动单位是指在一个地点,从事一种或主要从事一种类型生产活动并具有收入和支出会计核算资料的生产单位。产业活动单位是为生产核算而设立的,其目的在于比较准确地反映各种类型产业活动的生产规模、结构等。产业活动单位应同时具备以下三个条件:(1)地点的唯一性。如果一个单位在不同的地点从事生产活动,哪怕是同一种类型生产活动,也要划分为不同的产业活动单位。(2)生产活动的单一性。一个产业活动单位要么只从事一种类型生产活动,要么虽然允许有一种以上的生产活动,但主要活动在单位的增加值中占有绝对大的比重,也就是说,所有次要活动的总体规模与主要活动相比是很小的。(3)具有收入和支出会计核算资料。

产业部门分类是针对生产核算进行的部门分类,它应用于国内生产总值核算和投入产出核算。目前,国民经济核算体系根据新的国民经济行业分类标准(GB/T4754—2002)和统计基础情况确定产业部门分类。在分类基础上,还对其进行了三次产业划分,即:

第一产业:农业,林业,牧业和渔业。

第二产业:采矿业,制造业,电力、燃气及水的生产和供应业,建筑业。

第三产业:除了第一产业和第二产业以外的其他行业。第三产业包括:交通运输、仓储和邮政业,信息传输、计算机服务和软件业,批发和零售业,住宿和餐饮业,金融业,房地产业,租赁和商务服务业,科学研究、技术服务和地质勘查业,水利、环境和公共设施管理业,居民服务和其他服务业,教育,卫生、社会保障和社会福利业,文化、体育和娱乐业,公共管理和社会组织,国际组织。

国民经济核算体系有关三次产业的分类,为计算国内生产总值奠定了基础,为分析和预测我国国民经济的产业结构及其发展趋势以及进行国际间的比较提供了依据。

三、新国民经济核算体系的基本内容

(一) 基本核算表

基本核算表由国内生产总值表、投入产出表、资金流量表、国际收支表和资产负债表组成。在这些表反映的五种基本核算中,前四种核算是关于经济流量的核算,反映核算期当期实际发生的经济活动总量;第五种核算,即资产负债核算是关于经济存量的核算,反映在特定核算时点上一国或一部门所拥有的经济资产总量。

1. 国内生产总值表

国内生产总值是按市场价格计算的一个国家所有常住单位在一定时期内生产活动的最终成果。

国内生产总值表包括国内生产总值总表(见表 10-1)、生产法国内生产总值表、收入法国内生产总值表和支出法国内生产总值表。国内生产总值表以国内生产总值为核心,对国民经济生产与使用指标进行全面系统的核算,综合反映国民经济发展的规模和结构。生产法国内生产总值表、收入法国内生产总值表和支出法国内生产总值表分别从价值构成、收入形式使用去向角度,反映国内生产总值的形成过程(详见本章第三节内容)。

表 10-1 国内生产总值总表

生产	金额	使用	金额
一、生产法国内生产总值		一、支出法国内生产总值	
(一) 总产出		(一) 最终消费	
(二) 中间投入(一)		居民消费	
二、收入法国内生产总值		农村居民消费	
(一) 劳动者报酬		城镇居民消费	
(二) 生产税净额		政府消费	
生产税		(二) 资本形成总额	
生活补贴(一)		固定资本形成总额	
(三) 固定资产折旧		存货增加	
(四) 营业盈余		(三) 净出口	
		出口	
		进口(一)	
		二、统计误差	

表 10-1 将国内生产总值的生产法、收入法和支出法三种计算方法集中体现在一张表中,从不同的角度反映国内生产总值及其构成。表的左端称为生产方,表的右端称为使用方。

(1) 生产方。反映生产活动的成果。主栏由生产法和收入法的指标构成。生产法国内生产总值的构成项目包括总产出和中间投入两项。收入法国内生产总值的构成项目分为劳动者报酬、生产税净额、固定资产折旧和营业盈余四项。上述指标间的关系如下:

$$\text{生产法国内生产总值} = \text{总产出} - \text{中间投入} \qquad (10-1)$$

$$\text{收入法国内生产总值} = \text{劳动者报酬} + \text{生产税净额} + \text{固定资产折旧} + \text{营业盈余} \quad (10-2)$$

(2) 使用方。反映最终生产成果的使用。主栏由支出法的构成指标——最终消费、资本形成总额、净出口构成。其中,最终消费细分为居民消费和政府消费;资本形成总额细分为固定资本形成总额和存货增加;净出口下设出口和进口。另外,受资料来源不充分、推算方法不完善等因素的影响,实际核算结果不可避免地存在误差,因此,为了保证表中使用方与生产方的平衡,在使用方还专门设置了统计误差项。支出法国内生产总值与其构成项目之间的关系如下:

$$\text{支出法国内生产总值} = \text{最终消费} + \text{资本形成总额} + \text{净出口} \quad (10-3)$$

(3) 国内生产总值总表左右两端的平衡关系。其公式为:

$$\text{生产法国内生产总值} = \text{收入法国内生产总值} = \text{支出法国内生产总值} + \text{统计误差}$$
$$(10-4)$$

2. 投入产出表

投入产出表是国内生产总值表的延伸和发展,它以矩阵形式,描述国民经济各部门在一定时期(通常为一年)生产中的投入来源和产出使用去向,揭示国民经济各部门间相互依存、相互制约的数量关系,同时,它将生产法、收入法、支出法国内生产总值结合在一张表上,细化了国内生产总值核算。投入产出表由供给表、使用表、产品部门×产品部门表组成。供给表又称产出表,使用表又称投入表。其主表为产品部门×产品部门表。

产品部门×产品部门表,是由三部分组成,第一部分(即第Ⅰ象限)是由名称相同、排列次序相同、数目一致的 n 个产品部门纵横交叉而成的,其主栏为中间投入,宾栏为中间使用,它充分揭示了国民经济各产品部门之间相互依存、相互制约的技术经济联系,反映了国民经济各部门之间相互依赖、相互提供劳动对象供生产和消耗的过程。沿行方向看,反映第 i 产品部门生产的货物或服务提供给第 j 产品部门使用的价值量;沿列方向看,反映第 j 产品部门在生产过程中消耗第 i 产品部门生产的货物或服务的价值量。第二部分(即第Ⅱ象限)是第一部分在水平方向上的延伸,其主栏与第一部分的主栏相同,也是 n 个产品部门;其宾栏由最终消费、资本形成总额、出口等最终使用项组成。它反映各产品部门生产的货物或服务用于各种最终使用的价值量及其构成。第三部分(即第Ⅲ象限)是第一部分在垂直方向上的延伸,其主栏由劳动者报酬、生产税净额、固定资产折旧和营业盈余等增加值项组成;宾栏与第一部分的宾栏相同,也是 n 个产品部门,它反映各产品部门增加值的构成情况。

产品部门×产品部门表的平衡关系是:

从纵列方向看,

第 j 产品部门中间投入合计 + 第 j 产品部门增加值合计 = 第 j 产品部门总投入
$$(10-5)$$

从横行方向看,

第 i 产品部门中间使用合计 + 第 i 产品部门最终使用合计 − 第 i 产品部门进口 = 第 j 产品部门总产出 $\quad(10-6)$

从总量看,

$$\text{总投入} = \text{总产出} \quad (10-7)$$
$$\text{第 } i \text{ 产品部门总投入} = \text{第 } i \text{ 产品部门总产出} \quad (10-8)$$
$$\text{中间投入合计} = \text{中间使用合计} \quad (10-9)$$

3. 资金流量表

资金流量核算主要以收入分配和资金运动为核算对象。它反映一定时期各机构部门收入的形成、分配、使用、资金的筹集和运用以及各机构部门间资金流入和流出情况。

资金流量表采用矩阵结构。主栏表示交易项目，宾栏代表机构部门。每个机构部门下面列出两栏，即"来源"栏与"使用"栏，分别代表机构部门资源的筹集和资源的使用，"来源"放在右端，"使用"放在左端。主栏交易项目按交易的不同性质分为实物交易和金融交易。实物交易是指与货物和服务的生产与使用，收入分配和无偿转移有关的交易活动；金融交易是指以现金、信用、证券等金融资产负债为交易对象的交易活动。由此，资金流量表就分为主栏不同、宾栏相同的两大部分，即实物交易部分和金融交易部分。

资金流量表采用复式记账原理，对每笔交易都作双重反映。在实物交易方面，一个部门的收入同时是对应部门的支出。收入记录在来源方，支出记录在使用方。在金融交易方面，一个部门金融资产的增加（减少），一般伴随着对应部门负债的增加（减少）。金融资产的增加或减少记录在使用方，负债的增加或减少记录在来源方。这一记录原则使资金流量表上的各种收入、支出和金融流量始终保持收支相等、借贷对应的平衡关系，整张表的上下、左右相互衔接，形成了一个严密的平衡系统。各个机构部门发生的各种交易都能得到一致反映，社会资金运动的来龙去脉一目了然。

4. 国际收支表

国际收支表包括国际收支平衡表和国际投资头寸表。国际收支平衡表反映一定时期内常住单位（居民）和非常住单位（非居民）之间发生的交易。国际投资寸头表反映特定时点上常住单位对外金融资产和负债的存量状况，以及在一定时期内由交易、价格变化、汇率变化和其他调整引起的存量变化。

国际收支核算以国际收支平衡表和国际投资头寸表为中心，运用借贷记账法原理，反映一国一定时期内常住单位和非常住单位之间发生的交易，以及一国特定时点上常住单位对外金融资产、负债的规模和收支平衡状况。国际收支平衡表的记账规定，资产持有额的减少、债权的减少和债务的增加记入贷方，资产的增加、债权的增加和债务的减少记入借方。

5. 资产负债表

资产负债核算是以经济资产存量为对象的核算。它反映某一时点上机构部门及经济总体所拥有的资产和负债的历史积累状况。期初资产负债规模和结构是当期经济活动的初始条件，经过一个核算期的经济活动（生产、分配、消费、投资、资金融通等）和非经济活动（如自然灾害、战争等）形成了期末资产负债的规模和结构。因此，资产负债核算与经济流量核算之间有着密切的联系。

编制资产负债表的基本方法有两种：直接法和间接法。

直接法指以充分搜集现有的宏观、微观资产负债核算（会计、统计、业务）资料为主，如国有、集体、外商投资、私营等企业的资产负债年报，辅之以各种形式的非全面调查资料，如抽样调查资料，以获得相关总量及结构资料编制资产负债表的方法。

间接法指以直接法编制的基准年度资产负债表为基础，通过有关流量核算资料，利用"外推法"和"内插法"编制资产负债表的方法。

上述两种编表方法，直接法是基本方法，间接法是直接法的延伸，目前编制国民资产负债表时一般采用直接法。

(二)国民经济账户

国民经济账户以账户的形式对国民经济运行过程和结果进行描述。针对国民经济运行的各个环节,分别设置了不同的账户,即生产账户、收入分配及支出账户、资本账户、金融账户、资产负债账户和国外部门账户。

国民经济账户的基本形式和记账原则,如表10-2所示。

表10-2 国民经济账户

使 用	来 源
1. 支出	1. 收入
2. 资产变动	2. 负债变动
(1) 资产增加	(1) 负债增加
(2) 资产减少	(2) 负债减少
3. 资产存量	3. 负债存量

1. 生产账户

生产账户反映国内机构部门在核算期内通过生产过程所创造的价值以及与此价值对应的收入形态。生产账户的基本形式如表10-3所示。

表10-3 生产账户

使 用	来 源
增加值	1. 总产出
(1) 劳动者报酬	2. 减:中间投入
(2) 生产税净额	
(3) 固定资产折旧	
(4) 营业盈余	
合 计	合 计

2. 收入分配及支出账户

收入分配及支出账户反映国内机构部门在核算期内通过生产过程形成的收入如何在拥有相应生产要素的机构部门之间进行分配,收入如何在不同机构部门之间进行转移以及机构部门如何将它们的可支配收入在消费和储蓄之间进行分配。收入分配及支出账户的基本形式如表10-4所示。

表10-4 收入分配及支出账户

使 用	来 源
1. 财产收入支付	1. 营业盈余
2. 经常转移支出	2. 固定资产折旧
3. 可支配总收入	3. 财产收入

(续表)

使　　用	来　　源
4. 最终消费	4. 劳动者报酬
5. 总储蓄	5. 生产净税额
	6. 经常转移收入
合　计	合　计

3. 资本账户

资本账户反映国内机构部门可用于资本形成资金来源、资本形成的规模以及资金剩余或短缺的规模。资本账户的基本形式如表10-5所示。

表 10-5　资本账户

使　　用	来　　源
1. 资本形成总额	1. 总储备
2. 其他非金融资产获得减处置	2. 资本转移收入净额
3. 资金余缺	
合　计	合　计

4. 金融账户

金融账户反映了国内机构部门通过各种金属工具所发生的各种金融交易,以及这些交易的净成果,即资金的净借入或净借出。金融账户的基本形式如表10-6所示。

表 10-6　金融账户

使　　用	来　　源
1. 通货	1. 通货
2. 存款	2. 存款
3. 贷款	3. 贷款
4. 证券(不含股票)	4. 证券(不含股票)
5. 股票及其他股权	5. 股票及其他股权
6. 保险准备金	6. 保险准备金
7. 其他金融资产	7. 其他负债
8. 国外直接投资	8. 国外直接投资
9. 其他对外债权	9. 其他对外债务
10. 储备资产	10. 国际收支净误差与遗漏小计
	11. 资金余缺
合　计	合　计

5. 资产负债账户

资产负债账户反映国内机构部门在核算期初或期末的资产负债存量,资产负债账户的基本形式如表 10-7 所示。

表 10-7 资产负债账户

使 用	来 源
1. 非金融资产	1. 国内金融负债
（1）固定资产	（1）通货
（2）存货	（2）存款
（3）其他非金融	（3）贷款
2. 金融资产	（4）证券(不含股票)
（1）国内金融资产	（5）股票和其他股权
通货	（6）保险准备金
存款	（7）其他负债
贷款	2. 国外金融负债
证券(不含股票)	（1）直接投资
股票和其他股权	（2）证券投资
保险准备金	（3）其他投资
其他金融资产	小计
（2）国外金融资产	3. 资产负债差额
直接投资	
证券投资	
其他投资	
3. 储备资产	
合　计	合　计

6. 国外部门账户

国外部门账户是从非常住者的角度,反映常住者与非常住者之间发生的各种交易活动以及相应的存量状况。国外部门账户包括经常账户、资本账户、金融账户和资产负债账户,但没有生产账户。

经常账户反映国外部门与国内机构部门之间的经常性交易,其基本形式如表 10-8 所示。

表 10-8 经常账户

使 用	来 源
1. 货物和服务出口	1. 货物和服务进口
2. 来自国外的劳动者报酬	2. 支付国外的劳动者报酬

(续表)

使　　用	来　　源
3. 来自国外的财产收入	3. 支付国外的财产收入
4. 来自国外的生产税净额	4. 支付国外的生产税净额
5. 来自国外的经常转移收入	5. 支付国外的经常转移
6. 经常往来差额	
合　　计	合　　计

国外部门的资本账户、金融账户和资产负债账户与国内机构部门的对应账户的表式很相似，这里不再赘述。

(三) 附属表

附属表是对国民经济核算体系核心部分的补充，用于描述我国自然资源和资源资产、人口资源和人力资本的规模、结构与变动以及经济、资源和人口之间的相互关系，为党和政府制定、实施社会经济可持续发展战略提供科学依据。

这里的自然资源指我国境内所有自然形成的，在一定的经济、技术条件下可以被开发利用以提高人们生活福利水平和生存能力，同时具有某种"稀缺性"的实物性资源的总称。自然资源分为资产资源和非资产性自然资源。资源资产指所有权已经界定，所有者能够有效控制并能够在目前或可预见的将来产生预期经济收益的自然资源。资源资产属于经济资产范畴，包括土地资产、森林资产、矿产资产、水资产等。不具备资源资产的性质的自然资源属于非资产性自然资源。人口资源指我国在特定时点具有生命的常住"自然人"的人口数量，包括人力资源和其他人口资源，其中人力资源包括初级劳动力和人力资本。人力资本指人口资源中"自然人"具有的知识、健康、技能与能力等素质的总和，包括受教育程度、再培训水平、卫生保健状况、劳动技能与能力等。

附属表有自然资源实物量核算表和人口资源与人力资本实物量核算表。自然资源实物量核算表反映主要自然资源（土地资源、森林资源、矿产资源、水资源）在核算期期初和期末两个时点的实物存量及在核算期内的变动情况。人口资源与人力资本实物量核算表反映人口资源与人力资本在期初、期末两个时点的存量状况及核算期内的变动情况。

第三节　国民经济核算中的主要统计指标

一、国内生产总值核算方面

(一) 国内生产总值

1. 国内生产总值的概念

国内生产总值（简称GDP）是指按市场价格计算的一个国家（或地区）所有常住单位在一定时期内生产活动的最终成果。它有三种不同的表现形态：产品形态、价值形态和收入形态。

从产品形态看，国内生产总值表现为所有最终产品的价值之和。这里所谓的"产品"，不仅包括有形的货物,诸如食品、衣服等,而且包括无形的服务,诸如教育、卫生、美容等。所谓"最终产品"是指那些不再被用于生产过程,或虽被用于生产过程,但不会被一次性消耗或一次性转移到新产品中去的产品。所谓"所有的"是指国内生产总值所包括的全面性,它不仅包括所有经过市场交易的最终产品的价值,而且包括所有未经市场交易的最终货物的价值,如农民自产自用的粮食,以及部分未经过市场交易的最终服务的价值,如住户自有住房提供的服务的价值。

从价值形态看,国内生产总值表现为一个国家的所有常住单位在一定时期内生产的全部产品的价值与同期投入的中间产品的价值的差额,即所有常住单位的增加值之和。这里扣除同期投入的中间产品的价值的理由是为了避免重复计算。

从收入形态看,国内生产总值表现为一个国家的所有常住单位在一定时期内的生产活动所形成的原始收入之和。它包括常住单位因从事生产活动而对劳动要素的支付、对政府的支持、对固定资产的价值补偿,以及获得的盈余。

2. 国内生产总值核算的意义

国内生产总值核算是国民经济核算体系的核心部分,是国民经济核算的基础。在我国搞好国内生产总值核算的重要意义在于:

首先,为判断宏观经济运行状况提供重要依据。在现实中,经济增长率指国内生产总值增长率;通货膨胀率一般是用国内生产总值缩减指数或居民消费价格指数来衡量;失业率与国内生产总值增长率有密切联系。可见,以上三个判断宏观经济运行状况的主要指标均与国内生产总值有十分密切的联系。

其次,为宏观经济管理工作发挥重要作用。自1985年国家统计局建立起相应的核算制度以来,国内生产总值核算已成为我国宏观经济管理部门了解经济运行状况的重要手段,成为制定经济发展战略、中长期规划、年度计划和各种宏观经济政策的重要依据。我国政府在"七五"规划、"八五"规划、"九五"规划、"十五"规划和2010年远景规划中提出的国民经济增长目标以及历年年度计划中提出的国民经济增长目标也都是建立在国内生产总值核算和对经济发展情况的预测基础上的。

再次,在我国对外交往中具有重要意义。例如,据有关部门估计,我国国内生产总值每增加10%,在联合国的会费比额将增加20%强,可见,一国所承担的国际义务与国内生产总值密切相关;又如,我国在世界银行和国际货币基金组织的股金与国内生产总值有密切联系,因此,国内生产总值核算直接关系到我国在这些国际组织中股金的升降,影响到我国在国际上所应发挥的重要作用。

值得注意的是,在可持续发展原则下,国内生产总值指标是欠全面的。因为人们在发展经济的时候,不可能不消耗自然资源,如果当前的经济发展过度地消耗了自然资源,或造成环境的恶化,就会对未来的经济发展造成不利影响,这样的发展是不可持续的。然而,国内生产总值在反映经济发展的同时,没有反映它所带来的资源耗减和环境损失的代价。比如,只要采伐树木,国内生产总值就会增加,但过量采伐后造成森林资源的减少,国内生产总值却不反映相应的代价。因此,期望在不远的将来,把环境、资源核算纳入核算体系中,建立中国综合经济与资源环境核算体系。

3. 国内生产总值的基本核算方法

国内生产总值有三种核算方法,即生产法,收入法和支出法。三种方法分别从不同的角度反映国民经济生产活动成果。

（1）生产法

生产法是从生产过程中创造的货物和服务价值入手，剔除生产过程中投入的中间货物和服务价值，得到增加价值的一种方法。国民经济各产业部门生产法增加值计算公式如下：

$$增加值＝总产出－中间投入 \qquad (10-10)$$

$$国民经济各产业部门生产法增加值总和＝生产法国内生产总值 \qquad (10-11)$$

总产出指常住单位在一定时期内生产的所有货物和服务的价值，既包括新增价值，也包括转移价值。它反映常住单位生产活动的总规模。总产出按生产者价格计算。

中间投入指常住单位在一定时期内生产过程中消耗和使用的非固定资产货物、服务的价值。中间投入也称为中间消耗，反映用于生产过程中的转移价值，一般按购买者价格计算。计入中间投入的货物和服务必须具备两个条件：一是与总产出的计算范围保持一致；二是本期一次性使用的。

增加值即总产出减去中间投入后的差额，反映一定时期内务产业部门生产经营活动的最终成果。

（2）收入法

收入法也称分配法，从生产过程形成收入的角度，对常住单位的生产活动成果进行核算。国民经济各产业部门收入法增加值由劳动者报酬、生产税净额、固定资产折旧和营业盈余四个部分组成。计算公式为：

$$增加值＝劳动者报酬＋生产税净额＋固定资产折旧＋营业盈余 \qquad (10-12)$$

$$国民经济各产业部门收入法增加值总和＝收入法国内生产总值。 \qquad (10-13)$$

上式中，劳动者报酬指劳动者从事生产活动应得的全部报酬。包括劳动者应得的工资、奖金和津贴，既有货币形式，也有实物形式，还有劳动者所享受的公费医疗和医药卫生费、上下班交通补贴和单位为职工缴纳的社会保险费等。对于个体经济来说，其所有者所获得的劳动报酬和经营利润不易区分，这两部分统一作为劳动者报酬处理。生产税净额指生产税减生产补贴后的差额。固定资产折旧指一定时期内为弥补固定资产损耗按照核定的固定资产折旧率提取的固定资产折旧，或按国民经济核算统一规定的折旧率虚拟计算的固定资产折旧。营业盈余指常住单位创造的增加值扣除劳动者报酬、生产税净额和固定资产折旧后的余额。

（3）支出法

支出法国内生产总值是从最终使用的角度反映一个国家一定时期内生产活动最终成果的一种方法。最终使用包括最终消费、资本形成总额及净出口三部分，计算公式为：

$$支出法国内生产总值＝最终消费＋资本形成总额＋净出口 \qquad (10-14)$$

式中，最终消费指常住单位为满足物质、文化和精神生活的需要，从本国经济领土和国外购买的货物、服务的支出。它不包括非常住单位在本国经济领土内的消费支出。最终消费分为居民消费和政府消费。资本形成总额指常住单位在一定时期内获得减处置的固定资产和存货的净额，包括固定资本形成总额和存货增加两部分。净出口指货物和服务出口减货物和服务进口的差额。例如，已知某地区某年有关统计资料如表10-9所示。

表 10-9 某地区国民经济资料表

单位:亿元

生 产		使 用	
总产出	25 046.37	个人消费	5 883.57
中间消耗	14 096.61	公共消费	1 316.70
固定资本消耗	1 189.98	固定资本形成	3 764.97
劳动者报酬	5 829.12	库存增加	564.30
流转税	1 413.72	出口	1 555.29
补贴	620.73	进口	1 775.07
营业盈余	3 497.67		

试根据上述资料,分别用生产法、收入法和支出法计算该地区 2005 年生产总值。

生产法:国内生产总值 $= 25\,406.37 - 14\,096.61 = 11\,309.76$(亿元)

收入法:国内生产总值 $= 5\,829.12 + (1\,413.72 - 620.73) + 1\,189.98 + 3\,497.67 = 11\,309.76$(亿元)

支出法:国内生产总值 $= (5\,883.57 + 1\,316.70) + (3\,764.97 + 564.30) + (1\,555.29 - 1\,775.07) = 11\,309.76$(亿元)

(二)国民生产总值

国民生产总值(简称 GNP)是指按市场价格计算的一个国家所有常住单位在一定时期内收入初次分配的最终成果。一国常住单位从事生产活动所创造的增加值在初次分配过程中主要分配给该国的常住单位,但也有一部分以劳动者报酬和财产收入等形式分配给该国的非常住单位;同时,国外生产所创造的增加值也有一部分以劳动者报酬和财产收入等形式分配给该国的常住单位。

国内生产总值加上国外要素收入净额,即为国民生产总值,在联合国的新 SNA 核算体系中已将国民生产总值改称为国民总收入。即:

$$国民总收入 = 国内生产总值 + 国外要素收入净额 \qquad (10-15)$$

国外要素收入净额 = 来自国外的劳动者报酬和财产收入 — 国外从本国获得的劳动者报酬和财产收入 (10-16)

可见,国民总收入反映了本国常住单位原始收入的总和,它与国内生产总值不同,国内生产总值是一个生产概念,而国民总收入则是个收入概念。

二、收入分配和使用总量核算方面

国内生产总值反映各部门当期生产创造的价值,但并不等于各部门最终获得的收入。各部门最终收入是通过初次分配和再分配获得的。

(一)初次分配总收入

初次分配是针对各生产单位当期生产的增加值的分配。其前提是生产要素必须参与生产过程,由此所产生的收入都与生产有关,是参与生产过程的结果,所得收入属于生产性收入。初次分配的结果形成各个机构部门初次分配总收入,各机构部门的初次分配总收入之和就等于国民总收入。即：

各部门初次分配总收入＝增加值－支付的劳动报酬＋收到的劳动报酬－支付的生产税净额＋收到的生产税净额－支付的财产收入＋收到的财产收入 (10-17)

在以上关系中，生产要素收入主要包括劳动者报酬、生产税净额和财产收入。劳动者报酬是劳动者在生产过程中付出劳动所获得的收入。生产税净额是政府因对生产活动或生产要素征税而获得生产税或因对生产进行补贴而支付的生产补贴。财产收入，是资产所有者通过将资产投入生产经营过程而获得的收入。具体内容包括：因资金借贷所产生的利息，因股票买卖而产生的红利，因土地等资产出租所形成的租金，因专利、商誉等无形资产使用权转让而产生的无形资产使用费，等等。在现实经济活动过程中，一个部门既可以将自己的资产转借给其他部门使用，也可能使用了其他部门提供的资产，因此，财产收入的获得和支付可以在国民经济各部门之间以及与国外之间相互发生。

但是，由于各种初次分配流量在各部门间具有特定流向，各部门所获得的初次分配总收入与所生产的增加值在量上不会相等。如劳动报酬对住户部门主要是收入，其他部门为支出；生产税对政府部门主要是收入，其他部门是支出。与增加值的部门比例相比，企业部门占有初次分配总收入的比例会大大降低，而住户和政府部门的比例则会提高。

（二）可支配总收入

在初次分配总收入的基础上，通过经常性转移的形式对初次分配总收入进行再次分配。再分配的结果形成各机构部门可支配总收入。各机构部门的可支配总收入之和称为国民可支配总收入。即：

各部门可支配总收入＝各部门初次分配总收入＋再分配总收入－再分配总支出＝各部门增加值＋分配所得收入－分配所付支出 (10-18)

国民可支配总收入＝$\sum$国内各部门可支配总收入＝国内生产总值＋来自国外的要素收入－付给国外的要素收入＋来自国外的转移－付给国外的转移＝国民生产总值＋来自国外的转移收入－付给国外的转移收入 (10-19)

经常性转移包括：(1) 收入税。政府从收入较多的单位和个人征收的收入税。(2) 社会保障和社会福利。社会保障是居民部门为保证在未来某个时期能获得社会福利，而对政府组织的社会保险计划或各单位建立的基金所缴纳的款项，如失业保险、退休保险、医疗保险等；社会福利是符合条件的居民从政府或其他部门所得到的收入，具体包括社会保险福利基金向居民提供的福利和社会救济福利。(3) 其他经常性转移。其他转移是除上述转移之外发生于各机构部门与国外之间和机构部门内部的经常性转移。如捐赠和援助支出、会费交纳支出等。

国民经济活动的最终目的是为居民个人和社会公众提供各种最终消费的货物、服务。各部门可支配总收入使用去向首要的是用于消费，从各部门可支配收入中扣除用于消费的部分，所结余的数额就是各部门可用于投资的自有资金，通常称为储蓄。这样，可支配收入就等于总消费和总储蓄之和。在国民经济层次上的上述关系可表示为：

国民可支配收入＝国内总消费＋国内总储蓄 (10-20)

三、国民资产负债核算方面

这里所说的资产指经济资产，负债则是资产的对应物。国民资产负债核算是以一个国家（或地区、部门）为整体的核算。

为了考察研究全国、各部门资产负债存量的结构、内容和作用,以便进行核算和分析,新SNA资产的具体分类,如图10-3所示。

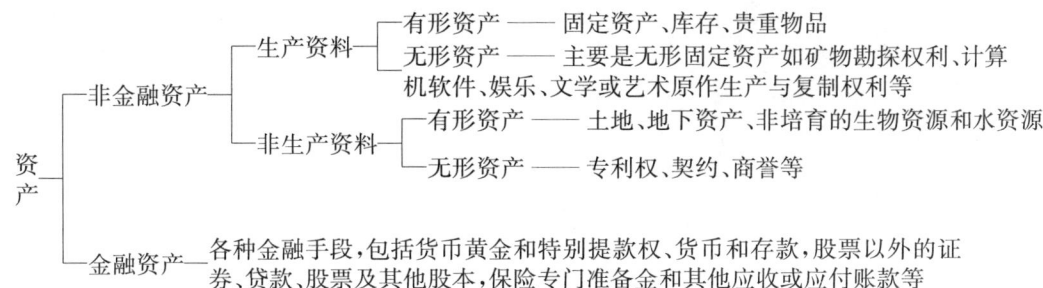

图 10-3 国民资产的具体分类

国民资产负债核算主要统计指标有资产负债差额和国民财产。

将各部门持有的非金融资产和金融净资产加总,就是各部门的净资产总量。净资产是各部门所持有的所有资产(包括非金融资产和金融资产)与所承担债务相抵的结果,一般称为资产负债差额或净值。

资产负债差额=非金融资产总量+金融净资产=非金融资产总量+金融资产总值-负债总量 (10-21)

将一国国内各部门净资产加总,就是一国的国民财产,所以国民财产是净资产的概念,它反映一国资产总量与负债总量的差额。

国民财产=各部门净值之和=非金融资产+对外金融资产-对外负债 (10-22)

这里,需要说明的是一国国内各机构部门之间的金融资产与负债关系是可以抵消的,所以,一国金融资产与负债实际上是该国对国外持有的金融资产和对国外承担的负债。

第四节 国民经济增长率的测定

国民经济增长通常是指一国货物和服务总量的增加,即国内生产总值的增加。一般用国内生产总值增长率来反映经济增长的速度。即:

国民经济增长率=报告期国内生产总值/基期国内生产总值-1=国内生产总值指数-1
(10-23)

但是由于国内生产总值指数的变动中包括了物价变化因素,只有剔除价格变化影响,计算不变价格国内生产总值的增长,才能反映一定时期内生产活动最终成果的实际变动。即:

国民经济增长率=报告期不变价国内生产总值/基期不变价国内生产总值-1
(10-24)

用该公式计算国民经济增长率的关键是取得不变价的国内生产总值。

一、按生产法计算不变价国内生产总值

(一) 双缩法

此法是分别利用总产出价格指数和中间投入价格指数缩减现价总产出和现价中间投入,

得出不变价总产出和不变价中间投入,不变价总产出减去不变价中间投入得到不变价增加值。用公式表示如下：

不变价增加值＝不变价总产出－不变价中间投入＝现价总产出/总产出价格指数－现价中间投入/中间投入价格指数不变价国内生产总值＝∑部门不变价增加值 (10－25)

双缩法由于同时考虑了总产出和中间投入的价格变动对增加值的影响,因此,方法上较为科学。但在使用时,必须掌握较详细的价格指数资料。

(二) 单缩法

此法一般是直接利用总产出价格指数缩减现价增加值,求得不变价增加值。用公式表示如下：

不变价增加值＝现价增加值/总产出价格指数 (10－26)

运用单缩法计算不变价格增加值的基本假定是,中间投入的价格变化与总产出的价格变化基本上保持相同的幅度,这一点在现实中很难满足,因此,从方法论原理上讲,单缩法不如双缩法。但由于单缩法所需资料容易取得,计算又简便,若能掌握比较准确的现价增加值资料,单缩法就具有较好的应用价值。尤其在进行诸如季度国内生产总值核算等短期监测时,单缩法更是常用的方法。

例如,已知某地区基期生产总值为142.02亿元。报告期有关生产总值及其相关价格指数资料如表10－10所示。

表10－10 某地区生产总值及相应价格资料

	报告期(亿元)	对应的价格指数(基期价格为100)
总产出	505.17	
第一产业	150.75	112.7
第二产业	256.59	115.8
第三产业	97.82	116.5
中间投入	343.53	
第一产业	98.01	118.7
第二产业	178.24	120.2
第三产业	67.23	118.0
生产总值	161.64	

根据上述资料,用生产法计算经济增长率。

解:不变价总产出＝150.75÷112.7％＋256.59÷115.8％＋97.83÷116.5％＝439.74(亿元)

不变价中间投入＝98.01÷118.7％＋178.24÷120.2％＋67.23÷118.＝287.82(亿元)

不变价生产总值＝439.74－287.82＝151.92(亿元)

经济增长率＝151.92÷142.02－1＝6.97％

除缩减法外,还可以用外推法。外推法也分为双外推法和单外推法。双外推法是在基期不变价总产出和中间投入的基础上,分别用总产出物量指数和中间投入物量指数外推出当期不变价总产出和中间投入,当期不变价总产出减不变价中间投入得出当期不变价增加值。单外推法一般是利用总产出物量指数乘以基期不变价增加值,求得当期不变价增加值。这种方法是假定中间投入的物量变化与总产出的物量变化基本上保持相同的幅度。目前,我国不变价国内生产总值生产核算,农林牧渔业采用的是双缩法,交通运输、仓库和邮政业采用的是外推法,其他行业都是单缩法。

二、按支出法计算不变价国内生产总值

从使用角度看,国内生产总值包括最终消费,资本形成总额及净出口。具体做法是利用相应的价格指数缩减现价支出法国内生产总值的构成项目,得出不变价的构成项目,不变价构成项目之和等于不变价支出法国内生产总值。用公式表示如下:

不变价国内生产总值=不变价最终消费+不变价资本形成总额+不变价出口-不变价进口=现价最终消费/消费价格指数+现价资本形成总额/资本形成总额价格指数+现价出口/出口价格指数-现价进口/进口价格指数 (10-27)

例:根据上例中的资料,又知该地区报告期生产总值各项使用构成及相应的价格指数资料如表10-11所示。

表10-11 某地区生产总值使用及相应价格资料

	报告期(亿元)	相应的价格指数(基期价格为100)
生产总值	161.64	
最终消费	112.59	107.4
资本形成总额	47.16	106.7
出口	6.75	103.3
进口	4.14	104.5
统计误差	0.54	

根据上述资料,计算该地区经济增长率。

解:不变价生产总值=112.59÷107.4%+47.16÷106.7%+6.75÷103.3%-4.14÷104.05%=151.60(亿元)

经济增长率=151.60÷142.02-1=6.75%

小 结

1. 国民经济核算体系由基本核算表、国民经济账户和附属表三部分构成。基本核算表包括国内生产总值表、投入产出表、资金流量表、国际收支表和资产负债表;国民经济账户包括经济总体账户、国内机构部门账户和国外部门账户;附属表包括自然资源实物量核算表和人口资源与人力资本实物量核算表。基本核算表和国民经济账户是本体系的中心内容,它通过不同的方式对国民经济运行过程进行全面的描述。附属表是对基本核算表和国民经济账户的补充,它对国民经济运行过程所涉及的自然资源和人口资源与人力资本进行描述。

2. 国内生产总值核算是国民经济核算体系的核心部分,是国民经济核算的基础。国内生产总值(简称GDP)是指按市场价格计算的一个国家(或地区)所有常住单位在一定时期内生产活动的最终成果。国内生产总值有三种核算方法,即生产法、收入法和支出法。三种方法分别从不同的角度反映国民经济生产活动成果。

3. 国民生产总值(简称GNP)是指按市场价格计算的一个国家所有常住单位在一定时期

内收入初次分配的最终成果。国内生产总值加上国外要素收入净额,即为国民生产总值,在联合国的新 SNA 核算体系中已将国民生产总值改称为国民总收入。国民总收入反映了本国常住单位原始收入的总和,它与国内生产总值不同,国内生产总值是一个生产概念,而国民总收入则是个收入概念。

4. 国民经济增长通常是指一国货物和服务总量的增加,即国内生产总值的增加。一般用国内生产总值增长率来反映经济增长的速度。但是由于国内生产总值指数的变动中包括了物价变化因素,只有剔除价格变化影响,计算不变价格国内生产总值的增长,才能反映一定时期内生产活动最终成果的实际变动。不变价国内生产总值的计算方法有二:生产法和支出法。

习 题

一、单项选择题

1. 社会再生产各环节中,处于中心环节的是( )。
   A. 生产　　　B. 分配　　　C. 流通　　　D. 使用
2. 国民经济核算是对( )实行现代化管理,加强总体控制和调节的重要手段。
   A. 市场经济　　B. 计划经济　　C. 宏观经济　　D. 中观经济
3. 国民经济核算五大核算中,属于存量核算的是( )。
   A. 国内生产总值　B. 投入产出核算　C. 资金流出核算　D. 资产负债核算
4. 常住单位指在一国( )上具有经济利益中心的经济单位。
   A. 地理领土　　B. 领海　　　C. 领空　　　D. 经济领土
5. 用生产法计算增加值的关键在于( )。
   A. 正确计算物耗　　　　　B. 正确计算中间投入
   C. 正确计算外购货物　　　D. 正确计算外购服务
6. 用最终消费、资本形成总额和净出口直接计算国内生产总值的方法,叫( )。
   A. 吸收法　　B. 生产法　　C. 支出法　　D. 间接法
7. 国民账户体系的英文简称和应用范围是( )。
   A. MPS,计划经济国家　　　B. MPS,市场经济国家
   C. SNA,市场经济国家　　　D. SNA,计划经济国家
8. 生产账户反映经济主体在核算期( )。
   A. 通过生产创造的价值
   B. 通过生产形成的收入
   C. 通过生产获得的收入
   D. 通过生产创造的价值以及与此对应的收入形态
9. 目前,我国将个体户归为( )。
   A. 非金融企业部门　B. 金融机构部门　C. 政府部门　D. 住户部门
10. 机构单位是指拥有资产、承担负债、从事经济活动并( )的经济实体。
    A. 能与其他单位进行交易　　B. 位于一个地点
    C. 依法成立　　　　　　　　D. 包括多个基层单位
11. 产业部门分类是按照主产品同质性的原则对( )进行的部门分类。

A. 机构单位　　　B. 产业活动单位　　C. 基层单位　　　D. 基本单位
12. 《国内生产总值表》的左方为（　　）。
　　A. 生产方　　　B. 使用方　　　　C. 来源方　　　　D. 支出方
13. 国民账户体系 SNA 在核算方法上采用（　　）法。
　　A. 横向平衡表　B. 纵向平衡表　　C. 复式记账　　　D. 抽样推断
14. 投入产出表中（　　）反映各产业部门间生产过程中形成的技术经济联系。
　　A. 第Ⅰ象限　　B. 第Ⅱ象限　　　C. 第Ⅲ象限　　　D. 第Ⅳ象限
15. 中国新国民经济核算体系是由（　　）组成的。
　　A. 基本表、会计账户和附属表
　　B. 国民经济平衡表、国民经济账户和附属表
　　C. 基本核算表、国民经济账户和附属表
　　D. 基本表和国民经济账户

二、判断题

1. 国民账户体系和物质产品平衡表体系曾是国际上存在的两大核算体系。（　）
2. 国内生产总值和国民生产总值的差别是国外净要素收入。（　）
3. 国民经济核算的生产范围包括所有货物的生产和服务的生产。（　）
4. 固定资产折旧是物耗转移，属于生产单位的中间投入。（　）
5. 自然资源属于经济资产范畴。（　）
6. 流量是指某一时期发生的量，存量是指某一时点的量。（　）
7. 国民经济核算体系把所有常住机构单位划分为三个机构部门。（　）
8. 国民经济核算是由国民收入演化而来的。（　）
9. 我国新国民经济核算体系的五张基本表中，国内生产总值表是基本表的核心。（　）
10. 国民经济账户的来源方记录收入、资产变动和资产存量。（　）

三、计算题

1. 现有某地区国民经济生产使用情况资料如表所示试分别运用生产法、收入法和支出法计算该地区生产总值。

（1）总产出与中间消耗情况：

部门	总产出（亿元）	中间消耗率（%）
农业	12 719.0	36.8
工业	51 892.4	72.7
建筑业	7 274.4	72.2
运输业	2 527.0	22.3
商业	3 766.0	47.5
服务企业	3 749.2	27.4
政府服务业	3 752.0	27.0

(2) 收入分配情况：（单位：亿元）

劳动报酬	16 380
生产税净额	5 530
营业盈余	5 950
自产自用产品	3 500
所得税	840
折旧提取	2 269

(3) 产品使用或支出情况：（单位：亿元）

居民个人消费	17 220
政府消费	3 879
固定资本形成总额	10 360
库存增加	1 610
折旧更新	2 268
出口	6 580
进口	6 020

试分别运用生产法、收入法和支出法计算该地区生产总值。

2. 已知某地区2005年不变价增加值为1 000亿元，现价中间消耗为1 200亿元，中间消耗的价格指数为105.5%，问该地区2005年不变价总产出是多少？若总产出价格指数与中间消耗价格指数保持同比例增长，那么该地区2005年的现价总产出又是多少？

附录 常用统计表

附表1 相关系数显著性检验表

$n-2$ α	0.10	0.05	0.02	0.01	0.001
1	0.987 69	0.996 25	0.995 07	0.999 877	0.999 998 8
2	0.900 00	0.950 00	0.980 00	0.990 00	0.999 900
3	0.805 4	0.878 3	0.934 33	0.958 73	0.991 16
4	0.729 3	0.811 4	0.882 2	0.917 20	0.974 05
5	0.669 4	0.754 5	0.832 9	0.874 5	0.950 74
6	0.621 5	0.706 7	0.788 7	0.834 3	0.924 93
7	0.582 2	0.666 4	0.749 8	0.797 7	0.898 2
8	0.549 4	0.631 9	0.715 5	0.764 6	0.872 1
9	0.521 4	0.602 1	0.685 1	0.734 8	0.847 1
10	0.497 3	0.576 0	0.658 1	0.707 9	0.823 3
11	0.476 2	0.552 9	0.633 9	0.683 5	0.801 0
12	0.457 5	0.532 4	0.612 0	0.661 4	0.780 0
13	0.440 9	0.513 9	0.592 3	0.641 1	0.760 3
14	0425 9	0.497 3	0.574 2	0.622 6	0.742 9
15	0.412 3	0.482 1	0.557 7	0.605 5	0.725
16	0.400 0	0.468 3	0.542 5	0.589 7	0.708 4
17	0.388 7	0.455 5	0.528 5	0.575 1	0.693 2
18	0.378 3	0.443 8	0.515 5	0.561 4	0.678 7
19	0.368 7	0.432 9	0.513 4	0.548 7	0.665 2
20	0.359 3	0.422 7	0.492 1	0.536 8	0.652 4
25	0.323 3	0.380 9	0.445 1	0.486 9	0.597 4
30	0.296 0	0.349 4	0.409 3	0.448 7	0.554 1
35	0.274 6	0.342 6	0.381 0	0.418 2	0.518 9
40	0.257 3	0.304 4	0.357 8	0.393 2	0.489 6
45	0.242 8	0.287 5	0.338 4	0.372 1	0.464 8
50	0.230 6	0.273 2	0.321 3	0.354 1	0.443 3
60	0.210 8	0.250 0	0.204 4	0.324 3	0.407 8
70	0.195 4	0.231 9	0.273 7	0.301 7	0.279 9
80	0.182 9	0.217 2	0.256 5	0.288 0	0.355 8
90	0.172 6	0.205 0	0.242 2	0.267 3	0.337 5
100	0.136 8	0.194 6	0.230 1	0.254 0	0.321 1

注:表中数字为临界值 $r(\alpha, n-2)$。

附表2 标准正态分布表

$$\Phi(x) = \int_{-\infty}^{x} \frac{1}{\sqrt{2\pi}} e^{-\frac{t^2}{2}} dt = P(X \leqslant x)$$

x	0	1	2	3	4	5	6	7	8	9
0.0	0.500 0	0.504 0	0.508 0	0.512 0	0.516 0	0.519 9	0.523 9	0.527 9	0.531 9	0.535 9
0.1	0.539 8	0.543 8	0.547 8	0.551 7	0.555 7	0.559 6	0.563 6	0.567 5	0.571 4	0.575 3
0.2	0.579 3	0.583 2	0.587 1	0.591 0	0.584 8	0.598 7	0.602 6	0.606 4	0.610 3	0.614 1
0.3	0.617 9	0.621 7	0.625 5	0.629 3	0.633 1	0.636 8	0.640 6	0.644 3	0.648 0	0.651 7
0.4	0.655 4	0.659 1	0.662 8	0.666 4	0.670 0	0.673 6	0.677 2	0.680 8	0.684 4	0.687 9
0.5	0.691 5	0.695 0	0.698 5	0.701 9	0.705 4	0.708 8	0.712 3	0.715 7	0.719 0	0.722 4
0.6	0.725 7	0.721 9	0.732 4	0.735 7	0.738 9	0.742 2	0.745 4	0.748 6	0.757 1	0.754 9
0.7	0.758 0	0.761 1	0.764 2	0.767 3	0.770 3	0.773 4	0.776 4	0.779 4	0.782 3	0.785 2
0.8	0.788 1	0.791 0	0.793 9	0.796 7	0.799 5	0.802 3	0.805 1	0.808 7	0.810 6	0.813 3
0.9	0.815 9	0.818 6	0.821 2	0.828 3	0.826 4	0.828 9	0.831 5	0.834 0	0.836 5	0.838 9
1.0	0.841 3	0.843 8	0.846 1	0.848 5	0.850 8	0.853 1	0.855 4	0.857 7	0.859 9	0.862 1
1.1	0.864 3	0.866 5	0.868 6	0.870 8	0.872 9	0.874 9	0.877 0	0.879 0	0.881 0	0.883 0
1.2	0.884 9	0.886 9	0.888 8	0.890 7	0.892 5	0.894 4	0.896 2	0.898 0	0.899 7	0.901 5
1.3	0.902 3	0.904 9	0.906 6	0.908 2	0.909 9	0.911 5	0.913 1	0.914 7	0.916 2	0.917 7
1.4	0.919 2	0.920 7	0.922 2	0.923 6	0.925 1	0.926 5	0.927 8	0.929 2	0.930 6	0.931 9
1.5	0.933 2	0.934 5	0.935 7	0.937 0	0.938 2	0.939 4	0.940 6	0.941 8	0.943 0	0.944 1
1.6	0.945 2	0.946 3	0.947 4	0.948 4	0.949 5	0.950 5	0.951 5	0.952 5	0.953 5	0.954 5
1.7	0.955 4	0.956 4	0.957 3	0.958 2	0.959 1	0.959 9	0.960 8	0.961 6	0.962 5	0.963 3
1.8	0.964 1	0.964 8	0.965 6	0.966 4	0.967 1	0.967 8	0.968 6	0.969 3	0.970 0	0.970 6
1.9	0.971 3	0.971 9	0.972 6	0.973 2	0.973 8	0.974 4	0.975 0	0.975 6	0.976 2	0.976 7
2.0	0.977 2	0.977 8	0.978 3	0.978 8	0.979 3	0.979 8	0.980 3	0.980 8	0.981 2	0.981 7
2.1	0.982 1	0.982 6	0.983 0	0.983 4	0.983 8	0.984 2	0.984 6	0.985 0	0.985 4	0.985 7
2.2	0.986 1	0.986 4	0.986 8	0.987 1	0.987 4	0.987 8	0.988 1	0.988 4	0.988 7	0.989 0
2.3	0.989 3	0.989 6	0.989 8	0.990 1	0.990 4	0.990 6	0.990 9	0.991 1	0.991 3	0.991 6
2.4	0.991 8	0.992 0	0.992 2	0.992 5	0.992 7	0.992 9	0.993 1	0.993 2	0.993 4	0.993 6
2.5	0.993 8	0.994 0	0.994 1	0.994 3	0.994 5	0.994 6	0.994 8	0.994 9	0.995 1	0.995 2
2.6	0.995 3	0.995 5	0.995 6	0.995 7	0.995 9	0.996 0	0.996 1	0.996 2	0.996 3	0.996 4
2.7	0.996 5	0.996 6	0.996 7	0.996 8	0.996 9	0.997 0	0.997 1	0.997 2	0.997 3	0.997 4
2.8	0.997 4	0.997 5	0.997 6	0.997 7	0.997 7	0.997 8	0.997 9	0.997 9	0.998 0	0.998 1
2.9	0.998 1	0.998 2	0.998 2	0.998 3	0.998 4	0.998 4	0.998 5	0.998 5	0.998 6	0.998 6
3.0	0.998 7	0.999 0	0.999 3	0.999 5	0.999 7	0.999 8	0.999 8	0.999 9	0.999 9	1.000 0

附表3 t 分布表

$$P\{t(n)>t_\alpha(n)\}=\alpha$$

n	$\alpha=0.25$	0.10	0.05	0.025	0.01	0.005
1	1.000 0	3.077 7	6.313 8	12.706 2	31.820 7	63.657 4
2	0.816 5	1.885 6	2.920 0	4.303 7	6.964 6	9.924 8
3	0.764 9	1.637 7	2.353 4	3.182 4	2.540 7	5.840 9
4	0.740 7	1.533 2	2.131 8	2.776 4	3.746 9	4.601 4
5	0.726 7	1.475 9	2.015 0	2.570 6	3.364 9	4.032 2
6	0.717 6	1.439 8	1.943 2	2.446 9	3.142 7	3.707 4
7	0.711 1	1.414 9	1.894 6	2.363 4	2.998 5	3.499 5
8	0.706 4	1.396 8	1.859 5	2.306 0	2.896 5	3.355 4
9	0.702 7	1.383 0	1.833 1	2.262 2	2.821 4	3.249 8
10	0.699 8	1.372 2	1.812 5	2.228 1	2.763 8	3.169 3
11	0.697 4	1.363 4	1.795 9	2.201 0	2.718 1	3.105 8
12	0.695 5	1.356 2	1.782 3	2.178 8	2.681 0	3.054 5
13	0.693 8	1.350 2	1.770 9	2.160 4	2.650 3	3.012 3
14	0.692 4	1.345 0	1.761 3	2.144 8	2.624 5	2.976 8
15	0.691 2	1.340 6	1.753 1	2.131 5	2.620 5	2.946 7
16	0.690 1	1.336 8	1.745 9	2.119 9	2..583 5	2.920 8
17	0.689 2	1.333 4	1.739 6	2.109 8	2.566 9	2.898 2
18	0.688 4	1.330 4	1.734 1	2.100 9	2.552 4	2.878 4
19	0.687 6	1.327 7	1.729 1	2.093 0	2.539 5	2.860 9
20	0.987 0	1.325 3	1.724 7	2.086 0	2.528 0	2.845 3
21	0.686 4	1.323 2	1.720 7	2.079 6	2.517 7	2.831 4
22	0.685 8	1.321 2	1.717 1	2.073 9	2.508 3	2.818 8
23	0.685 3	1.319 5	1.713 9	2.068 7	2.499 9	2.807 3
24	0.684 8	1.317 8	1.710 9	2.063 9	2.492 2	2.796 9
25	0.684 4	1.316 3	1.710 8	2.059 5	2.485 1	2.787 4
26	0.684 0	1.315 0	1.705 6	2.055 5	2.478 6	2.778 7
27	0.683 7	1.313 7	1.703 3	2.051 8	2.472 7	2.770 7
28	0.683 4	1.312 5	1.701 1	2.048 4	2.467 1	2.766 4
29	0.683 0	1.311 4	1.699 1	2.045 2	2.462 0	2.756 4
30	0.682 8	1.304	1.697 3	2.042 3	2.457 3	2.750 0
31	0.682 5	1.309 5	1.659 9	2.039 5	2.452 8	2.744 0
32	0.682 2	1.308 6	1.693 9	2.036 9	2.448 7	2.738 5
33	0.682 0	1.307 7	1.692 4	2.034 5	2.444 8	2.733 3
34	0.681 8	1.307 0	1.690 9	2.032 2	2.441 1	2.738 4
35	0.681 6	1.306 2	1.689 6	2.030 1	2.437 7	2.723 8
36	0.681 4	1.305 5	1.688 3	2.028 1	2.434 5	2.719 5
37	0.681 2	1.304 9	1.687 1	2.026 2	2.431 4	2.715 4
38	0.681 0	1.304 2	1.686 0	2.024 4	2.428 6	2.711 6
39	0.680 8	1.303 6	1.684 9	2.022 7	2.425 8	2.707 9
40	0.680 7	1.303 1	1.683 9	2.021 1	2.422 3	2.704 5
41	0.680 5	1.302 5	1.682 9	2.019 5	2.420 8	2.701 2
42	1.680 4	1.302 0	1.682 0	2.018 1	2.418 5	2.698 1
43	1.680 2	1.301 6	1.681 1	2.016 7	2.416 3	2.695 1
44	1.680 1	1.301 1	1.680 2	2.015 4	2.414 1	2.692 3
45	0.680 0	1.300 6	1.679 4	2.014 1	2.412 1	2.689 6

附表4 F分布表

$P\{F(n_1,n_2) > F_\alpha(n_1,n_2)\} = \alpha \quad \alpha = 0.10$

n_2 \ n_1	1	2	3	4	5	6	7	8	9
1	39.86	49.50	53.59	55.33	57.24	58.20	58.91	59.44	59.86
2	8.53	9.00	9.16	9.24	6.29	9.33	9.35	9.37	9.38
3	5.54	5.46	5.39	5.34	5.31	5.28	5.27	5.25	5.24
4	4.54	4.32	4.19	4.11	4.05	4.01	3.98	3.95	3.94
5	4.06	3.78	3.62	3.52	3.45	3.40	3.37	3.34	3.32
6	3.78	3.46	3.29	3.18	3.11	3.05	3.01	2.98	2.96
7	3.59	3.26	3.07	2.96	2.88	2.83	2.78	2.75	2.72
8	3.46	3.11	2.92	2.81	2.73	2.67	2.62	2.59	2.56
9	3.36	3.01	2.81	2.69	2.61	2.55	2.51	2.47	2.44
10	3.20	2.92	2.73	2.61	2.52	2.46	2.41	2.38	2.35
11	3.22	2.86	2.66	2.54	2.45	2.39	2.34	2.30	2.27
12	3.18	2.81	2.61	2.48	2.39	2.33	2.28	2.24	2.21
13	3.14	2.76	2.56	2.43	2.35	2.28	2.23	2.20	2.16
14	3.10	2.73	2.52	2.39	2.31	2.24	2.19	2.15	2.12
15	3.07	2.70	2.49	2.36	2.27	2.21	2.16	2.12	2.09
16	3.05	2.67	2.46	2.33	2.24	2.18	2.13	2.09	2.06
17	3.03	2.64	2.44	2.31	2.22	2.15	2.10	2.06	2.03
18	3.01	2.62	2.42	2.29	2.20	2.13	2.08	2.04	2.00
19	2.99	2.61	2.40	2.27	2.18	2.11	2.06	2.02	1.98
20	2.97	2.50	2.38	2.25	2.16	2.09	2.04	2.00	1.96
21	2.96	2.57	2.36	2.23	2.14	2.08	2.02	1.98	1.95
22	2.95	2.56	2.35	2.22	2.13	2.06	2.01	1.97	1.93
23	2.94	2.55	2.34	2.21	2.11	2.05	1.99	1.95	1.92
24	2.93	2.54	2.33	2.19	2.10	2.04	1.98	1.94	1.91
25	2.92	2.53	2.32	2.18	2.09	2.02	1.97	1.93	1.89
26	2.91	2.52	2.31	2.17	2.08	2.01	1.96	1.92	1.88
27	2.90	2.51	2.30	2.17	2.07	2.00	1.95	1.91	1.87
28	2.89	2.50	2.98	2.16	2.06	2.00	1.93	1.90	1.87
29	2.89	2.50	2.88	2.15	2.06	1.99	1.93	1.89	1.86
30	2.88	2.49	2.22	2.14	2.05	1.98	1.93	1.88	1.85
40	2.84	2.41	2.23	2.00	2.00	1.93	1.87	1.83	1.79
60	2.79	2.39	2.18	2.04	1.95	1.87	1.82	1.77	1.74
120	2.75	2.35	2.13	1.99	1.90	1.82	1.77	1.72	1.68
∞	2.71	2.30	2.08	1.94	1.85	1.77	1.72	1.67	1.63

续表

$$P\{F(n_1,n_2) > F_\alpha(n_1,n_2)\} = \alpha \quad \alpha = 0.10$$

n_2 \ n_1	10	12	15	20	24	30	40	60	120	∞
1	60.19	60.71	61.22	61.74	62.06	62.26	62.53	62.79	63.06	63.33
2	9.39	9.41	9.42	9.44	9.45	9.46	9.47	9.47	9.48	9.49
3	5.23	5.22	5.20	5.18	5.18	5.17	5.16	5.15	5.14	5.13
4	3.92	3.90	3.87	3.84	3.83	3.82	3.80	3.79	3.78	3.76
5	3.30	3.27	3.24	3.21	3.19	3.17	3.16	3.14	3.12	3.10
6	2.94	2.90	2.87	2.84	2.82	2.80	2.78	2.76	2.74	2.72
7	2.70	2.67	2.63	2.59	2.58	2.56	2.54	2.51	2.49	2.47
8	2.54	2.50	2.46	2.42	2.40	2.38	2.36	2.34	2.32	2.29
9	2.42	2.38	2.34	2.30	2.28	2.25	2.23	2.21	2.18	2.16
10	2.32	2.28	2.24	2.20	2.18	2.16	2.13	2.11	2.08	2.06
11	2.25	2.21	2.17	2.12	2.10	2.08	2.05	2.03	2.00	1.97
12	2.19	2.15	2.10	2.06	2.04	2.01	1.99	1.96	1.93	1.90
13	2.14	2.10	2.05	2.01	1.98	1.96	1.93	1.90	1.88	1.85
14	2.10	2.05	2.01	1.96	1.94	1.91	1.89	1.82	1.83	1.80
15	2.06	2.02	1.97	1.92	1.90	1.87	1.85	1.82	1.79	1.76
16	2.03	1.99	1.94	1.89	1.87	1.84	1.81	1.78	1.75	1.72
17	2.00	1.96	1.91	1.86	1.84	1.81	1.78	1.75	1.72	1.69
18	1.98	1.93	1.89	1.84	1.81	1.78	1.75	1.72	1.69	1.66
19	1.96	1.91	1.86	1.81	1.79	1.76	1.73	1.70	1.67	1.63
20	1.94	1.89	1.84	1.79	1.77	1.74	1.71	1.68	1.64	1.61
21	1.92	1.87	1.83	1.78	1.75	1.72	1.69	1.66	1.62	1.59
22	1.90	1.86	1.81	1.76	1.73	1.70	1.69	1.64	1.60	1.57
23	1.89	1.84	1.80	1.74	1.72	1.69	1.66	1.62	1.59	1.55
24	1.88	1.83	1.78	1.73	1.70	1.67	1.64	1.60	1.57	1.53
25	1.87	1.82	1.77	1.72	1.69	1.66	1.63	1.59	1.56	1.52
26	1.86	1.81	1.76	1.71	1.68	1.65	1.61	1.58	1.54	1.50
27	1.85	1.80	1.75	1.70	1.67	1.64	1.60	1.57	1.53	1.49
28	1.84	1.79	1.74	1.69	1.66	1.63	1.59	1.56	1.52	1.48
29	1.83	1.78	1.73	1.68	1.65	1.62	1.58	1.55	1.51	1.47
30	1.82	1.77	1.72	1.67	1.64	1.61	1.57	1.54	1.50	1.46
40	1.76	1.71	1.71	1.61	1.57	1.54	1.51	1.47	1.42	1.38
60	1.71	1.66	1.66	1.54	1.51	1.48	1.44	1.40	1.35	1.29
120	1.65	1.60	1.60	1.48	1.45	1.41	1.37	1.32	1.36	1.19
∞	1.60	1.55	1.55	1.42	1.38	1.34	1.30	1.24	1.17	1.00

续表

$$P\{F(n_1,n_2)>F_\alpha(n_1,n_2)\}=\alpha \quad \alpha=0.05$$

n_2 \ n_1	1	2	3	4	5	6	7	8	9
1	161.4	199.5	215.7	224.6	230.2	234.0	236.8	238.9	240.5
2	18.51	19.00	19.25	19.25	19.30	19.33	19.35	19.37	19.38
3	10.13	9.55	9.12	9.12	9.90	8.94	8.89	8.85	8.81
4	7.71	6.94	6.39	6.39	6.26	6.16	6.09	6.04	6.00
5	6.61	5.79	5.41	5.19	5.05	4.95	4.88	4.82	4.77
6	5.99	5.14	4.76	4.53	4.39	4.28	4.21	4.15	4.10
7	5.59	4.74	4.35	4.12	3.97	3.87	3.79	3.73	3.68
8	5.32	4.46	4.07	3.84	3.69	3.58	3.50	3.44	3.69
9	5.12	4.26	3.86	3.63	3.48	3.37	3.29	3.23	3.18
10	4.96	4.10	3.71	3.48	3.33	3.22	3.14	3.07	3.02
11	4.84	3.98	3.59	3.36	3.20	3.09	3.01	2.95	2.90
12	4.75	3.89	3.49	3.26	3.11	3.00	2.91	2.85	2.80
13	4.67	3.81	3.41	3.18	3.03	2.92	2.83	2.77	2.71
14	4.60	3.74	3.34	3.11	2.96	2.85	2.76	2.70	2.65
15	4.54	3.68	3.29	3.06	2.90	2.79	2.71	2.64	2.59
16	4.49	3.63	3.24	3.01	2.85	2.74	2.66	2.59	2.54
17	4.45	3.59	3.20	2.96	2.81	2.70	2.61	2.55	2.49
18	4.41	3.55	3.16	2.93	2.77	2.66	2.58	2.51	2.46
19	4.38	3.52	3.13	2.90	2.74	2.63	2.54	2.48	2.42
20	4.35	3.49	3.10	2.87	2.71	2.60	2.51	2.45	2.39
21	4.32	3.47	3.07	2.84	2.68	2.57	2.49	2.42	2.37
22	4.30	3.44	3.05	2.82	2.66	2.55	2.46	2.40	2.34
23	4.28	3.42	3.03	2.80	2.64	2.53	2.44	2.37	2.32
24	4.26	3.40	3.01	2.78	2.62	2.51	2.42	2.36	2.30
25	4.24	3.39	2.99	2.76	2.60	2.49	2.40	2.34	2.28
26	4.23	3.37	2.98	2.74	2.59	2.47	2.39	2.32	2.27
27	4.21	3.35	2.96	2.73	2.57	2.46	2.37	2.31	2.25
28	4.20	3.34	2.95	2.71	2.56	2.45	2.36	2.29	2.24
29	4.18	3.33	2.93	2.70	2.55	2.43	2.35	2.28	2.22
30	4.17	3.32	2.92	2.69	2.53	2.42	2.33	2.27	2.21
40	4.08	3.23	2.84	2.61	2.45	2.34	2.25	2.18	2.12
60	4.00	3.15	2.76	2.53	2.37	2.25	2.17	2.10	2.04
120	3.92	3.07	2.68	2.45	2.29	2.17	2.09	2.02	2.96
∞	3.84	3.00	2.60	2.37	2.21	2.10	2.01	1.94	1.88

续表

$$P\{F(n_1,n_2)>F_\alpha(n_1,n_2)\}=\alpha \quad \alpha=0.05$$

n_2 \ n_1	10	12	15	20	24	30	40	60	120	∞
1	241.9	243.9	245.9	248.0	249.1	250.1	251.1	252.2	253.3	254.3
2	19.40	19.41	19.43	19.45	19.45	19.46	19.47	19.48	19.49	19.50
3	8.79	8.74	8.70	8.66	8.64	8.62	8.59	8.57	8.55	8.53
4	5.96	5.91	5.86	5.80	5.77	5.75	5.72	5.69	5.66	5.63
5	4.74	4.68	4.62	4.56	4.53	4.50	4.46	4.43	4.40	4.36
6	4.06	4.00	3.94	3.87	3.84	3.81	3.77	3.74	3.70	3.67
7	3.64	3.57	3.51	3.44	3.41	3.38	3.34	3.30	3.27	3.23
8	3.35	3.28	3.22	3.15	3.12	3.08	3.04	3.01	2.97	2.93
9	3.14	3.07	3.01	2.94	2.90	2.86	2.83	2.79	2.95	2.71
10	2.98	2.91	2.85	2.77	2.74	2.70	2.66	2.62	2.58	2.54
11	2.85	2.79	2.72	2.65	2.61	2.57	2.53	2.49	2.45	2.40
12	2.75	2.69	2.62	2.54	2.51	2.47	2.43	2.38	2.34	2.30
13	2.67	2.60	2.53	2.46	2.42	2.38	2.34	2.30	2.25	2.21
14	2.60	2.53	2.46	2.39	2.35	2.31	2.27	2.22	2.18	2.13
15	2.54	2.48	2.40	2.33	2.29	2.25	2.20	2.16	2.11	2.07
16	2.49	2.42	2.35	2.28	2.24	2.19	2.15	2.11	2.06	2.01
17	2.45	2.38	2.31	2.23	2.19	2.15	2.10	2.06	2.01	1.96
18	2.41	2.34	2.27	2.19	2.15	2.11	2.06	2.02	1.97	1.92
19	2.38	2.31	2.23	2.16	2.11	2.07	2.03	1.98	1.93	1.88
20	2.35	2.28	2.20	2.12	2.08	2.04	1.99	1.95	1.90	1.84
21	2.32	2.25	2.18	2.10	2.05	2.01	1.96	1.92	1.87	1.81
22	2.30	2.23	2.15	2.07	2.03	1.98	1.94	1.89	1.84	1.78
23	2.27	2.20	2.13	2.05	2.01	1.96	1.91	1.86	1.81	1.76
24	2.25	2.18	2.11	2.03	1.98	1.94	1.89	1.84	1.79	1.73
25	2.24	2.16	2.09	2.01	1.96	1.92	1.87	1.82	1.77	1.71
26	2.22	2.15	1.07	1.99	1.95	1.90	1.85	1.80	1.75	1.69
27	2.20	2.13	1.06	1.97	1.93	1.88	1.84	1.79	1.73	1.67
28	2.19	2.12	1.04	1.96	1.91	1.87	1.82	1.77	1.71	1.65
29	2.18	2.10	1.03	1.94	1.90	1.85	1.81	1.75	1.70	1.64
30	2.16	2.09	2.01	1.93	1.89	1.84	1.79	1.74	1.68	1.62
40	2.08	2.00	1.92	1.84	1.79	1.74	1.69	1.64	1.58	1.51
60	1.99	1.92	1.84	1.75	1.70	1.65	1.59	1.53	1.47	1.39
120	1.91	1.83	1.75	1.66	1.61	1.55	1.50	1.43	1.35	1.25
∞	1.83	1.75	1.67	1.57	1.52	1.46	1.39	1.32	1.22	1.00

续表

$$P\{F(n_1,n_2)>F_\alpha(n_1,n_2)\}=\alpha \quad \alpha=0.01$$

n_2 \ n_1	1	2	3	4	5	6	7	8	9
1	4 052	4 999.5	5 403	5 626	5 764	5 859	5 928	5 982	6 062
2	98.50	99.00	99.17	99.25	99.30	99.33	99.36	99.37	99.39
3	34.12	30.82	29.46	28.71	28.24	27.91	27.67	27.49	27.35
4	21.20	18.00	16.69	15.98	15.52	15.21	14.98	14.80	14.66
5	16.26	13.27	12.06	11.39	10.97	10.67	10.46	10.29	10.16
6	13.75	10.92	9.78	9.15	8.75	8.47	8.46	8.10	7.98
7	12.25	9.55	8.45	7.85	7.46	7.19	6.99	6.84	6.72
8	11.26	8.65	7.59	7.01	6.63	6.37	6.18	6.03	5.91
9	10.56	8.02	6.99	6.42	6.06	5.80	5.61	5.47	5.35
10	10.04	7.56	6.55	5.99	5.64	5.39	5.20	5.06	4.94
11	9.65	7.21	6.22	5.67	5.32	5.07	4.49	4.74	4.63
12	9.33	6.93	5.95	5.41	5.06	4.82	4.64	4.50	4.39
13	9.07	6.70	5.74	5.21	4.86	4.62	4.44	4.30	4.19
14	8.86	6.51	5.56	5.04	4.69	4.46	4.28	4.14	4.03
15	8.68	6.36	5.42	4.89	4.56	4.32	4.14	4.00	3.89
16	8.53	6.23	5.29	4.77	4.44	4.20	4.03	3.39	3.78
17	8.40	6.11	5.18	4.67	4.34	4.10	3.93	3.79	3.68
18	8.29	6.01	5.09	4.58	4.25	4.01	3.84	3.71	3.60
19	8.18	5.93	5.01	4.50	4.17	3.94	3.77	3.63	3.52
20	8.10	5.85	4.94	4.43	4.10	3.87	3.70	3.56	3.46
21	8.02	5.78	4.87	4.37	4.04	3.81	3.64	3.51	3.40
22	7.95	5.72	4.82	4.31	3.99	3.76	3.59	3.45	3.35
23	7.88	5.66	4.76	4.26	3.94	3.71	3.54	3.41	3.30
24	7.82	5.61	4.72	4.22	3.90	3.67	3.50	3.36	3.26
25	7.77	5.57	4.68	4.18	3.85	3.63	3.46	3.32	3.22
26	7.72	5.53	4.64	4.14	3.82	3.59	3.42	3.29	3.18
27	7.68	5.49	4.60	4.11	3.78	3.56	3.39	3.26	3.15
28	7.64	5.45	4.57	4.07	3.75	3.53	3.36	3.23	3.12
29	7.60	5.42	4.54	4.04	3.73	3.50	3.33	3.20	3.09
30	7.56	5.39	4.51	4.02	3.70	3.47	3.31	3.17	3.07
40	7.31	5.18	4.31	3.83	3.51	3.29	3.12	2.99	2.89
60	7.08	4.98	4.13	3.65	3.34	3.12	3.95	2.82	2.72
120	6.85	4.79	3.95	3.48	3.17	2.96	2.79	2.96	2.56
∞	6.63	4.61	3.78	3.32	3.02	2.80	2.64	2.51	2.41

续表

$$P\{F(n_1,n_2) > F_\alpha(n_1,n_2)\} = \alpha \quad \alpha = 0.01$$

n_2 \ n_1	10	12	15	20	24	30	40	60	120	∞
1	6 056	6 106	6 157	6 209	6 235	6 261	6 287	6 313	6 339	6 366
2	99.40	99.42	99.43	99.45	99.46	99.47	99.47	99.48	99.49	99.50
3	27.33	27.05	99.43	26.69	26.60	26.50	26.41	26.32	26.22	26.13
4	14.55	14.37	14.20	14.02	13.93	13.84	13.75	13.65	13.56	13.46
5	10.05	9.29	9.72	9.55	9.47	9.38	9.29	9.20	9.11	9.02
6	7.87	7.72	7.56	7.40	7.31	7.23	7.14	7.06	6.97	6.88
7	6.62	6.47	6.31	6.16	6.07	5.99	5.91	5.82	5.74	5.65
8	5.81	5.67	5.52	5.36	5.28	5.20	5.12	5.03	4.95	4.86
9	5.26	5.11	4.96	4.81	4.73	4.65	4.57	4.48	4.40	4.31
10	4.85	4.71	4.56	4.41	4.33	4.25	4.17	4.08	4.00	3.91
11	4.54	4.40	4.25	4.10	4.02	3.95	3.86	3.78	3.69	3.60
12	4.30	4.16	4.01	3.86	3.78	3.70	3.62	3.54	3.45	3.36
13	4.10	3.96	3.82	3.66	3.59	3.51	3.43	3.34	3.25	3.17
14	3.94	3.80	3.66	3.51	3.43	3.35	4.27	3.18	3.09	3.00
15	3.80	3.67	3.52	3.37	3.29	3.21	3.13	3.05	2.96	2.87
16	3.69	3.55	3.41	3.26	3.18	3.10	3.02	2.93	2.84	2.74
17	3.59	3.46	3.31	3.16	3.08	3.00	2.92	2.83	2.75	2.65
18	3.51	3.37	3.23	3.08	3.00	2.92	2.84	2.75	2.66	2.57
19	3.34	3.30	3.15	3.00	2.92	2.84	2.76	2.67	2.58	2.49
20	3.37	3.23	3.09	2.94	2.86	2.78	2.69	2.61	2.52	2.42
21	3.31	3.17	3.03	2.88	2.80	2.72	2.64	2.55	2.46	2.36
22	3.26	3.12	2.98	2.83	2.75	2.67	2.58	2.50	2.40	2.31
23	3.21	3.07	2.93	2.78	2.70	2.62	2.54	2.45	2.35	2.26
24	3.17	3.03	2.89	2.74	2.66	2.58	2.49	2.40	2.31	2.21
25	3.13	2.99	2.85	2.70	2.62	2.54	2.45	2.36	2.27	2.17
26	3.09	2.96	2.81	2.66	2.58	2.50	2.42	2.33	2.23	2.13
27	3.06	2.93	2.78	2.63	2.55	2.47	2.38	2.29	2.20	2.10
28	3.03	2.90	2.75	2.60	2.52	2.44	2.35	2.26	2.17	2.06
29	3.00	2.87	2.73	2.57	2.49	2.41	2.33	2.23	2.14	2.03
30	2.98	2.84	2.70	2.55	2.47	2.39	2.30	2.21	2.11	2.01
40	2.80	2.66	2.52	2.37	2.29	2.20	2.11	2.02	1.92	1.80
60	2.63	2.50	2.35	2.20	2.12	2.03	1.94	1.84	1.78	1.60
120	2.47	2.34	2.19	2.03	1.95	1.86	1.76	1.66	1.53	1.38
∞	2.32	2.18	2.04	1.88	1.79	1.70	1.59	1.47	1.32	1.00

参考文献

[1] 袁卫,等.统计学[M].2版.北京:高等教育出版社,2005.
[2] 于洪彦.Excel统计分析与决策[M].北京:高等教育出版社,2006.
[3] 谢启南,韩兆洲.统计学原理学习指导及Excel数据统计分析.广州:暨南大学出版社,2002.
[4] 李洁明,祁新娥.统计学原理[M].5版.上海:复旦大学出版社,2010.
[5] 赵振伦,姚文颖.统计学——理论·实务·案例[M].上海:立信会计出版社,2006.
[6] 赵振伦.统计学[M].北京:经济科学出版社,2005.
[7] 刘汉良.统计学教程[M].上海:上海财经大学出版社,2005.
[8] 曾五一.统计学[M].北京:中国金融出版社,2006.
[9] 胡波,郭骊,宋文力.新编统计学教程[M].北京:科学出版社,2008.
[10] 吴可杰,邢西治.统计学原理[M].南京:南京大学出版社,1988.
[11] 孙允午.统计学——数据的搜集、整理和分析[M].上海:上海财经出版社,2006.
[12] 李金昌,苏为华.统计学[M].北京:机械工业出版社,2009.

图书在版编目(CIP)数据

统计学原理与应用 / 李莉主编. -- 南京：南京大学出版社，2019.8(2022.7重印)
ISBN 978-7-305-22609-0

Ⅰ.①统… Ⅱ.①李… Ⅲ.①统计学-高等学校-教材 Ⅳ.①C8

中国版本图书馆CIP数据核字(2019)第169821号

内容提要

本书为高等院校"十三五"规划教材，是以培养应用型人才为主要目标的统计学教材。全书系统阐述统计科学的基本理论和方法知识，以统计实践过程为经，以统计理论和方法为纬，组成一个完整的体系。

本书共分十章。主要内容包括：总论，统计调查与统计整理，综合指标，动态数列，统计指数，概率基础，抽样推断，相关与回归分析，SPSS统计基础分析，国民经济核算。目的是通过本课程的教学，使学生掌握系统的统计学基础知识，能够对社会经济现象数量关系进行科学认识和实证分析，满足经济管理实践的需要。

本书着重阐明统计学的方法思想，注重理论和实践相结合、方法和应用相结合，吸取并反映统计理论和方法的最新研究成果，拓宽和加深统计的研究内容。在编写中，力求言简意赅，突出统计基本技能的训练、基本方法的掌握和运用。并结合Excel软件进行教学，引入统计软件SPSS的应用，以提高学生应用统计方法分析和解决实际问题的能力，适应现代化教学的要求。

本书具有实用性和操作性。在体例上注意形式的丰富性与多样性，教材内容兼顾了课堂讲授、课内作业与课程实训等全部教学环节的需要，内容上突出"新"字，可适应按不同的学时组织教学和进一步扩展知识的需要。

本书主要作为普通高等教育经济管理类本科专业教材，也可作为成人教育和继续教育相关专业的教材，还可作为相关管理人员参考用书。

出版发行	南京大学出版社	
社　　址	南京市汉口路22号	邮　编　210093
出 版 人	金鑫荣	
书　　名	统计学原理与应用	
主　　编	李　莉	
责任编辑	李小平　荣卫红	编辑热线　025-83685720
照　　排	南京南琳图文制作有限公司	
印　　刷	常州市武进第三印刷有限公司	
开　　本	787×1092　1/16　印张 22.25　字数 570千	
版　　次	2019年8月第1版　2022年7月第2次印刷	
ISBN	978-7-305-22609-0	
定　　价	56.00元	

网址：http://www.njupco.com
官方微博：http://weibo.com/njupco
官方微信号：njupress
销售咨询热线：(025) 83594756

* 版权所有，侵权必究
* 凡购买南大版图书，如有印装质量问题，请与所购图书销售部门联系调换